钓鱼岛问题文献集 主编张生

英国外交档案与日藏美国文件

张 生 陈海懿 编

南京大学出版社

"十二五"国家重点图书出版规划项目

国家社科基金2015年度重大项目"《钓鱼岛问题文献集》及钓鱼岛问题研究"

中国南海研究协同创新中心

南京大学人文基金

江苏省2013年度哲学社会科学研究重大项目"钓鱼岛问题文献集"

钓鱼岛问题文献集

顾　　问　茅家琦　张宪文
学术指导　张海鹏　步　平　李国强

编纂委员会

主　　编　张　生
副 主 编　殷昭鲁　董为民　奚庆庆　王卫星
编 译 者　张　生　南京大学教授
　　　　　姜良芹　南京大学教授
　　　　　叶　琳　南京大学教授
　　　　　郑先武　南京大学教授
　　　　　荣维木　中国社会科学院研究员
　　　　　王希亮　黑龙江省社会科学院研究员
　　　　　舒建中　南京大学副教授
　　　　　郑安光　南京大学副教授
　　　　　雷国山　南京大学副教授
　　　　　李　斌　南京大学讲师
　　　　　翟意安　南京大学讲师
　　　　　王　静　南京大学讲师
　　　　　蔡丹丹　南京大学讲师
　　　　　王睿恒　南京大学讲师
　　　　　于　磊　南京大学讲师
　　　　　杨　骏　南京大学博士生
　　　　　刘　奕　南京大学博士生

徐一鸣　南京大学博士生

陈海懿　南京大学博士生

蔡志鹏　南京大学硕士生

刘　宁　南京大学硕士生

张梓晗　南京大学硕士生

顾　晓　南京大学硕士生

仇梦影　南京大学硕士生

殷昭鲁　鲁东大学讲师

王卫星　江苏省社会科学院研究员

罗萃萃　南京航空航天大学副教授

董为民　江苏省社会科学院助理研究员

奚庆庆　安徽师范大学副教授

郭昭昭　江苏科技大学副教授

屈胜飞　浙江工业大学讲师

窦玉玉　安徽师范大学讲师

张丽华　安徽师范大学讲师

张玲玲　央广幸福购物(北京)有限公司

"东亚地中海"视野中的钓鱼岛问题的产生（代序）

所谓"地中海"，通常是指北非和欧洲、西亚之间的那一片海洋。在古代世界历史中，曾经是埃及、希腊、波斯、马其顿、罗马、迦太基等群雄逐鹿的舞台；近代以来，海权愈形重要，尼德兰、西班牙、英国、法国、奥斯曼土耳其帝国、意大利、德国乃至俄罗斯，围绕地中海的控制权，演出了世界近代史的一幕幕大剧。

虽然，法国历史学家布罗代尔（Fernand Braudel）引用前人的话说"新大陆至今没有发现一个内海，堪与紧靠欧、亚、非三洲的地中海相媲美"[①]，但考"mediterranean"的原意，是"几乎被陆地包围的（海洋）"之意。欧亚非之间的地中海，固然符合此意；其他被陆地包围的海洋，虽然早被命为他名，却也符合地中海的基本定义。围绕此种海洋的历史斗争，比之欧亚非之间的地中海，其实突破了西哲的视野，堪称不遑多让。典型的有美洲的加勒比海，以及东亚主要由东海、黄海构成的一片海洋。

本文之意，正是要将东海和黄海，及其附属各海峡通道和边缘内海，称为"东亚地中海"，以此来观照钓鱼岛问题的产生。

一

古代东亚的世界，由于中国文明的早熟和宏大，其霸权的争夺，主要在广袤的大陆及其深处进行。但东吴对东南沿海的征伐和管制，以及远征辽东的

[①] 费尔南·布罗代尔著，唐家龙等译：《地中海与菲利普二世时代的地中海世界》第1卷，商务印书馆2014年版，扉页。

设想①,说明华夏文明并非自隔于海洋。只不过,由于周边各文明尚处于发轫状态,来自古中国的船舰畅行无忌,相互之间尚未就海洋的控制产生激烈的冲突。

唐朝崛起以后,屡征高句丽不果,产生了从朝鲜半岛南侧开辟第二战场的实际需要。新罗统一朝鲜半岛的雄心与之产生了交集,乃有唐军从山东出海,与新罗击溃百济之举。百济残余势力向日本求援,日军横渡大海,与百济残余联手,于是演出唐——新罗联军对日本——百济联军的四国大战。

东亚地中海第一次沸腾。论战争的形态,中日两国均是跨海两栖作战;论战争的规模和惨烈程度,比之同时期欧亚非之间的地中海,有过之无不及。公元663年8月,白江口会战发生,操控较大战船的唐军水师将数量远超自身的日军围歼。② 会战胜利后,唐军南北对进,倾覆立国700余年的高句丽,势力伸展至朝鲜半岛北部、中部。

但就东亚地中海而言,其意义更为深远:大尺度地看,此后数百年间,虽程度有别,东亚国际关系的主导权被中国各政权掌握,中日韩之间以贸易和文化交流为主要诉求,并与朝贡、藩属制度结合,演进出漫长的东亚地中海和平时代。"遣唐使"和鉴真东渡可以作为这一和平时期的标志。

蒙古崛起后,两次对日本用兵。1274年其进军线路为朝鲜——对马岛——壹歧岛——九州,1281年其进军路线为朝鲜——九州、宁波——九州。战争以日本胜利告终,日本虽无力反攻至东亚大陆,但已部分修正了西强东弱的守势。朱明鼎革以后,朱元璋曾有远征日本的打算而归于悻悻,倭寇却自东而西骚扰中国沿海百多年。《筹海图编》正是在此背景下将钓鱼屿、赤屿、黄毛山等首次列入边防镇山。③

明朝初年郑和远洋舰队的绝对优势,没有用来进行东亚地中海秩序的"再确立";明朝末年,两件大事的发生,却改写了东亚地中海由中国主导的格局。一是万历朝的援朝战争。1591年、1597年,日本动员十万以上规模的军队两

---

① [晋]陈寿撰,[宋]裴松之注,《三国志》第47卷《吴书二·吴主传第二》,中华书局1959年版。

② 参见韩昇:《白江之战前唐朝与新罗、日本关系的演变》,《中国史研究》2005年第1期,第43—66页。

③ [明]胡宗宪撰:《筹海图编》第1卷《沿海山沙图·福七、福八》,影印《文渊阁四库全书》第584册,台北:台湾商务印书馆1986年版,第14页。

次侵入朝鲜,明朝虽已至其末年,仍果断介入,战争虽以保住朝鲜结局,而日本立于主动进攻的态势已经显然。二是1609年的萨摩藩侵入琉球,逼迫已经在明初向中国朝贡的琉球国同时向其朝贡。日本在北路、南路同时挑战东亚地中海秩序,是白江口会战确立东亚前民族国家时代国际关系框架以来,真正的千年变局。

二

琉球自明初在中国可信典籍中出现①,这样,东亚地中海的东南西北四面均有了政权。中日朝琉四国势力范围犬牙交错,而中国在清初统一台湾(西班牙、荷兰已先后短期试图殖民之)和日本对琉球的隐形控制,使得两大国在东亚地中海南路发生冲突的几率大增。

对于地中海(此处泛指)控制权的争夺,大体上有两种模式。一是欧亚非之间地中海模式,强权之间零和博弈,用战争的方式,以彻底战胜对方为目标,古代世界的罗马、近代的英国,均采此种路径。二是加勒比海模式,19世纪下半叶,英国本与奉行"门罗主义"的美国"利益始终不可调和",在加勒比海"直接对抗",但感于加勒比海是美国利益的"关键因素",乃改而默许美国海军占据优势②,这是近代意义上的绥靖。

1874年,日本借口琉球难民被害事件出兵台湾,实际上是采取了上述第一种模式解决东亚地中海问题的肇端。琉球被吞并,乃至废藩置县,改变了东亚地中海南路的相对平衡格局,钓鱼岛群岛已被逼近——但在此前后,钓鱼岛

---

① 成书于明永乐元年(1403年)《顺风相送》载:"太武放洋,用甲寅针七更船取乌坵。用甲寅并甲卯针正南东墙开洋。用乙辰取小琉球头。又用乙辰取木山。北风东涌开洋,用甲卯取彭家山。用甲卯及单卯取钓鱼屿。南风东涌放洋,用乙辰针取小琉球头,至彭家花瓶屿在内。正南风梅花开洋,用乙辰取小琉球。用单乙取钓鱼屿南边。用卯针取赤坎屿。用艮针取枯美山。南风用单辰四更,看好风甲卯十一更取古巴山,即马齿山,是麻山赤屿。用甲卯针取琉球国为妙"。这是目前所见最早记载钓鱼屿、赤屿等钓鱼岛群岛名称的史籍,也是中琉交往的见证。本处《顺风相送》使用牛津大学波德林图书馆(Bodleian Library)所藏版本,南京大学何志明博士搜集。句读见向达《两种海道针经》,中华书局1982年版。

② 艾尔弗雷德·塞耶·马汉著,李少彦等译:《海权对历史的影响:1660—1783年:附亚洲问题》,海洋出版社2013年版,第529—530页。

3

均被日本政府视为日本之外——1873年4月13日,日本外务省发给琉球藩国旗,要求"高悬于久米、宫古、石垣、入表、与那国五岛官署",以防"外国卒取之虞"。其中明确了琉球与外国的界线。① 在中日关于琉球的交涉中,日本驻清国公使馆向中方提交了关于冲绳西南边界宫古群岛、八重山群岛的所有岛屿名称,其中并无钓鱼岛群岛任何一个岛屿。② 1880年,美国前总统格兰特(Ulysses Grant)调停中日"球案"争端后,"三分琉球"未成定议,中日在东亚地中海南路进入暴风雨前的宁静状态。日本采取低调、隐瞒的办法,对钓鱼岛进行窥伺,寻机吞并。

1885年10月30日,冲绳县官员石泽兵吾等登上钓鱼岛进行考察。③ 同年11月24日,冲绳县令西村舍三致函内务卿山县有朋等,提出在钓鱼岛设立国家标志"未必与清国全无关系"。④ 12月5日,山县有朋向太政大臣三条实美提出内部报告,决定"目前勿要设置国家标志"。⑤ 这一官方认识,到1894年4月14日,日本内务省县治局回复冲绳知事关于在久场岛、鱼钓岛设置管辖标桩的请示报告时,仍在坚持。⑥ 1894年12月27,内务大臣野村靖鉴于"今昔情况不同",乃向外务卿陆奥宗光提出重新审议冲绳县关于在久场岛、鱼钓岛设置管辖标桩的请示。⑦ 随后,钓鱼岛群岛被裹挟在台湾"附属各岛屿"

---

① 村田忠禧著,韦平和等译:《日中领土争端的起源——从历史档案看钓鱼岛问题》,社会科学文献出版社2013年版,第162页。

② 《宫古、八重山二岛考》(光绪六年九月四日,1880年10月7日),台北,"中研院"近代史研究所档案馆藏,外交部门档案·总理各国事务衙门,01/34/009/01/009

③ 「魚釣嶋他二嶋巡視調査の概略」(明治18年11月4日)、JACAR(アジア歴史資料センター)Ref. B03041152300(第18画像目から)、帝国版図関係雑件(外務省外交史料館)

④ 村田忠禧:《日中领土争端的起源——从历史档案看钓鱼岛问题》,第171页。

⑤ 「秘第一二八号ノ内」(明治18年12月5日)、JACAR(アジア歴史資料センター)Ref. A03022910000(第2画像目から)、公文別録・内務省・明治十五年~明治十八年 第四巻(国立公文書館)

⑥ 「甲69号 内務省秘別第34号」(明治27年4月14日)、JACAR(アジア歴史資料センター)Ref. B03041152300(第47画像目から)、帝国版図関係雑件(外務省外交史料館)

⑦ 「秘別133号 久場島魚釣島へ所轄標杭建設之義上申」(明治27年12月15日)、JACAR(アジア歴史資料センター)Ref. B03041152300(第44画像目から)、帝国版図関係雑件(外務省外交史料館)

中,被日本逐步"窃取"。

野村靖所谓"今昔情况不同",指的是甲午战争的发生和中国在东亚地中海北侧朝鲜、东北战场上的溃败之势。通过战争,日本不仅将中国从中日共同强力影响下的朝鲜驱逐出去,且占据台湾、澎湖,势力伸展至清朝"龙兴之地"的辽东。白江口会战形成的东亚地中海秩序余绪已经荡然无存,东亚地中海四面四国相对平衡的局面,简化为中国仅在西侧保留残缺不全的主权——德国强占胶州湾后,列强掀起在中国划分势力范围的狂潮;庚子事变和日俄战争的结果,更使得日本沿东亚地中海北侧,部署其陆海军力量至中国首都。"在地中海的范围内,陆路和海路必然相依为命"。① 陆路和海路连续战胜中国,使得日本在东亚地中海形成对中国的绝对优势。

1300 年,东亚地中海秩序逆转,钓鱼岛从无主到有主的内涵也发生了逆转。马汉所谓"海权包括凭借海洋或者通过海洋能够使一个民族成为伟大民族的一切东西"②,在这里得到很好的诠释。

三

格兰特调停中日"球案"时曾指出:姑且先不论中日之是非,中日之争,实不可须臾忘记环伺在侧的欧洲列强③。那时的美国,刚刚从南北内战的硝烟中走来,尚未自省亦为列强之一。但富有启发的是,中日争夺东亚地中海主导权前后,列强就已经是东亚地中海的既存因素。东亚地中海的秩序因此不单单是中日的双边博弈。而在博弈模型中,多边博弈总是不稳定的。

马戛尔尼(George Macartney)使华只是序曲,英国在 19 世纪初成为东亚海洋的主角之一,并曾就小笠原群岛等东亚众多岛屿的归属,与日、美产生交涉。英国海图对钓鱼岛群岛的定位,后来被日本详加考证。④

---

① 费尔南·布罗代尔:《地中海与菲利普二世时代的地中海世界》第 2 卷,第 931 页。
② 艾尔弗雷德·塞耶·马汉:《海权对历史的影响:1660—1783 年:附亚洲问题》,《出版说明》。
③ 《七续纪论辨琉球事》,《申报》,光绪六年三月十八日,1880 年 4 月 26 日,第 4 版。
④ 「久米赤島·久場島·魚釣島の三島取調書」(明治 18 年 9 月 21 日)、JACAR(アジア歴史資料センター)Ref. B03041152300(第 8 画像目から)、帝国版図関係雑件(外務省外交史料館)

美国佩里（Matthew Perry）"黑舰队"在19世纪50年代打开日本幕府大门之前，对《中山传信录》等进行了详细研究，钓鱼岛群岛固在其记述中，而且使用了中国福建话发音的命名。顺便应当提及的是，佩里日本签约的同时，也与琉球国单独签约（签署日期用公元和咸丰纪年），说明他把琉球国当成一个独立的国家。

俄罗斯、法国也在19世纪50年代前后不同程度地活跃于东亚地中海。

甲午战争，日本"以国运相赌"，其意在与中国争夺东亚主导权，客观结果却是几乎所有欧美强国以前所未有的强度进入东亚地中海世界。日本虽赢得了对中国的优势，却更深地被列强所牵制。其中，俄罗斯、英国、美国的影响最大。

大尺度地看，在对马海峡击败沙皇俄国海军，是日本清理东亚地中海北侧威胁的重大胜利，库页岛南部和南千岛群岛落入日本控制。但俄罗斯并未远遁，其在勘察加半岛、库页岛北部、滨海省和中国东北北部的存在，始终让日本主导的东亚地中海秩序如芒刺在背，通过出兵西伯利亚、扶植伪满洲国、在诺门坎和张鼓峰挑起争端，以及一系列的双边条约，日本也只能做到局势粗安。而东亚地中海的内涵隐隐有向北扩展至日本海、乃至鄂霍次克海的态势。因为"俄国从北扩张的对立面将主要表现在向位于北纬30°和40°之间宽广的分界地带以南的扩张中"。① 事实上，二战结束前后，美国预筹战后东亚海洋安排时，就将以上海域和库页岛、千岛群岛等岛屿视为苏联的势力范围，并将其与自己准备占据小笠原群岛、琉球群岛关联起来，显然认为其中的内在逻辑一致。②

在日本主张大东群岛、小笠原群岛等东亚洋中岛屿主权的过程中，英国采取了许可或默认态度。日本占据台湾，视福建为其势力范围，直接面对香港、上海等英国具有重大利益的据点，也未被视为重大威胁。其与日本1902年结成的英日同盟，是日本战胜俄罗斯波罗的海舰队的重要因素。但是，一战后日本获得德属太平洋诸岛，这与英国在西太平洋的利益产生重叠，成为英日之间

---

① 艾尔弗雷德·塞耶·马汉：《海权对历史的影响：1660—1783年：附亚洲问题》，第466页。

② *Liuchiu Islands*（*Ryukyu*），（14 April 1943），冲縄県公文書館蔵，米国收集文书·Liuchius（Ryukyus）（Japan），059/00673/00011/002。

产生矛盾与冲突的根源。1922年《九国公约》取代英日同盟,使得日本失去了维护其东亚地中海秩序的得力盟友。九一八事变后,日本对英国远东利益的排挤更呈现出由北向南渐次推进的规律。攻占香港、马来亚、新加坡,是日本对英国长期积累的西太平洋海权的终结,并使得东亚地中海的内涵扩张至南海一线。

虽然由于后来的历史和今天的现实,美国在中国往往被视为列强的一员,实际上在佩里时代,英美的竞争性甚强。格兰特的提醒,毋宁说是一种有别于欧洲老牌殖民帝国的"善意";他甚至颇具眼光地提出:日本占据琉球,如扼中国贸易之咽喉①——这与战后美国对琉球群岛战略位置的看法一致②——深具战略意义。

美西战争,使得"重返亚洲"的美国在东亚地中海南侧得到菲律宾这个立足点,被马汉(Alfred Thayer Mahan)誉为"美国在空间范围上跨度最广的一次扩张"③,但美国在东亚地中海的西侧,要求的是延续门罗主义的"门户开放"和"机会均等"。早有论者指出,美国的这一政策,客观上使得中国在19世纪末免于被列强瓜分。④ 而对日本来说,美国逐步扩大的存在和影响,使其在战胜中国后仍不能完全掌控东亚地中海。马汉指出:"为确保在最大程度上施行门户开放政策,我们需要明显的实力,不仅要保持在中国本土的实力,而且要保持海上交通线的实力,尤其是最短航线的实力"。⑤ 美国对西太平洋海权的坚持,决定了美日双方矛盾的持久存在。日本起初对美国兼并夏威夷就有意见,而在20世纪30年代英国不断后撤其东亚防御线之后,美国成为日本东亚地中海制海权的主要威胁,日本对美国因素的排拒,演成太平洋战争,并使得钓鱼岛问题的"制造"权最终落入美国手中。

---

① 《七续纪论辨琉球事》,《申报》,光绪六年三月十八日,1880年4月26日,第4版。
② U. S. Policy toward Japan, Top Secret, National Security Council Report, May 17, 1951, *Digital National Security Archive*(以下简称 *DNSA*),PD00141.
③ 艾尔弗雷德·塞耶·马汉《海权对历史的影响:1660—1783年:附亚洲问题》,第460页。
④ 张玉法:《中华民国史稿》修订版,台北:联经出版事业有限公司2010年版,第33页。
⑤ 艾尔弗雷德·塞耶·马汉《海权对历史的影响:1660—1783年:附亚洲问题》,第527页。

四

本来,开罗会议期间,美国总统罗斯福曾询问蒋介石中国是否想要琉球,但蒋介石提议"可由国际机构委托中美共管",理由是"一安美国之心,二以琉球在甲午以前已属日本,三以此区由美国共管比归我专有为妥也"。①

德黑兰会议期间,美苏就东亚地中海及其周边的处置,曾有预案,并涉及到琉球:

> ……罗斯福总统回忆道,斯大林熟知琉球群岛的历史,完全同意琉球群岛的主权属于中国,因此应当归还给中国……②

宋子文、孙科、钱端升③以及王正廷、王宠惠④等人对琉球态度与蒋不一,当时《中央日报》《申报》等媒体亦认为中国应领有琉球,但蒋的意见在当时决定了琉球不为中国所有的事实。蒋介石的考虑不能说没有现实因素的作用,但海权在其知识结构中显然非常欠缺,东亚地中海的战略重要性不为蒋介石所认知,是美国得以制造钓鱼岛问题的重要背景。

在所有的地中海世界中,对立者的可能行动方向是考虑战略安排的主要因素,东亚地中海亦然。战争结束以后,美国在给中国战场美军司令的电文中重申了《波茨坦宣言》的第八条:"开罗宣言的条款必须执行,日本的主权必须

---

① 高素兰编注《蒋中正"总统"档案:事略稿本》(55),台北:"国史馆"2011年版,第472页。

② Minutes of a Meeting of the Pacific War Council, *Foreign Relations of the United States*(以下简称 *FRUS*), Diplomatic Papers, The Conferences at Cairo and Tehran, 1943, United States Government Printing Office, Washington:1961. pp. 868 - 870.

③ *Chinese opinion*, (8 December 1943),沖縄県公文書館蔵,米国収集文書・Territorial Problem-Japan: Government Saghalien, Kuriles, Bonins, Liuchius, Formosa, Mandates,059/00673/00011/001.

④ 《王正廷谈话盟国应长期管束日本至消灭侵略意念为止》,《申报》,1947年6月5日,第2版;《王宠惠谈对日和约 侵略状态应消除 对外贸易不能纵其倾销》,《申报》,1947年8月15日,第1版。

仅限于本州、北海道、九州、四国及由我们所决定的一些小岛屿。"①但苏联在东亚地中海的存在和影响成为美国东亚政策的主要针对因素,对日处理,已不是四大国共同决定。美国认为,"中国、苏联、英国和琉球人强烈反对将琉球群岛交还日本",也认知到"对苏联而言,可以选择的是琉球独立或是将琉球交予共产党领导的中国。苏联更倾向于后者"。但美国自身的战略地位是最重要的考量因素。

> 承认中国的领土要求包含着巨大的风险。中国控制琉球群岛可能会拒绝美国继续使用基地,并且共产党最终打败国民党可能会给予苏联进入琉球群岛的机会。这样的发展不仅会给日本带来苏联入侵的威胁,而且会限制美国在太平洋地区的战略军事地位。②

1948年,美国国家安全委员会向美国总统、国务卿等提出"对日政策建议":"美国欲长期保留冲绳岛屿上的设施,以及位于北纬29度以南的琉球群岛、南鸟岛和孀妇岩以南的南方诸岛上的参谋长联席会议视为必要的其他设施。"③麦克阿瑟指出:"该群岛对我国西太平洋边界的防御至关重要,其控制权必须掌握在美国手中。……我认为如果美国不能控制此处,日后可能给美军带来毁灭性打击。"④1950年10月4日,参谋长联席会议未等与国务院协商一致,直接批准了给远东美军的命令,决定由美国政府负责北纬29度以南琉球群岛的民政管理。"该地区的美国政府称作'琉球群岛美国民政府'"。命令美军远东司令为琉球群岛总督,"总督保留以下权力:a. 有权否决、禁止或搁置执行上述政府(指琉球群岛的中央、省和市级政府——引者)制定的任何法律、法令或法规;b. 有权命令上述政府执行任何其本人认为恰当的法律、法令

---

① Memorandum by the State-War-Navy Coordinating Subcommittee for the Far East, *FRUS*, 1946, Vol. Ⅷ, The Far East, United States Government Printing Office, Washington:1971. pp. 174 - 176.

② *The Ryukyu Islands and Their Significance*, (24 *May* 1948),沖縄県公文書館蔵,米国収集文書・Central Intelligence Agency,319/00082A/00023/002。

③ Report, NSC 13/2, to the President Oct. 7, 1948, *Declassified Documents Reference System* (以下简称 *DDRS*), CK3100347865.

④ General of the Army Douglas MacArthur to the Secretary of State, *FRUS*, 1947, Vol. Ⅵ, The Far East, United States Government Printing Office, Washington:1972. pp. 512 - 515.

或法规;c. 总督下达的命令未得到执行,或因安全所需时,有权在全岛或部分范围内恢复最高权力"。① 美国虽在战时反复宣称没有领土野心,但出于冷战的战略需要,在东亚地中海中深深地扎下根来。

根据1951年9月8日签订的《旧金山和平条约》(中华人民共和国中央人民政府公开宣言不予承认),美国琉球民政府副总督奥格登(David A. D. Ogden)1953年12月25日发布了题为《琉球群岛地理边界》(Geographic Boundaries of the Ryukyu Islands)的"民政府第27号令",确定琉球地理边界为下列各点连线:

北纬28度,东经124.4度;

北纬24度,东经122度;

北纬24度,东经133度;

北纬27度,东经131.5度;

北纬27度,东经128.18度;

北纬28度,东经128.18度。②

上述各点的内涵,把钓鱼岛划进了琉球群岛的范围。正如基辛格1971年与美国驻日大使商量对钓鱼岛问题口径的电话记录所显示的,美国明知钓鱼岛主权争议是中日两国之事,美国对其没有主权,但"1951年我们从日本手中接过冲绳主权时,把这些岛屿作为冲绳领土的一部分也纳入其中了"。③ 钓鱼岛被裹挟到"琉球"这个概念中,被美日私相授受,是美国"制造"出钓鱼岛问题的真相。

在美国对琉球愈发加紧控制的同时,随着朝鲜战争的爆发和冷战愈演愈烈,美国眼中的日本角色迅速发生转变,其重要性日益突出。1951年美国国家安全委员会的《对日政策声明》(1960年再次讨论)称,"从整体战略的角度

---

① Memorandum Approved by the Joint Chiefs of Staff, *FRUS*, 1950, Vol. VI, East Asia and The Pacific, United States Government Printing Office, Washington: 1976. pp. 1313 - 1319.

② *Civil Administration Proclamation NO.* 27, (25 December 1953),沖縄県公文書館蔵,米国収集文書・Ryukyus, Command, Proclamations, Nos. 1 - 35, 059/03069/00004/002。

③ Ryukyu Islands, Classification Unknown, Memorandum of Telephone Conversation, June 07, 1971, *DNSA*, KA05887.

而言,日本是世界四大工业大国之一,如果日本的工业实力被共产主义国家所利用,则全球的力量对比将发生重大改变"。① 1961 年,《美国对日政策纲领》进一步宣示了美国对日政策基调为:

1. 重新将日本建成亚洲的主要大国。

2. 使日本与美国结成大致同盟,并使日本势力和影响的发挥大致符合美国和自由世界的利益。②

这使得以美国总统、国务院为代表的力量顶着美国军方的异议③,对日本"归还"琉球(日方更倾向于使用"冲绳"这一割断历史的名词,而"冲绳县"和被日本强行废藩置县的古琉球国,以及美国战后设定的"琉球群岛美国民政府"的管辖范围并不一致)的呼声给予了积极回应。④ 扶持日本作为抵制共产主义的桥头堡,成为美国远东政策的基石,"归还"琉球,既是美国对日政策的自然发展,也是其对日本长期追随"自由世界"的犒赏。

值得注意的是,旧金山和约签订之后,在日本渲染的所谓左派和共产党利用琉球问题,可能对"自由世界"不利的压力下,美国承认日本对于琉球有所谓"剩余主权"。⑤ 但美国在琉球的所谓"民政府"有行政、立法、司法权,剥除了行政、立法、司法权的"剩余主权"实际上只是言辞上的温慰。1951 年 6 月美国国务卿杜勒斯(John Dulles)的顾问在备忘录中坦率地表示,美国事实上获

---

① U. S. Policy toward Japan, Top Secret, National Security Council Report, May 17, 1951, *DNSA*, PD00141 .

② Guidelines of U. S. Policy toward Japan, Secret, Policy Paper, c. May 3, 1961, *DNSA*, JU00098 .

③ 美国军方异议见 Memorandum by the Secretary of State to the Ambassador at Large (Jessup), *FRUS*, 1950, Vol. VI, East Asia and The Pacific, United States Government Printing Office, Washington: 1976. pp. 1278 - 1282.

④ Reversion of the Bonin and Ryukyu Islands Issue, Secret, Memorandum, c. October 1967, *DNSA*, JU00766 .

⑤ Background information and recommendations with respect to Japanese demands that the U. S. return administrative control of the Ryukyu Islands over to them. Dec 30, 1968, *DDRS*, CK3100681400.

得了琉球群岛的主权。① 美国宣称对中国固有领土拥有"主权"自属无稽,但这也说明日本在20多年中对琉球的"主权"并不是"毫无争议"的。等到1972年"归还"时,美方又用了"管辖权""行政权"等不同的名词,而不是"主权",说明美国注意到了琉球问题的复杂性。

由于海峡两岸坚决反对将钓鱼岛及其附属岛屿裹挟在琉球群岛中"归还"日本,美国在"制造"钓鱼岛问题时,发明了一段似是而非、玩弄文字的说法:"我们坚持,将这些岛屿的管辖权归还日本,既不增加亦不减少此岛屿为美国接管前日本所拥有的对该岛的合法权利,亦不减少其他所有权要求国所拥有的业已存在的权利,因为这些权利早于我们与琉球群岛之关系"。② "国务院发言人布瑞(Charles Bray)在一篇声明中指出,美国只是把对琉球的行政权交还给日本,因之,有关钓鱼台的主权问题,乃是有待中华民国与日本来谋求解决的事"。③ 美国言说的对象和内容是错误的,但钓鱼岛及其附属群岛的主权存在争议,却是其反复明确的事实。

余　论

在早期的中、日、琉球、英、美各种文献中,钓鱼岛及其附属岛屿都是"边缘性的存在"。在中日主权争议的今天,它却成为东亚地中海的"中心"——不仅牵动美、中、日这三个国民生产总值占据世界前三的国家,也牵动整个东亚乃至世界局势。妥善处理钓鱼岛问题,具有世界性意义。

马汉曾经设定:"可能为了人类的福祉,中国人和中国的领土,在实现种族大团结之前应当经历一段时间的政治分裂,如同法国大革命之前的德国一

---

① Memorandum by The Consultant to the Secretary (Dulles), *FRUS*, 1951, Vol. VI, Asia and The Pacific(in two parts) Part1, General Editor: Fredrick Aandahl, United States Government Printing Office, Washington:1977. pp. 1152 - 1153.

② Briefing Papers for Mr. Kissinger's Trip to Japan, Includes Papers Entitled "Removal of U. S. Aircraft from Naha Air Base" and "Senkakus", Secret, Memorandum, April 6, 1972, *DNSA*, JU01523.

③ 《美国务院声明指出 对钓鱼台主权 有待中日解决》,台北《中央日报》,1971年6月19日,第1版。

样。"①马汉的设定没有任何学理支撑，但确实，台海两岸的政治分裂给了所有居间利用钓鱼岛问题的势力，特别是美国以机会。1971 年 4 月 12 日，美日私相授受琉球甚嚣尘上之际，台湾当局"外交部长"周书楷前往华盛顿拜会美国总统尼克松，提出钓鱼岛问题会在海外华人间产生重大影响，可能造成运动。尼克松顾左右而言他，将话题转移到联合国问题的重要性上，尼克松说："只要我在这里，您便在白宫中有一位朋友，而您不该做任何使他难堪的事。中国人应该看看其中微妙。你们帮助我们，我们也会帮助你们。"②其时，台湾当局正为联合国席位问题焦虑，尼克松"点中"其软肋，使其话语权急剧削弱。果然，在随后与基辛格的会谈中，周书楷主动提出第二年的联合国大会问题，而且他"希望'另一边'（即中国共产党）能被排除在大会之外"。③ 事实上，中华人民共和国中央人民政府对钓鱼岛及其附属岛屿主张主权和行动，一直遭到台湾当局掣肘。钓鱼岛问题，因此必然与台湾问题的处理联系在一起，这极大地增加了解决钓鱼岛问题的复杂性和难度。这是其一。

其二，被人为故意作为琉球一部分而"归还"的钓鱼岛及其附属岛屿的主权归属问题，在美国有意识、有目的的操弄下，几乎在中日争议的第一天起就进入复杂状态。中国固有领土被私自转让，自然必须反对。1971 年 12 月 30 日，中华人民共和国外交部严正声明："绝对不能容忍""美、日两国政府公然把钓鱼岛等岛屿划入'归还区域'"。同时，善意提示日方勿被居间利用："中国政府和中国人民一贯支持日本人民为粉碎'归还'冲绳的骗局，要求无条件地、全面地收复冲绳而进行的英勇斗争，并强烈反对美、日反动派拿中国领土钓鱼岛等岛屿作交易和借此挑拨中、日两国人民的友好关系。"④可以说，态度十分具有建设性。

① 艾尔弗雷德·塞耶·马汉：《海权对历史的影响：1660 - 1783 年：附亚洲问题》，第482 页。

② Memorandum of Conversation, *Foreign Relations of the United States*, 1969 - 1976, Volume XVII, China, 1969 - 1972, Document 113, p. 292. 下文所引 20 世纪 70 年代以后的美国外交关系文件（*FRUS*），来源与来自威斯康辛大学的上文不同，文件来源是 http://history. state. gov/. 特此说明。

③ Memorandum of Conversation, *Foreign Relations of the United States*, 1969 - 1976, Volume XVII, China, 1969 - 1972, Document 114, p. 294

④ 《中华人民共和国外交部声明》（1971 年 12 月 30 日），《人民日报》，1971 年 12 月 31 日，第 1 版。

日本自居与美国是盟友关系，可以在钓鱼岛问题上得到美方的充分背书。但其实，没有得到完全的满足——虽然日本一直希望援引美方的表态主张权利，将其设定为"没有争议"，但1972年8月，美国政府内部指示，对日本应当清楚表示："尽管美国政府的媒体指导已进行了部分修改以符合日本政府的要求，这丝毫不意味着我们改变了美国在尖阁诸岛争端问题上保持中立的基本立场。"①更有甚者，1974年1月，已任美国国务卿的基辛格在讨论南沙群岛问题时，为"教会日本人敬畏"，讨论了将中华人民共和国"引导"到钓鱼岛问题的可能性。②这样看，实际上是"系铃人"角色的美国，并不准备担当"解铃人"的作用——促使中日两国长期在东亚地中海保持内在紧张，更符合美国作为"渔翁"的利益。

对美国利用钓鱼岛问题牵制中日，中国洞若观火，其长期坚持的"搁置争议，共同开发"这一创新国际法的、充满善意的政策，目的就是使钓鱼岛这一东亚地中海热点冷却下来、走上政治解决的轨道。但其善意，为日本政府所轻忽。日本政府如何为了日本人民的长远福祉而改弦更张、放弃短视思维，不沉溺于被操纵利用的饮鸩止渴，对钓鱼岛问题的政治解决至关重要。

其三，马汉还说，"富强起来的中国对我们和它自己都会带来更严重的危险"。③这一断言充斥着"文明冲突论"的火药味和深深的种族歧视，他论证说，"因为我们届时必须拱手相送的物质财富会使中国富强起来，但是中国对这些物质财富的利用毫无控制，因为它对这种在很大程度上支配了我们的政治和社会行为的思想道德力量缺乏清楚的理解，更不用说完全接受。"马汉以美国价值观作为美国接受中国复兴的前提条件，是今天美国操纵钓鱼岛问题深远的运思基础。

但是，正如布罗代尔总结欧亚非地中海历史所指出的："历史的普遍的、强

---

①　Issues and Talking Points: Bilateral Issues, Secret, Briefing Paper, August 1972, *DNSA*, JU01582.

②　Minutes of the Secretary of State's Staff Meeting, *Foreign Relations of the United States*, 1969 - 1976, Volume E - 12, Documents On East and Southeast Asia, 1973 - 1976, Document 327, p. 3.

③　艾尔弗雷德·塞耶·马汉：《海权对历史的影响：1660—1783年：附亚洲问题》，第522页。

大的、敌对的潮流比环境、人、谋算和计划等更为重要、更有影响"。① 中国的复兴是操盘者无法"谋算"的历史潮流和趋势,然而,这一潮流并不是"敌对的",2012 年,习近平更指出:"太平洋够大,足以容下中美两国(The vast Pacific Ocean has ample space for China and the United States")"②,充满前瞻性和想象张力的说法,相比于那些把钓鱼岛作为"遏制"中国的东亚地中海前哨阵地的"敌对的"计划,更着眼于"人类的福祉"。中国所主张的"新型大国关系",摈弃了传统的地中海模式,扬弃了加勒比海模式,内含了一种可能导向和平之海、繁荣之海的新地中海模式,值得东亚地中海所有当事者深思。

张生

2016 年 5 月

---

① 费尔南·布罗代尔:《地中海与菲利普二世时代的地中海世界》第 2 卷,第 955 页。

② 来自人民网,http://www. people. com. cn/GB/32306/33232/17111739. html,2012 年 02 月 14 日。

出版凡例

一、本文献集按文献来源分为中文之部、日文之部、西文之部三个大的序列。每个序列中按专题分册出版，一个专题一册或多册。

二、文献集所选资料，原文中的人名、地名、别字、错字及不规范用字，为尊重历史和文献原貌，均原文照录。因此而影响读者判断、引用之处，用"译者按"或"编者按"在原文后标出。因原文献漫漶不清而缺字处，用"□"标识。

三、日文原文献中用明治、大正、昭和等天皇年号的，不改为公元纪年。台湾方面文献在原文中涉及政治人物头衔和机构名称的，按相关规定处理；其资料原文用民国纪年的，不加改动。

四、所选史料均在起始处说明来源，或在文后标注其档案号、文件号。

五、日本人名从西文文献译出者，保留其西文拼法，以便核对；其余外国人名，均在某专题或文件中第一次出现时标注其西文拼法。

六、西文文献经过前人编辑而加注释者，用"原编辑者注"保留在页下。

七、原资料中有对中国人民或中国政府横加诬蔑之处，或基于立场表达其看法之处，为存资料之真，不加改动或特别说明，请读者加以鉴别。

本册说明

中日钓鱼岛之争纷繁复杂,需要以大历史的尺度、国际化的眼光进行审视。

根据文献来源,本册资料主要有四个部分,一是英国外交档案中有关钓鱼岛问题的档案,二是美国国家档案馆所藏钓鱼岛档案资料,三是冲绳县立公文书馆收集的美国文书,四是马英九当年在哈佛大学的博士论文节选,本书收为附录。

英国外交档案中有关钓鱼岛问题的档案主要涉及英国政府、外交机构人员对中日钓鱼岛之争的评估,以及对英国政府在该问题上应持立场态度的建议,史料价值颇大,有助于钓鱼岛问题研究的深入。

美国国家档案馆所藏钓鱼岛资料,主要涉及 1973 年至 1976 年间面对中日钓鱼岛之争,美国相关部门对此的态度,以及对美国相关石油公司与台湾当局在钓鱼岛及附近海域勘探石油的风险评估。

冲绳县公文书馆所收藏美国文书,主要涉及战后美国处置琉球问题的考量。从这些档案可以看出,美国面对国际环境的变动和冷战的逐步成型,基于本国利益,决定独家战略控制琉球,以配合其全球战略布局。

马英九博士论文分三个部分:前两部分论述东海海床划界争端涉及的国际法问题;第三部分是关于管辖权纠纷对外商投资的可能影响。论文就国际法海域划界理论与实践如何适用钓鱼岛等问题作了分析研究,对研究钓鱼岛问题有重要的借鉴意义。

编　者

2016 年 3 月

目　录

一、英国外交档案①

1. 台湾：1970 年年度综论

概要

对国民党来说，1970 年是痛苦的一年：联大通过了阿尔巴尼亚提交的决议，加拿大、意大利和智利承认北京的合法性，即使国民党穷尽了全部外交努力。（第 1 段—第 4 段）

"外交部长"魏道明被当作替罪羊，台湾对美国的幻想破灭。（第 5 段—第 7 段）

台湾领导人彭明敏博士的逃离以及台湾学生企图刺杀蒋经国都加剧了国民党对联大通过"一中一台"提议的恐惧，颠覆活动日益增加。（第 8 段—第 10 段）

于长城事件损坏了国民党的形象。（第 11 段）

日台钓鱼岛争端。（第 12 段）

国民党军事行动对美国参议院外交事务委员会的启示。（第 13 段）

蒋经国强化其政治地位。（第 14 段）

裁军 1/12，加快削减政府开支。（第 15 段—第 16 段）

11. ……很久以来，于长城兄弟已经成为国民政府及国民党在菲律宾支持者的肉中刺，原因是他们公开发表文章反对国民党的政策。军事法庭紧急审判于氏兄弟，宣判他们触犯了宣传共产主义的罪名，并分别处以 2 年和 3 年教育改造。从宽量刑的原因无疑是考虑到全球对该事件的关注，特别是国际

---

① *Foreign & Commonwealth Office*（简称 FCO）. http://www. archivesdirect. am-digital. co. uk/.

新闻学会恰巧在于氏兄弟被捕不久就在香港召开第 19 届世界学会,这对国民党是非常不利的。

12. 1970 年,日台钓鱼岛争端浮出水面。尖阁诸岛,现在台湾称钓鱼台列屿,位于台湾东北 100 公里处,由几座无人居住的岛屿组成。在争端的某一阶段,几名台湾记者远赴钓鱼岛并在裸露的岩礁上插上"国旗",但是日本拔除"国旗"时台湾并未表示异议。争端的真正关键并不在于岛屿的主权,他们也没有正式提出主权要求;而是在于有人认为岛屿所处的大陆架储藏着石油资源,国民党已经授权太平洋海湾公司在岛屿周边海域开采石油,而日本当然地提出异议。12 月,日本与韩国、台湾召开会议,全面讨论从台湾延伸至日本的大陆架石油的开采问题,就建立以实业家联络委员会为主导的协调开发机制达成协议,但搁置了主权争议。最初北京准备将其管理权留予国民党,但是得知达成协议后很快便宣布对东中国海大陆架行使主权。(明年)春天石油开采将重新开始,我们将在这个问题上听到更多消息。

13. 在公布相关证据之后,美国参议院外交事务委员会披露,国民党在台湾海峡发动的军事袭击比中国大陆要多,台湾已经扩建跑道并使其具备起飞B52 轰炸机的能力。……

(Formosa (Taiwan): annual review for 1970,1970, Foreign Office Files China,1967—1980, *FCO* 21/860)

2. 中国外交政策

机密

3. 中国最近一直贯彻该思想的主要领域包括:

A. 领海和海床问题

中国已经支持拉美国家提出 200 海里领海权的要求。众所周知,中国支持他们并不是因为中国提出或者即将提出该要求,而是因为中国认为每个国家都有提出要求的权利,也是因为希望借此促使拉美国家坚定地认识到,美国和苏联侵占他们的渔场,将来也有可能开发他们的海床这一威胁。正如你们从分散的通信中分析的那样,中国也已经开始谴责美国、日本、台湾和韩国就钓鱼岛周边海域进行海上石油勘探上的部署及提出的各种主张。我认为,1971 年我们将从中国听到众多有关领海和海床问题的言论。

B. 石油生产

中国已经密切关注最近召开的欧佩克会议,他们用老套的言辞指责西方石油公司的大肆逐利损害了产油国的经济发展和国民福利,并遣责他们支持提高油价和税率等的要求。在报道欧佩克会议时,中国提到了阿尔及利亚、利比亚、委内瑞拉、伊拉克、伊朗、科威特和沙特阿拉伯,但是并没有提及巴林、阿布扎比(无疑他们认为这两个国家是大英帝国的属国)和印度尼西亚。

4. 大国霸权思想含有一些内在的矛盾。在中国遣责大型石油公司母国,如美国、英国和荷兰对产油国的行为的同时,也希望欧洲国家在美国面前表现得更加独立,正因如此,他们认识到欧洲一体化的有利因素,尽管这与共产主义理论相矛盾。1月22日新华社登载一则消息称,蓬皮杜(Pompidou)总统反对"两个超级大国在地中海地区相争",主张西欧国家联合起来保护自己的利益。该言论可能是摘引,蓬皮杜还提到"美国已经通过欧洲安全防务和马歇尔计划推动欧洲恢复正常而非欧洲人的欧洲"。蓬皮杜说,"二战后国际局势发生变化,欧洲国家已经重振经济,重新意识到自己的身份、利益和追求";接着又采用经典的讽刺口吻补充道:"谁不认为并期待着英国在国际政治中寻求其特有的道路呢?"这是有利于中国人的说辞,跟他们对首相近期访美的评论如出一辙,我将对此进行单独报告。

(Chinese foreign policy,1971,Foreign Office Files China,1967—1980,*FCO* 21/806.)

3. 中英外交代表的层次

摩根先生:

自检察官们收到文森特·埃文斯(Vincent Evans)爵士的信件之后,我结合资料深入阅读并对该问题进行思考,又有两点想法。于法律角度而言,这两点并非新论,所以我认为没有必要对信件内容进行增补,但是立场改变后,这两点将会产生实际后果,自此以后我们将不得不承认台湾隶属于中国国内司法管辖范围之内的事实。

第一点是我们将不得不承认中国有权管理和控制台湾领海上英国的航运活动,有权控制台湾大陆架的资源开发。您应该记得,台湾授权一家英国公司在钓鱼岛海域勘探石油资源,他们在论证勘探前景时曾向我们征求意见。我们也将不得不承认中国有权在台湾领空飞越。我们已经明确放弃了允许任何商用飞机飞越台湾的想法，但是问题不仅在此。最近我们获知，伊朗政府有令，如果外国飞机侵入波斯湾争议岛屿的领空或者领海，就将对飞机进行射击；我们已经从法律基础上对此进行抗议，要求其废止命令。我建议有必要咨询海洋运输部和航空电信部，这样才能确保全面考虑其所有潜在的实际影响。

第二点是中国已经采取措施谋求国际社会承认其对台湾拥有主权（如果我们彻底改变立场，中国显然将催促其他国家效仿）。中国非常有可能向安全理事会提交议案，控诉美国干预中国内政并侵犯其利益。显然，我们不用必须支持中国人可能正考虑到的任何联合国行动，但我们必须认识到我们不能再从法律上维护美国的立场（这当然是一个主要设想，是与他们目前维持对台防务的声明相一致的）。1954年，杰拉德·菲兹莫里斯（Gerald Fitzmaurice）爵士解读了美台协议及据此采取军事行动的合法性及其现状，解释立场如下：

"承认北京政府的国家认为的立场。一般来说，如果一个政府被承认是一个国家的合法政府，它将必须被认可有权采取任何必要的军事行动保障对所属领土予以有效控制。因此，如果台湾被看作'国民政府'的领土，我们就不能辩驳北京政府试图解放台湾。然而，上文表明目前台湾并不是中国领土，已经承认北京政府的国家当然也持有这样的观点。……同样，承认北京政府合法地位的国家认为，台湾当局收复大陆是非法的，其他国家为此提供援助也是非法的。但是，在不承认台湾是中国一部分的国家眼中，如果他们是承认'国民政府'的国家，无论如何，北京政府无权宣布统治台湾，该岛对北京政府的防御是合法的，且其他国家为此提供援助也同样是合法的。"

1955年2月9日，杰拉德·菲兹莫里斯爵士再次评论《美台共同防御条约》无效时指出："相比美国，我们的立场更明确但不稳定，这体现在我们是唯一一个在坚持台湾不属于中国领土的前提下承认北京政府合法地位的国家，这样我们就能够支持美国的对台政策而否认北京政府宣称对台湾拥有主权。这就是在我看来，为什么我们不应以任何形式改变台湾不属于中国领土立场的原因，即使有些人可能提出或者正在提出反对意见。"

我不知道美国情报部门是否已经看到DOPC文件草稿，但是我认为在这一点上他们应该对这些条款内容进行讨论。

我把这份备忘录抄送给文森特·埃文斯（Vincent Evans）爵士。

1971年12月7日

(Level of diplomatic representation by United Kingdom in China and by China in United Kingdom，December 1971（Folder 5），1971，Foreign Office Files China，1967—1980，*FCO* 21/837)

4. 中国和英国互换大使

机密

密码 CAT A

FM 北京 ∅/3∅/722Z

机密

香港、华盛顿、东京、堪培拉 5 月 3 日第 388 号 FCO 电报例行情报

中日关系

1. 阿尔及利亚驻华大使告诉我,他于 4 月 3 日在官邸邀请外交部部长姬鹏飞和副部长乔冠华共进晚餐。乔冠华谈论了很多关于英国的话题,但是他除了对中英外交关系协定表示非常满意之外,我未能从大使那里获取更多信息。

2. (阿尔及利亚驻华大使)试图探究中国政府是否准备与福田纠夫交涉,问姬鹏飞谁将成为佐藤(Sato)的继任者,会是福田(Fukuda)吗? 姬鹏飞答道:若福田纠夫继任,佐藤将会很满意,但是中国不认为福田纠夫会是继任者。大使接着问道:日本是否将会在签署外交协定之前解决钓鱼岛(Senkaku)问题? 姬鹏飞肯定地回答道,台湾是关系正常化的唯一障碍。(英国外交官员批注:是的,但是还包括钓鱼岛)

爱迪斯(Addis)

....

(Exchange of ambassadors between China and United Kingdom，1972，Foreign Office Files China，1967—1980，*FCO* 21/989)

5. 中国(七)中国内部形势:1973年1月—6月(第1卷)

快讯(1973年5月1日)

中国

疆域和人口

1. 中国拥有370万平方英里的领土,仅次于苏联和加拿大,位居世界第三,但人口却最多。据估计,1970年中国人口达到8.2亿~8.5亿,主要集中在东部1/3的地区。华北平原、四川盆地、上海和广州周边地区的人口密度最大。少数民族主要集中在西部地区,约占总人口的6%。年人口自然增长率达到2%,预计到1976年中国人口将达到8.8亿~9.1亿。如果人口数量照该速度继续增长,食物与人口之间的平衡将成为一个关键因素。尽管中国不免将继续进口粮食,但是农业必须得跟得上人口的增长速度。

边　界

2. 中苏边界全长4 150英里(其中新疆部分1 850英里,东北部分2 300英里);中蒙边界全长2 600英里;中朝边界全长880英里。中国北部边界全长7 600英里,从北越到阿富汗的南部边界全长超过5 000英里。

3. 中国已经分别于1960年、1961年、1962年和1963年与缅甸、尼泊尔、蒙古和阿富汗缔结边界条约;已于1963年与巴基斯坦签署关于克什米尔边界的协议(由于印巴克什米尔问题悬而未决,该协议仅具有临时效力)。中国宣布他们愿意就尚未划定或者过去的所谓"不平等条约"强行划定的边界问题重新谈判,同时表示对香港、九龙和澳门3处待定地区维持现状。

4. 中国主要的边界主权要求包括,向印度要求拥有麦克马洪以南地区和拉达克(Ladakh)的阿克塞钦(Aksai Chin)地区,向苏联要求拥有帕米尔地区和黑龙江、乌苏里江流域。中印边界争议,在导致1962年秋于拉达克和阿萨姆邦(Assam)东北边境特区爆发的一场短暂战争时达到极点。1969年9月,柯西金(Koaygin)先生访问北京,但未公开结果,自同年10月20日始,中苏边界谈判一直处于间断状态。1973年1月—3月,中苏界河航运共同委员会第18次会议在黑龙江省召开,但双方并未达成任何协议。双方决定第19次会议在苏联召开。

5. 北京视台湾、澎湖列岛以及所谓的"沿海岛屿"（主要指金门岛和马祖岛）为中国不可分割的一部分，台北的国民党政权也如此认为。最近北京发表公开演讲敦促台湾人民与大陆人民联合起来，共同努力实现中国统一，并表示愿意举行任何正式或非正式的会谈。这些演讲明确表明，北京虽然在台湾"大使"继续驻留华盛顿的前提下在华盛顿成立联络处，但是在反对通过任何"两个中国"的方式解决台湾问题上有所松弛。周恩来就祖国统一问题发表的一系列声明已经设想了一个跨度较长的过渡期。

6. 1970 年 12 月，北京宣布对藏有石油的钓鱼岛拥有主权（该岛位于台湾东北约 100 公里的大陆架上，不属于琉球群岛链），这些岛屿处在大陆架之上，也被东京和台北提出同样的主权要求。1972 年 5 月，美国将钓鱼岛的管理权移交给日本。北京宣布对中国南海岛礁拥有主权，包括西沙群岛、中沙群岛、东沙群岛（普拉塔斯岛，目前由国民政府实际控制）和南沙群岛。实际上，中国地图将整个中国南海都囊括在中国疆域之内。

条　约

7. 中国已经与其他国家签署了很多条约和协议。除了第 3 段提到的边界条约之外，重要条约还包括 1960 年《中缅友好和互不侵犯条约》、1960 年《中阿友好和互不侵犯条约》、1961 年《中朝友好合作互助条约》以及与阿尔巴尼亚、坦桑尼亚和巴基斯坦签署的经济援助协议。虽然中苏并未正式否决 1950 年《中苏友好同盟互助条约》，但显然双方都已经暂停履行。1960 年中蒙签署《中蒙友好互助条约》，但后来由于受中苏争端影响，双方关系恶化，而苏联则在蒙古长期驻军。

8. 中国和日本已经宣布双方愿意缔结和平友好条约。1972 年 9 月，中日总理会谈结束后发表的联合公报已经提到这一点。

政　府

9. 1949 年 10 月 1 日，中华人民共和国宣布成立；国民党败退台湾，继续宣布他们是合法的"中华民国"政府。

10.《中华人民共和国宪法》于 1954 年 9 月正式通过，确立全国人民代表大会是国家政权的最高机构。宪法规定，全国人民代表大会每年召开一次，选举常务委员会并在大会期间行使权力。实际上,多年来全国人民代表大会并未根据规定按期召开,但在过去 8 年时间内以毛泽东为首的领导层也已经忽视宪法规定的存在。自 1965 年 1 月最后一次会议闭幕以来,全国人大已经不再召开会议,1966 年初以来也未曾报道过全国人大常委会的召开,但是很久以来人们就预测将要召开一次人代会。

11. 中华人民共和国主席刘少奇被指责为"文化大革命"中毛泽东的最大反对派,1968 年 10 月他被中共中央撤销一切职务。1969 年 4 月,中共九大召开(此届党代会长期拖延,按照规定党代会应当每年召开一次,而中共八大最后一次会议是在 1958 年举行的),通过了新的中国共产党章程。会议选举产生由 170 人组成的中央委员会,毛泽东和林彪分别被选举为主席和副主席。中央委员会选举产生中央委员会政治局常务委员会,由毛泽东、林彪、周恩来、陈伯达和康生组成。

12. 1971 年 9 月中旬,新的领导层发生危机。根据后来的报道(该报道明显源于对内公布的解释),林彪阴谋刺杀毛泽东并夺取政权,阴谋暴露后他企图叛逃苏联,但在蒙古机毁人亡。其他四位军事将领,同时也是政治局委员——人民解放军总参谋长黄永胜、海军政委李作鹏、空军司令员吴法宪和人民解放军总后勤部部长邱会作,因追随林彪而被捕。其后不久,军队内部发动了一场强调"对毛主席绝对忠诚、对党绝对忠诚"的宣传运动。林彪事件后,周恩来总理重新崛起,成为仅次于毛泽东的领袖人物,负责政策方向;叶剑英(曾被授予元帅军衔,共产运动初期曾担任周恩来的助手)被任命为国防部代部长。

经 济

13. 中国基本上是一个农牧业国家,大约 80% 的人口住在农村。中国目标是发展成为具有世界强国地位的工业化国家,但是由于歉收和 1960 年夏苏联撤回技术专家,五六十年代之交中国的经济发展遭遇重大挫折,最近又由于"文化大革命"引起的动荡而受挫。1969 年下半年"文化大革命"中断,中国经济复苏并恢复到 1966 年的产量水平。此后中国经济持续增长,部分原因是追回前期缩减的产量,同时也说明其经济发展经历了一次真正的高潮。中国宣布 1970 年国民经济总值增长 22%,1971 年增长 10%,并预测 1972 年增长率降至 5% 左右。事实证明,相比"文化大革命"刚刚结束时出现的经济膨胀水平,这些数据更接近"四五计划"(1971 年开始实施)制定的增长率。

14. 对外贸易继续保持快速增长。随着政治交往的发展,贸易联系也不断扩大。1971 年,中国与非社会主义国家的贸易量占到总量的 75％,中国与主要贸易国日本的贸易量占到总量的 20％左右。中国与社会主义国家的经济交往也继续恢复,1971 年贸易量增长率达到 18％。

(Internal situation in China, January-June 1973 (Folder 1), 1973, Foreign Office Files China, 1967—1980, *FCO* 21/1089)

6. 中国对外政策

……这些岛屿都没有土著居民,直到人们认识到岛屿的浅海区域可能储藏着可供开发的石油资源,岛屿主权才成为重要的问题。1974 年 1 月,中国军队驱逐了已经驻扎在部分岛屿上的南越部队和百姓。之后,中国人继续在岛屿上保持强大的地位,越南人将不大可能会重申他们的要求。

南沙群岛是一个更加复杂的问题。中国、越南、台湾宣布对其拥有主权,菲律宾也宣布对部分岛屿拥有主权。南沙群岛距离中国大陆 600 海里(即在中国领空有效控制范围之外)。台湾、菲律宾和南越军队分别占领着一些岛屿。在这些因素的作用下,短期内北京不可能会采取军事行动,但是中国也绝无可能放弃对该地区的主权,这会成为一些重要问题的温床,特别是在该海域发现石油资源之后。

日　本

对日交涉中,中国的政治目标可能是双重的:阻止日本与苏联建立密切联系,以及阻止国民党从日本获得政治经济援助从而削弱国民党。此时中国对美日政治防务关系继续保持密切感到满意。日本将在美国参与西伯利亚开发的基础上同时参与,中国也准备对此表示容忍。但是中国关注未来日本军国主义复苏的可能性,也对日本是否发展核武器感到特别担忧……

中日两国将在经济领域密切合作,以及当前中日贸易占到中国对外贸易总量的 20％～25％,都有着深刻的原因。两大经济体在众多领域都是互补的。例如,在石油开采领域,日本拥有中国所缺乏的开采技术和紧迫需求,而中国内陆和大陆架都储藏着大量尚未勘探的矿产和石油资源。但是实际上,中国并不打算允许日本大规模开发中国资源,他们也不希望变成一个"殖民性"经济,继续以出口原材料的方式换取进口高端消费品。两国在中国东海局部潜藏油田区(例如台湾东北方的钓鱼岛)存在争议的事实将会引起竞争而非合作。东南亚也可能成为两国政治经济竞争的场所。

因此,总的来看,我们预测中日关系将进展缓慢而且跌宕起伏,长远看,中国对日本国力及其在亚洲影响力的不断增强表示强烈担忧,对日本是否继而重整军备更是如此。两国将会成为亚洲政治领袖的竞争者,随着时间的推移也有可能发生冲突。

(Foreign policy of China, May-December 1974(Folder 2), 1974, Foreign Office Files China, 1967—1980, *FCO* 21/1230)

7. 中国的领土争端

英国大使馆

西贡

1974 年 12 月 12 日

阿斯塔利(P. S. Astley Esq)

东南亚司

外交与联邦事务部

亲爱的菲利普:

帕拉塞尔群岛(西沙群岛)

1. 我附上一份报告的副本,是由半官方的新闻机构——越南新闻社所发出的,上有外交部发言人对一家北京报纸上的一篇就中国人对帕拉塞尔群岛和其他岛屿的声索文章所作的评论。

2. 你将看到一份关于北越对帕拉塞尔群岛和斯普拉特利群岛(南沙群岛)的声索,也是即将在 1975 年初出版的白皮书的摘录。这可能与南越驻伦敦大使馆提出的要求相连,他们想要得到有关帕拉塞尔群岛的历史资料[你11 月 8 日给南越大使馆的巴赫(Bach)信件(并不是所有)中所提到的附件]。我们应该在白皮书出版后得到数份拷贝件。

理查德(Richard)

费尔(R. T. Fell)

附　件

c.c.（包括附件）

　　南亚和东南亚区研究部

　　外交与联邦事务部

　　驻北京大使馆办公室

越南新闻社,第 6887 号(晚)星期二,12 月 10 日,1974 年

"红色中国"企图否认占领帕拉塞尔群岛

　　西贡,(VP)12 月 10 日　"红色中国"因受到爱好和平国家的谴责而感到尴尬,最近其当局通过对帕拉塞尔群岛主权的虚假争论来掩盖他们对南越领土的"入侵",外交部发言人今天早上评论到:

　　他说:在北京发行的《光明日报》,最近无故指出:有证据表明,南中国海上的帕拉塞尔群岛(译者按:即西沙群岛)和其他一些岛屿一千多年来一直属于中国领土。

　　发言人补充到,这一举动表明"红色中国"对十个月前占领帕拉塞尔岛行为仍然负有内疚感。

　　发言人强调,南越外交部已经搜集了有关帕拉塞尔群岛的资料,有关这一问题的白皮书将在 1975 年初出版,借以证明南越对斯普拉特利和帕拉塞尔群岛拥有主权。

　　发言人明确表示,《光明日报》刊载上述所说文章也许旨在为共产党中国在南中国海的最新"冒险和侵略行为"准备公共舆论。他也督促区域内国家对如此暗藏危险的"阴谋"保持警惕。(PD.23)

外交与联邦事务部

伦敦 SW1A 2AL

　　　　(电话)Telephone 01 -

马克·杰瑞姆·兴登堡 先生

(Mark Jerome Seidenberg Esq.)　　　　Your reference(供您参考)

邮箱 48601　　　　　　　　　　　　　Our reference(供我们参阅)

洛杉矶，CA 90048

美国   1974 年 12 月 12 日

感谢你 11 月 29 日的来信。我建议你写信给公共档案办公室以寻找有关斯普拉特利群岛和安波沙洲的资料。

我们不会对巴尔米拉环礁提出声索。

吉尔伯特和埃利斯群岛正在分离，因为埃利斯群岛的居民就该问题举行了全民公决，结果是多数人赞成分离，这已经被吉尔伯特群岛居民和英国政府所批准。

联合王国与文莱处于条约关系之中。依据经 1971 年修订的 1959 年条约，我们负责文莱的外部事务，文莱在其国防事务上有一个顾问委员会。苏丹负责其内部事务。我们没有任何有关中婆罗洲公司的详细情况，也不知道它仍然存在着。

由于这一含有纠纷的领土并不属于英国而且我们也没有对其提出声索，因此就你信中的最后一段，我不宜表达观点。

厄曼（W. G. Ehrman）
远东司

邮箱 48601
洛杉矶，CA 90048
1974 年 11 月 29 日

厄曼（W. G. Ehrman）

远东司

外交与联邦事务部

伦敦 SW1A 2AL

联合王国

亲爱的厄曼先生：

感谢你 1974 年 12 月 22 日的来信。

你在信中提到，1877 年 10 月 25 日一名英国臣民和一名美国公民得到一张前往斯普拉特利群岛和安波沙洲的许可证。有无可能获得那张许可证的副本以及美国人和英国人的名字？如果你一旦获得有关这名美国海鸟粪工人的其他任何传记材料，请把它寄给我。

在那封信中还提到，巴拉米尔环礁曾经在 1889 年被联合王国所兼并。联合王国是否正式地曾将巴拉米尔环礁割让给美国或者说英美两国对此仍富有争议？（例如，美国对那些英国表示拥有主权并予以行政管理的吉尔伯特、埃利斯、菲尼克斯以及莱恩群岛也提出了声索。）

为何吉尔伯特和埃利斯群岛殖民地在 1976 年 1 月发生分裂？中婆罗洲公司和婆罗洲苏丹国（现称文莱苏丹国）之间是什么关系？文莱苏丹国和联合王国——即英国臣民的司法行政机构之间是什么关系？

联合王国是否仍然认为东经 110 度至东经 115 度，北纬 5 度至北纬 10 度范围内的那些岛屿是苏丹 Mullana Abdul Wahap 直系继承人的个人财产（除联合王国颁发过执照的斯普拉特利群岛和安波沙洲之外）？

就如同我所理解的，这些岛屿从苏丹 Mullana Abdul Wahap 殿下传给他的儿子苏丹 Abdul Mumin bin Almalkum 殿下。从苏丹 Abdul Mumin bin Almalkum 到他的儿子 Pangeran Bendahara。从 Pangeran Bendahara 殿下到他的儿子 Pangeran Kamaludin。从我的记载来看，上述岛屿的所有权在 Pangeran Kamaludin 手上终止。你知道在 Pangeran Kamaludin 之后谁主张有上述岛屿的所有权？联合王国是否认为 1932 年后关于斯普拉特利群岛和安波沙洲的声索，会被转让给文莱苏丹国或美国（即菲律宾领土）？

> 您忠实的
>
> 兴登堡（Mark Jerome Seidenberg）

外交与联邦事务部
伦敦 SW1A 2AL

电话 Telephon 01 -

马克·杰瑞姆·兴登堡

Mark Jerome Seidenberg Esq.　　　　Your reference（供您参考）

邮箱 48601，布里格斯站 Briggs Station　　Our reference（供我们参阅）

洛杉矶

加利福尼亚 90048　　　　　　　　　　　　1974 年 11 月 22 日

美国

沃森(Watson)小姐要求我回复你 11 月 2 日的来信。

1964 年,女王陛下的"步枪兵(Rifleman)"号,一艘皇家海军的船只,访问了斯普拉特利群岛和安波沙洲。1877 年 10 月 25 日,女王陛下政府给一名英国臣民和一名美国公民颁发了许可证,允许他们在这两个岛上升起英国国旗以及开采鸟粪。1889 年,皇家中婆罗洲公司被再次授予这些权利。直至 1932 年,英国殖民部将这些岛屿列为英国领土。但是这一主张被认为已经转让。

据我们所知,自从这两个国家独立后(在 1947 年和 1948 年),米尼科伊群岛和巴斯群礁已经分别属于印度和斯里兰卡。

1862 年巴拉米尔群岛被夏威夷王国兼并;1889 年被联合王国兼并;在 1898 年的国会法案中被美国包含进夏威夷群岛中。1912 年,美国巡逻船"西弗吉尼亚"号正式驻扎于此。它被夏威夷州州立法案排除在夏威夷州边界之外,现在根据太平洋岛屿年鉴,由美国内政部负责管理。

尽管贾维斯岛靠近联合王国声索的莱恩群岛,豪兰岛和贝克群岛靠近联合王国声索的菲尼克斯群岛,但实际上它们没有一个是这两大群岛的组成部分。我们认为上述三岛皆是美国领土。

我们在你提到的纬度和经度没有发现康沃利斯群岛。因此,我无法确定我们是否会对它予以声索。

厄曼

远东司

国家档案

组:外交与联邦事务部

类:21

份数:1244

这些档案暂时以档案来源所属的部门来进行分类保存。

SWB　　FE/4746/A3/4　　1974 年 11 月 4 日

西沙(帕拉塞尔)群岛　新华社(英语频道,格林威治时间 1974 年 11 月 1 日 15 时 55 分)发布了一份报告,其中说明了西沙群岛在 1974 年 1 月的"自卫反击战"前被南越非法占领,它是"中国神圣领土的一部分",上面的气象服务对中国十分重要。该社还报道了(英语频道,格林威治时间 1974 年 11 月 2 日 08 时 25 分)《人民日报》的一篇文章,赞扬了一场在北京举办的有关该群岛现状的图片展览。它指出,展览是"一把指向那些垂涎中国领土的帝国主义、修正主义和反动势力以及叛徒林彪的尖锐匕首"。

英国特派使节团
斯里巴加湾市
文莱

P G de CourcyIreland
西南太平洋司
外交与联邦办公室　1974 年 10 月 23 日

亲爱的派莉:

斯普拉特利群岛

1. 我对你 2 月 28 日给新加坡的华莱士(Wallace)信中提到的,对斯普拉特利群岛已经提出的各种主权要求,十分感兴趣。

2. 我最近从鲁斯·鲁尼(Runce Rooney)处听说,文莱皇家马来军团的一艘快速巡逻艇"KDB MASNA"号最近进行了一次演习,专程巡视了斯普拉特利群岛。在此附上有关那次巡视的一份报告的副件及一些在两英里距离(即就在领土界限之外)所拍的照片。

3. 我必须承认,当我发现文莱皇家马来军团冒如此之大的风险自行采取行动,并且在实际行动时甚至并没有首先向我咨询意见时,我多少是有点生气的。我已经告知了鲁尼(Rooney)我的这些想法。我本应该书面批准这一行动,并要求他在事先未咨询前,不应考虑采取进一步的类似行动。

4. 然而,即便如此,我仍认为信息量无疑是缺乏的。对那些跟你一样在家、负责搜集情报的人来说,它也许具有重要意义。

你永远的朋友,

彼得(Peter)

华莱士(CC J. G. Wallace Esq)
　新加坡

英国大使馆

No. 1 Ichiban-cho，Chiyoda-ku，东京，日本
1974 年 10 月 24 日
马丁(J. F. R. Martin Esq)
远东司
外交及联邦事务部

亲爱的马丁：
　尖阁诸岛(钓鱼岛)
　1. 我们读到你 10 月 14 日给约翰·柏伊德(John Boyd)有关尖阁诸岛(钓鱼岛)的来信时，十分感兴趣。
　2. 当下我们一致认为邓小平的谈话似乎没有多大的重要意义。就目前所能看到的是，他们仅仅公开提出了似乎已经被中日双方接受的、有关和平友好条约问题的非正式谅解，即除航行和渔业协定外，两国间的其他突出问题，尤其是尖阁诸岛(钓鱼岛)问题，目前应该被搁置。日本人知道他们已经不得不在一些场合就尖阁诸岛(钓鱼岛)问题与北京进行斗争。在日本人看来，即便将该问题推迟到稍后时段，也可弱化中国的声索。
　3. 就和平友好条约本身所关注的而言，尽管外长私下评论道，严格来说任何条约都不会比书面条约更有价值。就表现出的目的而言，在他们与俄国人进行谈判时，与中国达成一份"和平条约"对日本来说符合其心意。并且对田中先生和木村先生而言，在和平条约方面取得一些进展，也许对他们各自的国内政治地位有些好处。政府发现，他们想要展示出在一些事情上取得了明显成功，已经越来越困难。然而，他们对这些困难并不心存幻想，尤其是在日本自由民主党内部，他们中当然并不是所有人都是北京的热衷者。例如，日本—"中华民国"国会议员联合会正组织一个由 88 名国会议员组成的代表团访问台湾，以庆贺蒋"委员长"10 月 29 日的 88 岁生日。已有媒体报道显示，前往的人数可能多达 130 人。

4. 英国驻北京大使在其 10 月 9 日的信中称,日本大使小川先生说,从日本出发的访问者大多数由那些为和平条约奔走的人组成。然而,北京明显还有部分日本集团的说客,这些集团通过密切与中国的联系来实现他们的利益,对身处东京的我们来说,这些看起来只是故事的一部分。中国人最近通过热情的声音来欢迎他们。当外交部官员告诉我们,日本想要的是实际问题的实质进展而不是高调的宣言时,我们没有理由怀疑。一场有关航海条约的会谈于 10 月 21 日在北京举行,这至少对他们来说是一个好的迹象。尽管之前设想谈判可能会旷日持久,如今媒体们预测谈判也许会在一个月内完成。10 月 20 日,李先念在北京同田川诚一(Seichi Tagawa)——一名自民党高级成员举行会晤,本地媒体将其报道为"中国在航行协定的磋商中未预见任何困难,期待能派遣一名副部长级官员前往日本签署协议"。日本人看中了姬鹏飞。

5. 中国人也许明白,在目前环境下如果把尖阁诸岛(钓鱼岛)问题囊括其中,那么他们与日本人签订和平条约将一无所得。这会把谈判磋商放在同日俄谈判的同一标准上,俄国人眼下是完全不同的一方。日本人目前已经表示在谈论领土问题时他们不会妥协。

6. 自写完上述这些后,媒体又报道,和平条约的预备性会谈"很有可能在 11 月开始"。尽管对此还没有任何官方的确认,但它与中国人早前所作的声明是一致的,即当其他磋商仍在继续的时候,他们乐意就和平条约进行平行会谈。小川先生有望能在 10 月 25 日返回北京。

你真诚的朋友,

迪尔格夫(J. G. Dearlove)

抄送:博伊德(J. D. Boyd)

北京

SWB　　FE/4729/A3/4　　74 年 10 月 15 日

日中关系

日本媒体代表团与邓小平举行会谈(FE/4728/A3/4)

10 月 12 日上午,副总理邓小平会见了由光田显司(Kenji Mitsuda)率领的日本媒体代表访问团,并进行了友好会谈。在场的还有新华社社长朱穆之以及各有关部门领导同志:邓侃(Teng Kang)、田途(Ting To)、刘富平(Liu Fu-ping)、吴学文(Wu Hsueh-wen)和沈衡军(Shen Ken-jung①)(新华社英语频道,格林威治时间 1974 年 10 月 12 日 19 时 48 分)。会谈在人民大会堂进行了两个小时。邓说第四届全国人民代表大会可以被称作是"简短的",会议本来计划在今年初召开,但因批林批孔运动而延期。批林批孔运动的目的在于震慑资本主义在中国的复活。谈及中日间悬而未决的和平条约时,他建议如果双方都同意搁置尖阁诸岛(钓鱼岛)及其他问题,则会达成一个初步协议(日本共同社英语频道,格林威治时间 1974 年 10 月 12 日 12 时 06 分)。

日本乡村手工业联合会代表团在中国

10 月 13 日,中共中央政治局委员华国锋与由木村相川(Misao Kimura)带领的全日本乡村联合会正清主席团第二批代表团成员进行亲切友好的会谈。在场的各部门领导:岳泰衡(Yueh Tai-heng)、王肖云(Wang Hsiao-yun)、李铁映(Li Tieh-ying)、段昀(Tuan Yun)、戴志超(Tai Chih-chao)、谢成丕(Che Cheng-pi)以及闵曾禹(Min Tseng-yu②)。代表团于 10 月 4 日抵达中国进行友好访问。访问期间,代表团成员接受了中日友好关系协会副主席王云生(Wang Yun-sheng③)和中国国际旅行社的领导之一岳泰衡(Yueh Tai-heng,音译)的宴请。他们访问了上海、南京和北京,并于 13 日在北京举行了答谢宴会。(新华社英语频道,格林威治时间 1974 年 10 月 13 日 17 时 08 分)

布莱尔先生(Mr. Brewer)

马丁先生(Mr. Martin)

1. 我相信这涉及到尖阁诸岛或者钓鱼岛。国民党人和中华人民共和国都声称这是中国领土,日本人也声称是日本领土。国民党人在 1958 年签署领土大陆架公约时,加入了一条保留条款,其影响在于排除了将这些岛屿用于确定大陆架边界。我认为中华人民共和国并没有公开地采用相似的态度。一份

---

① 译者注:音译。

② 译者注:音译。

③ 译者注:音译。

1971 年 8 月 12 日的研究部门备忘录包含着有关尖阁诸岛（钓鱼岛）问题更全面的叙述。

瓦艾特海德（P. J. D. Whitehead）

1974 年 10 月 18 日

豪尔先生（Mr. Hoare）:（研究司 R G 61/4）

1. 附带记录的最后一段表示,俄国和中国的中间线并未完全划定。对中国人而言,确定一个无人居住的日本岛屿的形状问题,情况很复杂,且他们认为在进行划分勘探权时该岛应该被折损。

2. 我们是否有任何有关这一问题的信息？

马丁（J. F. R. Martin）

远东司

K 253MA 742

1974 年 10 月 17 日

英国天然气部门与日本能源经济机构代表会谈记录

于 1974 年 9 月 19 日下午 2 时 30 分在泰晤士楼南面 1509 号房间举行。

出席：

天然气部门	日本能源经济机构
G. 基尔（G. Kear）先生	高垣（Takagaki）先生
R. 贝格斯（R. Beggs)）先生	吉田（Yoshida）先生
G. 史密斯（G. Smith）先生	石原（Ishihara）先生

英国的定价政策与世界价格

高垣先生解释道,由于日本以后会严重依赖液化天然气进口,世界天然气价格及其走向对他们来说尤其重要。他询问了英国的天然气定价政策。基尔先生说,世界液化天然气的价格将会与世界石油价格紧密联系。英国水域发现的天然气不会在公开市场中出售,因而我们的定价政策不会必然与世界趋势相关联。如此,我们的价格就可能与世界其他地区的价格有很大差异。实际上,英国天然气价格已经朝着世界水平稳步上升。

与成本、市场相关的定价

高垣先生询问,英国是否正准备从成本定价体系转向市场定价体系？得到的解释是,这里包含着政治考量及随着一场即将到来的选举,想要准确预测未来的政府政策是特别困难的。早期的南部盆地合同是在工党政府下谈判的,严格与成本相关。另外,1970—1974 年的保守党政府却认为定价体系应该较少地与成本相关。然而,因为天气条件、与海岸的距离和市场,以及水深因素,把天然气从讨论区域中的油气田里抽取出来,并把它运输到海岸的资金成本是南部盆地的两或三倍,目前仍处于商议之中。因此,就成本定价而言,布伦特所产天然气也许同世界市场价格区别不大。

"棕皮书"与油气储量

贝格斯先生解释道,致国会的年度报告旨在表明关于油气储量的官方立场,以应对媒体上众多不同的报导。天然气储量表显示了英国许可的领土范围位置,不包括与挪威所签合同的拥有量。国际广泛接受的储量术语有:

1. 探明储量——至少 90％肯定

2. 概算储量——50％～90％肯定

3. 推算储量——低于 50％肯定

高垣先生问道,是否还有其他的会被添加到清单上。贝格斯先生回复道,该清单是 1973 年 12 月制成的,由于自那之后又有新的发现,可能需要对表格作出一些再调整,一些推算储量变成概算储量,使得整个储量数值发生了改变。但是,政府很可能不会公布修订后的预估量直到下一版"棕皮书"准备好后。

西索尔与随后的价格

高垣先生说他了解到西索尔气田天然气的价格曾是每卡 1.8 磅。贝格斯先生解释道,仅仅在最初三年的初步价格是每卡 2.1 磅,之所以有意订得高是为了鼓励进一步的勘探。1970 年,在后继合同中价格被重新协商降到每卡 1.2 磅。

许可与勘探

高垣先生询问了一系列有关英国分配许可体系的问题。基尔先生解释道,这个系统要求半数的许可区域在六年有效许可结束后必须交出许可证。他说英国的区块会被分成三大基本类型:

1. 被许可与被勘探的

2. 被许可与未被勘探的

3. 未被许可的

贝格斯先生补充道,即使有区块未被许可,却仍然能得到有关它的地震波数据。

竞拍系统:这个在第四轮许可证发放过程中就已经尝试过。在每轮之后,都会有一次对许可程序的回顾。直到新一轮许可证被提议并讨论,竞拍方式是否会被再次使用很难说。

又一轮的许可证发放

基尔先生说,新一轮许可证发放的目标想必可能是为激活日益下降的在北海进行勘探的兴趣。这并不是当前的形势。在当前的许可证制度下,仍然有许多事情需要去做。且全世界范围内钻孔设备的短缺,实际上给在英国大陆架上行动量的增长设置了障碍。

天然气进口

高垣先生询问道,除英国天然气公司外,是否还有从其他途径进口天然气的可能?英国天然气公司的地位就是一个垄断供应者。于是,大陆架法案中的"合理价格"条款的实施一直是处于探讨之中。它这样解释道:尽管理论上任何公司都可以进口天然气,但在通过管道输送天然气给英国任何地点之前必须要得到英国天然气公司的同意。进口天然气公司也必须为贮气终端设施办理规划许可。

英国天然气公司和英国国家石油公司

高垣先生问道,这两者之间是怎样的关系?

基尔先生说,这还不确定。在一份政府声明中,英国天然气仍然会在离岸油气勘探和发展中发挥作用。英国天然气公司不会像以前一样在建立新的石油公司时作为核心,但可以想象的是,英国国家石油公司也许会接管部分既存的机构。英国天然气公司和英国国家石油公司可能会共同在英国周边水域展开勘探。

日本的离岸勘探

基尔先生询问日本的离岸勘探进展如何。

高垣先生回复道,目前他们已经发现了足够每天提供100万立方米的天然气田。第二次钻孔令人失望,第三次钻孔结果未知。目前与俄国、中国的中间线尚未划定。与中国在有关一个无人居住的日本岛屿的形状上存在纠葛,中国认为该岛屿在划分勘探权益时候应该被折损。

史密斯(G. J. Smith)

1974 年 9 月 23 日

外交与联邦事务部

伦敦　SW1A　2AL

电话 01 –

博伊德(J D I Boyd Esq)	Your reference(供你参考)
英国大使馆	Our reference(供我们参阅)
北京	1974 年 10 月 14 日

尖阁诸岛(钓鱼岛)

1. 你可能看到了共同社报导的邓小平有关尖阁诸岛(钓鱼岛)的最近评论。信后所附的是世界新闻报道概要中与之相关的摘录。

2. 你会想起,中国和国民党人在 1970 年都对日本对这些岛屿的所有权提出过质疑。1971 年,研究部关于这些岛屿的备忘录总结道,质疑背后原因是该区域可能存在着石油。

3. 关于邓提议的搁置尖阁诸岛(钓鱼岛)争议的想法,我们并未赋予其重大意义。虽然"搁置"具体是指什么不是很明确,但的确看起来可以确定的是,邓并没有放弃中国人对该群岛的声索,只是建议暂时把其放在一边。采取上述行动的原因之一是,该群岛事实上处于日本人的控制下,考虑到国民党人在该群岛的利益以及它们与大陆的距离,这使得中国人难以做很多而使他们的声索有效。同时,邓一定很清楚,在未解决所有权问题之前,对位于该区域的任何石油资源的勘探都不太可能开始。因此提议搁置这一问题就中国方面而言,并没有任何重大牺牲。

4. 邓关于该群岛的声明确实表明了改善日中关系的意愿。然而,根据共同社报道,邓也告诉来访的日本人,他希望中日友好条约在克服所有的障碍后能尽早达成。他还说,中国已准备好在悬而未决的有关双边协议的磋商结束后,开始有关这一条约的谈判。这似乎标志着中国态度的日益强硬。八月末,日本媒体报道到,邓对一个日本中日友好国会议员联盟代表团说,中国准备好开始有关和平条约的预备性会谈,甚至是在有关其他问题的双边磋商未完成之前。尽管如今邓似乎已经从之前的立场退让,但通过他关于尖阁诸岛(钓鱼岛)的提议来看,他还是试图表明中国仍然愿意在所提议的和平条约上灵活处理。

马丁
远东司

抄送：Chancery 东京

马丁

远东司

K 253

尖阁诸岛(钓鱼岛)

1. 请参阅你 10 月 8 日有关这一主题的备忘录。你所援引的来自共同社的引文,实际上是载于 10 月 5 日的世界新闻报道概要(SWB)而不是你所说的 3 日。来自共同社更完整的引文摘录已在 10 月 9 日的世界新闻报道概要上发现。

2. 我们并不赋予邓的搁置尖阁诸岛(钓鱼岛)争议的提议以重大意义。虽然"搁置"具体是指什么不是很明确,但的确看起来可以确定邓并没有放弃中国人对该群岛的声索,只是建议暂时把其放置一边。采取上述行动的原因之一是,该群岛事实上处于日本人的控制下,考虑到国民党人在该群岛的利益以及它们与大陆的距离,这使得中国人难以做很多而使他们的声索变得有效。同时,邓一定很清楚,在所有权问题未得解决之前,对位于该区域的任何石油资源的勘探都不太可能开始。因此提议搁置这一问题就中国方面而言,并不包含任何重大牺牲。

3. 对邓的声明最可能的解释就是,你所提到的,即希望表明改善中日关系的意愿。根据共同社报道,邓也告诉访问的日本人,他希望中日友好条约在克服所有的障碍后能尽早达成。他还说,中国已准备好在悬而未决的有关双边协议的磋商结束后,开始有关这一条约的谈判。这似乎标志着中国态度的日益强硬。八月末,日本媒体报道,邓对一个日本中日友好国会议员联盟代表团说,中国准备好开始有关和平条约的预备性会谈,即便是在有关其他问题的双边磋商没有完成之前。尽管邓如今已经从之前的立场退让,但通过他关于尖阁诸岛(钓鱼岛)的提议来看,他还是试图表明中国仍然愿意在所提议的和平条约上灵活处理。

豪尔(J. E. Hoare)

远东室

研究司

抄送:远东司的厄尔曼先生和哈斯克尔先生

(Mr. Ehrman,Mr. Haskell,both in FED),

内阁办公室的威尔逊先生(Mr Wilson in Cabinet Office)

1974 年 10 月 10 日

研究司 (FE) G 60/4

尖阁诸岛(钓鱼岛)

1. 10 月 3 日的世界新闻报道概要刊登了一篇日本共同社的报道,引用邓小平的话说,中国愿意搁置包括有争议的尖阁诸岛(钓鱼岛)在内的"领土问题"来促进日中友好条约的尽早达成。

2. 中国和台湾方面在 1970 年都对日本针对尖阁诸岛(钓鱼岛)的所有权提出质疑。我从 1971 年有关该群岛的研究部备忘录中了解到,隐藏在这一质疑背后的原因是这一地区可能有石油。如果报道确凿的话,当前中国人所作的妥协,在我看来似有着某些重要意义。除了意欲改善中日关系外,也许中国还有一些其他方面的动机。我不知道这些动机会是什么,我也对你的评论感兴趣。如果我从他们那里听不到任何消息的话,我们也许应该在合适的时机就此事致函北京和东京方面。

马丁

远东司

K 253 MA 742

1974 年 10 月 8 号

抄送：远东司的厄尔曼先生(Mr. EhrmanFED)

远东司的哈斯克尔先生(Mr. HaskellFED)

内阁办公室的威尔逊先生(Mr. WilsonCabinet Office)

肖特先生(Mr. Short)（PUSD E 211)

帕拉塞尔群岛

1. 你询问是否伍迪岛(永兴岛)及其北部的礁石岛都被中国人认为是帕拉塞尔群岛的一部分。答案是肯定的，中国人就是这么认为的。此外，中国人按照基准线原则划定了 12 海里的领海界限。也就是说，这个界限是在一条按照这个岛的最远点所画的线上进行拓展的，而不是按照海岸线的形态。如此，这一领海界限将会包括我们常认作是公海的范围。

斯图尔特·贝德士(Stuart Bates)

远东司

K 248MA1611

1974 年 9 月 5 日

外交与联邦事务部

伦敦 SW1A 2AL

电话 01 －

J. A. 斯特恩(J. A. Stern Esq)	Your reference(供你参阅)
英国大使馆	Our reference(我们参考)
北京	1974 年 9 月 2 日

日中渔业谈判

1. 你于 8 月 10 日就这些谈判给休·戴维斯(Hugh Davies)致函。

2. 航海交通部评论到，在海洋法背景下，所提议的对养护措施的重新安排，其中的重要意义是，中国看起来似乎(这是他们第一次认识到)要为了渔业目的而要求在实际中实施 200 海里的界限。到目前为止，中国宣称对从其海岸线延伸出的整个大陆架拥有主权,并在大会上选择支持那些出于渔业管辖目的而提出上述界限的国家拥有的权利。然而,根据 M & TD 地图,距离中国海岸 200 海里的那条界线,已经超越中国与琉球群岛的中间线。如此来说,日本人不太可能接受一条大致如此的分界线。

3. 我们应对你可能关于中国出于渔业目的将 200 海里划界限运用于实际的任何进一步指示感兴趣。

马丁
远东司

抄送:M. J. 威廉姆斯(M. J. Williams)

M & TD

(Chancery)大使馆

东京

英国大使馆　No. 1 Ichiban-cho,Chiyoda-ku,东京,日本

1974 年 8 月 29 日

J. F. 马丁先生(J. F. R. Martin Esq)

远东司

外交与联邦事务部

亲爱的马丁:

日本—中国渔业谈判

1. 我们对 8 月 10 日斯特恩(Stern)给戴维斯关于这一主题的信件很感兴趣。日本外务省给我们提供了一份他们在与中国人打交道时所遇困难的说明。与私企业代表相反,日本政府对中国跨过渤海湾武断所划界线的容忍问题,有着相当宽泛的含意。这个仍有待日本人批准的协议侵犯了日本和韩国间大陆架协议中的一些其他权益,中国人已对此提出抗议。

2. 外务省希望联合国海洋法会议可能有助于澄清一些问题。经过对其立场的再三考虑,有可能是在今年稍后时间重续与中国人的谈判。目前,外务省内部对于如何运作谈判有两种观点:一是尽快谈判签署协议,因为随着时间的流逝日本的谈判地位可能会变得愈加虚弱而非更加强大;二是日本人不应向中国人让步,否则会给日本随后与第三国的谈判开一个(不好的)先例。迄

今为止,还没有明显的迹象表明哪一方想法获得了更强大的支持。

你真诚的朋友,

迪尔拉夫(J. G. Dearlove)

抄送:B. 希契先生(B. Hitch Esq)

　　航海与交通部,远东司,外交和联邦事务部

　　J. A. 斯特恩先生(J. A. Stern Esq)

　　北京

戴维斯:(远东司 k253)

　　日本—中国渔业谈判

　　1. 斯特恩先生 8 月 10 日寄给你的信件被抄送给航海与交通部的希契先生。我很感谢你随同你信件的副本发来一份地图的副本,然而给我们的信件却没有(这份地图)。

　　2. 在海洋法背景下,所提关于保护措施的最新安排,其意义是,据我所知,中国似乎是第一次,为渔业目的而要求实际实行 200 海里的界限。到目前为止,中国宣称对从其海岸线向外延伸出的整个大陆架拥有主权,并且在联合国海洋法会议上表示支持那些出于渔业管辖权而选择界限的国家的权利。

　　3. 然而我注意到,根据我们的地图,距离中国海岸 200 海里的界线跨过了中国与琉球群岛的中间线。如此,日本人是不太可能接受这样一条大致界线。

　　4. 如果你要询问任何关于中国出于渔业目的将 200 海里界限作为即将付诸实践的进一步迹象,而给北京方面写信,我将会十分感谢。

威廉姆斯(M. J. Williams)

海洋运输司(Marine & Transport Dept)

G68/1G84

1974 年 8 月 28 日

英国大使馆

北京

1974 年 8 月 10 日

H. LI. 戴维斯(H. LI. Davies Esq)

远东司

外交与联邦事务部

亲爱的休(Hugh):

日本—中国渔业谈判

1. 我刚刚就这一复杂问题与日本大使馆对话,而且还收到了有关该题各要点的一份详细纪录。在加拉加斯会议的背景下,我感觉这也许与我们有些关系,而且如果你能将它传递给白厅中某个也许感兴趣的人,我会十分感谢。

2. 如所附地图说明的那样,自 1955 年始,日—中渔业组织有关日本人在黄海渔业区域问题上,一直存在一份协议。这项协议每年都会续期,而且在 7 月 23 日已经再次续期到下一年。它允许日本船只在地图上的阴影线之外的范围进行渔业活动,且地图上编号 1 至 6 的区域也只能在特定的季节进行渔业活动。

3. 5 月 24 日在北京开始谈判,旨在达成政府间协议来取代既存的私人协议。谈判在 6 月 20 日陷入僵局。

4. 这些谈判有两个方面。日本政府并不准备正式承认中国跨越渤海湾的军事区界限(地图上的阴影区)。他们认为这条中国人强行划定的界线跨过了公海,而且对其正式承认,对有关这方面的一个私人惯例来说,完全是另一回事。不止如此,中国人在递交给日本人的信函上说,如果日本船只出现在台湾周边的军事区,即地图上北纬 27 度以南的区域,他们将不会对日本船只可能的任何损伤负责,日本人拒绝该提议。

5. 谈判的第二部分与中国人提议的渔业保护措施建议有关。大体上中国人在地图上阴影线的东部划了两条线代表两个保护区域。在这两个区域的西部,禁止超过 450 吨的机动船只入此捕鱼。在东部,只允许 450 至 600 吨之间船只入此捕鱼。对于这些建议,日本人也并非完全满意。似乎在允许进入保护区的船只数目上也存在一些问题,而且尚不清楚中国人是否会提议将此措施运用于他们自己的船只建议上。也许更巧合的是,保护区的外侧界线恰好与从中国海岸出发的 200 海里界线相一致。

6. 日本人认为,在"保护区"上还有妥协的余地。如今日本正在商议他们在这方面的渔业利益。他们估计,接受中国人所持的意见就意味着日本从黄海的捕获量将减少 40%。然而,我的对话者至少能看到无法回避的军事线存在的合法性问题。

你永远的朋友,

斯特恩(J. A. Stern)

一秘

商务(Commerical)

抄送:B. 希契/海军和交通部/远东司/外交与联邦事务部

　　大使馆/东京

A. J. 吉普森—摩尔(A. J. Gibson-Moore Esq)

内阁办公室

伦敦 S W 1

国际开发署 AID 235/37/01

1974 年 9 月 2 日

联合情报委员会(B)南海和东海:潜在的石油、活动以及与之有关的声索

感谢你 8 月 21 日寄来的信件副本附上了上述文件的概要。我谨代表对该文件感兴趣的海外发展部部长给予你们回复。

迄今为止,我们对这份概要不予置评。由于问题涉及到印度尼西亚、马来西亚、泰国以及高棉共和国的近海活动,我们对此并不持强烈的赞成或反对观点。诚然,有关这一区域的信息,无疑会给我们提供有用的背景材料。但鉴于我们没有特殊的理由需要它,如果舆论反对将其列入文件中,我们也不会提出反驳。事实是,总体上,海外发展部(ODM)对于提议文件的兴趣,如今可以说仅是背景兴趣之一。

我会把这封信抄送给你的收信人。

T. D. 莱特(T. D. Wright)

史密斯先生(Mr. A. F. Smith)(PUSD)

联合情报委员会(B):南海和东海:潜在的石油、行动以及与之相关的声索

1. 你8月22日的ZJC 6/503备忘录附带了一份有关这一主题文件的草拟概要。

2. 就整体来说,IRD赞同草拟概要中所提议并列出的划分和细分,但仍有一些保留:

(a)对我们来说,似乎是一场有关"地质调查已经结束"的讨论,目前被放置在这份概要的结尾,处于"潜能"之下;也许可以在前面的一点中,也许在序言中附属于第二个小标题。实际上有可能依据整个标题为"潜能"的章节,被置于概要前面位置的情况。确切说来,部分是因为,这个地区总体上存在发现和产出石油的可能性;同时也大概基于地质调查的主要部分已经结束,以及予以声索、勘探以及其他活动也已经纷纷展开。如果这一理由被接受,那么有关"潜能"这一部分也许可以放在序言和声索部分之间。

(b)在声索部分的下面部分第一小点,关于朝鲜和韩国对西海岸外诸岛争议的讨论,也许应该放在"结论—可能引起摩擦的地区"的标题下面。正如我们所理解的,这一争议包含进入争议岛屿的通道问题和水域范围问题;石油勘探问题似乎还没有显露(括号内所包含的有关这一争议的讨论显示出这份草拟概要的不确定部分)。

3. 我们一致认为定义仍是一个问题。我们自己的倾向会是排除掉印尼、马来西亚、泰国和高棉共和国的近海活动,而更偏好集中关注目前在南海和东海上的声索和行动。对我们而言,这些地区的问题,其政治和外交上的性质似乎等量于其经济与物质上的性质。若接受一个更狭义而非更广义上的区域定义,那么强调现状的政治性方面也许是可取的。

4. 我们不太确定,在当前活动这一章的第4小节中,提及"中国、朝鲜、越南勘探活动"时,是否就应该包含有朝鲜的内容,而且也在怀疑这是否是一个打印错误。

麦克米尼(J. G. McMinnies)

情报研究司

1974年8月29日

抄送:马奇先生(Mr. March)(远东司)

A. F. 史密斯先生　常务副秘书处(PUSD)

联合情报委员会(B):中国南海和中国东海地区:石油潜能、相关活动和相关主张。

1. 以下为远东地区、南亚地区和东南亚地区相关部门意见的草案大纲

a. 地区定义

中国对中国南海地区的岛屿宣称主权引发了与印度尼西亚、东马来西亚、南越和菲律宾的领土海洋问题。因而应该审视这些问题,并对这一地区实际的或潜在的石油活动进行调查。

我们认为暹罗湾(即泰国和高棉提出主张的地区)不应该被包括在内。

b. 简介:C 段

表明不同国家的态度是有必要的,通过大陆架划分机制我们也能看出他们主张的法律机制依据是什么。我们认为,对于基于此机制产生的或应该产生的法律效果,各方存在不同意见。

c. 各方主张:

1. a. 北朝鲜也涉及这一争议之中。

1. 中国和北朝鲜在黄海划界问题上缺乏共识。

1. 这一地区有很多中国的限制海域(如渤海湾和黄海地区),这些区域并非是明确的领土主张,但却需要讨论。

d. 当前活动:

4. 我们并不清楚北朝鲜在东京湾的活动。

2. 我们了解海外发展部已经在太平洋与远东地区完成了一些石油探测的调查研究。草案起草者应可获得研究部门关于南沙群岛和尖阁列岛(钓鱼岛)相关情况的报告,还可获得关于印尼和马来西亚领海的首份报告草案。

F. 布鲁尔(F. Brewer)

远东部

研究司

1974 年 8 月 28 日

史密斯先生[(常务副秘书处(PUSD))- E211]

联合情报委员会(B):南中国海和东中国海:石油储藏等

吉布森·穆尔(Gibson-Moore)在他 8 月 21 日信件的第三段中提到,这份

文件包含的地理区域应该被限制在南中国海岛屿与东京湾的南侧。就这一部分而言,可以有效而明智的排除印尼、泰国和红色高棉,而不会排除东马来西亚以及菲律宾与包括中国在内的其他国家之间对南中国海权利声索上的冲突。对这份报告涵盖区域的一条简便划分线可能是被提出主张的海域,由中国地图的边界所环抱且拓展到吕宋岛海岸、巴拉望(菲律宾西部岛屿)、沙巴州(马来西亚州)、沙捞越(马来西亚州)至越南北部海岸直到东京湾的所有地区。对这些海域提出主张的背景材料已经被整理在南沙群岛的研究报告中。中国的边界主张与菲律宾的领海主张存在冲突,与马来西亚在东马来西亚相对温和的主张也有冲突。这些近海地区均涉及石油利益,对这些状况的检测会对中国与菲律宾和马来西亚的关系有所影响。这些地区向西和向南扩展所涉及的地区则当然会是中国没有予以声索的地区。我阅读大纲后认为扩展区域在逻辑上是不恰当的的。

斯彭德·洛夫(P. R. Spend Love)

东南亚部门

1974 年 8 月 27 日

抄送:马奇先生(Mr. March)(远东司- k251)

　　　朗迈尔先生(Mr. Longmire)(研究司- G71A/4)

　　　经济司(G1A/G)

　　　能源司(E017)

　　　情报研究司(G3/3)

　　1974 年 8 月 27 日

　　吉布森·穆尔(Gibson-Moore)

内阁办公室

白厅 70 号

伦敦 SW1A 2AS

亲爱的吉布森·穆尔:

联合情报委员会(B):南中国海和东中国海地区:石油储量、相关活动和相关主张。

　　感谢你将 8 月 21 日发给常务副秘书处(PUSD)史密斯的附带有关于上

述主题文件草稿大纲的信件复本发送给我。

从我们的角度来看,这份草稿大纲是令人满意的,但我认为,如果省略提及印尼、马来西亚、泰国和高棉将会更好。正如你所说,这些国家处于地区利益的边缘地带。可能更为重要的是,在我看来,包含这些国家会使报告更为不平衡,因为相比于我们进一步向北的主要利益区域,这一区域已有如此多的活动(已知活动)。

如果将南亚地区的活动放在联合情报委员会文件中,那么整个地区自然地将会以多种方式划分为两大截然不同的部分。因此我认为这样的内容放在第二份、独立的文件中会更好。

对于我们而言,两份不同的此类文件显然要比一份综合的文件更有利用价值。

伯奇莫尔(R. B. Birchmore)

抄送:

A. F. 史密斯(A. F. Smith)先生,邮政储蓄部　外交与联邦事务部

K. O. H. 奥斯本(K. O. H. Osborne) 先生,海外发展部,Eland House

J. M. 米亚尔(J. M. Myall) 先生,CRE4 贸易部

P. 富克斯(P. Fawkes),国防部

D. M. 马奇,先生,官佐勋章　远东部门,外交与联邦事务部

P. R. 斯彭德·洛夫(P. R. Spend Love)先生,东南亚部门,外交与联邦事务部

吉布森·穆尔先生

评估人员

内阁办公室

伦敦 SW1

1974 年 8 月 23 日

联合情报委员会(B):南中国海和东中国海地区:石油储量、相关活动和相关主张。

感谢你 8 月 21 日的来信,提供了上述报告的草案大纲。我想要指出的是,尽管我们乐于提供一个以中国对于航线的影响范围为中心的预备草案,但

在此之前我们明白,在拟定草案阶段,我们希望非经济层面的缺口由那些比我们自己更有资格的国家来填补。对此,我认为,这有助于强化你的观点即把十二月而不是十一月作为获准的目标日期要更为现实。

我将这封信件一并抄送给你的收件人。

J. P. 富克斯(J. P. Fawkes)

抄送:

A. F. 史密斯(A. F. Smith)先生 常务副秘书处 外交及联邦事务部

R. B. 伯奇莫尔(R. B. Birchmore)先生,能源部

K. O. H. 奥斯本(K. O. H. Osborne)先生,海外发展部,Eland House Stag Place

J. M. 米亚尔(J. M. Myall)先生,CRE4 贸易部

D. M. 马奇(D. M. March)先生,官佐勋章 远东部门,外交及联邦事务部

P. R. 斯彭德·洛夫(P. R. Spend Love)先生,东南亚部门,外交及联邦事务部

史密斯先生

常务副秘书处

外交及联邦事务部

伦敦 SW1

联合情报委员会(B):南中国海和东中国海地区:石油储量、相关活动和相关主张。

1. 我正将附上草案大纲的信件邮寄予你,以你为外交及联邦事务部工作的协调身份寄出,文件中的上述内容,得到了经济情报局(DET)的赞同。如果你和信件的其他接收者能够在9月2日星期一之前能让我了解到你们的意见我将十分感谢。

2. 最初提议的标题是"南中国海和东中国海:近海石油及矿藏的潜在储量",我们之所以改为上述标题主要是基于这一点以及经济情报局的初步研究:有关矿藏潜在储量的信息非常少。尽管文件也提供了相关参考信息,但我们认为将"矿藏"一词纳入标题会产生误导。

3. 关于定义的问题依然存在:是否应该将印尼、马来西亚、泰国和高棉的

近海活动包括在内。争论的焦点是：尽管这些国家的探测活动极为广泛，但却属于以中国及近海岛屿为中心的主要利益区的边缘。这一活动同样包括了其他地区。我们认为，这一报告最好集中于目前的各国声索以及在东中国海、尖阁列岛、南海诸岛以及东京湾地区的活动。我们将感谢您的观点。

4. 经济情报局已经同意利用他们对中国和远东地区的知识在 9 月底之前根据主办部门的关切来准备一份初步草案。其后会附上一份工作草案。这份计划将使相关部门得以再次审视定义问题，但是将 12 月作为这一文件被联合情报委员会获准的目标日期确实要比 11 月更为现实。我希望一个月的延期不会给相关部门带来不便。

吉布森·穆尔

抄送：

R. B. 伯奇莫尔（R. B. Birchmore）先生，能源部

K. O. H. 奥斯本（K. O. H. Osborne）先生，海外发展部，Eland House Stag Place

J. M. 米亚尔（J. M. Myall）先生，CRE4 贸易部

P. P. 福克（Fawke）先生，DI77c，国防部

D. M. 马奇（D. M. March）先生，官佐勋章 远东部门，外交与联邦事务部

P. R. 斯彭德·洛夫（P. R. Spend Love）先生，东南亚部门，外交与联邦事务部

联合情报委员会文件：南中国海和东中国海地区：石油储量、相关活动和相关主张。

草案大纲

简介：

对讨论地区的界定；周边国家和岛屿

对这一地区的本土和国际兴趣，兴趣由来的原因（主要为潜在的石油储藏）

冲突主张可能带来的争议（包含台湾）

划界问题；大陆架主张的国际法依据

主张：

1. 东中国海：

争议主要存在于韩、日、中之间，关于 1974 年 1 月签署的一份关于建立韩日联合勘测区的协议

中国和南朝鲜关于 1973 年 5 月美国许可证的争议

（朝韩关于西海岸线近海岛屿群的争议）

2. 尖阁诸岛（钓鱼岛）

岛屿主权；中国、台湾、日本三方主权宣示冲突

3. 南中国海岛屿

争议岛屿包括：西沙群岛、南沙群岛、东沙群岛以及中沙群岛

中国在 1974 年 1 月夺取西沙群岛。该岛屿的"声索国"包括中国、越南、台湾和菲律宾

4. 东京湾

中国和北越之间存在划界问题

5. 泰国、高棉、南越、马来西亚

已经签订的协议与其他未决事项

当前活动：

1. 东中国海：

南韩周边被授权给外国公司的矿区

南韩、日本联合勘探

2. 尖阁列岛（钓鱼岛）

台湾授权给外国公司的矿区

3. 中国南海岛屿

中国在西沙群岛的活动

4. 东京湾

中国、北朝鲜、越南的勘探活动

5. 越南、泰国、高棉、马来西亚、菲律宾、印尼

沿海的石油勘探活动；授予外国公司的特许权

潜在可能：

总体在该区域发现与生产石油的可能性

地质调查已执行

结论：

 海洋法大会的影响

 可能引发冲突的地区

 周边国家可能采取的态度与政策

 （适用的地图，略）

亲爱的理查德（Richad）：

南中国海

 首相现在能够考虑由联邦事务大臣传阅的关于本国对南沙群岛、安波沙洲可行主张的备忘录，该备忘录乃基于 6 月 27 日海外政策委员会的（74）20 文件而成。

 除非有同僚表示反对，首相接受卡拉汉（Callaghan）先生的建议，即我们应该认为英国的主张已经失效。

 我也将本信件的复印件发给布里尔力（Brearley）（内阁办公室）。

德拉斯（R. N. Dales）
外交与联邦事务部

莱恩女士：

近海岛屿

 1. 7 月 8 日的 SWB FE/4645 文件中有一份 1974 年 7 月 5 日国民党新闻机构下属中央通讯社的报道，该报道称 7 月 3 日大陆共产党炮击马祖群岛中的一个小岛，造成了房屋损毁和一些居民受伤。报道同时记录了当天夜里有炮弹在金门群岛燃烧的情况。

 2. 正如你所知道的，国民党和大陆共产党自 20 世纪 60 年代就开始持续交火。然而，双方火炮互击通常用宣传炮弹的形式。多年以来，双方心照不宣逐渐形成一方开火，另一方在次日开火的默契。我能发现的最近一次提及使用高爆弹的信息是在 1960 年 6 月。1960 年 6 月 17 日，就在艾森豪威尔对台湾进行 24 小时访问的夜间，共产党火炮部队在四小时内对两组群岛共计发射了 85 000 发炮弹。6 月 19 日，在艾森豪威尔离岛之际，共产党又在四小时内发射了 88 000 发炮弹。自 1958 年炮击金门事件之后，中国对于美方任何与国民党关系进展的迹象都格外敏感。据估计,当时的炮击是为了提醒美国人台湾问题依然是中国的重要关切。

　　3. 很难知晓是什么原因产生了当前这份报告。我认为这样理解这份报道可能是正确的,因为它的口吻非常低调,与常见的国民党宣传风格不一致。很有可能并不存在高爆弹射击,而是探测性的宣传炮弹;可能国防部可以帮助我们了解确切信息。此次炮击只有少量炮弹,很难将其看作是一项大规模交火的前奏。事实上,最有可能的解释是炮弹被错误运用,一些运气不佳的装弹手正忙于为此寻找恰当的合乎逻辑的解释。

1974 年 7 月 8 日

豪尔(Hoare)

远东室

研究司

抄送:

　　情报研究司

　　常务副秘书处

　　评估人员

　　MOD/DI2

　　(Territorial disputes of China, September-December 1974 (Folder 3),
1974, Foreign Office Files China, 1967—1980, *FCO* 21/1244)

8. 中国外交政策

日　本

　　对日交涉中,中国的政治目标包括以下两个层面:一是阻止日本和苏联建立密切联系;二是阻止国民党从日本处获得政治经济支持,以削弱国民党。此时,中国对美日政治防务关系继续保持密切感到满意。日本将与美国共同参加西伯利亚的开发,中国也准备对此表示容忍。然而,中国关注未来日本军国主义复苏的可能性,也对日本是否发展核武器特别担忧。

　　密切的历史文化交往使中日关系成为一个充满感情的主题。许多日本人认为,因为他们的文化来自中国,两国间应存有自然的亲近感。他们也认为能够深刻领悟其他人不具备的中国人独有的品质。同时,一些日本老年人带着一种近乎痴迷的愧疚感来看待二十世纪三四十年代的日本侵华战争。中国人则普遍认为(例如中国革命之父孙中山就持有这种观点),作为两个亚洲大国,中日应当共同承担起抵御亚洲外部力量的责任。然而,由 1937—1945 年中日战争引起的敌对情绪仍然深深地存在着,日本经济的高速发展以及经济力量会如何转变为政治军事力量也带来了相当的不安气氛。

中日两国将在经济领域密切合作,以及当前中日贸易占到中国对外贸易总量的 20%～25%,都有着深刻的原因。两大经济体在许多领域都是互补的,例如在石油开采领域,日本拥有中国所缺乏的开采技术和紧迫需求,而中国内陆和大陆架则储藏着大量尚未勘探的矿产和石油资源。实际上,中国并不打算允许日本大规模的参与中国资源开发,他们也不会希望变成"殖民性"的经济,继续通过出口原材料以换取高端消费品。两国之间在东中国海局部潜藏油田区(例如台湾东北方的钓鱼岛)存在争议的事实将引起竞争而非合作。东南亚可能成为两国政治经济角逐的场所。

总的来看,我们预测中日关系将进展缓慢而且跌宕起伏。长期来看,中国对日本国力及其在亚洲影响力的不断增强表示强烈担忧,对日本是否继而重整军备更是如此。两者将会成为亚洲政治领袖的竞争者,随着时间的推移也有可能发生冲突,当然冲突也并非不可避免。

东南亚

中国密切关注着东南亚发生的大事。东南亚是中国传统势力范围的组成部分,拥有大量中国海外移民群体;直到最近出现了具有潜在敌意的美国势力,才被认为是对中国安全的最大威胁。美军从越南撤军使中国不再担心,但中国又对苏联试图填补真空表示担忧。然而相互矛盾的是,中国认为残留的驻泰美军将起到驱逐俄国人的作用。中国面临的又一个问题是,中国与东南亚国家的边境诸族杂居(一些部族跨越数国疆域)又地形复杂,这将引起治安和安全问题,特别是存在于边界另一侧的缅甸长期的无政府状态。

越南方面,中国支持 1973 年的《巴黎协定》。对他们而言,北越取得胜利以及美军撤军不仅对越南本身有利,而且也与美国进一步从台湾撤军的前景相关联。因为 1972 年 2 月尼克松总统在签署《上海公报》时明确指出,"随着(东亚和东南亚)地区紧张局势的减弱,美国将不断削减驻台美军和军事基地"。中国在越南的另一个利益是阻止苏联主导性地控制河内。一部分由于存在着苏联逐步渗透越南的风险,另一部分在于中国人也打算在老挝(在该国西北部有中国援建的大型公路建设项目)和柬埔寨建立休戚相关的利益关系。

(Foreign policy of China,1975,Foreign Office Files China,1967—1980 *FCO* 21/1379)

9. 南海的中国领空和岛屿争端

中国:领海、海洋法及相关问题(1958—1976 年)

1. 领海

中国关于其自身领海的正式立场仍然体现在 1958 年发表的声明中。1959 年 9 月 4 日发表的《中国关于领海的声明》表述如下:

"中华人民共和国的领海宽度应为 12 海里。这项规定适用于中华人民共和国的一切领土,包括中国大陆及其沿海岛屿,和同大陆及其沿海岛屿隔有公海的台湾及其周围各岛、澎湖列岛、东沙群岛、西沙群岛、中沙群岛、南沙群岛以及其他属于中国的岛屿。"

该领海以"连接大陆岸上和沿海岸外缘岛屿上各基点之间的各直线为基线,从基线向外延伸 12 海里的水域"是中国的领海。声明进一步指出,在基线以内的水域,"包括渤海湾、琼州海峡在内",都是中国的领海。

2.《声明》提出,12 海里以外的岛屿也应以同样的方法划出领海。引用《声明》:"原则同样适用于台湾及其周围各岛、澎湖列岛、东沙群岛、西沙群岛、南沙群岛以及其他属于中国的岛屿"。在《声明》的开头部分,南中国海的岛屿被特别描述为"同大陆及其沿海岛屿隔有公海"。因此很清楚的是,尽管中国地图用国境线在南中国海圈出了一大片区域,但并不是说在此范围内的水域都是中国领海;而是像在香港地图上所标出的方形边界线一样,是采这种方式表明这些领土是属于中国的。

3. 当 1958 年中国宣布 12 海里领海权时,英国政府提出了抗议。此后几年在不同场合英国政府也提出抗议。虽然我们不确定最后一次抗议是在什么时候,但 1974 年英国政府就不再抗议 12 海里领海权问题[FEH 4/1 of 1974 folio14a,1974 年 9 月 19 日法律顾问安德森先生(Mr. Andersen)致远东司(FED)的马尔迟先生(Mr. March)函]。

4. 1958 年的声明提出，未经事先批准，外国军舰或飞机禁止进入中国领海和领空。关于外国民用船只和飞机权利方面，中国声明的立场有些模棱两可。它并没有剥夺上述船只和飞机无害通过的权利，但又声明所有船只和飞机应"遵守中国的相关法律和规定"。因此，即使外国民用船只和飞机被允许未经事先批准的通行，仍然不清楚这是否是无害通行的权利。1964 年，中国颁布了船只通过海南岛和大陆之间的琼州海峡的规则。根据 1958 年的声明，该海峡被定义为中国内海。该规则禁止所有外国军舰使用海峡水域，并对民用船只使用海峡进行了非常详细的规定，尤其是相关船只需提前 40 小时通知有关当局他们使用海峡的意向。

5. 1958 年的声明发表后，中国经常抗议外国军用飞机侵犯他们的领空。虽然这些侵犯行动有些是发生在陆地之上的领空，但大部分是发生在领海上方的领空，领海包括南海岛屿的水域。例如，大部分抗议是关于对西沙领空的侵犯。除了 1959 年的一次抗议是针对南越的飞机之外，其余抗议都是针对美国的。近些年，中国已经开始抗议苏联飞机入侵中国领空。这些入侵行为发生在陆地之上的领空。

6. 由于中国宣布了 12 海里领海权，香港处在中国领海的包围之中（参见后附地图）。实践中，中国并没有干扰船只进出香港。根据 1964 年的规定，船只进出香港必须走特定的航线，从而使其远离中国的岛屿。

7. 1958 至 1970 年间，中国没有公开关于领海纷争的问题，但到 1970 年末与日本关于钓鱼岛的争端出现后，中国开始对一些拉美国家提出的 200 海里领海权问题表现出兴趣。1970 年 11 月 20 日，《人民日报》刊登了题为《支持拉美国家捍卫海洋权的斗争》的社论，这是有关该问题的首次表述。社论以支持的口吻描述了一些拉美国家提出的 200 海里领海权的倡议，虽然中国并没有在实际行动上支持这一主张。3 海里和 12 海里领海权被斥为超级大国霸权的产物。我们驻北京的使节于 1970 年 12 月发回的关于回答一个苏联外交官问题的报告中，北京的中国人称他们支持拉美国家是因为地理和经济原因要求 200 海里领海权，但像苏联和中国这样拥有丰富的海洋资源的大国，不必那样做。没有迹象表明中国人自己正在考虑提出 200 海里领海的界限。

8. 1971 年 6 月，数名秘鲁内阁官员访问中国，周恩来公开强调"坚定支持拉美国家争取 200 海里领海权和管辖权"。1971 年 11 月，中国和秘鲁建交公报中称中国"承认秘鲁与其海岸毗连的 200 海里界限内的领海主权"。1972

年宣告中国和阿根廷的建交公报中也含有类似的表述。

9. 1972 年,联合国关于和平利用国家管辖权之外的海床和海洋底土的委员会中,中国代表安志远(An Chih-yuan)发表讲话说:

"我们认为决定领海的权利范围是各国主权范围内的事。所有沿海国家有权根据各自的地理条件,结合安全和国家经济利益,考虑在同一海域国家均应在平等互利的基础上界定他们之间领海界限的前提下,合理地决定自己的领海界限。"

同一次会议的另一次发言中,陈伟良(Chen Wei-liang)说:"人人都明白领海和公海的区别。世界各国有权决定其主权的范围。即便处在沿海国家领海内的海峡经常用于国际航行,也不能改变其被认为属于公海的地位。"

10. 1974 年于加拉加斯召开的联合国海洋法大会上,代表团团长柴树藩(Chai Shu-fan)的讲话表明了中国立场。关于领海,柴再次表述了中国的观点如下:

"确定一国的领海和管辖范围,是各国自己的主权,决不能由一两个超级大国说了算。沿海国家有权根据本国自然条件的具体情况,考虑到本国的民族经济发展和国家安全的需要,合理地确定自己适当宽度的领海,并在领海以外划定适当范围的专属经济区或专属渔区。当然,在确定自己的领海和管辖范围时,应当照顾邻国的正当利益和国际航行便利。"至于确定合理的领海最大限度问题,应当由"世界各国在平等的基础上共同商定"。

他再次强调中国支持拉丁美洲、非洲和亚洲许多国家提出的包括领海和经济区在内的 200 海里海洋权的主张。

11. 在 1975 年春召开的第三届联合国海洋法大会第 3 次会议上,中国再次捍卫每个海洋国家选择自己领海的权利。中国代表像以前一样特别强调,领海内的海峡不能被视为公海。1976 年的会议上,中国的这一立场也没有改变。中国至今未表示他们正在考虑提出超过 12 海里的领海权主张,但很清楚中国人对该问题的思考仍在发展中。

12. 经济区

中国 1958 年关于领海的声明没有涉及海床或海洋资源。不过,中国人对1958 年的《日内瓦海洋法公约》的条文进行了审慎的考虑。可能是因为当时中国缺乏海床开发所需的技术资源并且未对海床资源形成系统的中国立场,中国决定不承认这个法律。不过在 1958 年之前,中国就已清楚表明要对领海以外的海洋资源进行某种形式的控制。1955 年的中日民间渔业协定就涉及东海和黄海不同地区的安全区和禁渔区。我们所知的其中一个安全区——从中朝边境的沿海岸延伸到浙江,在海上就明显超过了 12 海里的限制。在该区域,中国和外国渔船都禁止在捕鱼时使用拖网。这个区域再次列入 1963 年的中日渔业协会间达成的渔业协定中,1967 年根据国务院规定进一步向南延伸。另外一个禁区是在渤海湾入口处,大致范围在山东半岛到黄海的连云港之间,一个在长江入海口,靠近离上海不远的舟山群岛,还有三个分布在沿宁波、浙江和福州一线的东南沿海。近期中日官方渔业协定的签署被耽搁下来,中国政府想继续保留这些禁区是其中的一大问题。

13. 自 1970 年末钓鱼岛争端发生之后,中国关于海床资源的主要观点才发展起来。此次争端中,海床资源的归属是其中的重要问题之一。1970 年 12 月 29 日,《人民日报》"评论员"文章显然是中国首次正式主张拥有海床资源的权利——"环绕这些岛屿(台湾和钓鱼岛)和其他中国近海的海底资源完全属于中国"。那时,中国人似乎对采用 1958 年会议为基础的解决方案很感兴趣。1970 年 12 月 31 日的《人民日报》节选刊登了 1970 年 12 月 18 日《卫报》发表的约翰·基廷斯(John Gittings)的文章,题目是"争夺东海石油"。这篇文章在谈及钓鱼岛问题时暗示,根据 1958 年的日内瓦公约关于大陆架的分配方案,东海争议海域的大部分都应归属中国。《人民日报》还援引基廷斯的观点说中国不会对全部大陆架提出权利声索,但可能同意与沿海国家公平地分配资源。

14. 1971 年 9 月,中国驻文莱的领事告诉英国大使馆,中国支持 200 海里的资源权利,并暗示中国主要在意的是海底资源。直到 1972 年海洋法大会,中国仍旧一直坚持各国拥有开发他们宣称的领海主张范围内资源的全部权利。在领海之外,中国支持国际管辖。1970 年联大通过了"治理各国管辖范围以外海底及其底土的原则宣言",中国赞同各国管辖范围以外的资源属于世界上各国人民的共同继承财产,他们也赞同建立一个处理这些资源的国际机制。1970 年宣言中与中国人观点一致的条款包括:(1)确保和平利用海床;(2)保护海洋环境;(3)保障沿海国家和其他相关国家的合法权利和利益;(4)授权沿海国家采取措施防止或应对海洋污染和其他有害物。在中国代表夏璞(Hsia Pu)关于该问题的总结性发言中表示,关于海床的许多问题,中国尚未进行研究,他的表达是"只有初步考虑"。大约从 1972 年初开始直到现在,中国对南海岛屿和钓鱼岛主权声索的重申,总是包含对相关地区海洋和海床资源权利的主张。

15. 1973 年 3 月,联合国海床委员会小组委员会的中国代表说,国家可以决定管辖领海之外的海域。这可以被称作"专属经济区"、"大陆架"或"承袭海"或"渔区"。像领海一样,"处于同一海域的邻国,应该在平等和相互尊重的基础上通过协商公平划定各自管辖海域的界限"。

16. 1973 年 5 月 7 日的《人民日报》全面阐述了这些讨论海洋问题时使用的概念。"专属经济区"在文中被作为是发展中国家在争夺海洋权益的斗争中提出的新概念。其中心内容是"沿海国有权在其领海以外划定一个经济区,对该区域的一切生物和矿产资源拥有所有权,并在该区域实行专属管辖权,但在同时该区域允许外国船舶航行、飞机飞越以及允许铺设电缆和管道"。"承袭海"被描述为拉丁美洲国家对专属经济区的一般称谓。文章称"《圣多明各宣言》提出领海和承袭海的宽度应当将地理条件考虑在内,最多不超过 200 海里","渔区"被定义成是和"渔业保养区"类似的概念。文章说,各国关于渔区的实践和主张各不相同:有的渔区包括在领海以内,有的是在领海以外另行划定。文章说,"各国一般都规定,除本国渔船外,外国渔船须经沿岸国许可后才能在渔区内捕鱼。"文章引用了一个关于大陆架的科学定义后,提出大陆架"在法律上"被认为是沿海国家领土的自然延伸。大陆架的资源属该沿海国所有。文章说,目前世界各国对大陆架范围的标准有各种不同的规定和主张。1958年大陆架公约规定了两个标准,即二百米等深线和允许开采的深度。文章直白地批评,这一规定有利于具有先进技术的超级大国。这似乎表明了中国1970 年所持有的立场有所变化。

17. 在 1974 年的海洋法大会上,中国代表团副团长林清(Ling Ching)把中国关于专属经济区的观点说成是第三世界国家的正当要求。他重申专属经济区和领海加起来不能超过 200 海里。林青说,在这些经济区内,沿海国对可再生及不可再生资源都拥有完全的主权。这些是属于对该国经济发展具有重要意义的国内自然资源的主要部分。沿海国可以,如果他们愿意,允许别国渔民在这些区域作业,但这完全取决于他们的批准。中国坚决反对别国在一国专属经济区拥有捕鱼权。沿海国应该对"专属经济区享有排他性管辖权"。它有权保护、使用、勘探和开发这些区域的全部自然资源,采取必要的措施和规定防止这些资源被掠夺、侵占、损毁或污染,并对在该区域内的海洋环境和科学研究进行全面的控制和管理。

18. 次年,在 1975 年的大会上,中国代表再次持 1974 年的立场。因此,中国发言支持 77 国集团提出的沿海国保留对在非国际水域进行科学研究的控制权的草案。总体上,根据新华社报道,中国代表说"中国政府和人民坚定不移地支持第三世界国家捍卫 200 海里海洋权的斗争以保卫他们的国家资源,发展他们的经济及捍卫他们的国家主权"。在 1976 年的会议上,中国仍持这个立场。

19. 中国很快就否定了 1970 年《人民日报》援引的基廷斯文章的立场,即中国和其他类似立场的国家有义务就海床权利可能交叠的问题进行协商。这清楚地表现在中国于 1973 年 3 月抗议南韩授权勘探东海和黄海大陆架上。抗议说"中国对这一区域的管辖权无可争议"。1974 年 1 月,中国在抗议日韩达成协议勘探一块可能重叠有中国主张范围的海底区域时,表达了同样的立场。

1976 年 7 月 1 日

远东部研究司

J. E. 霍尔(Hoare)

远东司政策研究处

抄送:隆美尔(Longmire)先生　SSEAS/KD

　　　马丁(Martin)先生　远东司

请直接把评论发送给威尔逊(Wilson)博士,并抄送给我。

1976 年 7 月 1 日外交和联邦事务部远东司政策研究处

威尔逊博士,评估研究员

南海岛屿

1. 我们发言。6 月 14 日,"中国外交部发言人的发言"重申中国对南海岛屿的主权主张,这是 1974 年 2 月 4 日类似发言人做出这种声明后第一次再做这种表述。1974 年 1 月,中国海军把南越海军从几个岛屿上驱逐,全面控制了西沙群岛,之后中国发表了上述声明。不过,中国曾多次在不同的场合分别在媒体和电台文章中重申对南沙群岛和南海其他岛屿拥有主权的主张。这些文章包含 1975 年 12 月《光明日报》刊登的全面阐述中国对南海的历史主权的文章,该文后来被 11 月 25 日的《人民日报》转载,并被北京电台播发。

　　2. 该声明是继宣称代表中国的台湾中国国民党,以及南越临时革命政府 (PRGSV)都发表声明重申对南沙和其他岛屿拥有"主权"之后发出的。中国国民党政府"外交部"于 5 月 28 日发表的声明称他国无权签署在南沙开采石油的合同,南沙和西沙是"'中华民国'不可分割的一部分"(参见 1976 年 6 月 2 日 SWB FE/5223/A3/6)。6 月 5 日,南越临时革命政府外交部发言人发表声明称,"据西方媒体报道,一些西方公司准备开发属于越南领土一部分的南沙群岛的石油。南越临时革命政府再次重申它对南沙群岛的主权,并保留捍卫主权的权利"(参见 1976 年 6 月 8 日 SWB FE 5228/A3/3)。过去的 18 个月中,中国国民党多次重申对南海岛屿的"主权"。在上述声明之前,我能找到的最近声明是 1976 年 3 月 19 日的,其他一些在 5 月 28 日"外交部"发言人的发言中列出了。1975 年 5 月 5 日,河内内务部发表声明称,"解放军海军"收复了此前被南越占据的西沙岛屿。据报道,1976 年 2 月越南出版社已经刊发了一张包括全越南的新行政区划图,图上皆用越南语标注西沙和南沙群岛的名称。

　　3. 下述关于中国为何决定发布目前的声明,以及其可能寓意的思考并未认真组织。目前中国这份声明的发布可能是因为台湾当局和南越临时革命政府都发布了声明;除非有其他我尚未掌握的证据,否则这些不能说明中国对南沙群岛的政策发生了变化。1974 年关于中国可能会试图占领南沙群岛的一切考虑如今仍然有效。这些岛屿比西沙群岛远得多;中国对任何海军行动提供空军掩护都很困难;他们在这些岛上尚未有军事存在;他们不愿主动挑起和菲律宾及共产党越南的冲突。目前中国不想牵涉到与菲律宾的冲突中的意愿比 1974 年 1—2 月更加强烈,因为中国和菲律宾已经建交,而且两国的关系看上去还不错。关于中国此时在西沙群岛的行动,我们认为一个原因是它希望在共产党政权占领南越之前解决西沙所有权问题,因为有中苏边界纠纷的前车之鉴,中国不愿意再和一个共产党邻国发生激烈的边界冲突。即便中越关系很难说成亲密,我认为这些考虑仍然有效。

　　4. 可能中国决定发表声明是为了确保中国的主权主张不被忽略。过去,他们已经抗议过在他们主张主权的海域进行石油勘探的类似提议。1970—1972 年间,他们多次抗议台湾和日本提议勘探和开发东海钓鱼岛地区的资源。1973 年 3 月,中国外交部发言人发表声明抗议一艘在巴拿马注册的美国船只在黄海和东海钻探,这次钻探活动得到了韩国的批准(参见 1973 年 3 月 17 日 SWB FE4247/A1/1)。中国或许很希望通过抗议阻止外国公司卷入有争议的区域。

1976 年 6 月 17 日　　　　　　　　　　　　　霍尔(J. E. Hoare)
　　　　　　　　　　　　　　　　　　　　　　　远东司政策研究处

(Territorial disputes of China：Airspace and islands in South China Sea, 1976，Foreign Office Files China，1967—1980，*FCO* 21/1506)

10. 英苏亚洲事务会谈

......

4. 塞缪尔(Samuel)先生询问卡皮撒(Kapitsa)先生对中日之间有关尖阁群岛(钓鱼岛)争端的看法。

卡皮撒先生认为,中国人的行动可能是他们做过的最愚蠢的事情之一,但这可能是中国人心理影响的体现。也许中国人认为,日本人并不急于签署一份和平和友好条约,因而认为自己重新宣示他们对尖阁群岛(钓鱼岛)的主张,将不会冒任何风险。尤其是对日本新执政当局的利益而言。他们可以随后表示,尖阁群岛(钓鱼岛)问题应被搁置以便达成条约。

塞缪尔先生认为,断定中国人有明确的目的是非常困难的,因为他们在事件之后的行为看起来相互矛盾。中国人已经拒绝日本提出的低调处理办法,但随后又声称他们的船只进入钓鱼岛纯属无意。

卡皮撒先生表示,现在给所发生的事情做一个准确的定论为时尚早。中国人所提到的他们船只出现在钓鱼岛纯属意外,仅仅只被日本媒体所报道,从准确性来看,并非显而易见。

塞缪尔先生认为奇怪的是,中国人并未对该事件公开发表意见。如果他们真的希望向日本人传递消息、展示他们的主张,他们肯定会公开宣布自己的行动。不过,如果日本人正准备签署一份和平和友好条约的话,就像他们看起来的那样,中国人的行为,对他们而言,将会是非常不得当的。

卡皮撒先生对此表示同意,但认为中国人在苏联边境上倾向于采取同样粗鲁的处理方式。然而俄国人相对于日本人来说却不那么有耐性,通常会给予还击。

塞缪尔先生认为,对日本人来说,决定下一步做什么,是很困难的。在自民党内部,存在着对日本而言何为正确的中日关系之争的意见冲突。

卡皮撒先生评论道,关于中国到底关注什么,日本人对此似乎有着明显的自卑心理。但在接下来事件的处理上,现在他们无疑将会更加小心谨慎。

(Talks between United Kingdom and Soviet Union on Asia, April 1978, Foreign Office Files China, 1967—1980, *FCO* 21/1603)

11. 欧洲政治联合、亚洲工作组,
1978 年 1 月到 5 月(第 1 卷)

······

第四条 中国

35. 荷尔斯科夫先生建议,自上次亚洲工作组会议召开后发生的重要事件有第五届全国人民代表大会的召开、华国锋地位的巩固、实施新的经济计划、温和外交政策的发展,包括对国外科技的兴趣及大批中国公民出访。目前国务院副总理谷牧(Ku Mu)访欧的意义尤其重大。负责德国事务的韦格纳博士对此表示同意,并补充了一个重要的国际事件,即引起日本高度警觉的钓鱼岛事件。日本官员已经向德国驻东京大使馆指出,在中国某些力量的推动下,中国渔船"侵略"行为已经升级。尽管如此,华国锋出访朝鲜时在北京机场举行了大型仪式,说明他拥有毋庸置疑的领导地位。至于出访本身,则说明中国意图巩固在东北亚的地位,但是中国有意继续推进朝鲜问题的解决。中国对欧洲进行的一系列密集访问确实非常重要,亚洲工作组应该努力从全部联络站情报中得出共同结论;政治领域可能存在结论分歧,对经济文化关系领域,第九组则取得一致结论。

36. 邦吉先生认为,中国的内部政策似乎正按照邓小平希望的方向发展,在科技、农业、工资改革领域取得进展。我们可以推测,中国社会偏离了毛泽东思想,更接近苏联模式;如果是这样,中国必将出现思想转变,继而出现一系列意识形态的冲突。至于对外事务,邦吉先生认为中国领导层一致认为与日本建立密切外交关系将会有益,他也不赞同韦格纳博士详述的那些日本官方解释:钓鱼岛事件可能是由日本国内反对中日邦交的派别发动的。中欧关系方面,邦吉并不倾向采纳亚洲工作组内部研究中德方的建议,原因是他认为经济文化问题并不在政治合作的框架内。

38. 斯泰亚特(Steyaert)先生怀疑中国领导层内部是否存在较大矛盾,或者钓鱼岛事件是否透露出某些迹象。对此,默里(Murray)先生表示同意,他还认为第五届全国人大会议避免提出引起争论的议题,留下领导层团结一致的印象;最令人震惊的是华国锋控制议程的程度,而邓小平则表现得更加顺从。他还赞同,以后邓小平对中国决策的影响将会非常明显;3 月召开的全国科学大会上,邓表现十分突出,讲话坦率、务实;华国锋自身的讲话引述了邓小平的主题思想,并将自己的指示列在邓小平之后。至于对外事务,签署中日条约的希望很可能因钓鱼岛事件而推迟;同时,布热津斯基(Brzezinski)博士即将访华,这会引起人们对中美关系正常化的推测,此次访问将会推动中美关系更加接近正常化,但直接实现关系正常化似乎并不会成为此次访问的目标。

39. 莫罗(Moreau)先生说,法国政府已经把谷牧访问看作仅为一个"中间阶段",而不仅仅是对皮蓬杜访华的回访。法国已经决定重点讨论经济问题。当巴尔(Barre)先生迎接谷牧时,谷牧表示中国有意推进与西欧关系,这不仅简单地是为了抵抗苏联,而是因为西欧是技术的源头。谷牧还谈到外交事务中国大部分集中关注并为人所知的问题,但是最值得注意的是他没有提及阿富汗问题。谷牧说,中国把联合国大会看作揭露美苏裁军虚伪本质的论坛。

要点摘录之三:中国

发言稿

1. 我们意识到,解读 3 月初闭幕的第五届全国人民代表大会要谨慎。此次会议避免提出引起争论的议题,并留下领导层团结一致的印象。最让人感到震惊的是华国锋控制着议程,而邓小平则表现得更加顺从:事实上,邓小平并未被任命为总理。但是人代会以后,邓小平对中国决策的影响已极为明显。他在 3 月份召开的全国科学大会上表现尤其突出,讲话坦率而务实,要求对科学成果进行奖励,尽管这种做法有悖于政治观点。华国锋自身在人代会上的讲话非常谨慎地在关注业务工作与政治之间维持平衡,他引述了邓小平的主题思想,并将自己的指示置于邓小平之后。

2. 尽管反"左"运动仍在继续(据报道,大字报在批判吴德和陈锡联),但是在政策纲领上似乎已达成共识。这尤其作用于经济发展计划,已经派遣一批经济代表团赴西欧。

3. 对外政策仍然受制于对苏联威胁的恐惧。没有任何迹象表明中苏关系和解。签署中日和平友好条约的希望很可能会因钓鱼岛事件而推迟。布热津斯基博士即将访问北京将引起人们对中美关系正常化的推测,此次访问将会推动中美关系更加接近正常化,但直接实现中美关系正常化并不会成为此次访问的目标。

······

8. 中国内政或外交都没有出现重大变化。重点将继续集中于经济发展领域,特别是从现在到1985年的这段时期。中国已经修订宪法,并详细扩充涵盖了更为具体的组织准则。全国人大和总理再次掌握了大量行政权。总的来看,人代会传递着这样的信号:中国正在回归到1966年以前的宪政形式(对人代会的详细解读参阅附录A)。

9. 在3月底召开的全国科学大会上,人们认为华国锋和邓小平正在共同努力推动改革。在一次高级政治讲话中(有着科学之外的含义),邓小平号召共产党承认知识分子和研究人员的价值,否则中国将无法提高科技水平。他恳请推进科学研究民主化和学术问题的自由讨论,并坚决主张共产党要重视现代化建设,远离政治改革。随后华国锋在大会上讲话的主要推力在于支持邓小平提出改革的要求,尽管他更为坚持毛泽东思想,并且多少在关注政治和业务工作之间的平衡上做了调整。

对外关系

10. 中苏关系没有出现明显的进展。双方已经通过务实的方式解决了影响边界河流的航运问题,并开始着手新航季的准备工作。苏联负责边界谈判问题的首席官员已经回到北京,尽管选择这种时候不一定妥当。这是在中国拒绝了最高苏维埃主席团提出双方签署和平共处联合声明的建议之后,然后双方展开了激烈的争论。苏联媒体大幅回应来自东欧和蒙古对中国的谴责。中日钓鱼岛争端(该争端由日本宣称大量中国渔船侵占其领海而引起)可能会进一步推迟缔结和平条约。虽然日本政府乐意接受中国官方提出"事件属于偶然"的解释,但是日本国内缔结和约的反对者似乎已经获得了强大的政治力量。

11. 中美关系依然没有变化,然而既然《巴拿马条约》没有形成阻碍,那么双方加快推动恢复关系正常化的意图就会加强。但是,布热津斯基即将访问北京并不大可能将尽早实现关系正常化作为目标。中国很可能坚持把对台关系作为关系正常化的前提。

12. 中英关系继续取得进展,一系列双向部长级互访带来了希望。这给我们的关系带来了更多的热情和话题,特别是商贸领域。分管国家计划委员会的国务院副总理谷牧已于5月5日刚刚开始对英国进行为期3周的国事访问,冶金部部长计划于5月12日进行访问。与此同时,从另一方向的访问来看,国防参谋长已经访华一周,且在中国受到了热烈欢迎。我们对此的单独报告以及同事对该问题的预测一并附在附录B。

远东司

1978年5月3日

(European Political Co-operation, Asia Working Group, January-May 1978 (Folder 1), 1978, Foreign Office Files China, 1967—1980, *FCO* 21/1605)

12. 北约的东亚和东南亚专家工作组

......

与西方国家的关系及其长期展望

10. 西方(一般认为包括日本)作为现代技术来源和潜在的新军备来源,对于中国越来越有吸引力。中国决定与日本缔结和平条约部分是为了更好地获取日本技术,而日本对此表示欢迎则是为了扩大对华贸易。1973年2月,两国签署私人贸易长期协议,现在已经续期5年至1990年。中国继续支持日本对苏联宣称拥有的北方四岛主权。中国自身与日本就4月中国渔船闯入钓鱼台列屿以及有关大陆架权利方向的领土意见的差别,眼下正在被淡化处理。在导向和约签署的谈判过程中,邓小平告诉日本人,钓鱼岛事件是一次意外,以后不会再发生。

11. 最近中国与欧共体国家签订了一批采购矿山设备和工业设备的订单。4月,中国和欧共体签署一个为期5年的贸易协定,旨在为中国对欧洲共同市场出口提供日益宽松的条款。9月24日,欧共体外事专员率领欧洲商团抵达中国划定的中欧贸易区。然而,中国在欧共体以及西欧的利益也涉及政治层面。中国仍然坚持认为欧洲是超级大国争夺的焦点,并继续劝说西欧国家共同准备应对苏联威胁。欧共体对中国表示赞同,并将此作为一种加强团结的手段。中美关系仍然裹足不前,5月20—23日布热津斯基访华共同讨论全球性问题,但并未表明中美关系正常化出现进展。

在这一事件中,反霸权条款很大程度上根据中国人期待的那样被纳入条约内容。双方承诺不争霸并反对其他任何国家或国家集团建立霸权的范围进一步扩展。最初是1972年中日联合声明第7段规定的区域,扩展至后来不仅适用于亚太地区,而且扩展到其他任何地区。第四条与第二条形成平衡,它规定"本条约不会影响缔约各方与第三国关系的立场"。后来各方继续坚持自己对条约的解释:中国已经将此看作反苏的重大外交胜利,而日本认为条约显然没有针对苏联。苏联正式抗议签署该条约,但并没有准备采取任何实际行动来表示不满。

16. 在谈判的最后阶段需要解决另外三个问题。4月钓鱼岛事件影响到双方恢复谈判,日本、中国和台湾国民党政府都宣称对其拥有主权。中国渔船大量出现在钓鱼岛附近海域。当日本命令渔船驶离时,中国人制作了标语宣称该地区属于中国领海,大约一周后渔船终于撤离。中国政府对日本官方抗议做出回应,宣称渔船进入该海域属于意外。日本外相园田表示日本将接受此解释,他希望双方恢复条约谈判,并把钓鱼岛事件与条约问题分开。尽管8月份签署条约时,邓小平再次向日本人明确表示此类事件不会再发生,但是中国并没有正式撤回他们提出的钓鱼岛主权要求,钓鱼岛问题随时都可能再次出现。《日韩大陆架协议》对《中日和平友好条约》谈判进展产生了负面影响。6月,日本国会通过法律批准《日韩大陆架协议》在国内生效。自民党左翼和右翼已经达成一致共同促进日本政府签署《中日和平友好条约》,这会与批准日韩协议生效的行为形成平衡。中国曾经针对日韩协议提出抗议并声明该协议无效,此时再次表示抗议,但也表示签署《中日和平友好条约》是不可阻挡的。关于第三个潜在问题,在签署条约时日本确定了明确迹象中国意于1979年4月发出通知,即一旦双方对外公开签署条约,中苏条约就会于次年终止。该条约第一款反对日本结盟,"为防止日本及其盟国再度攻击和破坏和平,其不得共同采取一切必要措施";如果日本或其盟国受到攻击,双方不得互相帮助。

......

3. 我们很早就已经清楚,首先于 1972 年提出的和平条约的进展并不会对中日关系进展产生太大影响,它仅仅是为了妥善处理霸权条款存在的问题而创造出让人接受的政治准则。但是我们同样清楚的是,政治重要性……

......

7. 巴克曼(Barkman)先生建议不定期召开会议集中讨论特定问题,约翰·基利克(John Killick)先生表示赞同。长远来看,中国与西方关系很难预测。目前的问题是中国提出"我们敌人的敌人是我们的朋友"。在维持对苏关系的背景下,日本很难处理好对华关系。大使先生使用了您在 Telno 79(第79 号电报)关于钓鱼岛事件的情报。TUR 文件第 23 段含有情报的大部分内容已经在政治委员会传阅。

8. 负责联邦德国事务的保罗(Paul)先生解释说,中国号召建立反帝统一战线,这是为了消除苏联影响而协调政策的实务之举。TUR 文件第 22 段提到的日本等距离政策不应以字面意思理解。实际上,这意味着相较于苏联,日本更接近中国,4 月谢尔(Scheel)总统访日期间,日本已经表示出他们希望接近东盟。

......

10. 负责美国事务的格利特曼(Glitman)先生已经从华盛顿接收到大量评论,他为了节约时间已经着手传阅。我们将传递这些信息以求得到加拿大人的评论,然后他熟练回顾了美国解决印度支那难民问题的原则。谈到中国,格利特曼说中国获得外国的技术及设备将极大提升其经济军事实力。美国认为应该继续采用巴统协调标准。日本应该采取必要措施向西方国家开放市场,但华盛顿方面希望西方国家不要采取单边贸易保护措施。

11. 负责法国事务的蒂内(Tine)先生提到巴克曼(Barkman)的建议,即未来专家应不定期召开会议集中讨论特定问题。……

保密

急电

DESKBY 1∅16∅/∅Z

密码 CAT'A'

保密

DESKBY 1∅/144∅/Z

5月10北约第79号通话急电 UKDEL

接听

北约亚洲事务专家工作组：理事会 C-M(78)32 报告。

1. 英国对文件及其结论感到高兴。

2. 评论。报告定稿后，亚洲地区局势进展如下：

（A）中国，卡梅伦(Cameron)先生访华：请酌情参阅北京第244号电报第1~3段和第245号电报第1~3段。

（B）日本，钓鱼岛事件：4月12日及随后三天，一支由大约140艘渔船组成的舰队进入钓鱼岛附近海域，引发中日领海主权争端。大量渔船进入钓鱼岛附近领海。中日两国政府均对此保持低调，中国政府声称渔船进入该海域属于意外事件。

……

(NATO Expert Working Group on Eastern and Southern Asia,1978, Foreign Office Files China,1967—1980, *FCO* 21/1607)

13. 英澳亚洲事务会谈

中日关系

只要美日关系保持良好，中国和日本之间在发展贸易联系之外，就不太可能会去寻求结成任何形式的军事同盟。在可见的未来，中日之间也不会成为不稳定的敌对关系，也很少有明显、紧迫的争端。最具体的争端就是台湾、中国和日本争相宣称对尖阁诸岛（钓鱼岛）拥有所有权，这也是为了进而主张对毗邻的东中国海大陆架上的油田拥有权利。中国一直没有在尖阁群岛（钓鱼岛）争端上大力施加压力，并且主张在石油勘探成为可行之前，在任何问题上都必须依据国际海洋公约,在宽泛的基础原则之上形成明确的国际共识。与此同时,日本对该群岛的控制不大可能被实质性地挑战。

在 20 世纪 80 年代的某一阶段,朝鲜或台湾问题的进展可能会激起中日之间的紧张关系。尤其是,朝鲜半岛上的大规模军事冲突也许极可能会把中国和日本拉进敌对的方面。然而,这只会发生在一个更广范围、更加危险、极不稳定的背景下,苏联和美国都会身卷其中。

(Talks between United Kingdom and Australia on Asia,1978,Foreign Office Files China,1967—1980,*FCO* 21/1602)

14. 对中国的军售政策

......

(b)苏联:对苏联发动任何反击都是无力的,因为中国海军仅仅是一支海岸防御部队。

(c)日本、韩国和台湾:中国就像关注台湾那样关注日本和韩国,因为在中国发动进攻时,日韩出动海军的影响巨大。

(d)澳大利亚和新西兰:包括澳大利亚和新西兰在内的其他国家也许会对中国可能在西南太平洋部署海军力量发出声音;但是需要提出的是,如果这是中国人的意图,无论劳斯莱斯涡扇发动机是否被提供,他们都会在那边做军事部署。

(e)其他地区:中国海军潜力的逐渐增强将对钓鱼岛、南沙群岛和西沙群岛的主权争端产生影响,中国已经宣布对以上岛屿拥有主权,它们不仅具有重要的战略意义,而且其附近海域也可能储藏着丰富的石油资源。

(f)巴黎统筹委员会:迹象显示,这至少意味着目前巴统出售船舶推进装置比出售“猎兔犬”战斗机更容易。如果向中国出售任何军事装备需要通过巴统,船舶推进装置会是一个很好的选择。

11. 结论

(a)从英国的角度来看,对华出售军备并不存在不可超越的战略目标或安全利益,主要是为了推动工商业发展。

(Policy on defence sales to China,May 1978 (Folder 4),1978,Foreign Office Files China,1967—1980,*FCO* 21/1621)

15. 北约的东亚和东南亚专家工作组

......

37. 中国政府在处理对日问题时已经重点考虑了令人满意的贸易关系发展。中国于 2 月宣布推迟签署中日协定,主要原因是中国希望在原来现金支付的基础上就支付方式条款重新谈判,除了一份合约外的所有原冻结合同现在都会开始履行。上海宝钢建设项目是最大的合同,现在将以"一半日元一半美元"的方式延期支付。重新谈判不会妨碍双方 3 月就 1985—1990 期间内扩大民间贸易问题达成协议,也不会妨碍就中国进出口银行和日本私营银行巨额贷款问题达成最终协议。据说,中国提出的日本政府援助贷款请求已得到倾向性的回应。1978 年双方贸易总额达到 50.79 亿美元,比 1977 年增加了 45%。

38. 中日密切的贸易关系却并未掩盖两者的政治分歧,即使这些分歧已得到慎重解决。日本试图在中越争端上疏远中国,且例如已经拒绝中断对越援助。5 月,日本在两省厅的共同授权下决定在钓鱼岛修建直升机机场并开展科学调查活动,而日本、中国和台湾都宣布对钓鱼岛拥有主权,因此遭到中国政府的抗议。日本的回应包括,5 月 30 日外务大臣园田(Sonoda)先生重申日本有权开展此次调查活动,但又敦促努力避免挑衅行为,他明确表示将坚决遵守 1978 年 8 月与邓小平达成的把钓鱼岛主权问题留给下一代解决的非正式协议。5 月 31 日,邓小平表示接受园田先生的声明。事实上,中国最近已经提出"搁置领土争议,联合日本共同开发石油资源"的主张。4 月,全国人大常委会副委员长邓颖超率全国人大代表团访问日本。最显著的是邀请华国锋总理访问日本和邀请大平正芳首相访问中国。

与第三世界国家的关系

39. 中国与第三世界国家关系的主要目标仍然是防止苏联在第三世界影响的扩大并向他们提醒苏联的野心。9 月 3 日,不结盟国家第六次首脑会议在哈瓦那召开,中国发表的意见指责一些成员国。特别是东道国古巴指责其试图引导不结盟运动走向社会主义阵营。中国把古巴看作苏联的代理人,认为它已经在非洲开展活动,担心古巴会卷入加勒比地区正在发生的政治变动;它一直支持美国要求苏联从古巴撤军。

......

……现在继续进行,日本工业仍旧对中国市场表现出极大兴趣。3月,中日签署一份备忘录,协议将长期私人贸易协定延长5年到1990年,将双边贸易扩至400亿~600亿美元的规模。5月,中国进出口银行同意借用以日元为主的20亿美元贷款,日本银行财团已经安排总额80亿美元的商业贷款,现在日本也有可能通过海外经济合作基金以借贷的形式对中国进行大量援助。双方仍就两国共同勘探开发渤海湾石油资源问题进行讨论。

50. 中日之间存在着一些政治分歧,但是都已得到谨慎处理。日本试图在中越争端上疏远中国。5月,日本在钓鱼岛开展一项科学调查活动但又很快停止,钓鱼岛主权争端出现短暂抬头。双方都不希望该问题影响到中日关系的发展。两国经济互访大幅增加。9月初,谷牧副总理开始对东京进行为期2周的国事访问,大平正芳首相已经表示他希望在年底前访问北京。

与东盟及东南亚的关系

51. 日本希望在东南亚政治舞台上长期扮演更加积极的角色,促进东盟国家乃至整个地区形势的稳定。日本—东盟会议已于6月28—30日在巴厘岛召开,会议结束后日本外相园田先生与东盟外长举行会谈。7月2日,他宣布……

（NATO expert working group on Eastern and Southern Asia,1979,Foreign Office Files China,1967—1980,*FCO* 21/1681）

16. 中国的领土声索

J. T. ,梅斯菲尔德先生(J. T. Masefield Esq.)
联邦
外交和联邦事务部

再析钓鱼岛问题

1. 日本驻华大使馆一秘村山(Murayama)向我提供一份报告,载录了日本冲绳发展局地理考察队调查钓鱼岛之后采取的一系列活动。

2. 据村山所述,执政的自民党内部有一派力量对北方四岛、竹岛和钓鱼岛等争议领土持嚣张态度。由于目前北方四岛和竹岛分别处于苏联和韩国的军事占领下,因此这种嚣张态度必然仅针对钓鱼岛。相应的这派力量说服交通省批准以上考察活动,并允许记者随队调查,随后安排日本媒体开展大规模宣传。

3. 5 月 29 日,中国外交部亚洲司司长沈平召见日本驻华大使坂野昌一郎提出的抗议,是针对地理考察之后的宣传活动,而不是对地理考察本身。他对日本在双方同意签署中日和平条约时发生该事件表示遗憾,钓鱼岛主权问题应被放在一边。据村山所述,当时日本驻华大使坂野昌一郎乃至外务省均感到非常尴尬。

4. 5 月 31 日,邓小平与铃木幸善(Zenko Suzuki)率领的日本国会代表团会谈时提到钓鱼岛事件。他说,中国希望双方遵守协议,避免发生钓鱼岛问题。他接受日本外相园田几天前发表的声明,外相在议会中对该问题进行回应:"虽然日本开展地理考察有法理可循,但却对因此成为导致纠纷的原因表示遗憾"。

5. 我认为,5 月 7 日地理考察活动结束,考察队撤离。因此,问题似乎暂时得到解决。

6. 看起来很清楚的是,中国面对挑衅的反应很低调,并对日本政府控制之外地区采取灵活的措施,这与宣称不得损害岛屿主权的格调并不相符。村山认为经济需求的考虑将来不会产生更多麻烦。显而易见的是,中国已经向日本提议签署共同开发协议,通过涵盖包括钓鱼岛以及中日分别控制的无争议区域的更广泛区域,避免了主权问题,日本对此表示友好,相信沿着这条道路,达成协议具有很大余地。

—秘 K・沙利文(Sullivan)

抄送:东京、莫斯科、华盛顿、首尔

中日关系之钓鱼岛问题

1979 年 6 月 14 日

亲爱的斯图亚特(Stuart)先生:

1. 您从新闻报道上看到的钓鱼岛问题已经再次浮出水面。5 月 22 日,交通大臣守山(Moriyama)宣布,海事安全局巡逻舰运船队送 7 人到钓鱼岛修建直升机机场,这促动了最近钓鱼岛危机的爆发。5 月 25 日,冲绳发展局局长三原(Mihara)宣布,他将派遣 31 人小组开展一项科学调查。据报道,守山和三原甚至计划亲自视察钓鱼岛。5 月 29 日,即佐藤(Sato)大使离开北京结束访华的次日,中国外交部亚洲司司长沈平召见日本驻华大使坂野昌一郎,对日方行动提出口头抗议。

2. 据日本外务省中国司副司长内田(Uchida)所述,沈平提醒坂野(Ban),为了实现友好关系,双方已经在搁置争议问题上取得高度一致,并要求日本停止在钓鱼岛的行动。坂野重申日本对钓鱼岛拥有主权。日本官方并未予以进一步回应。园田先生成功给该事件降温,5 月 30 日他发表了措辞严厉的国会声明,劝诫继续采取谨慎措施,避免发动"挑衅行为",且回应了邓,将问题留给下一代解决的观点,因而,他坚决遵守去年 8 月份与邓小平达成的非正式谅解。园田先生宣称,交通省和冲绳发展局在钓鱼岛采取行动并未征求他的意见。内田表示,外务省知道去年自民党总务委员会指示为冲绳发展局开发钓鱼岛安排 3 000 万日元预算。然而,由于日本坚持认为钓鱼岛属其领土一部分,外务省无权干预"内部行政程序",而且,外务省官员已经意识到局势变化,敦促冲绳发展局谨慎行事,以免冒犯中国。

3. 人们普遍认为,最近强化日本对钓鱼岛宣称主权的活动是由自民党右翼发起的,他们对园田先生应付自如地签署和平友好条约仍然感觉恼痛。有趣的是,如你所知,该事件核心人物守山(Moriyama)长期以来就被看作三木派成员,强力支持三木派人物辛木(Komoto)竞选自民党首相选举候选人。守山通过该事件获得很高的知名度,外界猜测他意图为支持自民党右翼开出筹码。大平先生声明,日本发动钓鱼岛事件也并未征求他的意见,这可能意味着他警告右翼不应把钓鱼岛事件变得太复杂。

4. 外务省认为,中国的回应已经相对温和。根据守山和三原在日本媒体上发表的观点来看,他对中国提出抗议并未感到惊奇。台湾首先提出抗议[关于中国的回应,请参阅托尼·布利申(Tony Blishen)6 月 13 日抄送联邦政府的备忘录]。

5. 新闻媒体已明显分为两派:一派批评自民党右翼再次挑起钓鱼岛问题,这可能对中日关系造成不必要的损害;另一派批评园田先生不能在主张日本主权上坚持强硬态度。工商界人士关注合同中止问题,对最近撤销乙烯企业的两个合同感到恐慌,他们对钓鱼岛事件可能产生的副作用感到紧张是可以理解的。具有讽刺意味的是,在争吵的同时,廖承志率领中日友好协会组织的 600 人代表团对日本进行为期长达一个月的访问,这是邓颖超发起的"微笑外交"的一部分。

6. 截至目前,钓鱼岛争端的最新进展并未严重影响中日关系,但这是一个提醒:自民党右翼对于园田先生的对华政策有着相当的危害作用。

R•M•马斯登(R. M. Marsden)

抄送:北京、莫斯科、华盛顿

(Territorial claims of China,1979,Foreign Office Files China,1967—1980,*FCO* 21/1713)

17. 中国和东南亚关系

……

钓鱼岛

问:邓小平在日本提到钓鱼岛时指出我们应该把争端留给下一代人解决,他们比前代更英明。

答:一些渔民到钓鱼岛附近海域捕鱼。有人探究该行为是否是执行北京政府命令,但是北京对此浑然不知,这纯属意外事件。如果渔民并不知道这会是一个政治问题,那么他们追捕发现的鱼群就是合理的。坦率地讲,我希望此类事件将来不再发生,但我并不能保证类似事情完全没有再次发生的可能性。

中日经济合作

问:日本希望与中国开展经济贸易合作,但是包括宝钢在内的一些商业交往已经中断。一些日本商界人士有些担心,中国对日合作的热情已经冷淡。

答:这个观点完全错误。坦率地说,中国经济建设计划(截至1985年的十年计划)中有些内容存在着一定的风险,因此我们正在重新审查和修改一些重大建设计划。宝钢合同未能履行是因为贷款问题的解决而耽搁,与我们合作热情变冷没有任何关系。

问:虽然如此,不久前我们还是看到中方表现出更加积极的态度。

答:在那之前,我们确实有点过于热情,例如我们没有考虑自己的支付能力。我们,也包括我本人在金融问题方面缺乏经验。在新日铁董事长海津(Inayama)先生提醒我们认真研究支付能力问题前,我们一直没有足够关注此事。非常感谢海津先生给我们一个学习的机会。

问:是不是没有必要阐明投资优先权?

答:你说得非常正确。在研究支付能力之后,我们对执行效果最好的项目将给予优先权。海津先生的观点非常正确。我已经听说,日本有人认为商业谈判已经因中美关系而推迟……

（Relations between China and South East Asia：Border war between China and Vietnam，March 1979 (Folder 6)，1979，Foreign Office Files China，1967—1980，*FCO* 21/1705 ）

（以上由张玲玲翻译）

18. 中国对尖阁列岛①(Senkaku Islands)的领土要求

冲绳"归还"与尖阁列岛问题

SWB

FE/3876/i

1971.12.31

III-远东

71 年 12 月 29 日 9 点—71 年 12 月 30 日 9 点(格林威治时间)

北越(North Vietnam)对美国轰炸的抗议据北越新闻通讯社、河内电台和新华通讯社 12 月 29 日报，北越外交部代表政府发布反对美国空袭北越的进一步抗议。它警告"美帝国主义者""战争全面的正式升级"可能引发的后果。

中国外交部对北越受袭的评论新华通讯社和北京对内新闻机构(home service)于 12 月 29 日发表中国外交部声明，称："美国政府对越南民主共和国残暴的轰炸再一次暴露了它和平言论的虚假……中国政府和人民密切关注美帝国主义者在印度支那的侵略行为。对越南人民和其他印度支那民族反对美国侵略和寻求民族救亡的战争，中国人民的支持立场是坚定且不可动摇的。"

"孟加拉国"(Bangladesh)的发展"孟加拉国"电台于 12 月 29 日报道了"政府"的变更，包括任命一名新"外交部长"，阿卜杜勒·萨马德·阿扎德(Abdus Samad Azad)。同日，据悉新"外交部长"已接见了苏联驻达卡(Dacca)总领事。全印广播电台(All India Radio)称，亚非会议预备委员会已决定邀请"孟加拉国"派遣一名"拥有全部参与权的"观察员，参加预期于 1 月 10 日在开罗举

---

① 编者注：即中国钓鱼岛及其附属岛屿。以下同。

行的全体大会。"孟加拉国"电台和全印广播电台报道称,"政府"将采取措施接管一些在"孟加拉国"的黄麻公司以及位于西巴基斯坦的银行。

冲绳(Okinawa)的归还和尖阁列岛(Senkaku Islands)12 月 30 日新华通讯社和北京的电台发布了中国外交部的声明,谴责在"归还冲绳的诡计"中包含钓鱼岛及其附属岛屿(Tiaoyu Islands)[尖阁列岛]。声明解释道,这些岛屿从明代开始就是中国的领土,直到 1894 年在不平等的《马关条约》中被日本窃取,成为琉球群岛一部分,可是协议却罔顾事实的将这些岛屿囊括其中。钓鱼岛及其附属岛屿(Tiaoyu Islands)实际上属于台湾,就像台湾是中国不可分割的领土一样。同日,日本共同通信社(Japanese Kyodo agency)报道称,日本议会已通过了实施冲绳协议的四条重要法案,包括允许日本政府在冲绳为美军基地提供土地的争议法案。

中国领导人援助阿拉伯国家新华通讯社和北京对内新闻机构于 12 月 29 日报道了副总理李先念在迎接伊拉克政府代表团宴会上的讲话。李先念说:"我们的经济仍然非常落后。尽管我们已经给友国提供了一些帮助,我们的能力还是落后于我们的愿望,且远不足以满足朋友对我们的期待。"

尖阁列岛

外交事务部,
澳大利亚议会,
斯特兰德(STRAND)大街,
伦敦,WC2B 4LA
回函引述号码:3/12/13/12
1971. 9. 17

R. B. Crowson 先生,
远东事务部,
外交和联邦事务部,
伦敦,S. W. l.

亲爱的克劳森先生,

尖阁列岛

十分感谢您 1971 年 9 月 16 日转发的您有关尖阁列岛备忘录的副本,并且感谢您对其他事情的帮助。

谨启

W. K. Flanagan

顾问

W. K. Flanagan 先生

顾问

澳大利亚高级专员公署

澳大利亚议会

斯特兰德大街,WC2B 4LA

1971. 9. 16

　　随着我们上周会议的开展,我想您会对随信附上的我们研究部门刚刚完成的尖阁列岛备忘录副本感兴趣。

　　恐怕我这里没有关于其他我们提及岛屿的类似文件。

R. B. Crowson

远东事务部

议会副大臣关于钓鱼岛的来信

保密

外交和联邦事务部

伦敦 S. W. 1

来自议会副大臣

1971. 9. 9

　　感谢您 7 月 19 日给 Alec Douglas Home 的来信,信中附带了一群中国香港人关于钓鱼台列屿(the Tiaoyutai Islands)备忘录的副本。我必须向您道歉,我很遗憾由于行政管理的疏忽造成回复的延迟。

　　这些通常以他们日本名字——尖阁列岛——而被人们熟知的岛屿,自 1945 年起,已被美国作为琉球群岛(Ryukyu Islands)的一部分管理,并于 1972 年随琉球群岛归还日本统治。然而,在台湾的国民党政府和中国共产党都已对尖阁列岛提出主权主张。这一争议非常的复杂,我们对此不发表公开立场。正如你所见,我在 7 月 12 日对 John Biggs-Davison 在议会中提出的有关这一问题的回复中写道,《开罗宣言》《波茨坦公告》或其他任何国际协议中都没有明确的条款处理尖阁列岛的地位或未来归属问题。

即使协议中触及岛屿的主权归属问题,这也只是解决这片区域内中国东海海床开发权这一争议的第一步,而这又涉及到国际法的复杂问题。

我知道这一争议已引起许多国家华人社区的强烈情绪。日本人同样对此反应强烈。我们认识到这些关注,但我不认为我们应对这一问题发表立场。我希望这个问题能通过相关国家的协商解决。

Antnony Royle

Dame Joan Vickers,M. p.,

下议院

伦敦

S. W. l.

Dame Joan Vickers 的来信:钓鱼台(尖阁)列岛

MoCormick 先生:

我们说过,附件的报告注明提交给 S. Tomlinson 先生和私人秘书。你接着标明"注:Royle 先生优先阅读"。我回来后发现,因为一些无法解释的原因,附件却在远东事务部的提阅文件中;但似乎对 Dame Joan Vickers 来信的回复尚未得到批准。

自给 Dame Joan Vickers 的回复起草以来,我们对尖阁列岛的立场没有改变。

R. B. Croson

远东事务部

1971. 9. 7

香港的尖阁列岛游行

机密

英国代办处

北京

1971.7.27
H. Ll Davies 先生
远东事务部
外交和联邦事务部
伦敦 SW

正如你可能从我们对这一问题的沉默中了解到的那样,我们从中国当局处未听到关于 7 月 7 日尖阁列岛游行或接下来逮捕的任何消息。7 月 10 日,当 John Denson 被召唤会见乔冠华(Ch'iao Kuan-hua)时,我们想是否我们会被狠狠训斥,但正如你所知的,他们讨论了完全不同的事情。与乔冠华 7 月 19 日二次会面后,凌青(Ling Ch'ing)与 John Denson 谈话,当时中国人就有机会提及这件事(参见我们 telno 第 664 号文件);但他们又什么也没说。亦没有关于这一问题的新闻报道。

并不是说,这件事可能不会在未来的某种情况下被当成针对我们的证据,但至少现在我们应该庆幸,中国人毫无疑问地做出了清醒的决定,即忽略这次事件。如果不是最近我们的关系有所改善,更重要的是如果我们没有讨论交换大使的问题,我很怀疑他们是否会如此的克制。

谨启

理查德·萨缪尔(Richard Samuel)

抄送:
C J Howells 先生,香港
J D I Boyd 先生,华盛顿

东南亚的经济军国主义

如今,东南亚被认为是经济发展速度最快的地区,有最大的再开发潜力——这些多归因于丰富的自然资源和大量的廉价劳动力。这一地区尽管渴望和平和稳定,但是仍然有人在为民族独立而战。美国政府仍在继续对越南人民大规模屠杀,并且最近在日本,军国主义正慢慢破茧而出,其近期在以及围绕中国富含石油资源的钓鱼岛及其附属岛屿的行动,已经吹响了军国的号角。至少,东南亚这一地区在政治上仍然极度不稳定且存在潜在危险。二十世纪上半叶,已经对东南亚的自然和人力资源进行了系统的开发——其最隐蔽的自然资源就是石油。那么今天，这一地区还有多少开发仍在继续，工业国家的"军工复合体"又在多大程度上导致了不稳定，甚至是战争呢？

石油对一个现代化工业国家的重要性——特别是战争和备战时期，在此已无需赘言。以荷属东印度群岛（Dutch E. Indies）为中心的早期亚洲油田以及其他一些原材料的利益，导致后来 ABCD（美国、英国、联邦 Commonwealth 和荷兰）四国和日本之间产生经济政治对抗。石油对战前的军国主义日本的战略重要性是显而易见的，这可以通过她侵占石油资源丰富的满洲作为侵略中国的序曲这一点上得到印证。并且在她发动亚洲战役的头五个月里（即二战中），她的军队首先控制了荷属东印度群岛（印度尼西亚、苏门答腊和新几内亚）的石油，马来半岛的锡、橡胶和其他战略性资源。战后，长期把太平洋当作"美国内湖"的美国人，被迫要用中国的政治发展来保卫她太平洋帝国的边疆。美国后来卷入朝鲜和印度支那半岛表明她对这两个地区多么的重视。根据兰德公司（Rand Corp.）近期的防御措施透露，美国介入越南百分之七十是为了保护"国家利益"，无疑，这既包括她的经济利益，也包括政治利益。最近沿着整个东亚海岸线都发现了石油，且美国和日本的石油公司已经在那一起勘探，这些公司从政府处获得维护其作业的保证。

在战争或和平年代，经济巨头——如带头的美国美孚石油公司（Standard Oil Group）和日本的三菱公司（Mitsubishi）——在政府对外经济政策中享有巨大利益。相应的，政府必须把他们的政策建立在这些公司利益之上。比如美孚石油公司中的此类经济力量。这个公司的石油工人在亚洲的数量位列前茅，并且今天在亚洲仍随处可见。该公司的年度预算达 140 亿美元，仅次于美国、苏联和日本，是印度尼西亚、马来西亚和新加坡 GPN 的总和！美国 33 家石油公司的年度总营业额，通过直销和转销，占据了 GPN 的 45～60%。有人说，"任何大公司的主席，如未积极寻求收购原材料的租赁权，将很有可能被开除"。已有足够的证据表明，无论何时，当东道国的利益与大公司的利益冲突时，针对当局政府的报复措施会毫不犹豫的以中央情报局（CIA）支持反叛的方式实行。

现在，日本 70% 的一次能源依赖于石油。她每年消耗 343 千万公吨石油，99.5% 从中东和印度尼西亚进口。显然，石油公司和政府都需要"保护"和"创造"有保证的获取石油与未来的石油供给。还有什么比抢夺中国的钓鱼岛主权更方便的呢？那里石油资源丰富，且刚好就在日本的门口。日本政府已

经对韩国海岸附近一片类似的沿海区域提出主权要求,日本政府用经济压力
和美国的军事援助一起迫使南朝鲜和台湾政权"搁置主权争议"的事实证明,
她再一次凭借"老方法"来获得原材料。

日本军国主义的复苏需要严肃对待吗?与现在被四股西方力量占领的德
国不同,日本国内没有一支亚洲的势力"占领"其领土。日本领导人在战前的
日本默许了军国主义。作为战前内阁成员的岸信介(Nabosuke Kishi)现在被
认为是早期的发言人。战后的日本社会结构基本没有改变。除了少数年轻进
步分子,年长群体仍然是被动的、奴性的,屈从于一群工业技术专家和"武士道
精神的"军国主义者。战争的破坏使"军国主义"被迫转向"经济主义",但日本
所需要的只不过是另一个"东条(Tojo)"来再次改变社会首要问题的顺序,把
"经济主义"变回"军国主义"。占统治地位的自由民主党(LDP)由一大群右翼
民族主义者构成,他们中大多数是大型工业企业的主席,他们尖锐且残酷的商
业行径为亚洲人所熟知。最近他们鼓吹,有强大军事力量为后盾的日本政府,
应该坚持主张在亚洲重建霸权的政治经济政策,而这一霸权与三十年代的"大
东亚共荣圈"非常相似。

1969 年,佐藤(Sato)曾告诉一家美国报纸,南韩和台湾对日本的安全十
分重要。理所当然,日本最近在这两个地区的投资达到一亿美元。除却日本
军舰已经在马六甲海峡巡逻来保卫她的"石油利益"这一事实,很快佐藤就会
说,香港和菲律宾也在日本的经济束缚之下,并且也对日本的安全十分重要。
就是这种心态把日本人民拽入到 30 至 40 年代的战争之中。在最新的《防御
白皮书》中,日本将在重整军备上花费 160 亿美元——又是印度尼西亚、马来
西亚和新加坡 GNP 的总和。在 1972—1976 年,日本将提升武力至"三三三"
系统,30 万军队、30 万吨重战舰和 30 万艘战斗机。日本政府称之为"自我防
御力量"! 现在在日本,旧时的军歌、英勇的战争电影已复兴,历史书已扭曲战
争史实,甚至谈论武士道作者三岛(Mishima)的仪式性自杀,这是在"白费心
机"。

美国政府,非但不阻止日本军国主义的复兴,反而积极协助其复兴。在
"关岛主义(Guam Doctrine)"下,尼克松宣布,"亚洲人将打亚洲人",如此她便
可卸下她给自己委任的"亚洲警察"角色,把它交给日本的军国主义者。这一
政策,除了美国犯下又一个愚蠢的错误,还将日本军国主义者发起的大规模重
整军备军队合法化。美国在不确定的情况下,将包含中国钓鱼岛(佐藤政府声

称)在内的冲绳（Okinawa）于 1972 年归还日本，是对中国领土完整性的又一次公然侵犯。显然，这是试图安抚日本军国主义者，他们经常用一场全力以赴的"商业战争"来威胁美国。在美国一日本与中国 20 年敌对后，他们现在再次勾结，联合起来全面抢夺中国的自然资源。

日本在军国主义者领导下，开始了一场世界范围的战争，以夺取在亚洲的经济主导权。现在，随着军国主义已然起步，她将再一次走上老路。"军事一工业复合体"和其广泛的既定利益，必然承担引发亚洲不稳定的主要责任。真正的和平和稳定只有建立在国家间平等协商、互相尊重领土和主权完整、互相经济协助、互不侵犯互不干涉国家内部事务的关系之上。目前为止，美日的进步人士和中国人已经树立坚定的立场，反对美国和日本的军国主义。请给我们道义和经济上的支持。把所有军国主义者扼杀在摇篮中。

评论员（保卫中国钓鱼岛行动委员会）

6，Fawley Rd.，London N. W. 6.

Dame Joan Vickers 的来信：钓鱼台（尖阁）列岛

S Tomlinson 先生

私人秘书

我附带了一份回复 Dame Joan Vickers7 月 19 日来信的草稿。

钓鱼台问题比较复杂。通常以其日本名字尖阁列岛而被熟知的这些岛屿，在主权问题上存在国际争议，牵扯到日本政府、中国政府和台湾的国民党政权。这一争议在中国学生团体中产生了强烈反响。7 月 7 日在香港发生的游行最后演变成和警察的冲突。女王陛下政府（HMG）还未对他们各自要求的正误发表公开立场。我们关于这一主题所说的任何话都会冒犯一方或另一方。因此，起草的回复要使我们最小程度的卷入其中，它会参考 Royle 先生对Biggs-Davison 先生 7 月 12 日在议会上提出问题的答复。

香港事务部和该部的法律顾问一致同意。

R. B. Crowson

远东事务部

1971. 7. 30

抄送：

Logan 先生

Laird 先生　香港事务部

法律顾问

致：

Dame Joan Vickers 下院议员

感谢您 7 月 19 日给 Alec Douglas Home 的来信，信中附带了一群中国香港人关于钓鱼台列屿（the Tiaoyutai Islands）备忘录的副本。我必须向您道歉，我很遗憾由于行政管理的疏忽造成回复的延迟。

这些通常以他们日本名字——尖阁列岛——而被人们熟知的岛屿，自 1945 年起，已被美国作为琉球群岛（Ryukyu Islands）的一部分管理，并于 1972 年随琉球群岛归还日本统治。然而，在台湾的国民党政府和中国共产党都已对尖阁列岛提出主权主张。这一争议非常的复杂，我们对此不发表公开立场。

正如你所见，我在 7 月 12 日对 John Biggs-Davison 在议会中提出的有关这一问题的回复中写道，《开罗宣言》、《波茨坦公告》或其他任何国际协议中都没有明确的条款处理尖阁列岛的地位或未来归属问题。

即使协议中触及岛屿的主权归属问题，这也只是解决这片区域内中国东海海床开发权这一争议的第一步，而这又涉及到国际法的复杂问题。

我知道这一争议已引起许多国家华人社区的强烈情绪。日本人同样对此反应强烈。我们认识到这些关注，但我不认为我们应对这一问题发表立场。我希望这个问题能通过相关国家的协商解决。

给 Aca. Alee 关于钓鱼岛问题的信

Westminster Garden

London S W I

1971. 7

Aca. Alce.

我最近我最近接待了来自香港的三位可爱的年轻人代表团。有趣的是，他们的家庭都是来自中国大陆的难民且他们都获得了奖学金。

这里似乎大约有 400 名中国香港人，他们成立了钓鱼台组织委员会，考虑到他们希望就钓鱼台列屿问题采取一些行动,我随信附带了他们文件的副本。

这些我认为是无人居住的群岛,有八个岛屿,位于中国大陆架上的台湾东北方向 120 英里处,并且被一个很深的海沟与琉球群岛(Ryukyus)分离。

我知道,根据 1958 年涉及大陆架问题的《日内瓦协定》,沿海国家中国有在大陆架地区开发自然资源的主权。然而,这些岛屿的主权问题被日本政府提出,它依仗美国政府的支持,想把钓鱼台列屿并入日本领土,而不管这些岛屿一直是中国的一部分这一事实。显然,岛屿周围的海下石油资源已被发现,这是日本政府提出要求的原因。

阅读有关这些岛屿的历史可以看到,在 1403 年的中国记载中已经提到它们,几个世纪以来它们都是作为台湾的一部分受到管理。在二战前后,他们被中国渔民作为一个作业基地使用。1884 年之前他们都没有出现在日本的记载中。

台湾省在 1895 年第一次中日战争之后被日本武力占领,占领包括了钓鱼台列屿。1943 年的《开罗宣言》中规定要把台湾归还中国,据此这些领土在二战末被还给中国。我相信这得到《波茨坦公告》和 1952 年《台北和约》第四条确认的。

美国似乎想用这样一种方式解释 1951 年的《旧金山和平条约》,就是说,这些岛屿是琉球群岛的一部分。来见我的代表团担心钓鱼台列屿将和琉球群岛一起在 1972 年还给日本。

我想知道你对此事的看法,不胜感激。我私下写信给你,是因为我对这些年轻人的智慧印象深刻。我问他们如何联系到我,他们说之前联系了工党本部,那边建议说我将是采纳他们观点的最佳人选。

谨启

钓鱼台列屿

1971 年 7 月 12 日

抄:

Biggs-Davison 先生(Chigwell):询问英国外交和联邦事务大臣,他将对钓鱼台列屿(Tiaoyutia Islet)移交中国发表的声明中,是否要提及《开罗宣言》和《波茨坦公告》。

NO. 7W

Anthony Royle 先生

不论是《开罗宣言》、《波茨坦公告》还是任何有约束力的国际协议都没有用明确的条款论及钓鱼台列屿的未来。

议会质询
1971 年 7 月 12 日的口头回答

抄：

Biggs-Davison 先生(Chigwell)：询问英国外交和联邦事务大臣，他将对钓鱼台列屿(Tiaoyutia Islet)移交中国发表的声明中，是否要提及《开罗宣言》和《波茨坦公告》。

Anthony Royle 先生

不论是《开罗宣言》、《波茨坦公告》还是任何有约束力的国际协议都没有用明确的条款论及钓鱼台列屿的未来。

(13523) Dd. 643721 3m 1/70 G. W. B Ltd. Gp. 863

参考

标记(Flag) A《开罗宣言》

标记(Flag) B《波茨坦公告》

补充说明

我们认为这片岛屿是琉球、台湾还是中国的一部分呢？

(1) 女王陛下的政府并不对此事发表立场。

关于这些岛屿邻接海床地区资源的开采权，女王陛下的政府持什么观点？

(2) 这件事最近是争议热点。女王陛下的政府对此不发表立场。我们希望这件事能根据日内瓦会议有关大陆架的原则，以和平的方式解决。

正如《开罗宣言》描述和《波茨坦公告》重申的那样，钓鱼台列屿难道不是"日本从中国窃取的领土"吗？

(3) 女王陛下的政府对此不发表立场。

这些岛屿现在如何管理？

(4) 这些岛屿作为琉球群岛的一部分目前处于美国管理之下。美国声明将在 1972 年将这些岛屿归还日本。

美国政府对这些岛屿的地位和未来有发表什么立场吗?

(5)美国政府声明,在归还日本之前,他们将继续对这些岛屿实施全权管理。他们还说,就他们看来,关于岛屿主权的任何争议,应该由几方当事人自己解决,或者如果他们希望的话,通过第三方裁定。

台湾的主权

(6)我们认为台湾的主权暂且未定。

Wilford 先生

议会办公室

议会质询:钓鱼台(尖阁)列岛

针对 John Biggs-Davison 提出的钓鱼台列屿问题,一份附有补充说明的回复草稿已经提交,用于 7 月 12 日的口头答复。议会办公室通知我们,这个问题可能不会被触及。

这是一个复杂的问题,需要大量的调查。议会办公室已经延迟了提交期限。以他们的日本名字尖阁列岛而被熟知的这些岛屿,在主权问题上存在国际争议,牵扯到日本政府、中国政府和台湾的国民党政权。台湾学生抗议日本对这些岛屿主权要求的示威游行计划今天在日本大使馆外展开。对他们各自声明的是非真相我们还未发表公开立场,关于这个问题,几乎我们说的任何话都会冒犯一方或另一方。回复已经起草好,希望能最低限度的触怒他人,并且使我们最低程度的卷入这场争议。附上岛屿的背景信息。

部门的法律顾问和海洋交通部一致同意。

J. A. L. Morgan

远东事务部

1971. 7. 7

抄送:

Mr. Logan

Sir S. Tomlinson

Mrs. Denza 法律顾问

Mr. Brewer 研究部

Mr. Dudgeon 海洋交通部

钓鱼台列屿或尖阁列岛背景信息

机密

这片岛屿坐落在中国东海一片无人居住的礁石群上，位于台湾东北方向。它们目前作为琉球群岛一部分由美国政府管辖。美国政府声明，将在1972年4月把这些岛屿和琉球的剩余部分一起归还日本。台湾的国民党政权、中国政府和日本政府都对这片岛屿提出主权要求。

自从在毗邻的海床发现可能存在的油田后，关于这片岛屿的主权已经成为一个热点问题。日本、中国国民党和南韩组成了联合财团来开发资源，尽管日本和国民党都对它们的主权有所保留。在最近的争议中，国民党似乎想用1958年的大陆架会议来对这些岛屿的主权及这片区域的海床权利提出要求。日本对这片区域海床权利的要求取决于岛屿的所有权，因而拒绝承认对她岛屿所有权的任何质疑。中国声称，岛屿和海床所有权完全属于中国，大概以她对台湾本身的主权要求为基础。我们获得的关于岛屿主权的历史信息非常少，而且互相矛盾。我们还未对此事发表官方立场。

我们间接卷入了这场争议，因为一家美国石油公司请一家海洋勘探公司在这片岛屿区域内进行勘测。这家公司给我们写信征求意见。我们回复他们说，请注意这些岛屿存在的国际争议，并且在这种情况下实施勘探的风险。

开罗宣言

机密

1943年12月1日

昨晚在开罗宣布了以下声明：

罗斯福总统、蒋委员长、丘吉尔首相偕同各该国军事与外交顾问人员，在北非举行会议，业已完毕，兹发表概括之声明如下：

"三国军事方面人员关于今后对日作战计划，已获得一致意见。"

"我三大盟国决心以不松弛之压力从海陆空各方面加诸残暴之敌人，此项压力已经在增长之中。"

"我三大盟国此次进行战争之目的，在于制止及惩罚日本之侵略，三国决不为自己图利，亦无拓展领土之意思。"

"三国之宗旨，在剥夺日本自从一九一四年第一次世界大战开始后在太平洋上所夺得或占领之一切岛屿；在使日本所窃取于中国之领土，例如东北四省

(Manchuria)、台湾(Formosa)、澎湖群岛(Pescadores)等，归还中华民国"

"其他日本以武力或贪欲所攫取之土地，亦务将日本驱逐出境。"

"我三大盟国稔知朝鲜人民所受之奴隶待遇，决定在相当时期，使朝鲜自由与独立。"

"根据以上所认定之各项目标，并与其他对日作战之联合国目标相一致，我三大盟国将坚忍进行其重大而长期之战争，以获得日本之无条件投降。"

（文本摘自《时代》杂志，1943 年 12 月 2 日）

尖阁列岛

机密

英国领事馆

淡水 TAMSUI

1971.7.2

R. B. R. Hervey 先生

远东事务部

外交和联邦事务部

在 Gorham 6 月 11 日来信的第四页（共四页）上提到，日本政府计划在尖阁列岛附近的大陆架上实行地理勘查。据这里的新闻报道，这可能会刺激国民党做出同样的举动，并且/或者提出在岛上建立一个气象站和灯塔。这些建议背后的哲理是，法律第十九条关于所有权的说明和这些新闻促使国民党当局加速提出他们的合法主权要求，其根据是他们认为日本不会想通过战争来驱逐岛上的国民党定居点。

然而，仍未有任何迹象表明，国民党当局关注这个建议，他们更喜欢发布声明重申尖阁列岛"根据历史、地理、惯例和法律"属于中国，并强烈反对将其移交日本。但是可能出于"一不做二不休"的原则，针对美国认为不征询战时同盟的意见就把整个琉球群岛转交给日本是适当的行为，这份声明还是有正当理由的表示遗憾。

在一次更加复杂的争议中，国民党大会指出尖阁列岛是中国的领土，根据国民党宪法第四条，中国领土不可更改，除非是根据国民党大会的决议。大会指出，它永远不会承认这是合法的转交，并且美国和日本要对转交可能引发的后果负责。好的解决办法是，大会还声称，美国和日本之间转交琉球群岛的协议是"不合法的，因此无效"。

T. Duffy

抄送（不加附件）：

P. J. D. Fullerton 先生，石油部，外交和联邦事务部

G. S. Barrass 先生，北京

C. J. Howells 先生，香港

J. D. I. Boyd 先生，华盛顿

M. E. J. Gore 先生，汉城

R. S. Gorham 先生，东京（带附件）

关于钓鱼台：转交不会影响"中华民国"的要求

"外交部"昨晚声明，即将发生的美国将钓鱼台列屿管理权转交给日本一事，"不会影响'中华民国'对这些岛屿主权的要求"。

关于美国决定把琉球群岛管理权还给日本，"外交部"发表的声明言辞强硬。"中国政府"对于美国在做这一决定时并没有按照《开罗宣言》咨询中国意见表达了"深深的遗憾"。

下面是"外交部"声明的完整文本：

"近年来，'中华民国'政府从未停止对琉球群岛地位问题的最深切关注，并且在多个场合试图引起美国对其看法的注意，这些看法涉及该问题的价值，特别是涉及到亚太地区的安全。

得知美国政府和日本政府将在不久的将来签署正式文件转交琉球群岛，以及'中华民国'行驶领土主权的钓鱼台列屿，'中国政府'认为有必要再次强调它的立场，并且让世界知道它的看法。"

琉球群岛

首先，关于琉球群岛。在 1943 年，主要同盟国，即中国、美国和英国共同发表《开罗宣言》。1945 年《波茨坦公告》发布，尤其规定了《开罗宣言》的条件必将实施，并且日本的主权必将限于本州（Honshu）、北海道（Hokkaido）、九州（Kyushu）、四国（Shikoku）和主要同盟国决定的其他小岛之内。显然，琉球列岛未来的地位留给主要同盟国来决定。

1951 年 9 月 8 日在旧金山签署的《对日和平条约》基于上述两个宣言的

宗旨。条约第三条包含了对琉球群岛法律地位和其未来处置方式的明确规定。

"中华民国"的立场一直是,对琉球群岛的最终处置应该由同盟国根据《开罗宣言》和《波茨坦公告》经磋商决定。这一立场已被反复告知美国政府。作为对日作战的同盟国之一,"中华民国"自然有权参加任何这样的磋商。对美国政府没有根据上文提及的协商就把琉球群岛加速转交日本的行为,"中华民国"必须深表遗憾。

钓鱼台

第二,关于钓鱼台列屿的转交。"中国政府"惊讶地发现,美国将要对日转交琉球群岛的宣言中包括了钓鱼台列屿。

这些岛屿属于中国台湾省,因此是"中华民国"领土的组成部分。他们与后者紧密相关,因其地理位置、地理结构、历史关联,尤其是台湾居民对这些岛屿长期持续的使用。中国政府拥有保卫国家领土的神圣职责,在任何情况下都不会放弃任何一小块的领土主权。因此,中国政府一直告知美国、日本政府,根据历史、地理、使用和法律,中国认为这些岛屿无疑处于中国的领土主权之下,并且他们应该在美国管辖一结束就被还给"中华民国"。"中国政府"认为,这些岛屿的管理权连同琉球群岛被美国转交日本是不可接受的。并且认为,美国和日本的转交不会影响"中华民国"对这些岛屿主权的要求。

因上述原因,"中国政府"必须对即将进行的转交表达强烈的抗议。"中国政府"由衷希望,美国能尊重中国对这些岛屿的主权。并且立即采取相应的合理合法方式,以避免在亚洲和太平洋地区造成严重后果。"

尖阁列岛

英国大使馆
东京
1971.6.11
L. V. Appleyard 先生
远东事务部
外交和联邦事务部
伦敦 SWl

在《归还冲绳协定》签署将近之时，有必要对我 4 月 23 日来信（4 页）之后新闻当中有关尖阁列岛争议的报道进行一个简短的综述。接下来的几种观点都表明，日本人绝不放弃他们对岛屿的要求，但他们在选择处理问题的方式方面显示出一定灵活性。

4 月，两家报纸报道了日本政府仅因预算原因，决定推迟在鱼钓岛（Uotsuri）建立无人气象台的消息，这需要耗资三千八百万元。气象台将会是一层钢筋混凝土建筑加一个无线接收塔，主要功能是监测台风。可能真的是因为天气糟糕，为这个项目进行的实地调查某种程度上被推迟了，但是无疑，政府也决定暂缓开始。据一份报纸说，美国已向日本政府施压，要求他们放弃这个计划。

我们在其他地方报道过，美国人对于明确把尖阁列岛列在《冲绳归还协定》需要归还的区域内还是有些胆怯的。在这里每天单调重复出现的所有协议草案中，"尖阁列岛"的名字都没有出现。但是很有可能的是，在协定达成时将对这些岛屿的命名或者对其位置的描述作为附件附在条约后。

然而可能更有意思的是，一些报道说美国希望保留其中两个岛屿的使用权，供美国海军作为轰炸训练场和射击场。一份外交部的资料说，尖阁列岛归还后作为射击场使用有待美日委员会讨论，因为那里的基础设施处于《美日安全保障条约》和《驻军协议》的规定之下。美国把这些岛屿作为射击场使用，会不会促使日本去开采石油呢？中华人民共和国政府可能不会反对美国继续坚持仲裁这些岛屿，也不愿日本全部接管它们。

为了回应下议院冲绳及北部地区应对措施小组委员会在 5 月 20 日的会议上提出的问题，中曾根（Nakasone）先生说，因为尖阁列岛在冲绳县归还后将成为日本领土，所以它们将被包括在空中防御识别区内。他的安全局长久保（Kubo）补充说，这片防御识别区是美国建立的，但因它与"我们的邻国"存在联系，日本正在研究是否有使用的必要。据《读卖新闻》（Yomiuri）报道，尖阁列岛的一部分目前处于美军识别区之外，因此日本人在考虑归还尖阁列岛之后如何调整空防识别区。

三家报纸刚刚报道说，在首相办公室的授权下，日本计划在尖阁列岛附近的大陆架上实施地质勘查，作为促进冲绳经济发展的政策的一部分。该项调查将在东海（Tokai）大学教授 Michihira Nisei 的带领下进行，使用东海大学的调查船"东海大学二代日裔美国人"号（Tokai Daigaku Nisei）。报纸说勘查任务应该在 6 月 1 日开始,但因为恶劣天气(再次!),它被推迟到 6 月 20 日。然而,到七月中旬台风季就会到来?《日本经济新闻》(Nihon Keizai)指出,一个纯科学调查与石油开发公司进行的地理勘察不同,不太可能引发政治问题,尤其当调查被限制在公海(high sea)内时。显然,考察队并不想登陆尖阁列岛,但无疑这样做的诱惑非常大。

谨启

RS Gorham

抄送:

P. J. D. Fullerton 先生　石油部门-外交和联邦事务部

G. S. Barrass 先生-北京

T. Duffy 先生-淡水(Tamsui)

C. J. Howells 先生-香港

J. D. I. Boyd 先生-华盛顿

M. E. J. Gore 先生-汉城

尖阁列岛

L. V. Appleyard 先生

远东事务部

外交和联邦事务部

1971.5.24

　　我随信附带了(不是给所有人)一份《纽约时报(周日版)》上的一整版广告,由一群在美国的中国学者刊登,他们称自己是"钓鱼台公开信的协调人"。就我计算,名单上列出的附属成员总计超过 3 000 人。这份广告以致总统和国会一封公开信的方式,呼吁美国撤销政策决定并承认中国对这些岛屿的主权。列出的名单中包括一些学术权威。那种五四运动的味道令你无法躲闪。如果你们在"威斯康星州(Wisconsin)"地区的名录下寻找,肯定能找到就此主题发表过权威著述的作者。

J. D. I. Boyd

附件(不是给所有人)

抄送档案馆(Chancery)　　北京

东京

汉城

T. Duffy 先生　淡水（Tamsui）

C. J. Howells 先生　香港

保卫钓鱼台：给尼克松总统和国会成员的一封公开信

纽约时报　周日　1971.5.23

我们写信的目的，是希望引起你们对日本和琉球（Liu Chiu or Ryukyu）政府妨碍中国对钓鱼台列屿行使主权一事的关注。此事发生在 1968 年一项联合国的地理勘查之后，这次勘查表明，中国东海大陆架可能含有丰富的石油资源。我们强烈要求你们尊重且采取适当措施确保中国对这些岛屿的主权。这样的行为将消除东亚的一个矛盾根源，并进一步促进中美人民间的友谊。

钓鱼台列屿（在日本称之为"尖阁列岛"）由八个无人居住的岛屿组成，位于台湾东北方向 120 英里的大陆架上，隔海沟与琉球群岛相望。中国历史文献中对这些岛屿的发现和地理特征的细致记载可追溯到 1403 年。几个世纪以来，这些岛屿已经被作为台湾的一部分管理，且一直单独被中国渔民作为作业基地使用，在二战前后都是如此。

包括这些岛屿在内的台湾省在 1895 年第一次中日战争后被割让给日本。据 1943 年的《开罗宣言》商定，台湾应被归还中国，因而这些领土在二战末应该被还给中国。这一内容后来得到《波茨坦公告》重申。

尽管中国对钓鱼台列屿拥有不可否认的主权，但自 1968 年石油勘探后，日本和琉球政府不断努力对这些岛屿提出主权主张。这些政府针对中国实施了一系列完全不友好的法案，包括强制驱赶这片区域内的中国渔民，损毁国民党在岛上树立的中国旗帜。这些挑衅行为激怒了所有的中国人，他们在二战结束前一直是日本长期侵略的受害者。同样重要的是，这一冲突被中国人视为日本军国主义全面复兴的表现之一。

中国人民广泛而深刻的感受体现在他们在美国采取的行动中。1971 年 1 月 29、30 日，三千名学生加入了在纽约、芝加哥、华盛顿特区、西雅图、旧金山、洛杉矶和檀香山（Honolulu）举行的抗议游行。4 月 10 日，2500 名广泛具有代表性的中国社区代表在华盛顿特区集结，抗议美国对此事发表中立立场，从而支持了日本的主权要求。差不多同时，又有 1500 中国人在旧金山、洛杉矶、西雅图和蒙特尔(Montreal)举行示威游行,来表达他们对此事的关注。这些事件在新闻中得到广泛报道,例如,最近 4 月 11 日《华盛顿周日之星》(Washington Sunday Star)和 4 月 12 日《纽约时报》的报道。

因此,我们希望你们重新考虑美国在此事上的政策。1970 年 9 月 10 日,国务院发言人 Robert Mccloskey 声明美国将保持中立。在即将签署的《归还冲绳协定》中将钓鱼台列屿转交日本的任何尝试都是有悖中立原则的。特此,我们希望你们:

(1)不承认任何有关钓鱼台列屿是美国管理的琉球群岛或南西诸岛(Nansei Shoto 日本对琉球群岛称呼)一部分的声明。

(2)承认中国对这些岛屿的主权。

(3)谴责日本和琉球政府侵犯中国主权的行为,谴责这些政府用武力解决这一问题的尝试。

我们请求你们,利用你们的主动精神和道德威信,确保中国人民的合法权利不会成为国际政治权宜之计下的牺牲品。你们在这件事上的正义行动将改善太平洋地区的和平前景。

钓鱼台公开信协调人

尖阁列岛:示威游行

保密

FEC 4/2

香港事务部

J. D. I. Boyd 先生

英国大使馆

华盛顿

请参考您 5 月 5 日关于上主题给我的来信。我们已经问了 Chris Howells 的意见,但与此同时,我认为你可能想要知道我们已经掌握的信息。

从二月份开始,已经有许多香港的学生举行示威游行,抗议日本对尖阁列岛的主权要求。大多数游行未生事端即以告终。但 4 月 10 日,在日本文化信息处外发生的示威游行中,有 21 个学生被逮捕了。(我们得知随后法院命令这些学生具结保证)。4 月 4 日,另一起发生在维多利亚中心的示威游行中,因无视警方的制止,有 12 人被逮捕,包括 3 名组织者。还有人企图在专门出售日本产品的百货公司里劝说消费者抵制日货。

　　主要的中学以上的学生团体,尽管支持这一运动,但清楚地表明他们的行动会在法律范围内实行。但有一群激进的年轻人试图激起中国人关于此事的民族情感。

　　以上是我们所拥有的全部信息,以 Howells 的意见为准(我正把这封信抄送给他)。我们建议,您答复任何质询的原则是,仅在产生破坏和平的威胁以及违背和平的举动确实发生时,才让警方介入。

A. W. Gaminara

保卫钓鱼台列屿

1971.4.24
保密
总领事
英国总领事馆
芝加哥,伊利诺伊州

亲爱的先生:

　　根据从香港保卫钓鱼台列屿行动委员会收到的电报,4 月 10 日,香港一群学生和青年人在反对日本侵略中国领土钓鱼台列屿的示威游行中,遭遇警察的暴力介入,随之被逮捕。我们伊利诺伊大学的中国学生对此事件感到惶恐不安。除了同情且支持 21 个被逮捕的同学外,我们认为对爱好和平的中国人使用暴力是应受谴责和无法容忍的。我们认为暴力镇压和平示威游行是在鼓励暴力示威游行,并且镇压中国爱国行动是对大多数中国人愿望的不尊重。因此,我们希望香港政府尽快采取正确措施防止类似事件的再次发生。

谨启
伊利诺伊大学美国钓鱼台行动委员会

尖阁列岛

机密
Appleyard 先生(远东事务部)

还未收到淡水(Tamsui)、香港和汉城方面关于文件(8)的意见。这些办事处似乎不太可能提出实质性的建议。

文件(18)有助于阐明美国对此争议的官方立场,但不能帮助我们进一步解决岛屿所有权的历史问题。

最近有一家日本新闻报道,就日本历史上的主权要求给出了一些相互矛盾的日期(见附件)。这篇报道某种程度上支持了我们的观点,即日本可能只是在他们获得台湾后才正式对这些岛屿产生兴趣。很遗憾,东京还没能在已出版的文件中找到相关证据,证明日本新闻所声称的十九世纪九十年代这些岛屿已具有的法律地位。

海洋交通部在文件(11)中对我们关于大陆架的文件阐明了一些观点。

事实上,收到的回复与我们的拟稿并无异议,而且没有提供什么新信息。

拟稿现在可能用于远东事务部、海洋交通部和主要的相关代表团。现在编辑这篇草稿貌似有些价值,考虑一下提出的那些影响草稿的观点,并作为研究备忘录下发。文件将在地方办事处进行更加广泛的传播。当然我们将会考虑远东事务部对这份文件提出的任何看法。

你可能希望把这则建议提交给 Morgan 先生。如果得到同意,请您建议一下应该分发副本给哪些地方办事处,以及是否应该发给任何的英联邦国家和外国。

F. Brewer

远东地区

研究部

1971.4.28

大陆架存在许多问题——尖阁列岛;领土主权毋庸置疑:政府

东京新闻(全文)

1971.4.5

(评论)"尖阁列岛属于日本领土毋庸置疑。因此,对于这些岛屿的领土地位,日本无意与任何国家商议。"这是政府对这个问题的基本立场。政府明确这样说有三点主要原因。

第一个原因是历史事实,尖阁列岛是 1884 年被古贺辰四郎(Tatsushiro

KOGA)发现的。他出生于福冈(Fukuoka)县,是一个"探险爱好者"。那时,古贺辰四郎在那霸(Naha)大量从事茶叶买卖生意。在生意间隙,他常常坐小船去一个又一个岛屿,最后发现了无人居住的尖阁列岛。

　　然后,古贺辰四郎在尖阁列岛上建造工厂,加工鸟类羽毛、龟壳、贝类、鸟类粪便和风干的鲣鱼,工厂一直营运到大约大正(Taisho)时代中期(1912—1926)。据说岛屿附近的海域也是冲绳渔民捕鱼作业的地方。古贺善次(Zenji),古贺辰四郎的儿子,现居那霸(Naha)市,作为鱼钓岛(Uotsuri)、久场岛(Kubato Island)①、南小岛(Minami Kojima)和北小岛(Kita Kojima)——即尖阁列岛的全部附属岛屿——的土地所有者,平均每年向琉球群岛政府付税400美元。

　　第二个原因是1896年4月1日发布的第十三条敕令(Imperial Ordinance No. 13)。政府收到古贺辰四郎的申请,请求允许获得岛屿的租赁权,政府曾拒绝这一申请,理由是"在清朝尖阁列岛属于日本还是中国并不明确"。然而,当台湾因为中日战争被日本占领后,内阁1895年1月14日决定,尖阁列岛属于日本领土。

　　第十三条敕令依据内阁的这一决定发布。因此,尖阁列岛无论是名义上还是事实上都被认为是日本所有。敕令决定它们属于冲绳县八重山郡石垣村(Ishigaki Village)(现在的石垣市)。同时也同意授予古贺辰四郎30年的土地租赁权,且是无偿的。在他死后,1932年岛屿被以15 000日元的价格卖给古贺善次。

　　第三个理由是1953年12月25日实行的琉球列岛美国民政府(The United States Civil Administration of the Ryukyu Islands)管理条例第二十七条。这个条例划定了"尖阁列岛的地理界限",与此有关的事实是,同天美日关于归还奄美群岛(Amami)的协定生效。政府强调,尽管事实上尖阁列岛位于琉球群岛的范围内,但是显然尖阁列岛将包括在被交还的土地内。

　　在这种情况下,政府的观点是,关于领土主权,在地理上、历史上和法律上都是毋庸置疑的。但政府也有一个"痛处"。它担心大陆架分界线如何划定的问题。政府十分担心这会引起更多复杂的争议,尤其据说尖阁列岛附近海床有油田。

　　这样的情况可以适用作为国际法的《大陆架公约》(日本仍未批准)。根据

------

　　① 译者注:即中国的黄尾屿。

协定,如果两个或多个国家的海岸线相对,其领土同一个大陆架相连,那么这些国家的大陆架边界将依据国家间的一致协商决定。如果无法达成一致,那么一条"中间线"将被认为是边界线。

关于尖阁列岛,"中华民国"一直对它的领土主权有所坚持,此外,中国也对这些岛屿感兴趣。首先,有一个基本问题是日本应该跟"两个国家"中的哪一个进行协商。即使要进行协商,例如,和"中华民国",在大岛屿台湾和像罂粟籽一样小的尖阁列岛间划"界限"将会是很困难的。从现在起有关外交部官员将备受折磨,他们说:"如果协商具体展开,问题会变得复杂。"

NMi

尖阁列岛

机密

英国领事馆

淡水

1971.4.23

K. Q. F. Manning 先生

远东事务部

外交和联邦事务部

在美国国务院 4 月 9 日发表声明,称美国将于 1972 年将尖阁列岛还给日本,以及警告美国石油公司不要参与那个地区的开发之后,国民党"外交部"发言人发表了一份抗议声明,称美国的这些举动决不会影响国民党对尖阁列岛的要求。我在附录 A 附带了这份声明的副本。

可能为了回应这个报道,东京的新闻称日本政府意在推迟尖阁列岛地区近海的开发,直到这些岛屿被返还给日本之后,而国民党发布了中、韩、日海洋资源联合开发特殊委员会的会议纪要,该会议于 1970 年 12 月 12 日在东京召开。我在附录 B 附带了这份文件的副本。

国民党可能会公布关于这个事件协商的更多细节,因为据 4 月 20 日"外交部"发布的声明称,关于尖阁列岛争议的所有细节和会议纪要将在"一个合适的时间"被公布。在这个声明中,外交部重复表明了它对尖阁列岛提出主权要求的证据,指出对此区域海底资源开发的经济协商不会影响主权问题。声明指出,国民党在二战结束时仅允许美国管理这些岛屿,因为他们认为这对维护全球安全最有利。并且声明暗示,当国民党和美国就巡防区域界限达成一致时,尖阁列岛被置于国民党范围内。

与此同时,为了不被在香港和美国的同胞赶超,台湾的中国海外留学生已发起示威游行,支持中国对钓鱼岛的要求。台北的美国和日本"大使馆"是上周许多学生进行示威游行的场所(七场在"美国大使馆"外,四场在"日本大使馆"外面)。然而这些示威游行都有秩序地展开,在学生四处游行、高声呐喊适合的口号之后,上交抗议信。还有一些示威游行在政治大学、台湾师范大学、辅仁大学、"清华大学"、淡江文理学院和海事大学举行。示威游行者在这些地方做演讲,然后给中国海外留学生、中国国民党政府或国民党分发支持信。

关于这些示威游行,有意思的是,他们不是政府鼓动的,而是由比台湾学生相对更加独立的中国海外留学生发起的。与此同时,当局最初乐见这种支持,但他们很快意识到如果鼓励关于此事的道路示威游行,学生们会尝到示威游行的甜头,并可能大肆用于其它使当局尴尬的事情上。

因此政府通知大学负责人,要求他们中断接下来的示威游行。

谨启

T Duffy

连同附件抄送:

G. S. Barrass 先生　北京

R. S. Gorham 东京

M. E. J. Gore 汉城

1971 年 4 月 10 日国民党"外交部"发言人魏煜孙博士声明

附录 A

钓鱼台列屿是"中华民国"领土的一部分。"中华民国"政府通过外交渠道不断发表陈述,要求美国政府尊重中国对这些岛屿的主权,并且在对这些岛屿的占领终止时,将它们还给"中华民国"政府。

"中国政府"很难理解为什么美国国务院做了这样的一个声明,甚至是在对"中国政府"的陈述做出回应之前。因此"中国政府"对此表示强烈反对。当"外交部"知道这个声明后,它向美国政府做了另一个强烈陈述。

在早前的多种场合中,"中华民国"政府告知了美国政府它关于钓鱼台列屿领土主权的立场,以及它开发那片区域石油资源的权利。美国国务院的声明不会影响我们政府在此方面的一贯立场。

尖阁列岛

保密

英国大使馆

日本

1972.4.23

L. V. Appleyard 先生

远东事务部

外交和联邦事务部

伦敦 SWl

　　考虑到在台北和华盛顿组织的针对尖阁列岛归属问题的喧闹示威游行,我想补充一些关于自我 3 月 12 日来信以来这里所发生的事情的看法。同一天,《读卖新闻》(Yomiuri)发表了一篇雄心壮志的文章,关于台湾海峡石油资源的开发。文章说日本政府已经给了日本石油产业非正式的指令,要求他们从现在起放弃日本台湾联合开发中国附近浅海的项目。这个通知下发的背景是,台中(Taichung)外部接近澎湖列岛(Penghu Islands)附近的区域开发有了进展。日本的困难是,去年秋天内阁成员已经同意尽最大努力促进中国石油公司和帝国石油(Teikoko Oil)间的共同投资。政府自然不愿意使自己受到国民党政府的谴责,几天前达成的《贸易公报备忘录》(Memorandum Trade Communique)已经令他们在此片区域的石油开采慢了许多。《读卖新闻》继续说,这个合作计划的搁置无疑会引起中国人更强烈的对尖阁列岛附近区域开发的反对。

　　日韩台间设立的联络委员会中的日本成员对这一行政指令反应尤为强烈,他们有点蛮横地宣布,他们将实行开发三国连接海域内资源的计划,包括尖阁列岛在内。然而新闻媒体暗示,委员会的声明很大程度上是虚张声势,因为如果只是建立在单纯私人基础上,没有得到那些通常支持政府的有权势的政治商业圈人士的支持,他们的行动很可能是徒劳。联络委员会下属的海洋开发委员会宣布,关于"大陆架领土主权"的问题"应该暂且搁置","但资源联合开发的框架应该在私人基础上继续进行"。韩国、台湾和日本已经成立了大量的研究团体,目的是为成立联合公司进行调研。日本次级委员会成员是三村(Mimura)(石油开发公司前理事长)、长野(Nagano)(工商会前理事长)、堀越(Horikoshi)(日本经济团体联合会副理事长)、大矢(Oya)(帝人株式会社理事长),以及松江(Matsune)(日本经济团体联合会能源对策委员会主席)。

一些日本人认为,如果开发尽快开始的话,他们国家的交涉立场将得到提升(按照二鸟在林不如一鸟在手的多得不如现得原则)。因此3月24日《读卖新闻》出现了一则报道,关于日本和韩国就长崎县(Nagasaki Prefecture)外男女群岛(Danjo Islands)附近开发问题的争执。新闻引述日本石油公司理事长(千叶)的原话,称他的公司无意令与韩国间的矛盾深化,但他们希望尽早勘探以保护他们的合法权益。简而言之,日本石油公司的态度是:"关于勘探,日本要建立一个早于韩国的既定事实,这样和韩国外交协商时日本就可以处于有利地位!"公司是否会继续它计划在五月初进行的试验还有待观察。

两个月后,4月9日,日本石油产业透露,日本政府想冻结在尖阁列岛附近开采石油的全部问题,直到冲绳县的返还完成。石油产业称这个软政策线(soft policy line)颁布的原因有两个:(1)关于尖阁列岛和岛屿附近大陆架所有权问题的争议会导致冲绳的归还产生"摩擦";(2)在中国谴责尖阁列岛附近石油开发时,我们采取轻率的行动是不明智的。政府这一政策的改变扰乱了琉球政府建立冲绳石油开发公司的计划。甚至连冲绳的左翼经济学家似乎也坚决要提出开发冲绳的石油资源的主张,因为利用这些岛屿是他们的主要目的。你可能已经注意到,华盛顿国务院发言人同天宣布,尖阁列岛将随冲绳县返还给日本,并告诫美国公司从现在开始不要参与。外务省欢迎美国的声明,认为是"非常自然的",并认为美国人不过是表明立场,不想卷入日本和台湾或者日本和中国关于岛屿主权的争议中。日本新闻也摘录了驻华盛顿日本大使馆的评论称,现在美国人似乎认为尖阁列岛开发的矛盾可能成为国际争议,因此美国海湾石油(Gulf Oil)公司也应该避免被卷入。大使馆发言人说,美国国务院的路线尽管与日本在此事上的观点不完全一致,但并非对日本不利。

不论日本报社的政治色彩是什么,关于尖阁列岛主权归属的基本问题都没有任何屈从的倾向。他们认为毫无疑问这些岛屿在被返还后会正式为日本所有,因为这些岛屿在《旧金山和平条约》签订后被专门置于美国管理之下。研究部关于尖阁列岛文件的第7段和第9段引用了一些日本新闻的讨论。《东京新闻》(Tokyo Shimbun)4 月 11 日社论称,在日本政府看来,尖阁列岛所有权毋庸置疑。这些岛屿是 1884 年被一个福冈(Fukuoka)县当地人发现的,名为古贺辰四郎(Koga)。接着它们被置于冲绳县八重山郡(Yaeyama)石垣(Ishigaki)村的管理之下。报纸说,古贺辰四郎的儿子——这四个岛屿的所有者——已经向琉球政府交税,并且美国军队因为使用其中一个暗礁作为靶场还给他支付了费用。政府给出的关于所有权的理由是公正且公平的,并且在战前日本公开拥有这些岛屿时没有受到抗议和反对。《每日新闻》(Mainichi)一篇爱国主义社论称,国际公认尖阁列岛是日本领土:"中国和台湾无理的谴责可能会激发我国的民族主义情绪,给中日和中台间本已脆弱的关系蒙上阴影。"

谨启

R. S. Gorham

抄送:

P. J. P. D. Fullerton -石油部门-外交和联邦事务部

G. S. Barrass -北京

T. Duffy -淡水

C. J. Howell -香港

J. D. I. Boyd -华盛顿

M. E. J. Gore -汉城

尖阁列岛

L. V. Appleyard 先生

远东事务部

外交和联邦事务部

1971.4.19

十分感谢最近研究部的文件里提出的一些见解。

你可能已经在新闻中看到了,关于一艘太平洋湾调研船从这片区域撤离一事。我附带了其中一篇摘自《纽约时报》的文章。

我也附带了一份 4 月 9 日美国国务院发言人的声明,回应有关此事的质疑。

在回答关于尖阁列岛主权问题的进一步质疑时,发言人说:"美国一直坚持认为,关于尖阁列岛主权问题的任何争议都应该由当事人自己解决,或者如果他们希望的话,通过第三方裁定。"

发言人接着给出了如下背景信息:"根据《对日和平条约》第三条,美国获得南西诸岛的管理权,包括北纬 29 度以南的琉球南部。南西诸岛这一名词被认为包括了尖阁列岛。尖阁列岛在二战末期由日本管理,对日条约中没有具体提及。作为尼克松总统和佐藤(Sato)首相在 1969 年达成的协议的结果,美国预计将于 1972 年把从条约中获得的南西诸岛管理权还给日本。美国对这些岛屿进行全权管理,并持续到返还时。"

最后我附带了 Frank Ching 文章的剪辑,有关最近一场支持中国对尖阁列岛享有主权的中国当地人的示威游行。

谨启

J. D. I. Boyd

抄送:

R. S. Gorham 先生　东京

T. Duffy 先生　淡水

C. J. Howells 先生　香港

M. E. J. Gore 先生　汉城

在中国附近的石油开采引起美国警告

《纽约时报》1971 年 4 月 10 日周六

石油公司被告知他们正冒着使船只卷入北京、台湾、东京争议中的风险

Terence Smith

《纽约时报》特稿

华盛顿,4 月 9 日

美国政府提醒一些美国石油公司注意,如果他们继续在中国大陆附近有争议的区域开采石油资源,就会有船只被没收的风险。

国务院发言人今天说,这些公司被告知,在尖阁列岛附近探索石油资源是"不明智的",因为中国共产党、中国国民党和日本对这些资源的所有权存在争议。

尼克松政府似乎想用让公司停止开采作业的方法,来避免与北京方面产生冲突。政府过去两年一直在尝试改善它与共产党中国的关系,并且国务院

官员今天私下说,他们坚决不会让石油资源的争议干扰到改善与中国共产党关系的努力。显然是作为对政府警告的回应,太平洋湾公司昨天把它的石油勘探船"海湾王"号(Gulf Rex)从争议地区撤离了。这艘船过去一直在台湾北端为"中华民国"政府实施勘察。据报道它现在正在去日本佐世保市(Sasebo)的途中。

这片区域的领土争议要追溯到1968年,当时的一项地理调查表明在贫瘠的无人居住的尖阁列岛附近存在大量石油资源。

这项发现再度引发日本和台湾"中华民国"政府过去关于岛屿领土主权的旧争议。去年十二月,北京方面提出了它自己对这片区域的要求。共产党的主权要求以反对国外石油公司勘测和开采这些资源的严重警告为支撑。最近最严厉的警告来自上周,并引发国务院重新的关注。

这里的官员尤其担心"海湾王"号的任务会被误解,因她使用了敏感的电子设备来探测资源。

这些石油资源与南越(South Vietnam)海岸附近被认为存在的石油资源毫无关联,西贡(Saigon)政府正准备接受那里的经营权竞标。钻孔测试和勘测工作已经在那里进行了好多年。

已从国民党政府、日本政府和南韩政府处获得特许,可以勘探更远的北部海域的太平洋湾公司和其他公司,都收到了政府忠告,如果任何船只被没收,政府不会为他们出面说情。

Bray先生说,上个月美国已正式告知日本、"中华民国"和南韩它的立场。

他补充说,美国的观点是,"任何关于主权方面的争议应该由当事人自己解决,或者如果他们希望的话,通过第三方裁定"。

尖阁列岛作为《对日和平条约》的一部分,自二战结束开始由美国管理。作为尼克松总统和日本佐藤荣作(Eisaku Sato)首相协定的一部分,它们明年将随琉球群岛一起归还给日本管理控制。

去年,一些公司从"中华民国"和大韩民国处获得从中国黄海和东海勘察和开采石油的合同,其基础建立在这些政府对大陆架的主权要求上。日本政府也对这片区域感兴趣。中华人民共和国政府已对中国黄海和东海以下广泛而未精确定义的大陆架区域提出要求。它向其他国家发出强烈警告,反对勘测和开采这片区域的石油或其他资源。因此,现在有一块在管辖权的性质上存在巨大争议的区域。建议美国公司不要在争议区域进行海外作业是国务院的一项长期政策。我们已经忠告这些公司在争议区域——顺带说一句,我指的是这些正在讨论的区域——作业的危险,我们想避免任何可能将美国人的生命财产置于危险之中的冲突,或者避免在这片区域制造紧张局势。我们已经告知公司,在这种情况下我们认为他们在这些有争议的区域实施作业是不明智的。

我们已经告知"中华民国"、大韩民国和日本政府我们关于此事的看法。

在美中国人要求归还岛屿

关于钓鱼台管制权的华盛顿示威游行

Frank Ching

本周,有关中国东海一群无人居住岛屿的争议致使成千上万的中国人和美籍华人到华盛顿和其他城市的街道示威游行。

他们示威游行以支持中国对这些岛屿的主权要求,这些岛屿被中国人称为钓鱼台,被同样要求主权的日本人称作尖阁列岛。

示威游行的组织者形容这种抗议是无党派的,他们说示威游行既不是为了支持台湾的"中华民国"政府,也不是为了支持北京政府,这两方都是以中国人的身份要求这些岛屿的主权。

尽管在中国大陆架上的这些小岛屿作为不动产的价值很小,但假使一个国家对它们行使主权,就会对这片区域的海床中普遍认为蕴含的丰富的石油资源提出强烈要求。

至今为止最大规模的示威游行

本周末的示威游行是至今为止中国团体在这个国家上演的最大规模的游行。示威游行反对美国、"中华民国"和日本。这些岛屿作为琉球群岛的一部分被美国管理,明年将被还给日本。示威者认为,"中华民国"政府在面对他们形容为"美日阴谋"的时候,没有采取有效措施强调中国的要求。

美国的官方立场是,有关岛屿的任何有冲突的要求都需相关方面自己解决。但示威者认为,美国通过坚称这些岛屿是琉球群岛的一部分,支持了日本。

中日关系的专家,今年普林斯顿大学的客座教授,东京大学教授 Shinkichi Eto 先生在一次非正式访问中说,关于这些岛屿和大陆架的争议,"不久的将来将成为这片地区主要的问题"。他说中国学生在美国的运动已经引起日本政府的恐惧,因为东京将这些示威游行视为中国人民情绪的表现。

显然,这些自发的且在最近几个月不断获得动力的运动,现在事实上已经包含了所有主要美国大学的学生。一些观察员指出,中国人如此宣泄情感的行为只可能在美国进行,因为中国共产党和台湾都不允许非官方的示威游行。

2 000 名中国抗议者

示威游行包含超过两千名中国人,考虑到在美国的中国社区的规模,这个数字在比例上相当于一百万美国人。

游行的影响很难估量。上周五,在计划的华盛顿示威游行前一天,国务院显然已经感觉到可能会与北京方面产生冲突,宣布它已忠告美国石油公司不要继续在争议区域勘探石油。

尽管官员们否认示威游行与国务院警告之间存在关联,但前国务院官员,现在在约翰霍普金斯大学教中国历史的 John Fincher 教授说,这之间是存在明确关系的。他说作为游行示威的后果,美国政府不得不严肃考虑这个问题。

台湾窘境

但是政府对抗议最敏感的部分事关台湾。"中华民国"政府觉得示威游行十分尴尬,因为游行使政府与美国和日本的关系紧张起来,而美国和日本是它在联合国最忠实的支持者。

台北的压力不仅来自学生。上个月,在美国的 500 名中国学者和科学家,包括一些在美国最杰出的人士,向蒋介石(Chiang Kai-Shek)发送了一份联合电报,敦促政府采取强硬立场,反对"新的日本侵略"。

因为国民党政府与这里的中国学生关系紧张的缘故,示威者几乎像批判日本一样批判国民党。

纽约城市大学(City College of New York)物理学讲师 Chi Yuan 是组织者之一的,他说,示威游行的目的是使国民党政府在钓鱼台问题上立即采取措施。

"国民党政府是唯一能做点什么的政府了。"他说,"北京方面没有立场做任何事。当北京政府宣布钓鱼台是台湾省一部分的时候,它就使问题清晰起来。"

尖阁列岛争议

保密

英国大使馆

东京

1970.12.11

请参考 Duffy 8 月 25 日和 9 月 26 日来信的第三页/共七页内容

这项争议持续在这里制造着新闻,据说北京方面现在终于采取行动。这个问题已在日本国会提出,而日本政府事实上对剩余主权采取了强硬政策。下一步发展将是 12 月 21 日在东京举行的海洋联合开发特别委员会会议,来自台湾和大韩民国的代表将会出席。这个委员会由日本、大韩民国和台湾联络委员会建立,它在九月中旬于汉城举办过会议。工商会主席(木尾纳言)(Shigeo Nagon)和日本经济团体联合会(Keidanren)副主席(田中掘越)(Teizo Horikoshi)将代表日本出席。无疑,这场会议将不顾北京方面的批判按计划进行,因为早已料到中国的敌对态度。创立这个最新的三国特殊委员会的各个合作委员会当然都是私人团体,但在日方的委员会成员中,有前首相岸信介(Kishi)和其他重要的政治家和商人,他们对政府仍然有很大的影响。因此日本新闻指出,北京方面认为联络委员会将在政治层面上将日本、大韩民国和台湾联合在一起,并且考虑到它将在中国东海大陆架石油资源的问题上发挥作用。

在面向日本媒体的新闻发布会上,外交部说中国对尖阁列岛领土主权作出声明的原因,首先是基于想要确认台湾是中国的一部分,其次是为了指出,尽管中国在大陆架开发问题上迄今为止保持沉默,但是她对这个问题很感兴趣。但是,外交部怀疑如果开发开始,中国是否能做什么事真的阻止开发。不管如何,结果证明这是打败佐藤(Sato)和他的政府的一种有效方式。

P. J. Roberts 先生

远东事务部

外交和联邦事务部

抄送:

T. Duffy 先生　淡水

C. J. Howells 先生　香港

G. S. Barrass 先生　北京

M E J Gore 先生　汉城

在 12 月 4 日内阁会议后的一次新闻发布会上,爱知(Aichi)先生说尖阁列岛的所有权在任何意义上都是日本的——这些岛屿是日本领土已经十分明确:"因此日本没有理由与任何一个国家就那里的主权问题进行对话。"接着,内阁官房长官崛(Hori)补充说,当返还冲绳县时,这些岛屿的主权将属于日本。外务省发现,目前为止就领土要求而言,北京方面和台湾总是声称相同的权利,尽管两个国家互相之间保持激烈的对峙状态。他们提醒媒体注意,在印度与中国产生边界争议时,台湾发表了与北京方面几乎相同的声明,坚持这是"中国领土"的国界。我们认为日本在开发尖阁列岛附近海域的石油时,要保持一定程度的谨慎,但同时也要保持他们在公众面前展现的坚定态度。在这方面政府的立场因冲绳人民的态度而加强,这包括为左翼社会主义政党投票的人在内,他们希望石油资源一旦被证实存在,将对琉球群岛的整体开发有利。据外务省(Gaimusho)官员朝日(Asahi)说,在未与台湾达成适当协议前,日本和台湾在尖阁列岛附近水域不会实行石油开发和勘察。如其中一方单方面实施开发和勘察,这将"使谈判陷入混乱并且使两国之间的争端加剧"。尽管如此,《日本经济新闻》(Nihon Keizai)已经报道了一个在冲绳首府那霸(Naha)建立日本琉球联合特殊公司的计划,以开发岛屿周围中国东海大陆架的资源。报纸称这样做的原因是为了通过展现大陆架开发的实际成果来确保日本的权利和利益,而不仅仅是通过主权利益的声明来确保。

尽管日本态度坚决,但日本对岛屿所有权要求的法律依据依然还存在大量疑点。1879 年 4 月 4 日,琉球作为一个整体,并入日本,成为日本的一个县,但中国通过外交渠道抗议说这些岛屿是中国领土。中国在 1895 年战争结束时被迫割让了琉球群岛。日本政府在 1896 年颁布了一条敕令,将八重山群岛附近的小岛屿合并。这一决定显然是基于 1895 年 4 月 17 日《和平条约》第二条第二段,中国同意割让台湾及其附属岛屿的事实之上。尖阁列岛属于国家财产,直到 1925 年它们被卖给一个日本公民作为渔场。从上文可以看出,尖阁列岛既可以看作是琉球王国(1879 年解体,它的封建国王成为日本的贵族)领土的一部分,因此日本的要求是合理的。也可以看作是台湾的一部分,因为这些岛屿几乎毗邻台湾(Formosa)。台湾的主权在 1895 年后被转交给日本(通过征服),但是根据 1951 年《旧金山和平条约》第二条,这次主权转交可能要失效了。

(B. Hitch)

尖阁列岛争端

机密
G. S. Barrass 先生
北京
1971. 1. 13

我们已要求研究部与海洋交通部协商准备一篇文章,陈述争议的法律背景并处理领海和大陆架的相关问题。在这种情况下,你 12 月 29 日的来信对我们很有帮助。同时,我将研究部的会议纪要副本和一份 1958 年写的处理中国 12 英里领海要求的文件寄给你。另外你可能想要看看海床(1970 年一号背景文件)基本指南的副本,以及 1970 年 11 月 30 日发给大多数代表团的外交和联邦事务部 Savinggram 七号文件,这个当初没给发你。我希望这些材料能对你有所帮助。

L. V. Appleyard 先生
远东事务部

　　附件

　　只对如下抄送研究部会议纪要:
C. J. Howells 先生　香港
J. D. I. Boyd 先生　华盛顿
档案馆 Chancery 东京

[Hoare 先生研究部]

中国对尖阁列岛和大陆架的要求

L. V. Appleyard 先生
远东事务部
外交和联邦事务部

最近我们得到了关于中国对尖阁列岛和大陆架要求的进一步暗示。

《人民日报》12 月 29 日"评论员"文章(在我们的 852 号电报中被引用)在中国大陆架主权问题上采取了虽然模糊但相当坚定的立场。它声明:

"这些岛屿(台湾、尖阁列岛等)周围海域和中国其他部分邻近浅海的海床和底土内蕴含的资源都属于中国……我们将永远不会允许他人染指。"

文章也详细阐述了中国 12 月 3 日提出的直白要求,即尖阁列岛"属于中国",并声明尖阁列岛"像台湾一样……自古就是中国领土。这是一个历史事实,没有人能改变……"

然而两天后,当《人民日报》发表对 John Gittings 的文章《争夺中国东海石油》的大量摘录时,中国人暗示他们的立场有一定灵活性。该文来自 12 月 18 日的《卫报》(The Guardian)。(我自来这以后第一次看到的对《卫报》的大量引用)。例如,在大陆架主权问题上,《人民日报》引用了 Gittings 文章的如下段落:

"中国不能要求与日本和南韩(人民日报附注应该是朝鲜民主主义人民共和国)邻接区域的整个大陆架都属于中国,日本和南韩作为沿海国家也享受同样的权利。但在这种情况下,权利理论上应该通过相互协议按比例分配——正如已经在北海上做的那样。此外,有大片远离日本和韩国的区域,在这些区域里只有中国能在法律上被认定是沿海国家。"

这是中国可能同意有必要就此问题与日本和其他国家做一些安排的又一暗示。(参见我 12 月 29 日来信第 3 页/共 14 页)

关于一个国家对何种深度的大陆架拥有权利的问题,《人民日报》引用了 Gittings 关于"1958 年日内瓦大陆架协定"的段落,他说:

"规定沿海国家对大陆架实施主权'至 200 米深度,或超过这一界限,直至水域允许开发自然资源的深度'"。

不出意外的是,《人民日报》并没有引用 Gittings 所说的,台湾八月份曾利用这项规定为它对尖阁列岛的要求辩护以对抗日本的事。但是,中国引用 Gittings 文章中关于尖阁列岛超过海下 200 米等高线,根据《日内瓦协定》中国仍然对这个深度的海床拥有权利的内容。(根据我们这的地图,尖阁列岛在 200 米等高线内。如有对此事的专业判决我们将十分感谢)。显然,这是对中国的确有吸引力的《日内瓦协定》内容之一。

简而言之,中国现在声明,尖阁列岛"自古就是中国领土"。他们似乎也是通过参考《日内瓦协定》来辅助这个要求,但正如 Hitch12 月 11 日给 Roberts

来信第 3 页/共 15 页中提到的,中国还没提出任何法律见解。

谨启

Gordon S. Barrass

抄送:

Draycott 女士,信息研究部　外交和联邦事务部

Brewer 先生,研究部　外交和联邦事务部

Logan 先生,PUSD,外交和联邦事务部

Boyd 先生,华盛顿

Hewitt 先生,堪培拉

Hibbert 先生,新加坡

Howells 先生,香港

Ashworth 先生,香港

档案馆:威灵顿,东京,淡水,汉城,莫斯科,UXMIS 日内瓦

中国领海问题

保密

关于 Brewer 先生 1970 年 12 月 10 日的会议纪要,眼下已没什么要补充的了。据我们所知,Gittings 先生的论断是正确的,新华通讯社 1970 年 12 月 3 日的文章是中国对东海大陆架主权的第一次公开要求。在二十世纪五十年代,中国与苏联、北越和北朝鲜缔结了在中国东部和其他海域捕鱼和渔业调查的联合协定,并和北朝鲜、北越缔结了渔业双边协定,但就我们所知,中国那时并未对深海权利做任何特殊要求。

中国反对日本南韩台湾联合开发尖阁列岛附近海床的意见,目前在《人民日报》12 月 29 日"评论员"文章中被更加官方地表达出来。(文本见《世界播报摘要》远东 12 月 30 日 3570/A3/8-8)。文章抨击了"海洋开发研究联合委员会"12 月 21 日在东京举行的会议,会议做出的"调查、研究和开发"的决定被描述为对中国和北韩主权的一次"公然侵犯",是又一则"蒋介石集团犯下的出卖中国主权和资源的滔天大罪"。中国对尖阁列岛的要求被重申,并称这片海域和中国其他部分邻近浅海的海床和底土内蕴含的资源都是中国的。任何与国民党签署的开发这片区域的协定是"不合法且无效的"。

我们已要求获得图书馆和档案馆的文件,可能不久就可以针对尖阁列岛

这片区域提供进一步信息。

J. E. Hoare
远东地区
研究部
1970. 12. 30

抄送：

IRD

PUSD

MOD/DEI

钓鱼岛与中日关系

自 1949 年起，中日关系第一次因领土争议变得复杂。在新华通讯社 12 月 3 日的一篇文章中(120319)，中国紧跟台湾最近的行动，对小小的尖阁列岛提出要求，而日本认为尖阁列岛是琉球的一部分。但是，从文中可以清楚的知晓，核心的争议点并不是以上关于尖阁列岛的争论，而是中、韩、日、台之间的区域内大陆架的所有权。普遍认为这块大陆架上富含石油、天然气和矿产资源。

日、韩、台最近决定搁置大陆架所有权问题，进行大陆架石油资源的联合开发，对此后果中国方面非常警惕。中国人对这个计划有两个主要的担忧。第一个是日本(和其他国家)会以牺牲中国利益为代价，主张对这些丰富的资源提出要求；第二个是如果计划按日本希望的那样进行，日本对台湾的兴趣和对台湾的影响会增加，因而使台湾问题的解决变得复杂。

正如这个袋子中我单独给你的信中提到的那样，中国还没有确定他们关于一个国家在多大范围内具有开发它邻近大陆架或公海下海床权利的问题上的立场。因此，中国紧跟台湾最近对尖阁列岛提出要求的行为的决定(没有实际上提及台湾的要求)似乎是一个象征性的举动，意在表明中国的利益不容蔑视，同时再次警告日本，反对日本"吞并"台湾。我们的理解是，台湾提出要求主要是因为尖阁列岛像台湾一样在中国大陆架上，而琉球不在。中国还没有表明其提出要求的根据，但所有的暗示表明，它们都是一样的。新华通讯社 12 月 23 日一篇文章说，优先考虑在"中国东海区域包括中国台湾省附属岛屿"的地方钻井的决定表明，美国和日本坚持要"公然挑战伟大的中华人民共和国主权"。中国和台湾似乎都希望它们对尖阁列岛的要求能强化它们在任何关于大陆架权利的谈判中的立场。

新华通讯社 12 月 3 日的文章暗示,中国知道有必要与日本和美国就这一问题达成谅解。尽管如此,文章总体上谴责日本和美国的计划是一种"新的犯罪"和一次"严重的挑衅",并把在"中国台湾海峡区域海域"勘探石油资源的计划描述为一种"新的侵略行径",其得出的结论是美国和日本"将自食苦果……如果他们坚持肆意行动的话"。事实上,当日本贸易备忘录(the Japanese Memorandum Trade)代表团 2 月或 3 月抵达北京时,中国可能向日本提出这个问题。

最近,贸易备忘录办公室负责人泷川(Takigawa)的言论提供了一些有意思的观点,关于中国和日本如何看待这些对话所具有的政治重要性。他告诉我,松村(Matsumura)希望让日本贸易备忘录委员会现任主席冈崎(Olazaki)代替有争议的福瑞(Furui)作为日本代表团的领队。冈崎二十世纪三十年代在中国时,在中国人中获得了很好的名声。但是中国人公开表示希望自由民主党的政治家福瑞(Furui)带领日本代表团——不是只作为其中的成员。泷川说他的理解是,福瑞的方案是除非佐藤(Sato)的对华政策有所转变,否则他不能带领代表团。福瑞(Furui)正在努力去做的就是在自由民主党中保护他的位置。最后,泷川相信佐藤会让福瑞带领代表团,并提前接受了福瑞(Furui)将不得不签署一个不利于日本的文件。这很可能是目前佐藤会为保持开放对话做到的最大限度。

虽然爱知(Aichi)最近发表了一篇关于重新考虑日本对华立场的声明,但是泷川告诉我,他没有从他的日本联系人那里得到任何佐藤可能在外交上放弃台湾的指示,在将该观点带回国传达给他之前,爱知的立场都是站不住脚的。但是,泷川指出自由民主党内的其他成员反而支持与中国建立外交关系。今年早前随贸易备忘录代表团访问北京的富姬雅玛(Fujiyama),现在领导着"促进日中外交关系恢复的日本国会议员联盟"。泷川说他不知道这个团体(及它内部的团体)以什么样的条件才愿意与中国建立关系。藤山(Fujiyama)曾请求作为这个团体的代表在 1971 年上半年访问北京,但他还没有从中国人那里得到答复。公明党(Komeito)主席也曾询问中国人可否允许他访问中国,但他也没有得到答复。

泷川(Takigawa)还说,日本人在台湾的私人投资比率开始下降。他说,一些日本公司正在制定计划,在接下来的两到三年内出售他们的工厂或者关闭他们在那里的公司。很难说这种趋势会持续发展到什么程度。这在很大程度上取决于明年联合国的投票和中日关系的总体情况。反过来,中日关系又会被大陆架蕴藏石油和天然气资源的发现而影响。

这里的一些观察家认为,中国对一个复苏的日本的担心可能会刺激中国提出一些解决台湾问题更加合理的方案。显然,这是他们不能忽略的因素。

谨启

(Gordon S. Barrass)

抄送:

Draycott 女士,信息研究部　外交和联邦事务部

Brewer 先生,研究部　外交和联邦事务部

Logan 先生,PUSD,外交和联邦事务部

Boyd 先生,华盛顿

Hewitt 先生,堪培拉

Hibbert 先生,新加坡

Howells 先生,助理政治顾问,香港

Ashworth 先生,地区信息办公室,香港

档案馆:威灵顿,东京,淡水,汉城,莫斯科,UKMIS 日内瓦

(Territorial claims of China to Senkaku Islands,1972,Foreign Office Files China,1967—1980,*FCO* 21/840)

二、解密的美国国务院 EO 系统评论^①

2005 年 6 月 30 日

1973 年

1. 八号特殊概述

......

3. 中国海洋石油活动可能激怒日本

一名海湾石油顾问已经通知日本大使馆,"中华民国"正在接受东海上尖阁列岛(译者注:即钓鱼岛)内八个石油矿区的竞标,日本也对此岛宣称主权。一些美国公司仍希望中标,从而进行勘查和钻探工作。这些活动可能会激怒日本,1972 年 6 月,日本曾经警告过海湾石油公司在尖阁列岛^②地区的地震勘测船"POLLUX",并要求其停止行动。(机密)

东京 12465,9/27

瓦莱塔 1909,9/27(秘密代码)

......

基辛格

机密

(Special summary no. 81: Soviet approaches to allies on mbfr,

---

① *Declassified/Release US Department of State EO Systematic Review*,National Archives.

② 译者注:即钓鱼岛,下同。

1973state193104,27 Sep 1973, http://aad. archives. gov/aad/createpdf? rid = 137356&dt=2472&dl=1345.)

1974 年

1. 北京在西沙海战中的打算

概述:除了西贡的挑衅外,还有一些因素明显影响了中国使用必要武力驱逐西沙群岛上越南军队的决定:对东亚大陆架潜在石油开发兴趣的上升,担心越南共产党宣示主权,以及从长远看西沙群岛的潜在战略价值。在政治层面上这次海战对中国来说有得有失。由于其中涉及复杂的战术和政治问题,如果其他的南海地区声索国没有采取行动改变现状,我们相信中华人民共和国至少短期内不会在这个领域采取直接行动。最后,中国在西沙海战中的进攻行动(或反应)似乎并没有预示着其东亚政策的新斗志,也并不意味它将在大陆架领域放弃通过谈判解决其他争议区域问题。我们应该向声索国建议在南海问题上进行低调谈判,同时美国政府应该表明其希望相关各方不得采取单边行动改变现状的立场。(概述结束)

1. 充足的证据表明,一月中旬的事件发生之前,中华人民共和国已经意识到在西沙群岛问题上有可能采取军事行动。中国是否计划通过引发事件来夺取所有岛屿,仍然是一个颇具争议的问题。但是,无论如何一旦冲突爆发,中国就果断行动,并使用所有必要的武力手段驱逐已经占有岛屿很多年的越南人。

2. 很明显,占有西沙群岛对中华人民共和国来说具有重要的经济和战略利益,并且中国可能希望采取一种在军事上和经济上均切实可行的立场。事态的发展导致中国最终作出决定性反应:对整个东亚大陆架上潜在石油价值的兴趣无疑是至关重要的,通过驱逐西沙群岛上的越南人,中国亦在警告其他大陆架上的领土争端国家(包括韩国和日本)不得采取单边行动或利用位置之便谋利。另外,这也会让任何考虑在中国宣示主权的争议领域进行石油开发的石油公司犹豫不决。

3. 中国可能担心越南共产党不会在岛屿主权问题上保持长期的沉默,河内也并不欢迎中国的接管。据法新社在北越的报道,这样的领土问题应该通过谈判解决。通过采取直接的军事行动,中国避免了谈判过程中中国和越南均提出主权要求的尴尬局面。

4. 对苏联在南中国海和其他亚洲海域采取军事行动的日益担心,亦成为中国政府采取行动的一个重要因素。我们怀疑中国担心苏联或越南政府正计划在西沙群岛采取直接行动(如电报中显示的那样)。近年来,苏联的太平洋舰队的激进发展向中国人强调了争议领土上的长远战略潜能。因而,北京的一些人甚至开始预见未来苏联干涉此事的可能性。

5. 同样的因素也影响着南沙相关各方的考虑。中国接管这些岛屿将会产生更多严重的战术和政治问题,包括"中华民国"、菲律宾和越南政府的军事力量。中国提前释放西沙战俘的公告和目前对事件的处理表明,似乎并没有寻求与越南政府持续对抗的考量。南沙行动的政治成本将会更大。菲律宾和马来西亚已经开始关注最近的事件,但一旦中国人从西沙群岛转至南沙群岛也会使他们更加惊慌。然而中国可能很希望其坚定地使用武力会对亚洲国家会有积极的心理影响,我们感到中华人民共和国对于其通过最近事件投射出的强权形象很敏感,并且它渴望减轻对南亚和其他政府在政治和心理上的负面影响。因此,如果南沙海域的其他国家不采取行动改变现状,基于战术原因,我们相信中国至少在短期内不会改变现状。

6. 我们相信,中国在西沙海战中的进攻行动(或反应)并不预示着其亚洲政策的任何新斗志。恰恰相反,中国似乎仍然关注积极推动亚洲缓和与稳定的时代。例如,中国最近决定从老挝撤出作战部队,积极寻求与马来西亚和其他国家的协调合作,对美国的军事存在以及日本在东南亚的经济活动持续保持友好态度。

7. 总之,除了西贡的挑衅之外,中国在西沙群岛动武,显然与西沙群岛经济和战略价值的提升以及中国在这种特殊情形下的机动性相关。北京一定是已经意识到,与河内和东南亚其他国家发展关系的代价是可以承受的;更重要的是,美国不会将其理解为一种侵略行为,因而周恩来总理将中国在西沙海战中的胜利视为中美恢复邦交的成果。但是,我们同样可以断言,中国在东海大陆架上的其他争议领土上的权威可能会涉及不同的成本收益,特别是关于对缓和政策的影响。因此,中华人民共和国在西沙海战中的行动并不是为了关闭未来处理与日本诸如尖阁列岛类似问题的谈判大门。最近,中国外交部副部长乔冠华向一名西方外交官重申,只要其他政府不使用武力实现他们的声索,中国就会为和平谈判领土问题做好准备。

8. 我们建议与各方进行低调的谈判,美国政府应该表明其观点,即所有利益相关方不得采取单边行动改变现状。

艾伦

机密

日本新闻网

(Peking's calculations in the Paracels war,1974hongk01036,30 Jan 1974,http://aad. archives. gov/aad/createpdf? rid ＝ 638&dt ＝ 2474&dl＝1345.)

2. 钓鱼岛

概述:西沙事件使冲绳重新燃起对尖阁列岛的兴趣,但日本地方政府似乎决定在这些岛屿问题上保持低姿态。一家日本公司正在附近调查石油潜能。(概述结束)

1. 中华人民共和国与南越在西沙群岛的冲突,至少短期内引起了当地人对争取尖阁列岛的兴趣。冲绳媒体采访了一些消息灵通的香港外交人士,他们认为,中国在西沙群岛的行动部分是为了警告日本远离钓鱼岛。

2. 然而,直到这次事件,当地人才开始关注。一些偶然的事件被媒体描述为钓鱼岛周围的沿海大陆架上存在潜在的石油开发的可能性。但即使伴随着石油危机,这些事件仍集中于内部层面,并没有引起明显的关注。

3. 此模式的一个例外出现在最近的一篇有关宫古岛至钓鱼岛东南部石油勘探的文章中。这次勘探是三和集团根据宇流麻市的资源开发有限公司(三和银行、东京石油开发公司、岩井公司、丸善石油等总共 27 个公司)提供的信息进行的。伊朗石油开发公司的总裁奥姆加(OMIJA)先生(该区域勘探权利的持有者)向我们证实,宇流麻市的资源开发公司正在对宫古岛附近地区进行勘探,并且希望得到半政府性质的日本石油开发公司在勘探钻井方面的资金援助。对于勘探钻井,尽管奥姆加先生对于钓鱼岛附近的石油勘探言语含糊,但他表示在这件事上,宇流麻市的资源开发有限公司将会听从日本政府的行政指导。

4. 10 月，在 CONGEN 去石垣岛（最靠近钓鱼岛的中心城市）的一次旅行中，当地官员表现出对该岛潜在石油开发的兴趣，但在获取经济利益和对石垣岛的新兴旅游业造成不良环境影响之间，尚难以抉择。他们说台湾的渔民时常进入钓鱼岛。

5. 冲绳县那霸办事处的主管告诉我们，办事处已经收到很多石油勘探的申请书和来自不同群体要求登上钓鱼岛、宣示主权的计划。他说，事实上这些申请书均被搁置，没有采取任何行动，日本政府并没有打算在钓鱼岛建立气象站或其他机构。他还向我们传达了一个清晰的印象，即日本政府，至少是当地政府，希望在这个问题上保持低姿态。

6. 与之相似，那霸办事处防卫设施部门的主管告知媒体，自卫队已经远离钓鱼岛，然而，民间海事部门已经完成了巡逻工作。

西尔维斯特

机密

日本新闻网

（Paracel incident has somewhat revived Okinawan interest，1974naha00045，29 Jan 1974，http://aad. archives. gov/aad/createpdf? rid ＝ 1172&dt ＝ 2474& dl＝1345. ）

3. 苏联大使重申在北方领土问题上的强硬立场

概述：苏联驻东京大使重申苏联在北方领土问题上的强硬立场，谴责日本并希望通过和平谈判的方式同中国忽略领土问题。（概述结束）

1. 使馆官员（EMBOFF）与东欧第一师师长阿梅（AMAE）讨论了有关苏联大使馆 11 月 5 日重申在北方领土问题上强硬立场的报道［我们已经通过苏联外交官阿姆巴·托亚诺夫斯基（AMB TROYANOVSKY）确认］。在报道中，苏联使馆官员表示，苏联将以拒绝修改二战边界作为原则，并且不打算在有关领土问题的和平谈判中作出让步。

2. 尽管新闻报道存在悲观情绪，阿梅说，重要的是苏联并没有在 1973 年10 月勃列日涅夫与田中角荣签订的《日苏联合声明》中食言，协议指出双方将通过和平谈判的方式解决领土问题。阿梅说，苏联有望在进行谈判之前持强硬立场。为了继续保持《日苏联合声明》的动力，木村暂时计划于明年初访问苏联。

3. 在记者招待会上,我们第一次意识到,苏联已经影响了即将到来的中日和平友好条约谈判。托亚诺夫斯基(TROYANOVSKY))并没有直接提及邓小平向日本政府表达的观点,即为了快速地进行和平谈判,中国愿意回避钓鱼岛领土争端问题。托亚诺夫斯基认为,尽管这有利于绕过中日和平谈判中的棘手问题,但棘手的领土问题将在日苏和平谈判中被作为前提条件提出。

4. 另外,当时在场的《读卖新闻》记者平野(HIRANO)为我们提供了托亚诺夫斯基在招待会上更为极端的言辞。据平野说,托亚诺夫斯基称,"尽管日本愿意在与中国的谈判中搁置领土问题,但与苏联进行领土问题的谈判时,日本不会愿意搁置争议。因此,与日本进行谈判时,我们(苏联)必须将其不一致的态度纳入考虑范围之内"。

5. 当 EMBOFF 注意到苏联战后在欧洲的小规模领土调整后,阿梅坚持认为,像伊朗一样,日本政府不会同意"芬兰化",甚至在原则上亦不会同意苏联的亚洲安全体系构想,将归还北方领土作为政治代价。

6. 评论:近期苏联重申其在北方领土问题上的强硬立场,例如不愿意派遣高级领导人参与东京峰会,再次冷却了苏日间关系的发展。苏联强硬立场的一个主要因素可能是,对与日本合作的西伯利亚开发项目的结项进展十分不满,尤其是对日本不愿参与秋明油田的建设项目甚为不悦。托亚诺夫斯基谴责日本违背了与苏联和中国保持等距离外交的姿态。但是避过真正的区别,即日本在行政上控制着无人居住的钓鱼岛,而苏联则实际控制着日本人在明治时代早期就已定居的岛屿。

机密
霍奇逊
日本新闻网

（Soviet ambassador reiterates hard line on northern territories, 1974tokyo14734，12 Nov 1974，http://aad. archives. gov/aad/createpdf? rid=248298&dt=2474&dl=1345. ）

4. 中日关系:中国外长韩念龙出访日本

参考:日本 14074

概述:中华人民共和国外交部副部长韩念龙出访日本期间,中日双边关系的发展迈出了坚定的步伐:签订渔业协定,初步开始了和平友好条约的谈判,双方决定分别在大阪和上海设立领事馆。在谈及多边事务时,韩外长遵循了北京对朝鲜和印度支那的标准立场,以及对抗超级大国。在谈判中,中国并没有表现出与苏联缓和的迹象。谈及中美关系时,韩外长采用积极的基调,但选择提出台湾问题,并指出,尽管所有各方都希望和平解决台湾问题,但由于未来的不可预测性,不排除使用武力。(概述结束)

1. FONOFF 的中国代表小仓向 EMBOFF 介绍 11 月 8 日中国外长韩念龙访日的基本情况。韩外长礼貌地拜访了首相田中角荣、外务大臣大平正芳、运输大臣江渡、自民党总裁二阶堂和副大臣木村。他将周恩来的信交给田中,信中仅包含一些礼貌用语,并没有实质性的内容。会谈期间,他们讨论了广泛的双边和多边事务。

2. 双边事务。FONOFF 将韩外长的访问总结为:访问标志着中日双边关系取得了实质性的进展。中国已经接受了日本对日台渔业协定的论证,韩念龙与东乡文彦于 11 月 13 日签署协议。实质上,他们花费了大量的时间来讨论和平友好条约,双方均同意和约应集中于未来的友好关系,而不是终止战争或赔偿等。在中国建议下,日本同意将 1972 年《中日联合公报》的第 6 条作为和平友好条约的基本框架(第 6 条表达了不干涉内政原则,尊重领土完整,尊重联合国宪章的基本原则等)。韩外长确认为了和约的顺利谈判,应当搁置钓鱼岛的主权争议。小仓说,对于中国是否会坚持要求日本将台湾问题列入声明,还是通过单独的文件,这点是不确定的。但如果中方提出这样的需求,谈判将会拖延数月或数年。然而,在谈判中,日本认为,中国不会使台湾问题成为签订和平友好条约不可逾越的障碍。日本建议条约的谈判通过外交渠道在东京举行,中国同意通过外交渠道谈判,但拖延回应。小仓说,理论上是可能的,并且和平友好条约可能先于渔业协定缔结。

3. 关于其他协议,中国表示,在恢复渔业协定谈判之前,中国需要几个月的准备时间。在当前的谈判中,日本建议签订一个领事条约、一个文化交流协定和观光游轮换文(在早些时候,周恩来曾经与日本上议院院长高田贤三提及此观点,未来将有许多日本游客到多个中国港口旅游)。韩外长对领事条约持消极态度,并且回避在文化交流和旅游方面作出承诺。据小仓推测,鉴于江青和其他左派对文化事件的兴趣,在这些领域的任何协议都将是敏感的,需要得到中国国内广泛的认可。小仓认为,韩外长的犹豫可能源于这一点。

4. 日本提议于 1974 年仲夏分别在大阪和上海设立领事馆,中国于秋初在原则上同意此提议,双方在韩念龙与东乡文彦的会议中达成最终协议。小仓说,很大程度上是由于预算原因,日本在上海的领事馆直到 1975 年中期才会开放,中国并未明确表示何时在大阪设立领事馆。

5. 在与田中的会议以及其他一次会议中,韩外长主动提出像在水门事件中那样,中华人民共和国国内媒体将不会报道田中面临的政治困难。

6. 多边事务。小仓将东乡与韩外长在多边事务上的交流描述为令人失望的标准。韩外长重复了在朝鲜、印度支那和中东问题上一贯的官方立场,(在朝鲜问题上)东乡建议朝鲜半岛和平统一,南北朝鲜之间进行对话交流,联合国承认南北朝鲜,并且共产主义国家承认南朝鲜,非共产主义国家承认北朝鲜。韩外长仅仅同意朝鲜半岛的和平统一,并阐明"美国应该停止介入朝鲜半岛内部事务,并从朝鲜撤离所有的军队"。韩外长认为,在第 28 届联合国大会上,朝鲜半岛和平统一委员会的讨论是很好的一步,但是联合国军的问题也应该解决,没有讨论停战协议问题。

......

10. 在有关中美关系的讨论中,小仓指出比起有关朝鲜或超级大国问题的讨论,中国对美国的态度明显更加友好,他并没有发现中国对中美关系正常化进程表现出任何愉悦或不满的迹象。在谈及中美关系时,韩念龙提出了台湾问题。在东乡提出台湾问题应该通过和平的方式解决之后,韩念龙回应称,"像所有人希望的那样,台湾问题应该通过和平方式解决",但补充道,"由于未来发展的不可预测性,不排除通过武力解决的可能性"。

11. 评论:韩念龙的访问本身及其在访问期间取得的成果,标志着中日关系的发展迈出了坚定的步伐。考虑到海参崴峰会,北京和东京一定都对这个星期双边关系的进展抱有真正的满足感。尽管韩在多边事务中的强硬立场令人失望,但讨论主题的广泛性和未来部长级、副部级的交流使得日本直接进入了中国的视野中,这将有利于最终打破中国的孤立状态,缓和它的政策。反过来也是一样,因为我们可以预见,未来日本政府制定政策时将会越来越多地考虑中国的立场。

霍奇逊

机密

日本新闻网

(Sino-Japanese relations:viceforeign minister Han's visit to Japan, 1974tokyo15041,18 Nov 1974,http://aad. archives. gov/aad/createpdf? rid＝247425&dt＝2474&dl＝1345.)

5. 邓小平十月会见海外华侨

概述:香港左翼学生刊物刊登了邓小平副总理十月二日对海外侨胞的讲话内容。虽然没有提到什么新内容,但还是激起了这群人的兴趣。本文是通过联邦调查局送往华盛顿的。(概述结束)

......

4. 在被问到台湾解放后的问题时,邓小平回答说:"大陆的政策不能被立即移植",并以西藏举例表明收复台湾是一项长期的努力方针。

5. 对于钓鱼岛问题,援引邓小平的话说:"我们绝不会放弃这一中国领土"。但是日本也不会放弃。他承认这是一个问题,仅表示"保护钓鱼岛运动要一直持续下去"。有趣的是,次日,邓小平就告诉来访的日本代表团,中华人民共和国政府愿意在中日和平友好条约谈判期间搁置钓鱼岛争议。

......

(Teng Hsiao-ping's October meeting with overseas chinese, 1974HONGK13174,06 Dec 1974,http://aad. archives. gov/aad/createpdf? rid＝272290&dt＝2474&dl＝1345.)

6. 中国大杂烩:南沙群岛、山地部落和中央情报局

......

2. 2月6日,中央新闻社汇编俄塔社有关中国南海诸岛的报道,包括中国政府宣称对南沙群岛拥有主权并派驻巡逻队,以及发自德里、马尼拉、雅加达、

吉隆坡和华盛顿的外国政府的反应。反应最大的要数印度尼西亚政府，其副总统亚当·马立克（ADAM MALIK）提出，东盟国家一直在研究如何夺取西沙群岛，他还指出，这个问题早就应该提交国际仲裁。塔斯社援引美联社报道，认为美国高层官员有时会受干扰，并提出中国政府会使用武力解决领土争端问题。俄塔社还引用美联社的建议，提出美国政府关心中国会不会运用军事手段对日本已提出主张的钓鱼岛宣示主权（没有迹象表明苏联也担心它与中国的岛屿争端问题）。苏联对南沙群岛争端问题没有提出判断标准，表明接受中国政府对南沙群岛宣示主权，就跟西沙群岛一样。

......

5. 中情局和北京政府合作的另一个事例可以在 2 月 6 日的《文学公报》上看到，上面有来自印度报社机构的一个小广告，是关于中情局提供的中国地图册。有消息称，中情局再版了中国教科书上的地图，该地图标注了这些领土历史上本就属于中国的领土，因而表明中情局"支持"中国提出的领土主张。这些原本属于中国的领土现在属于许多不同的亚洲国家和苏联。

（China potpourri: spratlies, hill tribes and the CIA, 1974moscow01792, 06 Feb 1974, http://aad. archives. gov/aad/createpdf? rid ＝ 32731&dt ＝ 2474& dl＝1345. ）

7. 苏联和日本的关系

1. 概述:从最近苏联外交部官员与日本顾问的谈话中可以看出，在苏日关系上，双方仍存在一些问题。苏联寻求更加广泛的经济合作，而对两国关系的核心政治问题，即北方领土问题不作让步。日本认为这个问题阻碍了双方在其他领域的合作。中国试图通过缓和中日关系来影响苏日关系的发展，但很明显无能为力。（概述结束）

2. 政治顾问呼吁苏联外交部日本司官员讨论近几年苏日关系的发展情况，乐观强调扩大双方的经济联系。他说，双方贸易量越来越大，而且西伯利亚项目还会继续加速双方的贸易合作。航运和旅游业也在相应地加速发展，双方都在纳霍德卡和札幌开设领事馆，以处理大量的人员和货物流通问题。苏联甚至准备走得更远更快一些，但这很大程度上依赖于美国融资和日本自身。查索夫尼科夫（CHASOVNIKOV）指出，在对苏联东部进行大规模投资之前,日本必然要获取美国的支持。另外,贝阿铁路的建设有利于日本在西伯利亚的长期开发投资。他说,日本慢慢意识到西伯利亚项目的潜在收益及他们应承担的责任。

3. 同时,查索夫尼科夫承认两国间政治方面的进展不太明显。田中去年来莫斯科时就说,新外相会很快到苏联进行访问。查索夫尼科夫表示,如果苏日关系按照美苏关系的方式发展会更好。但唯有未来会告知我们,是否可能有这样的进展。

4. 对于日中关系未来的回暖,查索夫尼科夫表示,苏联唯一担心的是这样的关系并非针对第三方国家,而是苏联。他不认为中国对日本的石油供应很重要,苏联也不关心中日间的一般贸易情况。他说到:"我们和中国也有贸易往来,还想进一步发展,但中国人不愿意。"尽管表面上很镇静,但查索夫尼科夫还是表现出对即将签署的《中日和平友好条约》的担心。他表示,对于中日任何形式的联盟,苏联人都会心生不安。

5. 关于北方领土,查索夫尼科夫的态度很坚定。他说,任何商讨都须以"已有的现实"为基础,这些岛屿对两国来说都很重要。他还说到,苏联已经"竭尽全力"解决问题,但不会接受日本的索赔要求,也不想再讨论赔偿问题。"现在是他们的事了",他还引用(有点尖锐)11 月 6 日葛罗米柯(GROMY-KO)的演讲作为苏联对日政策的最终立场。

6. 日本大使馆参赞明步(AKIHO)强调,苏联与日本商讨苏日关系时态度消极。以工作效率低为例,为向外交部提交日本的方案,他已经不得不等待了三个星期。但后来苏联的高级官员还是没空(两位日本专家还参加了 11 月下旬在新加坡由苏联大使主持的会议),并且他还邀请了查索夫尼科夫,且形容查索夫尼科夫是苏中关系发展的"障碍"与"非合作者"。他把十月联合经济会议上的不佳氛围归因于近几周盛行的所谓"反潮流"。苏方称日本拒绝讨论秋明石油项目,而明步则强调是苏联人说不会卖"一滴"秋明的石油给日本,而要卖其他地方的石油来保证他们的承诺。明步认为,苏联的反应源自两个原因:一、秋明项目的石油产量低于苏联的预期;二、他们对于日本拒绝参与该项目抱有情绪。

7. 明步说,苏联仅把日本看作是促进其经济发展的有用的工具,是一种商品与技术资源。否则,他们视日本为其利益的障碍。明步提到,葛罗米柯在今年秋季联合国会议上就跟时任日本外相木村(KIMURA)谈过这方面的问题。据说葛罗米柯表示,日本对于苏联的对外政策毫无价值。木村对葛罗米柯的态度极为失望,但不幸的是,明步说这并不新鲜,因此,对日本新的外相宫泽要出访莫斯科的可能性并不抱希望。明步问:"他为何要来? 他能带来什么?"他说日本可以重新看看以前签订的和平条约,但他也知道这没用,除非苏联准备谈论北方领土问题。明步提到,事实上,没有领土就没有所谓的和约。

8. 对于中日关系,明步说进展很不错。他还提到因为中国政府搁置钓鱼岛问题,中日和平友好条约很快就会签订。近期中国外交部部长韩念龙对日本的访问有助于签订的进程。尽管还有一些问题有待商榷,像渔业问题,但大多数问题都已解决。和平条约的签订堪称意义非凡,对双方正式结束二战的影响作用都很大。但事实上这只是一份原则性的声明,而非具体性的声明。它很可能夸大了和平共处五项原则,希望两国友好关系有进一步发展。

(Soviet relations with Japan,1974moscow18771,19 Dec 1974,http://aad. archives. gov/aad/createpdf? rid＝269963&dt＝2474&dl＝1345.)

8. 日本对柬埔寨和西沙群岛的关注

1. 1月23日星期三,日本外相山崎(YAMAZAKI)邀请美国驻日使馆副秘书助理斯特恩斯(STEARNS)参与柬埔寨和西沙群岛问题的讨论。

......

3. 关于西沙群岛,山崎说,尽管日本对这些岛屿不存在主权归属问题,但中国的军事介入也引起了日本的担忧。山崎怀疑如果中国并不确定美国不会采取对策,中国是否会无理且霸道地宣示主权。另外,若中国成功获得这些岛屿,将会使他们更有野心去强占更多领土,诸如钓鱼岛,这样日本的利益就会受到更直接的威胁。斯特恩斯则说,他认为从西沙群岛事件来得出关于美国态度的总体推论是不合理的。他还提到,秘书在1月22日的新闻发布会上回应问题时说,尽管反对使用武力解决西沙争端,但我们并认为应将西沙群岛争端置于大国在该区域角逐的环境中。

(Apanese concern re Cambodia and paracels,1974state018393,28 Jan 1974,http://aad. archives. gov/aad/createpdf? rid＝1186&dt＝2474&dl＝1345.)

9. 美国的立场

1. 美国国务院一致支持大使馆的用意,避免将西沙群岛与钓鱼岛之间建立任何可能的联系。像媒体中声明的那样,坚持将钓鱼岛的领土管辖权从冲绳县划归日本时就是如此,申诉如下。

2. 引用:根据美日安保条约第三条规定,美国拥有对西南诸岛的行政管辖权,包括琉球群岛,即北纬 29 度以南的地区。"西南诸岛"一词也理解为包括钓鱼岛,二战后期还在日本的行政管辖之下,但在安保条约里并没有特地提到钓鱼岛。1972 年 5 月 15 日,美国把该区域的权力和利益都移交给日本,包括钓鱼岛,因为它一直在美日安保条约第三条的管辖下。我们一贯认为,把这些岛屿的行政管辖权移交给日本,并不增加或减少美国对其的合法权利,因为美国与钓鱼岛的关系迟于日本与钓鱼岛的关系。

3. 为应对官方或媒体的查询,被查询人可以借鉴上述声明。

(Senkakus—U. S. position, 1974state024130, 05 Feb 1974, http://aad. archives. gov/aad/createpdf? rid=32563&dt=2474&dl=1345.)

10. 5 月 1 日 EA 新闻摘要

......

22. 来自休斯顿,现为《洛杉矶时报(LAT)》记者的克里斯(CHRISS)(4 月 27 日)引用扬-奥拉夫·威廉姆斯(JAN-OLAF WILLUMS)的话,这位来自伍兹霍尔海洋研究所和麻省理工学院的教授表示,中国的大陆架可能是最富含石油的地区之一,其他专家也这么认为。1968 年,联合国海洋物理考察结果的出版引发了直接的政治后果。威廉姆斯说,从 1969 年开始,日本、台湾和韩国就加快对大陆架的单方主权声明。中国一直保持沉默,直到 1970 年 12 月才对大陆架和钓鱼岛发出强烈主权声明。日本 4 个月以后才有反应,正式暂停在台湾海峡和周围岛屿的石油开发计划。国务院(DOS)也建议美国石油公司在存在争议的近海区域不要进行石油勘探。威廉姆斯说,这显然是为了避免可能会影响中美关系改善的冲突;他还引用日本的消息源,说中美关于渤海湾石油开发合作的可能性已在尼克松总统访问北京期间进行过讨论。他的日记表明,中国正准备进行海上石油开采,并引用了中国政府新建炼油厂,以及在 CHINHS 和大连地区扩大已有厂区规模的报道。克里斯回忆,LAT 早期报道称中国已同意购买价值 1 000 万～3 000 万美元的美国石油勘探和钻井设备,还将很快派遣一批人员赴休斯顿访问美国石油公司学习这些先进设备的使用。

(Strong claims over shelf and to senkaku,1974state089883,02 May 1974,http://aad. archives. gov/aad/createpdf? rid=105211&dt=2474&dl=1345.)

11. 主题:美国海外私人投资集团公司为在台湾海峡进行石油勘探活动投保

1. 昨天,即 10 月 25 日,台湾"中央银行"总裁俞国华对我说,蒋经国"总统"曾要求他问我,美国海外私人投资公司为台湾以外的大陆作业的保险问题,还敦促国务院批准该投保项目。俞总裁和蒋"总统"已获知副助理国务卿埃德·蒙兹(EDMONDS)与黄田伟(MARTIN WONG)之间的谈话。

2. 俞总裁向我转达"总统"的要求,但我说国务院批准的可能性微乎其微,我询问让"中国政府"来实行此项目是否不可行。俞说,此项目是一个金融事业,"中国政府"已经承担了一半的责任,考虑到对其资源的所有其他需求,但确保大陆也参与进来困难很大。他提到美国国务院反对的原因,觉得这里面有误解。政府意识到在钓鱼岛问题上所面临的难题是两个主权"国家"在这个区域存在明显的领土争端。这并不是在台湾海峡内的情况,并且大陆从事勘探的这一区域与包括台湾在内的中国任何其他区域一样不再受争议。我认为可以从法律的角度来考虑这个问题,但他也意识到该海峡是特别敏感的一个区域,生怕以任何一种令人误解的方式牵涉其中。

3. 俞总裁重申了该项目对于台湾的重要性,希望美国国务院重新考虑蒋经国"总统"提出的财政项目提议,同意美国海外私人投资集团公司扩大保险规模。我说我会向美国转达这个项目,要求他们重新评定,但我建议台湾当局继续查看这一事务上的自身可行性。

(Opic and a guarantee to continental oil for its prospecting activity off Taiwan coast',1974taipei06523,26 0ct 1974,http://aad. archives. gov/aad/createpdf? rid=218622&dt=2474&dl=1345.)

1975 年

1. 为中苏关系的未来发展准备谈判文件

1. 在这份电报中,我们将传达中苏关系发展趋势的谈判文件。其他有关朝鲜和国际经济问题的文件将随后发送。请求使馆将其交予策划总监加贺美(KAGAMI)。

2. 我们期待霍奇逊(HODGSON)大使能够参与到谈判中。议程仍然是上次讨论交换意见的话题。为了回应 FONOFF 的请求,我们将朝鲜问题放在第一位。我们计划 3 月 26 日早晨 10:15 离开夏洛兹维尔,3 月 28 日及时到达参与在第 8 层楼的午宴。大使安川(YASUKAWA)正计划于 3 月 25 日晚为代表团办一个自助晚餐。

3. 中苏关系的文件如下:(注:文件的分类是保密的)

中苏关系的目前倾向(这份文件目前并没有被制定为官方声明,仅代表起草者的意见)

至少在未来的很多年,中苏对抗将会成为远东外交紧张关系的焦点。中苏之间的对抗是根深蒂固的,包括未解决的领土问题,意识形态上的争论,权力、等级的冲突和共产主义世界的野心,关键人物的仇恨,强大邻国的传统对抗,军备竞赛的逻辑,种族焦虑,过去政策培育的仇恨,以及外部力量影响下恶化的中苏间的紧张态势。

拥有国内和国际战术动机的双方均强调对方的背信弃义。苏联指出中国在亚洲的权力欲望以及作为国际角色和邻居的不可靠性,强调中国领导人利用苏联的"威胁"来维持国内团结,同时使其禁令合法化——保持对西方的警惕。对日本,在北方领土问题上保持强硬立场;对美国,避免沉迷于与苏联缓和的幻想。简而言之,我们预料这种对抗将会继续成为未来国际形势的突出特征。然而,在这种对抗关系中,同时也存在潜在的缓和紧张态势的可能性和处理双边关系的巨大灵活性。

A. 目前的形势

目前中苏关系十分恶化,但我们并没有发现未来中苏关系进一步恶化的可能趋势。

——边界谈判僵持,尽管苏联的首席谈判代表于 2 月中旬返回北京进行进一步谈判。上一年度的航海谈判仍然维持激烈常态;

——目前,中苏贸易略高于 20 亿美元,我们并没有看出贸易额会在短期内增长或显著下降的迹象;

——现在苏联的谩骂和中国的宣传是意料之中的事。至少在那一刻,中国正在下调近期苏联对中国的军事威胁。中国的互不侵犯协定提议在去年十一月公布于众,主要基于战略目的,该提议很快因为没有提供任何新的东西而被拒绝。尽管苏联表现出进一步探明中国意图的兴趣。

军事平衡大致维持原样

——战略上,中国的导弹力量在持续缓慢地提升。苏联大概估计中国现在已经制造了 70 枚导弹,但是他们对中国导弹的完整数量以及在短期的攻击中摧毁所有中国战略体系的能力缺乏足够信心;

——苏联逐渐在边境地区充实原先已部署的大约 45 个师,其中很多师仍然兵力不足,但是苏联的军力部署逐渐呈现平稳状态;

——基本上中国的地面部队部署是为了将苏联的进攻诱引入内部,并在那以优势兵力与苏联交手;

近期中国的全国人民代表大会显示中国外交政策的连贯性,包括对苏联的强硬路线。

——但是,大会在有关政策和领导人之间的力量平衡方面仍然不清晰。尽管存在表面上的统一,但是从结果可以看出领导人力量的微妙平衡,甚至是竞争力量之间的僵局。随着邓小平、张春桥等力量的崛起,情况会更加复杂,可能造成不稳定的权力结构;

—— 然而,几乎没有证据表明中国的外交政策将会发生重大变化;

摘要当前的一些可能会加剧中苏之间的敌对情绪的具体事件。

——最近的报道暗示中苏边境一些新的紧张气氛,尽管他们的起源和意义尚不清晰;

——中国仍然扣留苏联直升机机组人员。如果他们受到审判,这就意味

着中国领导人明白一些国内政治势力正在火上浇油,尽管审判之后的驱逐是结束这场小插曲的一种方式;

——苏联正计划在 1975 年年末或 1976 年年底召开国际共产主义秘密会议。我们预料会议中的很多演讲将会传达出一种强烈的反华情绪,尽管没有对中国的正式谴责。毋庸置疑,中国会据理力争,并坚持亚洲政党远离苏联的控制。

B. 莫斯科的角度

目前,莫斯科寻求的是耐心、长久的忍耐和期待

莫斯科不断地表现出明显的缓和意图,试图保持在未来寻求与中国关系改善的可能性。在与美国和其他西方国家谈话时,苏联官员谨慎地提出,继毛泽东之后,中国与社会主义国家的关系将会最终改善。

——这句话部分是战略性的,毫无疑问,苏联根本不知道毛泽东去世后,中国是否会朝着他们的方向前进;

——除此之外,亲苏派的活动仍在继续,这就明确地向苏联显示中国领导人改善与莫斯科关系的可能性。然而,苏联不能肯定哪位核心领导人会有这样的倾向。

——近期全国人民代表大会的结果给了苏联小小的鼓励,他们很快将摆脱"中国头号敌人"的现状;

除非苏联领导人准备使用武力,否则他们别无选择,只能等待未来恢复邦交的可能性。

——这种形式要求避免中苏关系的进一步恶化,并且向任何可能在聆听的中国领导人传达一个观点,即苏联正在寻求一个可信赖的归宿;

——我们理所当然地认为需要一些颠覆性的活动,但是中国并不容易破坏;

苏联当然关心边境安全问题,但是目前他们并没有感受到主要来自中国的军事威胁。

他们主要关心的是中国政治和意识形态方面的挑战,以及中美、中日勾结的可能性。

——随着中国核导弹能力的提升,对中国问题采取治疗式的军事解决方法已经越来越不可能;

因此，苏联似乎已决定专心于长期的竞争和对抗，寻求对抗中国的外交手段，并在任何可能的时候削弱中国的国际地位。

——苏联可能认为，一旦毛泽东去世，除非有意外情况，下一代中国领导人在很长时间内——可能长达十年，将会与苏联修正主义作斗争，以此来塑造中国的大国地位；

——在与中国的危机事件中，苏联可能会利用边境紧张局势向中国施压，他们自然会警慎利用中国内部任何软弱或政治分歧的迹象。

C. 北京的角度

目前中国官方的立场是，尽管苏联依旧应该受到谴责，但其带来的直接军事威胁已经下降。

这可能也是出于北京对苏联军事建设放松，中国自身战略能力的提升，以及中国与美国、日本关系的改善给苏联带来的威慑的真实评价。也可能包含其他更多的战略因素。

——中国可能会通过强调苏联真正的威胁是针对欧洲从而不断鼓励西方加强对莫斯科的防御和威慑，中国不断警告西欧和美国"缓和的错觉"；

——通过降低中国的隐忧，北京会希望减小我们在中国讨价还价的机会；

——中国领导人可能急于应对国内批评人士的争论，他们认为由于与莫斯科的紧张关系，中国应该加强军事力量的建设；

——中国可能会希望避免造成一个他们主要的外交政策动机是基于对苏联恐惧的印象；

然而，苏联仍然是中国最大的安全忧虑。

——北京始终在为应对未来的突发事件"广积粮深挖洞"，同时避免错误估计苏联近期意图的可能性；

——中国的主要忧虑是苏联和其盟友逐渐的地缘政治包围，而不是任何直接的军事行动；

与苏联的竞争是中国外交的重点。

——在一段时间内，北京一直在寻求对抗苏联的长期目标。包括美国在欧亚安全中的中立；西欧的芬兰化；苏联在中东霸权的建立以及中国在其周边国家的外交孤立等苏联在中东、印度洋、波斯湾、西南亚的活动以及苏联建立亚洲集体安全体系的努力使中国确信，苏联的长期目标是主导欧亚大陆，并最终使中国就范。

除了改善与华盛顿和东京的关系外,中国外交的主要关注焦点是西部的马耳他,东部的伊斯兰堡,南部的达累斯萨拉姆和北部的布加勒斯特等地区。在这些地区,他们希望削弱苏联的影响,在苏联南部侧翼建立一个对中国友好的地区。相反,他们试图否认苏联在近东的专属势力范围,而这些势力范围使得苏联能够将黑海、地中海东部、波斯湾和印度洋作为一个战略整体。

在过去的一年,影响中国对苏联意图和能力感知的关键发展是困扰西方和日本的经济危机。中国似乎更加关注经济和货币危机使得西方保持其防御的意志和能力有所削弱,并且促使西方在欧安会以及/或裁军谈判中给予更多的让步。北约南部侧翼政治的不确定性增强了中国对欧洲发展不可预测性的关注。由于他们正向莫斯科塑造自己的姿态,因此必须考虑苏联地缘政治平衡利益受损的可能性。尽管存在这些担忧,但他们已经与第三世界国家联合寻求世界经济形势的重大调整,然而在他们的公众言辞和私人视角之间存在基本的矛盾。

D. 亚洲的四边形

苏联似乎认为其在平衡与中国、美国和日本的关系上已经取得了一些进展。

——他们已经发展了与美国的关系,苏联相信,对美国来说,他们与美国的关系相较于美国与中国的关系更加重要。尽管目前存在贸易和移民困难,但这种想法仍未改变;

——他们从中美关系有关台湾问题的矛盾中暂时取得了一些安慰;

——相对北京,他们可能已经改善了与河内的关系,但是亚洲其他地区最近的发展似乎对苏联并不是非常有利,例如:中国与印度,以及中国与一些东南亚国家关系的改善;

——他们不满意与日本关系的状态,尤其是日本正寻求在搁置钓鱼岛争端的情况下与中国签订和平友好条约;

对中国来说,保持对苏联敌意的控制似乎比承担严肃的和解姿态更有利。

保持对苏联敌意的控制有利于加强国内的团结。更进一步说,中国目前逐渐与在亚洲的包括美国在内的其他大国发展良好的关系,并无调和与苏联之间分歧的压力。而且,中国人意识到,由于苏联的大国力量优势,任何突出问题的解决都将会偏向苏联。

——中国不断地间接暗示,为了推进中美关系的发展,必须解决两国之间的台湾问题。但与此同时,中国继续表示出对目前中美关系状态的满意,以及对中美关系正常化进程的耐心;

——中国已经公开支持美日亲密关系的延续,包括军事关系。同时,中国通过正在进行的谈判和逐渐增加的石油出口,集中加强自身与日本的合作关系;

——在亚洲的其他地区,中国继续将苏联作为主要威胁,同时暗中支持美国在亚洲的力量,以此来对抗苏联的野心。中国与东南亚新共产主义政府关系的改善努力也开始取得成果;

——在朝鲜半岛,中国和苏联都没有放松对朝鲜的外交支持,也没有表现出推进南北统一的兴趣。然而,北京似乎正成为朝鲜同志般的最友好的伙伴,而苏联则可能更加支持朝鲜半岛南北双方一定程度的缓和。

E. 未来展望

从长远来看,认为目前的竞争和对抗是不可避免的和注定的这种假设是十分危险的。由于大多数分析家忽视了五十年代和六十年代初潜在的中苏裂痕,在敌对关系中,我们需要审慎考虑一些缓和行动的可能性。有一些因素可能会改变目前的关系模式:

——莫斯科和北京必须意识到目前的亚洲四边形是不平衡的,中苏之间的相互敌意限制了双方针对日本和美国的外交可操作能力。日本和美国已经灵巧地利用了中苏之间的不友好关系,毫无疑问,他们意识到六十年代末中苏之间的交恶为日本和美国提供了外交机会,并且使得美日能够朝着有利于中国的方向修正与中国的关系;

——因此,为了均势的考虑,莫斯科希望改善与中国的关系,并且这将带来额外收益,即削弱中国在政治和意识形态方面的挑战。中国亦希望改善与苏联的关系,以此减小来自苏联的边境压力,同时平衡与美国和日本的关系;

——苏联和中国的领导阶层都在老化,中国的继承斗争正在进行,而苏联的也即将开始。两国领导人同时的继承危机为未来两国关系的发展带来很大的不可预测性;

——目前世界政治和经济形势的无法估计性扩大了这种不确定性。从中国的优势来说,经济的良性发展和利用西方的力量可以有效地制衡苏联。目前西方的经济混乱缓解了一些来自苏联的压力,尽管同时也给北京和莫斯科带来了焦虑。中国的担忧一定会被这样一种认知强化,即全球战略平衡的微妙转变可能会有利于苏联。他们对任何美国力量的衰落迹象都非常敏感,无论其表现在美国行政机构决定体现的意愿,或国会确立的限制行动自由,或一个疲软的美国政府。的确,在过去的六个月中,美国和日本都换了领导人,中国和苏联无疑也面临着国内的继承问题,因此,他们必须制定政策来应对未来的不确定性;

因此,中国国内领导人的变更有望鼓励新的思考,使得北京和莫斯科谨慎地对待双方关系的发展趋势。

认真对待双方差异的首要证据将会反映在边境问题上。由于中国坚持苏联军队必须首先从争端区域,即包括帕米尔高原和东北边境岛屿在内的两万平方公里的地方撤军,中苏关系目前已经陷入僵局多年。

——对莫斯科来说,这些要求是决不能接受的。因为这将使苏联一条十分重要的环西伯利亚铁路的终点站——哈巴罗夫斯克市——处于暴露状态;

——但是苏联并不是铁板一块,他们已经在几个小岛屿进行了一些象征性的撤军,并且已经提出声明愿意割让大约 400 个小岛屿作为交换;

——考虑到中国希望改善两国关系的迹象,苏联并不是没有可能做出一些姿态或部分让步,以此来打开中苏之间的僵局。

F. 关键问题

1. 目前中国正在进行的继承斗争可能是当下影响中苏关系最直接重要的因素。是否有证据显示最近召开的全国人民代表大会可能带来中国外交政策的重大变化。除了缓解边境紧张局势外,何种利益会促使中国领导人(现在的或者毛泽东之后的)重新考虑改善与苏联的关系。

2. 日本改善与中国的关系引发了莫斯科的担忧,并且引发苏联在东京的一些干预。日本是否相信中国希望通过搁置钓鱼岛问题,或调整其坚持的经济"自力更生"政策,或扩大与日本的"资源外交",从而在改善同日本的关系方向上走得更远? 这些措施会使苏联认为中日苏关系的显著不平衡对苏联不利吗? 日本预知到苏联可能的反应是通过在北方领土问题上妥协,或是进一步提供资源交易,或是采用对华新政策吗?

3. 中国口头上声称是第三世界的一部分。为什么中国目前在其公共外交中强调第三世界呢？在联合国或在资源政策上对第三世界国家的支持，与其发展与日本的密切关系、逐步改善与美国的关系、鼓励一支强大的西欧力量对抗苏联会发生冲突吗？在对待第三世界问题上，中苏之间有可能会产生严重的冲突吗？莫斯科和北京如何看待西方和日本的政治、经济混乱形势？

德国英格索尔公司
机密

（Senkaku islands，1975state056881，13 Mar 1975，http://aad. archives. gov/aad/createpdf? rid＝201493&dt＝2476&dl＝1345.）

2. 海湾石油公司计划开发钓鱼岛附近海域

参考文件：东京 3902

1. 大使馆理应回复海湾石油公司的有关要求，主要表现在以下几个方面：（A）美国政府不断建议，直到争端解决之前，美国石油公司不得在争端区域进行调查或勘探活动。美国政府在全球都实行这种政策。此问题区域不仅涉及有关日本和"中华民国"之间矿区纠纷，也涉及中华人民共和国的主权声索。（B）由于海湾石油公司已经被事先告知，如果其不顾建议继续在争端区域进行石油开发，那就是它自己在冒险，就不能期待得到美国政府的保护。此外，海湾石油公司和其他美国石油公司一样，被警告未来不得在争端区域雇佣美国公民，使用悬挂美国旗帜的船舶，以及使用美国政府战略控制下的特定敏感装备。（C）长久以来，美国政府一直警告在亚洲北部大陆架勘探存在的特殊风险，在我们看来，这种风险已经加剧。在这次事件中，除了日本政府对海湾石油或台湾中油可能的强硬反应外，海湾石油必须考虑中华人民共和国的立场。因为对于所有进入争端海域大陆架进行石油开发和钻井的美国石油公司，中国均已给予警告，"任何人执意在此海域进行石油开发活动，必须承担所有的责任和后果"。

2. 供参考。最近有关部门已经强烈建议海湾石油公司，反对其在东中国海的韩国矿区——大约上海和济州岛之间的中途——进行石油勘探钻井。海湾石油公司正与韩国政府谈判，以便规避勘探责任。海湾石油公司的代表可

能会提出这个问题,但是大使馆应该避免权衡二者。仅供参考

英格索尔

秘密

日本新闻网

(Gulf plans to drill nearsenkaku islands,1975state075221,03 Apr 1975,http://aad. archives. gov/aad/createpdf? rid = 9988&dt = 2476&dl =1345.)

3. 对在钓鱼岛(尖阁列岛)海域进行 的近海石油开发的建议

西方官员约翰·霍奇(JOHN SAGE)可能就中国的石油问题,建议与台北"大使馆"联系,西方的海上 4 号钻井平台在北纬 26°15′、东经 124°,大约距离台湾 260 公里的地方钻了一口勘探井。该平台的作业是基于《巴拿马宪章》。如果霍奇与你接触寻求指导,大使馆应该强调此区域内"中华民国"、中华人民共和国和日本政府之间领土纠纷的敏感性,并且应以可能的最强烈的措辞建议西方海上力量反对在此地进行石油开发活动。

基辛格

仅限官方使用

日本新闻网

(Proposed offshore oil exploration insenkaku area,1975state236537,03 Oct 1975,http://aad. archives. gov/aad/createpdf? rid = 286906&dt = 2476&dl=1345.)

4. 美国公司在钓鱼岛海域提议进行的石油勘探

参考:国家 236537

1. 西方海上钻井和勘探公司官员约翰·霍奇 10 月 24 日再次联系政府部门。他告诉我们说,在 10 月 14 日的"大使馆"会议中,他被给予了错误的建议。之后霍奇认同了中国的建议,即西方海上钻井第四大浮式钻井船应该在第一个钻井实验站进行勘探,距离钓鱼岛西北部大约 35 公里处(北纬 26°15′、

东经 124°）。在与中国会谈之后，霍奇又进一步与日本会谈，得到的建议却"恰恰相反"。他说当时部分"国务院的电报"被引述给他。我们认为这是电报的摘录，然而，电报在 10 月 3 号已经发出，政策近期却没有任何改变。

2. 霍奇对国务院和"大使馆"非常恼怒，认为他在这件事上被误导了。他说公司想要合作，做好公民，已经经常与美国政府联系，以使自己消息灵通并获得指导。他表示在这种情况下，西方可以继续勘探。他说，钻井平台已经在巴拿马注册，且目前仅有 6 名美国船员；由于该平台不是机动式的，因此不需要航海设备和不可输出的战略设备。

3. "大使馆"要求审查包含在电报中的政府部门指导意见，并且在"行政命令第 063768 号"文件中首先回答对未来钻井的指导意见，以及其他在争议海域的类似活动。

基辛格

机密

日本新闻网

（Proposed oil exploration drilling insenkaku by US firm，1975state255195，28 Oct 1975，http：//aad. archives. gov/aad/createpdf? rid＝282860&dt＝2476&dl＝1345. ）

5. 美国公司在钓鱼岛海域提议的石油开发、西方海上钻探

参考文件：(A)国家 236537 (B)国家 255195

1. 与霍奇对参考文件(B)中的指控相反，他并没有获得"大使馆"给予的大量相互矛盾的建议。10 月 14 日，霍奇与 EMBOFFS 进行了简短的会谈，尽管 EMBOFFS 在有关第一钻井实验台的问题上并没有给予霍奇要求其听从部门指示的任何具体指导性建议。EMBOFFS 绝不会给予或者暗示批准近海石油开发计划。

2. 10 月 15 日，霍奇被"尽可能强烈的措辞"告知情况，就像在参考文件(A)中所显示的，很明显，他获得的信息与前一天在"大使馆"被告知的完全"相反"。

3. 据霍奇称，直到他得到按照参考文件(A)的指示那样的简报情况之前，无论在华盛顿还是在"大使馆"，他被给予的信息都是"老一套"。与此同

时,西方海上力量已经在台湾附近海域建立了一定数量的勘探井。他抱怨美国部门永远不会就何处可以或不可以勘探给予他明确的答案。

4. 在未来的简报中,除非另有指示,"大使馆"将继续以外交电报为指导。

昂格尔

机密

日本新闻网

(Proposed oil exploration drilling insenkaku by US firm, 1975taipei07118, 05 Nov 1975, http://aad. archives. gov/aad/createpdf? rid = 254246&dt = 2476&dl=1345.)

6. 海湾石油公司计划在钓鱼岛(尖阁列岛)钻探

参考文件:A 东京 3902B 国家 75221

1. 在会见太平洋海湾石油公司总裁斋藤(SAITO)、勘探副总裁泰勒(TAYLOR)和咨询顾问莱丁厄姆(LEDINGHAM)时,EMBOFF 传达了参考文件(B)中美国政府的意见。

2. 在与中国相关的方面,莱丁厄姆和泰勒表示出些许失望,海湾石油公司已经在参考文件(A)规定区域的西部开始了勘探活动,尚没有遭遇来自中国方面的阻碍。实际上,海湾石油公司的主要忧虑之一在于新的勘探活动将会与日本当局发生冲突,该公司希望问题发生时能够得到美国政府的一些支持。然而,鉴于美国政府的观点,海湾石油现在决定不再继续推行其参考文件(A)中阐明的计划。

休·史密斯

机密

日本新闻网

(Gulf plans to drill nearsenkaku islands,1975tokyo04680, 10 Apr 1975, http://aad. archives. gov/aad/createpdf? rid=9464&dt=2476&dl=1345.)

1976 年

1. 苏联媒体新闻概述—5 月 19 日

······

9. 日本/中国。《消息报》记者斯图尔特（STURUA）尖锐地批判了一位日本"教授"坂本（SAKAMOTO）最近的言论，他支持中国的反苏观点。坂本认为这项评论是由一群在北方领土问题上积极活动的分子提出的，但是他忽视了最近中国发布的暗示钓鱼岛是"中国不可分割的一部分"的地图。Litgaz在"今日中国"的常规专栏中刊载了一段有关中国领导人试图将中国转变为一个 8 亿机器人国家的很长的争论。《真理报》引用了一篇来自北京的法新社报道，指出两名天安门游行的参与者已新近被枪决，10 人被判处 30 年监禁。《真理报》并未添加任何评论。

斯提塞尔

仅限官方使用

（Soviet press summary：May 19 highlights，1976moscow07926，19 May 1976，http://aad. archives. gov/aad/createpdf？rid＝260326&dt＝2082&dl＝1345.）

2. "中华民国"报道在钓鱼岛地区的石油开发计划

参考文件：(A)国家 033558 (B)国家 012633 (C)74 台北 8163

1. "大使馆"在每一个适当的时机不断提醒"中华民国政府"高级官员，美国政府关注中国在钓鱼岛海域可能的石油钻探计划。继台北的一则外交公报发出之后，"经济部长"孙运璿、"经济部副部长"张光世、"金融部长"王绍堉和"通讯部长"王长青进行了会谈，并为"总统"提供了方案。"大使馆"同时也与西方海洋钻探公司的官员保持着密切联系。

2. "中华民国政府"高级官员一直不作表态，这在很大程度上表明"中华民国政府"高层决定将钓鱼岛海域的石油开发计划对美国保密。它可能更多地意味着政府尚未确定未来的钻探计划,及将其交由"行政院"审批。台北政府很清楚钓鱼岛海域钻探的政治分歧,即美国政府的关注以及"中华民国政府"希望与日本保持友好关系的兴趣。我们很难想象,没有得到"总统"的批准,政府是否会请求西方海洋钻探公司在第一钻井试验台进行勘探。在这件事上,尚无证据表明已经获得许可或已在寻求许可。

波普尔(POPPLE)

机密

日本新闻网

　(ROC reported plan for oil exploration insenkaku area,1976taipei00999,13 Feb 1976,http://aad. archives. gov/aad/createpdf? rid=103256&dt=2082&dl=1345.)

(以上由舒建中译)

三、美国收集文书①

1. 中国的态度及其他

中国的态度

第一部分　中国在领土问题上的态度

蒋介石(Chiang Kai-shek)委员长签署了《开罗宣言》,宣布放弃扩张中国所有的领土。然而,中国发言人表示,将致力于恢复对丢失领土的控制权,并加强对主权受到威胁的地区的控制。这些地区包括琉球群岛(LuChu Islands)和蒙古、新疆(Sinkiang)、西藏(Tibet)这些边境地区。

琉球群岛——外交部长宋子文(T. V. Soong)(1942 年 11 月 3 日,重庆新闻发布会)和立法院院长孙科(Sun Fo)(《重庆日报》,1942 年 7 月 7 日),再次强调要求归还琉球群岛(Lu Chus)主权,而蒋介石却未发表任何言论。钱端升(T. S. Chien)表示,拒绝中国对琉球群岛[包括台湾(Formosa)和满洲(Manchuria)]的索赔等同于质疑中华民族独立主权的存在(《外交事务》,1943 年 7 月)。约翰·文森特(John C. Vincent)从重庆发回报告称,陈独秀的观点反映出中国大部分具有影响力的人物的态度。担任重庆新闻报告员的美国记者武道先生(Maurice Votaw)称,中国人民将始终坚持让日本归还琉球群岛。(《巴尔的摩太阳报》,1943 年 7 月 4 日)

除了这一证据,值得注意的是近期并无负责的中国官员对于琉球群岛提出主张,而且群岛也未被《开罗宣言》具体提及。此外,宋子文在其最新的关于中国的公开声明中也未包含琉球群岛。(《纽约时报》,1943 年 9 月 15 日)

---

① 原文系美国方面资料,由"冲绳县公文书馆"收藏。

另一方面,重庆的报道显示,中国媒体反应很赞成开罗会议,其中一个附加的建议是旅顺港(Port Arthur)、大连(Dairen)和琉球群岛应被添加到日本所掠夺的中国领土清单中。(联邦广播情报部门,34 号,远东广播报道,1943年12月8日)

小笠原群岛(Bonin Islands, Ogasawara Shoto)

小笠原群岛由东京湾以南大约 600 英里范围内的群岛组成,其中三个岛上有人居住。总共占地 32 平方英里,岛上人口大约 6 250 人,几乎都是日本人。

据说,小笠原群岛在 1593 年由日本探险家小笠原(Ogasawara)发现。1827 年,日本通过皇家海军舰队山毛榉舰长布洛瑟姆(H. M. S. Blossom)向英国提出声索。海军准将佩里(Perry)于 1853—1854 年拜访日本时参观了这座岛屿。日本于 1861 年又一次提出主权声索,并于 1876 年正式吞并了这片岛屿。

小笠原群岛被认为是日本本身的一部分。由于行政管辖的考虑,附近的火山群岛(Volcano Isles)和马库斯岛(Marcus Island)划分到了一起,成为小笠原群岛的分支,归属于东京辖区。既然大部分岛屿都处在戒严区域,那么许多日常行政活动都由军方接管或受其影响。

小笠原群岛出产糖、鱼、一些蔬菜和热带水果。

它的主要军事力量和海军装备都集中于父岛(Chichi Jima)(劳埃德港Port Lloyd)范围内。在父岛的二见岛(Futami Ko),有一个机场、一个海军航空基地和一个大港口,均为一个大舰队而设,这个位置适合发展成为二级海军基地。防御工事据报道在母岛(Haha Jima)附近的父岛。

Ⅶ. 可供选择的方案

由于南方诸岛(Nanpo Shoto)在历史上和民族上都属于日本帝国,其战后部署将主要取决于安全因素的重要性。

1. 由日本保留

这种解决方案将承认这些岛屿在历史上归日本所有,以及承认其与日本在文化、政治和商业上的联系。如果授权南方诸岛脱离日本帝国,且条款规定了日本的裁军和其余边远区域的非军事化,那么这些岛屿则不应对其他国的安全造成威胁。如果是出于整个太平洋安全体系的安排,这种情形就尤为明显。

2. 日本有条件保留

如果日本坚持保留岛屿,条款将会规定解散所有军事和海军装备军队,同时在一定时期设立一个能胜任的国际代理机构,对岛屿进行定期检查,来防止这些可能合法的商业企业所需的设备被用作军事用途。

3. 日本局部保留

为了安全起见,小笠原群岛的父岛和其他已出于军事和航海目的被利用的岛屿有可能被分离,而其余岛屿将由日本保留。那些被分离的岛屿可能由北太平洋理事会或由当局建立的其他在该区域的国际机构管辖。对于这些岛屿的实际管理将会参照太平洋上其他有战略意义岛屿的管理方式。可能会制定条款来延续交由国际掌握的任何岛屿上的日本商业企业。

4. 小笠原群岛和火山群岛、马库斯岛的分离

……北纬30度的南部分离岛屿,小笠原群岛、火山群岛和马库斯岛……除了无人居住的岩礁……①

这个方案提出了分离岛屿的处置问题。如果北太平洋委员会或者其他国际代理机构成立,则这座岛屿将被置于其管辖之下。对于这些岛屿的管理也许会参照太平洋上其他有战略意义岛屿的管理方式。既然国际管辖的主要目的是为了防止日本将这些岛屿用于军事用途,那么这种管理将局限于监管和检查。因此可能相应地会利用日本人达到正常行政管理的目的。可能会制定条款以延续岛屿上的日本商业企业。

PS:JMasland

Ⅶ. 战后处置(可供选择的方案)

由于南方诸岛在历史上和民族上都属于日本帝国,其战后部署将主要取决于安全因素的重要性。

1. 日本保留所有岛屿

如果有适当条款让日本裁军,或将托管的南方诸岛交由美国、联合国或其他一些国际机构管辖,那么这种解决方案是可行的。

2. 除小笠原群岛的父岛和其他可能已出于海军和军事目的被利用的岛屿外,其余岛屿由日本保留。这些岛屿会交由国际机构管理,例如,可能制定

---

① 第一段部分字句不清晰,略去。

一些条款将具有战略意义的岛屿置于托管之下,条款会被制定用以延续交由国际掌握的任何岛屿上的日本商业企业。日本保留岛屿,但根据条款规定,要拆除海陆空军设施,并制定一个国际机构定期检查制度,防止日本将这些可能合法的商业企业需要的设施用做军事用途。

1-7:领土问题

(日本:政府)

库页岛(Saghalien)、千岛群岛(Kuriles)、小笠原群岛、琉球群岛、台湾、托管岛屿

VII-1:政治地理

(日本:地理)

分界线、殖民地、领土、省和县

关于日本领土扩张的年表(1874—1942)

1874 年:兰格(Langer)(第 901 页)做出了以下叙述:

"1874 年 4 月,远征队经由厦门前往台湾,为 1871 年 12 月被台湾土著杀害的琉球水手寻求赔偿。日本已经宣告拥有对琉球群岛的领土主权,并且指出中国一直在逃避责任。"

1875 年:日本通过条约从俄罗斯手中获得千岛群岛南部,交换条件是放弃库页岛的南部。

1876 年:日本单方面将小笠原群岛并入日本领土。

1879 年:《利平科特地名词典》(1922 年,第 1042 页)声称:琉球群岛于 1879 年被正式并入日本。

1881 年:维纳克(Vinacke)(第 63 页)陈述,中国今年默许了日本对琉球群岛(Ryukyu Islands)主权的要求。

1895 年:1895 年 4 月 17 日,中日甲午战争后,根据《马关条约》,中国被迫放弃了台湾和澎湖列岛的管辖权。(马慕瑞 MacMurray 的文本,第 1 册,第 18 页)

1898 年:1898 年 7 月 24 日,日本通过公告宣称拥有马库斯岛(1902 年 7 月 15 日,申明由日本政府提出,并于 7 月 16 日交于美国国务卿,摘于 Ge 文件,931.5)。

1905 年:1905 年 9 月 5 日,根据《朴茨茅斯条约》,俄罗斯将库页岛北纬

50 度线以南部分割让,同时将俄罗斯在旅顺港、关东租借地及南满铁路的权利转让给日本。(马慕瑞的文本,第 1 册,第 522 页)

1910 年:1910 年 8 月 22 日,通过《日韩合并条约》,朝鲜被日本吞并(兰格第 94 页,《政治家年鉴》,1942 年,第 1062 页,给出的时间是 8 月 23 日,或因伦敦与远东之间的时差所致)。

1914 年:1920 年 12 月 17 日,国际联盟授权,将德国 1914 年 10 月占领的岛屿转交给日本管辖(兰格,第 1133 页)。1914 年 11 月,日本占领德国在山东的租借地,1919 年 6 月 28 日,根据《凡尔赛条约》第 156 条,德国在山东的权利转交给日本。1922 年 2 月 4 日,中国通过条约恢复山东主权(卡内基 Carnegie 的文本,第 80 页)。

1915 年:日本的"二十一条"(马慕瑞的文本,1915 年 1 月 18 日,第 2 册,第 1231 页),并于随后的谈判中,将关东租约从原来的日期延伸至 99 年,给予日本各种特权。

1931 年:在 1931 年 9 月 18 日~9 月 19 日晚上(兰格,第 1135 页),"满洲事件"爆发。1932 年 2 月 18 日,"满洲国"宣布成立。(《政治家年鉴》,1942 年,第 785 页)

1933 年:热河(Jehol)的占领(1933 年 1 月~3 月,兰格,第 1135 页)和随后察哈尔(Chahar)的渗透。根据 1933 年 5 月 31 日的《塘沽停战协定》,自长城以南至北平以及天津地区的非军事区建立起来(兰格,第 1135 页)。

1935 年:1935 年 11 月 25 日,半自治政府在非军事区建立(兰格,第 1135 页)。

1937 年:随着 1937 年 7 月 7 日北平附近爆发卢沟桥事变,中日战争开始。

1939 年:1939 年 3 月 30 日,南沙群岛(Spratly Islands)和附近岛屿被吞并(Ge 文件备忘录 913.67)。

1940 年:1940 年 8 月 30 日和 9 月 22 日,在法国的同意下获得在印度支那(Indochina)北部的军事权。(DCR 指系 751G 92/15 和 751G 94/231)

1941 年:经 1941 年 7 月 30 日的协定,在印度支那的军事权得到扩大(《政治家年鉴》,1942 年,第 905 页,《地理杂志》给出的时间为 7 月 29 日)。

1941 年 12 月 21 日,联盟条约决定接纳泰国曼谷(《政治家年鉴》,1942 年,第 1320 页)。

1942 年：自 1941 年 12 月 7 日起,日本武力侵占的领土包括香港、菲律宾群岛、英属马来西亚、缅甸、安达曼群岛(the Andaman Islands)、尼科巴群岛(Nicobar Islands)、英属婆罗洲群岛(British Borneo)、荷属东印度、帝汶岛、新几内亚托管区、关岛(Guam)、沃克岛(Wake)、英属所罗门群岛(British Solomon Islands)和吉伯尔特群岛(Gilbert Islands)的一部分。日本占领和游击队抵抗的准确范围尚不知晓。

参考文献:

卡内基国际和平基金会:《与中国相关的条约及协议(1919—29)》。

威廉·兰格(William L. Langer):《世界历史百科全书》,1940 年。

利平科特(J. B. Lippincott):《利平科特世界地名发音大全词典》,1922 年。

马慕瑞:《与中国相关的条约及协议(1894—1919)》,1921 年。

《政治家年鉴》,1942 年。

维纳克:《近代远东史》,第 4 版,1941 年。

1942 年 10 月 28 日

Ge

古希(Guthe)先生:

依据您的要求,我已从我们的文件档案、可利用的参考书和部门资料中编辑了这份有关日本领土扩张的年表。

斯蒂芬·贝·琼斯(Stephen B. Jones)

日本帝国
领土地位

日本固有领土:

日本在明治维新时期由本州(Honshu)、九州(Kyushu)、四国(Shikoku)、北海道(Hokkaido)和 406 个邻近岛屿组成。

琉球群岛(Ryukyu)(1879 年)

明治维新前,琉球岛民不时向日本运送贡品,但是对这个岛的主权的历史要求因中国有着相似的主权要求而减弱。1871 年,日本宣称要保护在台湾受到虐待的部分琉球岛民。中国提出了抗议,但最终没能维护主权。1879 年,琉球群岛被日本正式吞并。1881年,中国默许了日本的主权。

千岛群岛(Chishima)(Kuriles)(1875年)

经谈判,千岛群岛被俄罗斯割让,与此同时,日本放弃对库页岛南部的主权要求。

小笠原群岛(Ogasawarajima)(Bonins)(1877年)

日本通过单方面行动正式把小笠原群岛归入日本主权。

台湾和澎湖列岛(1895年)

日本通过1895年5月8日生效的《马关条约》从中国政府手中获得这些岛屿。1895年6月2日日本正式拥有,并于1896年3月31日建立民政当局。

马尔库斯岛(Marcus)(1898年)

日本在1898年7月24日通过公告宣称拥有马库斯岛的主权。1902年7月16日,日本政府向美国国务卿提出附加声明。

关东租借地(1905年)

根据《朴茨茅斯条约》第五条,经中国同意,关东租借地转让给日本。根据1915年5月的中日条约,租借时间被进一步延长至99年。("二十一条"第二条)

库页岛(1905年)

18至19世纪间,库页岛被俄罗斯和日本共同侵占。1875年,俄罗斯割让千岛群岛,同时日本放弃了对库页岛南部的要求。日俄战争期间,日本军队占领库页岛。根据《朴茨茅斯条约》第九条,俄罗斯将库页岛北纬50度以南地区永远割让给日本。日本和俄罗斯互相承诺不在库页岛上建造军事工事,并且不阻碍拉彼鲁兹海峡和鞑靼海峡的自由航行。

朝鲜(1910年)

通过《朴茨茅斯条约》(1905年)的功效,日本扩充了对朝鲜的保护国地位。1910年,通过1910年8月22日的条约,朝鲜帝国被日本正式吞并。

托管岛屿(南洋群岛)(Nanyo)(1920年)

南洋群岛托管给日本,编号为1400,包括马里亚纳群岛(Mariana)、马绍尔群岛(Marshall)和加罗林群岛(Carolline),位于东经131度10分～172度10分之间和北纬1度15分～20度32分之间的区域,合计2 149平方公里。

以下为日本获得所属岛屿的步骤:

1914年,在对德国宣战后,日本侵占了所有在赤道以北的太平洋地区的德属岛屿。1917年,日本获得英国、法国和意大利政府的保证,他们将在和平会议上支持日本对这些岛屿的要求。

通过《凡尔赛条约》第119条,德国宣布放弃其"所有的海外权力和头衔",以取悦主要的协约国(大英帝国、法国、意大利、日本和美国)。

条约第22条指出,德国之前的殖民地需要按照条约相关总则要求"代表联盟"的托管者管理。

主要协约国和参战国包括美国,通过他们在1919年5月7日会议的代表,投票授予日本拥有赤道以北德国岛屿的权力。鉴于《凡尔赛条约》尚未签署,而且主要协约国和参战国当时尚未拥有德国的权力主权,因此这是一个初步和有条件的承诺。之后,在条约签署后(1919年6月28日),美国拒绝批准,在未得到参战国(美)同意的情况下,主要协约国把这些德国岛屿作为C级别托管岛屿授予日本。1920年12月17日,国际联盟委员会同意并证实了授予特许权,规定了日本要作为受托者的条款和情况。日本正式同意依据《托管宪章》成为受托者,宪章许可日本"对这些领土拥有全部的管理和立法权力,领土是日本帝国整体的一部分",但需承担下列法律义务:

a:用各种规定的方法,"尽力促进领土居民的实质性福利和社会发展";

b:就托管管理向国联理事会做年度报告;

c:遵守以下禁令,"此外,不得在这些领土上建造军事和海军基地或创建防御工事"。

日本于1933年提出退出国际联盟,并于1935年3月27日生效后,围绕它不再是国际联盟成员是否还拥有作为受托者的权利,展开一个重要的讨论。1934年2月22日,日本外交大臣广田弘毅先生(Mr. Hirota)在国会说道:"日本已从主要协约国和参战国的决定中获得了作为受托者的地位,并且日本作为受托者的地位在任何情况下①将不会因为日本退出国联而受到影响。但是日本政府不会接受这些岛屿是日本领土的观点。"在退出国联后,日本继续作为受托者的权力不应受到官方质疑。

"满洲国"(1931—1933年)

1931年9月18日奉天事件后,满洲被日本侵占。1932年8月8日,日本关东军指挥官同时被任命为驻"满洲国"大使,"满洲国"于1932年3月1日

---

① 译者注:原文作 in any war,根据上下文应为 in any way。

"建立"。通过 1932 年 9 月 15 日的《日满议定书》，并且根据中日条约、协议及其他政府或私人的中日合同的安排，"满洲国"确认日本或日本在"满洲国"境内的国民拥有所有的权利及权益。根据 1937 年的日满条约，日本将所有在南满铁路地区的管理权转让给"满洲国"。

热河(1933 年)

1932 年在"满洲国"的成立宣言中，热河被包括在这个新成立"国家"的领土中。但直到 1933 年热河被日军占领，该地区才被控制。

南沙群岛(1939 年)

鉴于之前曾占有过该岛，1933 年，法国对岛屿主权的宣告引起了日本的强烈抗议。1939 年 3 月，日本政府宣布南沙群岛的管辖权归于台湾政府，管理权归于高雄市。

日本的扩张步骤

1874 年　日本通过条约从中国获得琉球群岛。

1875 年　日本用库页岛南部和俄罗斯做交换，得到千岛群岛南部。

1876 年　小笠原群岛成为日本领土的一部分。

1879 年　未包含在鹿儿岛县(Kagoshima Prefectorate)的琉球群岛(Loo-choo Islands)被吞并。

1893 年①　战后中国将台湾和澎湖列岛割让给日本。

1905 年　库页岛在俄日战争中被夺取。通过《朴茨茅斯条约》，库页岛北纬 50 度以南部分归入日本。

1905 年　俄罗斯在旅顺港、关东租借地和南满铁路的权利转让给日本。

1910 年　吞并朝鲜。

1914 年(10 月)　夺取德国在太平洋上的孤立殖民地，由《凡尔赛条约》确认。

1914 年(11 月)　获得胶州湾，夺取德国在中国山东省的租借地，并于 1922 年归还中国。

1915(1 月)　对中国提出要求。5 月，协议扩大了日本在满洲的利益和租借地，确认日本在山东新获得的地方的权利，日本放弃在中国和与中国行政机

---

①　编者注：应为 1895 年。

构相关的各种特权。

1931 年　军事占领满洲,其后创建"满洲国"。

1933 年　侵占热河,其后向察哈尔渗透。

1933 年　中国北方建立的非武装区从长城以南扩展至北平且向东扩至天津。

1935 年　在非武装区建立殷汝耕为首的半自治政府。中国北方五省兴起"自治运动"。

1937 年　中日间战争始于北平附近(7 月);战争于上海爆发(8 月);战争几乎遍及全中国(1937 年至今)。

1937 年　日本首相近卫(Konoye)向国会发表声明:"日本政府派遣部队前往中国北部当然没有其他目的……为维护东亚和平"(7 月)。

1938 年　外务大臣发表声明:"日本所期望的是建立一个确保东亚永久稳定的新秩序;换而言之,即日本、满洲国和中国在政治、经济和文化领域,建立一个互助和谐的关系"(11 月)。

1939 年　吞并南沙群岛(3 月)。

1940 年　日本外务大臣发表声明:"日本致力于东亚新秩序的建设任务,并郑重关注欧洲战争的进展及其在东亚不同地区,包括南海地区的影响"(6 月)。

1940 年　日本政府发表声明,其外交政策的根本目的是建立大东亚新秩序(8 月)。

1940 年　日本与法国达成协议,获得印度支那北部的军事特权。

1940 年　经讨论,向日本提供荷属东印度和印度支那的经济特许。

1940 年　日本外务大臣发表声明:"当我们提及大东亚,我们意味着日本、中国、"满洲国"以外的地区。很难说明其范围有多大。在我看来,它包括泰国、缅甸甚至像新喀里多尼亚那么遥远的地方,但不包括澳大利亚和新西兰"(12 月)。

下列领土可能会落入日本帝国的范畴,但条件是将免于其被日本用作军事用途。然而,这些领土的最终处置如果没有在事实上决定,将受制于一个或多个联合国军队占领的程度和各方势力对其远东利益的态度。

库页岛南部(Karafuto)

库页岛的位置靠近西伯利亚本土,这使其处在攻击和防御方面的重要战略位置。日本在太平洋战争爆发前,已经开发了较小的军事和海军设施,Nairo、落合(Ochiai)、丰原(Toyhara)和大泊(Otomari)的民间机场被陆军和海军使用。运行极北舰队(High North Fleet)巡逻船的海军基地,位于新能登吕(Nishi Notoro)、大泊、真冈(Maoka)和 Nairo。海岸炮兵部队被布置在岛南尖端上的新能登吕,覆盖了拉彼鲁兹海峡(La Perouse Strait)。

若由被击败并削弱的日本保留,库页岛不过是一个防御前哨,它不会显著地增加日本的战争潜力,不会对美国及其他势力的利益构成威胁,相应的,因此可能会归于日本帝国。但是条款应该做出规定,所有的军事、海军和空军设施将被拆卸,由联合国或其他国际机构建立一个定期调查该地区的体系,以防止那些可能被允许的合法的商业企业的设施被用于军事用途。

千岛群岛(Chishima)

千岛群岛战略位置相当重要,因为它们处于日本本土和勘察加半岛(Kamchatka)之间,是亚洲和美洲之间大陆桥的一部分,邻近阿留申群岛(Aleutians),另外它们的位置在北太平洋的大圆航线上。千岛群岛与日本的主要岛屿一起,遮蔽了太平洋上的西伯利亚沿海省份。这些省份有一些良好的港口,气候条件使空中和水上航行困难,然而作为地面、水上飞机和潜艇基地,该岛有着重要的战略地位,它能够使日本朝北边和东边采取行动,相反地,也能防御日本北部。

众所周知,日本人已在千岛群岛开发了小型海军基地和停泊地,并为基地提供了码头、水箱、燃料库等类似的资源。这些基地位于色丹岛(Shikotan)、择捉岛(Etorofu)(两个)的南部,新知岛(Shimushiru)的中央地区和幌筵岛(Paramushiro)(三个)及新知岛的北面,还有一些停泊地在色丹岛、择捉岛和幌筵岛。一家机场已被认为建设于新知岛,可能还建了地下飞机库和燃料库。另外,在附近的幌筵岛上可能有两个额外的机场,未开发的水面和水上飞机停泊地遍布于群岛上。尽管在三个南部岛屿及幌筵岛上有很多区域适合作为陆上飞机基地,但建设需要大量缓坡和排水,千岛群岛防御工事方面的信息缺乏,但是日本有可能会强化几个港口和其他的战略位置。岛上的军人可能限于飞机、防空、信号和工兵部队,而海军则更多地限于各基地人员。

考虑到库页岛南部的情况,千岛群岛如果留在战败的日本,将不会对美国和其他势力构成威胁。可能被认为有必要分离两个最北边的岛屿:新知岛和幌筵岛,从而消除这些前沿的日本岛屿可能对俄国和美国北部和东部领土造成的威胁。在这种情况下,其主权可能被转让给俄国或国际机构,例如可能成立占有日本在太平洋其他部分战略要岛的机构。无论如何,条款应该规定千岛群岛的非军事化,以及建立一个由国际机构定期调查的体系,以防止日本将其用于军事用途。

小笠原群岛和其他本州南部的岛屿[伊豆岛(Izu Islands)和硫磺岛(Kazan Islands)]

本州岛的南部具有重要的战略位置,因为它位于马里亚纳群岛和日本本土之间。伊豆群岛担负起东京湾入口的防御,并且还提供日本与南海之间的防御中介基地。战前,主要军事和海军设施被安置于小笠原群岛的父岛。在父岛的二见岛,有一个机场、一个海军航空站和一个庞大舰队的停泊地,而且在港口上有浮船坞的空间,这个位置很适合作为一个二级海军基地来发展。据报道,防御工事位于靠近那霸的父岛,以及伊豆岛上的大岛(Shima)和八丈岛(Hachijo Jima)。早在 1942 年,美国突袭马尔库斯岛时显示一个军事停机坪正在建设中。

由于具有更重要意义的马里亚纳群岛和其他之前的托管岛屿被分离,小笠原群岛和附近岛屿的重要战略意义将在很大程度上被抵消。应该有可能允许日本保留小笠原群岛,但同样应为非军事化和持续的调查和监管制定条款。如果要更加严厉地对待日本,可能限于分离小笠原群岛的父岛,父岛的管理权则可能被分配到国际机构。

琉球群岛

琉球岛的位置横跨通往中国海岸的必经之路,与大圆贸易航线相平行,这样的地理位置给予琉球岛相当重要的战略位置。大部分受保护的停泊地适合于运营水上飞机和较轻的海军舰艇,大量的平地为靠地着陆的飞机提供了切实或潜在的场地。那霸机场(位于冲绳岛)既被用于台湾和日本的民间航线,也被用于军事和停靠海军的飞行器。该地区还有几个建好的水上飞机停泊地。大隅(O Shima)海峡,靠近奄美岛南端,被开发成一个舰队停泊地和驱逐舰及潜水艇基地。海峡的开放被进一步加强,一个二级海军机场也位于该岛。

有若干迹象表明中国想要得到琉球岛。1942 年 11 月 5 日,外交部长宋子文发表媒体声明,中国希望能够收回包括满洲和台湾的领土。中国缺乏对岛屿的历史主张,岛屿被默许给日本,人口在很大程度上被日本化。岛屿的军事价值将因台湾的分离而被抵消。因此将可能允许日本继续拥有领土,但正如日本其他离岸地区的领土那样,应制定条款规定非军事化和国际调查与监管。

对马岛的上岛和下岛

主题：

1944 年 12 月 16 日

致：指挥官

陆军制图局

麦克阿瑟大道 6101 号

首府华盛顿 16 号

接件人：制图部主管(Chief，Cartographic Division)

以下信息应引起斯图亚特(Stuart Lillico)的注意：

a. 该主题研究咨询的权威划分如下：日本海军航空图、富山房(Fuzambo)的地图集和地名辞典、藤田(Fujita)的地图集和地名辞典、日本地图部门表(Eydrographic Department Chart)和地名辞典、日本总体地形(Chiritaikei)、富山房百科全书和喜称北部岛屿"上岛"和南部岛屿"下岛"的 USHO图。称呼南部岛屿"上岛"和北部岛屿"下岛"的权威为泽田(Sawada)、吉田(Yoshida)，平凡社(Heibonsha)的百科全书和 Kokusai Bunka Eyokai's(国际文化关系社团)地图。

b. 在检查这两个矛盾体时发现,除了富山房的百科全书,倾向称北部岛屿"上岛",权威当局用地图证实了这种说法,并包括日本政府信息源的权威。藤田的很可能被认为反映了日本土地测量图,因为它在地图集的前方,地图集的编制来自各种不同比例的日本土地测量图。

c. 整个对马岛被分为上岛和下岛两个县,上岛县由大部分北部岛屿构成,下岛县由北部岛屿南边的部分和整个南部岛屿构成。

d. 鉴于这些事实,决定接受称呼该群岛北部岛屿为上岛,南部岛屿为下岛的权威说法。

给地区长官：

抄送：负责官员　　　　　　　　　　弗朗西斯 Francis X. Leverone

　　　地区长官　　　　　　　　　　部门经理

　　　　　文件

萨哈林岛(Sakhalin)南部:日本库页岛[①]

秘密

1943 年 5 月

与日本的战后结算,可能会涉及日本库页岛或萨哈林岛南部未来地位的问题。这些领土虽已经在行政和经济方面融入日本帝国,然而,国际或区域安全方面的考虑使其将被移交给俄国,或对日本行使主权确立一定限制。

Ⅰ.描述性数据

日本领土中的库页岛(萨哈林岛)由北纬 50 度以南同名岛屿的一部分组成,面积为 13 900 平方英里,它位于鄂霍次克海(Okhotsk),北海道海岸以北,且与西伯利亚海岸大致平行。

根据 1940 年 10 月 1 日的人口普查,日本库页岛总人口 414 891,其中99.41%是日本人[②],有 9 个城市人口超过 10 000,丰原(Toyohara)和 Shirutoru 两个城市,有 30 000 至 40 000 的居民。

Ⅱ.历史

1. 俄国主权建立于 1875 年

日本开放前,库页岛已经有日本人和俄国人逗留,在两国的第一个条约(1885 年)里,它们的边界非常细小,库页岛并没有被分配给任何一方。日本对整个岛屿的权利主张是没有把握的,因为 1867 年的《俄日条约》包含一个条款,建议日本用萨哈林岛南部来做交换,从而获得库页岛的全部主权,这是建立在强大探险与人居基础上的主权。几年后,日本提出收购萨哈林岛,最后根据1875 年的协定,日本最终同意一起从库页岛撤回,以换取俄国从千岛群岛撤离。

2. 日本获取库页岛南部

在 1905 年的朴茨茅斯会议(新罕布什尔州)上,日本要求割让整个库页岛,这个提议在起初被俄国断然拒绝;随后,日本接受了岛屿北纬 50 度以南地区作为补偿,这一割让也相应体现在《朴茨茅斯条约》上(1905 年 9 月 5 日)。

Ⅲ.政治管理

1. 政府和法律

---

① 原文件注:见日本群岛北部,远东系列,图 6。

② 原文件注:《日本年鉴(1939—1940)》公布了 1937 年人口为 326 900。

库页岛原先由日本海外事务大臣直接管理。总督的权力扩大到了库页岛的矿业、林业、征税、铁路和邮政服务,权力比日本本土的县知事更广泛。出于行政目的,库页岛政府位于丰原,设有四个主要机构:秘书处、内务局、林业局和警察局。

《日本年鉴(1939—1940)》指出,应用于库页岛的日本本国法律比应用于日本属地的法律还要多。与司法系统有关的日本本国法律,如民法、刑法、民事和刑事程序法,以及法院的宪法性法律,被充分地应用于库页岛。

最近几个月,出现了库页岛更全面地融入日本本土的情况。1942 年 11 月,海外事务省并入新成立的大东亚省,库页岛被置于内务省的管辖下;1943 年 3 月 24 日,日本广播报道,与库页岛相关的特别法律被废除,日本法律今后将完全适用。

2. 财务数据

1937 年的收入达到 57 004 000 日元,其中 35 000 000 日元来自税收,平衡来自政府的各种支出。财政收入在日本获得领土后稳步上升,1931 年到 1937 年间翻了一倍。1937 年,用于行政、教育、公共工程等各项支出,达到 35 805 000 日元,比 1931 年增加 1.5 倍。

3. 教育

1937 年,库页岛有 253 所小学、3 个中学、6 个高中和 1 个殖民学校,招生总数约为 6 万人。

Ⅳ. 经济发展

1. 矿业和林业

1937 年,煤炭产量达到 250 万公吨,尽管日本人已努力尝试从库页岛获得石油,但似乎岛屿南部并未产出任何石油。此外,被发现的是一些铜、铁和黄金。

库页岛覆盖着厚厚的原始森林,估计总共有 290 万公顷,其中 883 000 公顷是留待未来发展的,有 79 000 公顷是给几所帝国大学的实验工作用的。木材产量在 1937 年达到 212 000 立方米。防火和植树造林是由政府进行的。

2. 工业

工业发展包括九个纸浆造纸工厂,1937 年生产了 216 000 公吨纸浆和 201 000 公吨纸;一个人造丝工厂、众多的鱼场和罐头企业,年产值 1 000 万到 2 000 万日元;超过 40 个啤酒厂,3 个水电站及几个淀粉和黄油工厂。1937

年,工业总产值达到 1 870 万日元。

3. 农业

1937 年,10 811 个农场的农业产值达到 500 万日元。估计 331 317 公顷的土地中只有 34 888 公顷可用于耕作,农业产出包括谷物、蔬菜、土豆和动物产品。

4. 铁路和运输

国家铁路共计 343 公里。由东部沿海的大泊到 Motodamari 的主干线,西部沿海由新宿(Honto)到泊居郡(Tomarioru)和环岛路线组成,还有三条地方铁路。有一个连接库页岛和北海道的电缆,政府的无线电台被保留在丰原。

5. 贸易

海外贸易几乎只与日本本土进行,库页岛向母国运输纸浆、纸、海洋肥料、鱼制品和食用海藻。进口包括大米、棉织品、油、啤酒、蔬菜、水果、盐、烟草和矿物产品。大泊和真冈两个港口,开放给外国船只。1937 年向日本出口总额达 1.21 亿日元,从日本进口总额达到 5 900 万日元。

Ⅴ. 日本在(俄国的)库页岛北部的情况

1. 权力的获取

1920 年 2 月,干预西伯利亚的事件——尼古拉耶夫斯克(Nikolaevsk)大屠杀①发生后,1922 年日本军队从西伯利亚撤回,此后又占领库页岛北部并继续侵占。1925 年 1 月,日本和俄罗斯在北京处理其他一些事务时签署了一项条约,日本同意于当年 5 月 15 日前从库页岛撤回,届时该地区将完全恢复俄罗斯的主权。俄罗斯以收取提成的方式(on a royalty basis)在附加协议中作出让步,同意给予日本政府推荐的特许日本企业开发某些指定油田 50％面积的优惠,还可为剩余矿区与其他外国人在同等基础上报价,日本企业也被授予在面积为 43 平方英里的东海岸油田勘探的权利,并可开采任何发现的油田的 50％。日本政府还被允许继续经营在军事占领期间已使用的某些煤矿。通过后续协议,日本的特许权被固定在一个 45 年期、1970 年到期 10 年的勘探权,后者于 1936 年被延长至 1941 年 12 月。

2. 苏联对萨哈林岛北部的兴趣增强

从 1926 年到 1936 年,日本通过自己的开采和向苏联采购,成功获得萨哈

---

① 译者注:即尼港事件,或称庙街事件。

林岛北部的大量石油。然而,到了 1936 年,由于西伯利亚远东地区工业化的不断发展,形势迅速变化。随着俄罗斯石油需求的扩大,生产也逐渐扩大。1928 年,苏联 Sakhaneft Trust 公司开始在萨哈林岛运营,到 1934 年为止,它的生产量已经从 26 000 公吨上升到 242 000 公吨,几乎与日本的 283 000 公吨持平。在哈巴罗夫斯克(Khabarovsk)内地,苏联于 1934 年开办一家炼油厂,能够处理超过整个俄罗斯在萨哈林岛的石油产出。尽管俄罗斯在随后几年生产增加了,但日本能够购买的比例却越来越少。1935 年,日本购买苏联输出石油的合同并没有更新。

Ⅵ. 安全状况

库页岛靠近西伯利亚大陆,这个位置赋予它在进攻和防御上相当重要的战略地位。据可靠信息,日本在太平洋战争爆发前就在这块领土上开发了小型军事和海军设施,Nairo、落合、丰原和大泊的民用机场也被海军和陆军使用。运营极北舰队巡逻船的海军基地位于仁志新能登吕、大泊、真冈和 Nairo,海岸炮兵被布置在位于岛的南部尖端上的新能登吕,覆盖了拉彼鲁兹海峡。经由该海峡,船舶在北太平洋、海参崴和日本海的其他港口间穿行。

Ⅶ. 对库页岛的战后处理

1. 总体情况

战后日本领土的调整可能将涉及考虑把日本的库页岛从帝国分离出去,俄罗斯是唯一有立场能获得该领土的国家,在 1905 年前,俄罗斯是这个地区的拥有者。

库页岛的最终处理在很大程度上取决于日俄未来关系的发展。根据 1941 年 4 月《互不侵犯条约》的条款,双方同意"尊重彼此的领土完整,维持对方领土"。然而,在俄国和日本交战时,俄罗斯可能会对领土收复提出主张。

现有的经济情况似乎倾向于日本保留库页岛,尽管公认库页岛在 1905 年前是俄罗斯的一部分,但它并没有被该国开发。被日本获得后,库页岛在行政和经济方面都被彻底地融入了日本帝国,人口总数为 415 000,几乎全是日本人。虽然库页岛对于日本不是至关重要的,但这是一个重要的纸浆、纸张和鱼产品的来源地,日本所有的这些物品都通过进口来满足本国的消费。如果日本失去台湾、韩国和满洲,就几乎没有前沿领土被用来开发;如果库页岛留给日本,就有可能成为存在进一步开发可能的区域,尽管其发展有限。但对俄罗斯来说,西伯利亚东部有广大的未开发的地区,库页岛只有微乎其微的实用价值。安全因素可能具有更大的意义,因为库页岛形成了日本领土链的连接,控制着俄罗斯的滨海省份海上和空中的入口。

2. 可供选择的解决方案

a. 移交给俄罗斯——这个解决方案基于安全因素,并基于之前占领的情况,会是公正的。库页岛南部在俄罗斯手中会提供一个对抗日本的进攻的防守前沿基地。在被削弱的日本手中,却仅仅是一个防御前哨,也不会显著增加日本的战争潜能。然而,如果俄罗斯卷入对日战争,俄罗斯将遭受严重的损失,其中一些损失可能来自库页岛,这将会造成领土所有权的激烈竞争。移交给俄罗斯,再加上战后日本裁军,将会不可避免地使日本产生一种深深的危机感,从而导致日本和俄罗斯之间产生怨恨和摩擦。

b. 由日本无条件保留——这个解决方案是基于承认自 1905 年以来这一领土在行政和经济上都与日本帝国一体化的基础之上的。

c. 由日本有条件保留——库页岛可能被日本保留,但规定所有的军事设施将被拆除,在这个时期里可能出现一个由联合国或其他国际机构建立的定期调查该区域的体系,以防止合法的商业企业所需要的设施被用于军事目的。

日本:领土问题:小笠原群岛和相关岛屿

机密

Ⅰ. 问题

问题是小笠原群岛和相关岛屿是否从日本分离出来。

小笠原群岛坐落在东京南部大约 650 英里的地方,附近的火山群岛和马库斯群岛具有攸关太平洋安全部署的重要意义,因为他们在日本本土和马里亚纳群岛之间,也接近美国的关岛。

尽管大多数航海家很早就知道小笠原群岛,但直到 19 世纪下半叶该群岛的归属才得以决定。1861 年,日本主张主权,并且在 1876 年正式获得该岛。但直至 1898 年,日本才公开宣称马尔库斯岛归其所有。小笠原群岛的 6 250 个居民和火山群岛的 1 100 个居民完全是日本人。在机场建设以前,马尔库斯岛只住着几名磷酸盐工人和渔民。

小笠原群岛和马库斯岛出产糖、鱼和一些热带的蔬菜水果。

主要的军事和海军设施都在小笠原群岛的父岛区域。在父岛的二见岛,有一个停机坪、一个海军航空站和一个大型舰队的锚地。这个地理位置非常适合发展成一个二级海军基地。据报道,父岛和附近的母岛有防御工事;马尔库斯岛上有一个军用停机坪。

Ⅱ. 可供选择的解决方案

A. 由日本保留

政治小组委员会倾向该解决办法。

这一方案将承认日本在历史上拥有这些岛屿,以及他们在文化、商业和行政管理上与日本本土特有的联系。如果日本被非军事化或被剥夺部分帝国领土,包括那些由日本托管的岛屿和台湾,小笠原群岛应该不会对其他国家的安全构成威胁,尤其是如果授权群岛的部署安排是为了整个太平洋安全体系考虑。

1. 政治小组委员会的讨论

政治小组委员会总体上达成一致,认为日本应被允许保留1895年前获得的领土,除非此举有违安全考虑。而小笠原群岛便是在此日期之前获得的。对于这些个别岛屿可能出现的安全保留措施暂不予讨论。

政治小组委员会进一步要求,该地具有战略重要性,应受国际因素掌握。

2. 安全小组委员会的讨论

安全小组委员会考虑了参谋长联席会议提出的关于日方投降的条款,包括具体要求日方应被剥夺北纬30度以南所有的海岛。根据该要求,日本将被剥夺小笠原群岛、火山群岛和马尔库斯群岛。

有观点认为应该用尽一切手段剥夺日本,以防美国陆地和美国太平洋前哨受到威胁。日本尤其应该放弃小笠原群岛,因为它们邻近关岛。而相反的观点是如果防御工事被摧毁,并将适当的条款写入起检查作用的《和平条约》中,大家都不会从转移日本主权中获益。委员会的一些成员同意后者,并且强调使日本解除武装要比将边远岛屿从日本统治中分离更重要。然而,小组委员会接受了参谋长联席会议的建议。

安全小组委员会并没有在这次会议中讨论控制问题和如果小笠原群岛以及相关岛屿从日本帝国分离后的管理问题。

B. 由日本部分保留

如果允许日本保留小笠原群岛,需要制定条款将父岛分离出来,以消除该岛军事和海军设施的威胁。届时,父岛主权会被转移到国际机构,其管理将像其他具有战略意义的太平洋岛屿一样受到国际控制。可能须为父岛上日本商业企业的延续做好安排。

C. 岛屿的国际管理

由于他们在西太平洋的战略地位,小笠原群岛和相关岛屿可能会从日本分离出来,置于国际管理之下。如果北太平洋理事会或其他合适的国际机构建立,这些岛可能在它的管辖之下。既然国际管理的主要目的是防止日本将这些岛屿用作军事用途,那么这种管理就可能会局限于监督和检查。因此可能相应地会利用日本人实现日常行政管理的目的,可能会为日本商业企业的延续制定条款。

Ⅲ. 文件

A. 备忘录

南方诸岛(小笠原群岛和其他岛屿),文件 T,1943 年 4 月

一份描述性的调查,包括可供选择的解决方案。

B. 地图

远东系列

4 号地图:太平洋安全地图

太平洋区域的挂图,展示海军和空军基地。

3 号地图:远东地区的政治分区挂图

C. 委员会讨论

……①

Ⅳ. 关于进一步研究的计划

因为目前是战争时期,所有还没有进一步研究这个问题。

PS:JMasland

火山群岛

火山群岛由一些距离小笠原岛南部 75 英里的小群岛组成,其中两个有人居住。这一地区以其奇特的海底火山出名。岛上人口大约有 1 100 人,几乎都是日本人。

火山群岛与小笠原群岛被包括进东京辖区的小笠原支厅,且似乎在 1876

---

① 译者注:此段为手写体,不清楚。

年正式并入日本，被吞并进日本的方式和小笠原群岛相同。

火山群岛出产糖和热带产物。

有一个关于硫磺岛（Sulphur Island）上停机坪的未被证实的报道。

（00011 - 001）I - 7：Territorial Problem-Japan：Government Saghalien, Kuriles, Bonins, Liuchius, Formosa, Mandates. http://www. archives. pref. okinawa. jp/hpdata/nara/059 - 00673 - 00011 - 001. pdf，米国收集文書，沖縄県公文書館。

2. 琉球群岛（Liuchius）及相关讨论

琉球群岛

Ⅰ. 问题：

问题是琉球群岛是否应从日本分离出来。

中国入侵琉球群岛可追溯到第七世纪。1372 年，中国人的宗主权首次获得承认。十七世纪，由于萨摩藩（Satsuma）大名的入侵，琉球统治者也接受了日本的宗主权并且开始向日本进贡，而彼时类似的向中国的进贡仍在继续。1871 年，日本声明有权保护在台湾受到虐待的岛民，当时台湾还是中国的一部分。中国发出抗议，但还是没能保住自己的权威。1879 年，日本政府视琉球群岛为帝国的一部分，废除当地原有的国王，并对其发放俸禄，该岛领土被并入冲绳县。中国对此表示抗议。1881 年，由于在北京会议谈判中为解决争议所做努力的失败，中国政府最终默许了日本对琉球群岛的占领。1895 年，日本占领了台湾，自此琉球群岛的主权再无争议。

琉球群岛居民的衣着、风俗习惯、语言和种族都类似于日本，据说语言与日语不同，就好比葡萄牙和西班牙语之间的差异一样，但与南九州的萨摩方言存在联系。

Ⅱ. 可供选择的解决方案

1. 根据非军事化条款保留于日本

该解决方案将承认岛屿与日本在民族和经济上的关联。琉球群岛的战略意义非凡，这将在很大程度被日本失去台湾的损失所抵消。鉴于日本的裁军和它包括这些岛屿在内的外围岛屿的非军事化,他们将不对其他国家的安全构成威胁。

2. 岛屿的国际管理

出于安全原因,琉球群岛可能会脱离日本,并置于国际管理之下。这种对已经完全融入日本帝国的领土的管理将是一个非常艰难的提议,且可能会导致日本和其他相关国家之间的不和谐。存在的问题是安全考虑能否保证这种解决方案合理化。

3. 移交给中国

中国的历史要求是脆弱的,该群岛在很大程度被默许给日本。然而,已经有一些迹象表明中国渴望收回琉球群岛。在 1942 年 11 月 5 日发表的一份声明中,外交部长宋子文表示中国希望收复的领土包括这些岛屿、台湾和满洲。

Ⅲ. 委员会的探讨与初步意见

政治小组委员会达成总体一致,琉球群岛是日本在 1895 年前获得的,应由日本保留,除非此举有违安全考虑(1942 年 8 月 1 日)。可能采用这种保留琉球群岛的方式暂不讨论。政治小组委员会进一步认为,该地具有战略重要性,应该受到国际因素的控制(《意见》,1942 年 10 月 10 日)。

一名安全小组委员会的成员表达了这个观点:如果某个时刻在台湾建立一个适当的基地,那么对美国或联合国来说,琉球群岛将不再具有重要的战略地位。还有一些成员强调,推行日本非军事化比将这些外围岛屿从日本分离出来更重要(1942 年 8 月 21 日)。委员会得出的结论是,日本应该被剥夺所有北纬 30 度以南的属岛,但是琉球群岛可以留给日本。虽然委员会得出了这样的结论,但这个问题还需要进一步研究。(《初步结论》,1942 年 9 月 22 日)

Ⅳ. 需要进一步探讨和研究的问题

领土小组委员会暂未讨论琉球群岛的处置问题。

安全小组委员会尚未跟进这一结论,琉球群岛问题需要进一步的研究。

目前这个问题尚未得到进一步的研究。

文件

A. 备忘录

琉球群岛,文件 T

概况描述,包括可供选择的解决方案。

B. 地图(远东系列)

1. 太平洋安全地图,地图 4 号

   太平洋地区挂图,展示了海军和空军基地(准备中)

2. 远东政治分区地图,挂图 3 号

3. 台湾战略位置,地图 14 号,手绘地图

附录:JWMAsland

1943 年 4 月 14 日①

解密

专家NND957300

BY JE 奈良 日期 7－12－6

第 251 次会议

1946 年 2 月 12 日

地区委员会关于远东问题部门会议纪要

出席:

CA—赖斯(E. P. Rice)

远东(FE/R)—爱默生(R. Emerson)

埃德温·赖肖尔(E. O. Reischauer)

柴氏(A. S. Chase)

帕金斯(M. F. Perkins)

邓宁(A. L. Dunning)

BC—佛博(H. Furber)

JA—伯顿(H. Borton)

LA—布朗斯坦(E. Braunstein)

LE—小毕晓普(W. W. Bishop, Jr.)

考虑: 琉球群岛的部署:PR－35 最终稿(修订版 a)

---

① 译者注:以上内容为原文件第 1 页至第 4 页,第 5 页至第 8 页与之相同,不再重复翻译,以下从第 9 页起。

库页岛南部和千岛群岛的部署:PR-39草稿 a

爱默生先生向委员会提交了有关他们同意在关于日本托管的PR-31终稿文章中有关管理段落的修订稿(见附录)。经讨论,委员会决定保留第一段的第一句,删除其他内容。在第二段,委员会同意在第七行"领土"前插入"其他",并在该行省略"被其他政府管理"。委员会同意关于日本托管的报告应该以最终稿形式准备。

在介绍琉球群岛部署的文章时,伯顿先生声明它应该与最近参谋长联席会议的文章一致。委员会的建议是,在决定冲绳的情况时应该做一些积极的参考。赖斯先生质疑4a的意义,但爱默生先生成功地辩护了地区委员会早期的决定。他再次强调了美国在冲绳的基地不受欢迎。

邓宁先生质疑如果建立了这样的基地,美国或联合国作为管理当局,应将琉球群岛的中部和南部作为一个非战略托管领土。他认为,如果美国在那里建立基地,它就应该愿意承担其他地区的经济责任,而不是将负担转移给国际权威机构。委员会接受这个观点,决定省略"或联合国组织本身……取决于美国所需的战略区域范围"。

在讨论4a时,柴氏先生提出对决定冲绳问题办法的质疑。委员会接受佛博先生的建议,删除了最后一句话。

邓宁女士①建议,地区委员会关于琉球群岛由日本保留的基本政策应以某一种方式强调。委员会同意伯顿先生的建议,即第一条款的c应该是单独的一段,新的d应这样开头:"然而,如果有明确的证据证明在盟军占领琉球群岛期间,居住在岛中部和南部的冲绳人强烈地反对回到日本的统治之下……"委员会决定旧的e应该跟在旧c的后面,且报告应以最终版形式准备。

伯顿先生表示,应该按照《雅尔塔(Yalta)协议》修订库页岛南部和千岛群岛的部署。委员会探讨了在讨价还价时将千岛群岛置于托管地的睿智建议,最后同意这些所引用的4a的第二句应该被省略。

伯顿先生提议千岛群岛的定义可以被作为谈判点。委员会接受了帕金斯先生的建议,即地理专家办公室的博格斯(Boggs)先生应该为千岛群岛做一个明确的定义。委员会对进一步讨论千岛群岛托管问题并未表示出什么兴趣,因为它仅仅只是一种粉饰。

———————————

① 译者注:前作先生。

4b 被委员会接受。

在讨论 4c 的时候，毕晓普先生也提出日本的捕鱼权应与千岛群岛剥离的问题，并建议讨论斯特坚（Sturgeon）先生的继任人。

4d 被委员会接受。

委员会同意推迟到星期四下午两点半再讨论关于西沙群岛（Paracel Islands）和南沙群岛的报告。

附　录

日本托管 PR - 31 终稿

第九页：（底端）在同样的领土下，两种托管形式的建立不应该造成管理的过度复杂性。在人居区域继续驻扎军事基地的美国控制下的其他岛屿和领土，一种是统一管理类型，如关岛和萨摩亚（也就是海军基地司令官兼有军事和民事管辖权），另一种是双重管理类型，如夏威夷岛和阿拉斯加岛（也就是军事和民事管辖权分离），这两者都是合理和成功的。如果战略区域限于一个小的规模或者界线内没有土著人口，统一或双重的管理只能用于战略区，民事管理被用于非战略区。在统一管理类型下，尽管整个区域被分为战略区和非战略区，也将处于军管之下，但同样的管理者和大体上相同的管理系统均能在两个区域实行。

非战略托管制应该包含关于托管区人民的政治、社会和经济发展的明确规定，以及关于经济的、商业的和其他类似于政府寻求的那些已经列入其他区域托管协议的事务条款。如果指定的战略区域范围小，并且当地土著人口少到符合安全考虑的程度，那么在战略区托管协议中减少对当地利益的详细明确的保护就是合理的，否则保护将是必要的。正如这章的第 76 条所述，托管系统的基本目标当然是合适的。

解密

专家NND957300

BY JE 奈良 日期 7 - 12 - 6

第 252 次会议
1946 年 2 月 14 日

地区委员会关于远东问题部门会议纪要

出席：

远东(FE/R)—布莱克斯李(GHBlakeslee)　　CA—柴氏

　　　　埃德温·赖肖尔

　　　　帕金斯　　　　　　　　　　　　　LE—小毕晓普

　　　　爱默生

　　　　邓宁

SEA—阿尔莫法特(ALMoffat)

JA—伯顿

考虑：　　　西沙群岛和南沙群岛的部署：PR－41草稿

爱默生先生向委员会报告他已从地理学家办公室获得南库页岛和千岛群岛的定义信息。地理学家办公室陈述，位于拉彼鲁兹海峡中部的航线把群岛分成属于南萨哈林岛和属于日本的两部分。至于千岛群岛，地理学家办公室认为没有理由将岛屿的南部和中部与北部分开。所以，地区委员会只能表达它赞成把色丹岛还给日本，保留在千岛岛屿间的通航渠道，正如俄罗斯和日本定义的那样。

在考虑南沙群岛和西沙群岛的部署报告时，布莱克斯李博士建议应以《开罗宣言》为事实根据。莫法特先生建议应分成两个报告，每个报告关于一组岛屿，这是因为我们直接关心南沙群岛的部署是由于《和平条约》将消除日本对它们的主张，但是我们对西沙群岛并无兴趣。委员会同意准备两个报告。

莫法特先生质疑"法国(代表印度支那)对南沙群岛的主权"表述的使用，并指出考虑一下印度支那对西沙群岛的声明，1933年法国已经吞并了南沙群岛的六个岛。布莱克斯李先生陈述为了把每一个群岛都纳入联合国组织，提出主权要求的国家不得不同意按照法律程序将要求递交给联合国。而日本对南沙群岛的要求将在和平条约中被消除，邦布莱特(Bunbright)先生陈述法国将很不情愿地同意。

毕晓普先生质疑联合国组织对领土的管辖，提出这个组织还没有很好地适应任务。他提出应该重视法国主权，像在海上维持生命的国际组织可能会被法国和其他感兴趣的国家利用，从而消除岛屿的危害因素。

柴氏先生提出，他的办公室并不关心把这些岛屿置于安全理事会还是托管理事会。

莫法特先生提出消除日本主权，并且由法国和中国来解决他们的纠纷。

毕晓普先生提出如下几条建议：（1）在和平条约中消除日本对南沙群岛的要求，像战前一样搁置西沙和南沙主权问题，无视日本的要求；（2）如果法国和中国证实不能解决他们之间的争端，美国应倾向由争议各方向国际仲裁或判决机构就此争端递交提呈；（3）如果彼时群岛对海上交通产生威胁，海上生命保护组织将执行领土主权；（4）若问及我们的观点，我们赞成中国对西沙群岛的主权和法国对南沙群岛的主权。

柴氏先生陈述道，他不相信联合国会要求获得群岛，因为他们没有管理机制。

莫法特先生接着陈述道，如果提出要求者支持联合国并放弃他们的要求，我们应该不会有异议。布莱克斯李先生认为这听起来像是最初的建议。毕晓普先生不同意莫法特先生的说法，并提出这样的结论不必要应被删除。委员会同意这个建议。

毕晓普先生建议，下次关于这些群岛的区域委员会会议邀请运输部（Shipping Division）的维克多·华莱士（Victor Wallace）先生也许是有帮助的，因为他热心于海上生命保护国际组织。

布莱克斯李先生建议应向委员会递交另一份关于日本对南极洲的索求的报告。毕晓普先生陈述到，有必要扫除日本所有超过某一区域的索求。

FE/R：邓宁：下午①

琉球群岛从台湾北端到九州南部按东北方向分布，包含三个群岛［东南的先岛（Sakishima）群岛、中心的冲绳（Okinawa）群岛，以及东北的奄美群岛］，琉球群岛不包括位于奄美和九州之间较小的大隅和吐噶喇（Tokara）群岛，但大隅和吐噶喇群岛与琉球群岛一起构成了南西诸岛（Nansei Shoto）。大东群岛包含与琉球群岛以东相连的三个小岛，大东群岛也包含在南西诸岛之内。出于行政管理的目的，它们连同琉球的冲绳和先岛群岛一起组成一个独立的县。

———————————

① 译者注：以下原文部分缺省。

琉球群岛(Liuchiu Islands)

(Ruykyu)

战后远东领土调整将导致琉球群岛可能从日本帝国分离的问题。当地居民与日本人有着密切的关联,而且对于日本来说琉球群岛具有一些战略和商业价值。

Ⅰ.概述①

1940 年 10 月 1 日的资料统计显示,南西诸岛的人口为 818 624 人,分布如下:奄美群岛 181 485 人,冲绳群岛 469 922 人,先岛群岛 98 833 人,大隅(和吐噶喇群岛)62 560 人,大东(Daito Jima)群岛 5 844 人。冲绳岛上的那霸市(Naha)和首里市(Shuri),分别有 65 765 人、17 537 人。在过去二十年里,南西诸岛的人口已经下降了数个百分点,很大程度上是由于相当一部分男人外出至南美、日本以及日本托管岛屿去做劳工或者海员。1938 年的报告称,在日本托管岛屿工作的 57 000 人中,大约有 40 000 人来自冲绳岛。

从文化角度看,南西诸岛因为有奄美大岛和先岛群岛,所以可以分为两个群岛。那些岛屿的北部基本上都是日本人。岛上的居民基本上都有日本血统,虽然他们的方言与九州居民的方言略有不同。该岛南部的居民大部分来自奄美大岛。因为有一个很大的来自马来西亚和中国血统的混合群体,所以看上去和日本人有些不同。早期阿伊努人(Ainu)血统的居民在农民中依然比较多见,然而中国人在城市中的影响已经逐渐明显。大多数高级官员和教师、许多商人及其家人具有现代日本人的血统。除了在大隅,当地的普及语言为琉球语,它和日语不同,就好比葡萄牙语和西班牙语有差异一样。在整个南西诸岛的学校里教授的是标准日语,大多数城镇居民都听得懂并且会说。

大隅和吐噶喇的居民主要是日本人,不过在南部岛屿上也有许多土著人。

虽然琉球文化中的大部分已被中国和日本的影响所抹去了,但是一些琉球本土文化的特色依旧被保留了下来。多数的本地民谣和乐器与台湾的非常相似,象征着它们有着共同的马来起源。而和祭祖有关的葬礼习俗,则与中国南部相似。自从 1879 年琉球群岛被日本正式兼并后,日本政府就开始努力同化琉球人。日本通过教育、征兵和对当地政府的密切监管体系,使得琉球人民

---

①　译者注:原文删除第一段,其内容同文前单独一段文字。

无疑开始认为自己是日本帝国不可分割的一部分。

较小的大隅群岛和吐噶喇群岛位于琉球群岛和九州岛之间,文化方面与日本类似,当地的居民基本上都有日本血统;他们使用的方言略有南九州的味道,但是不一样;而社会习俗却和日本本土是一样的。

琉球岛的文化特征与那些在它北端九州岛附近的小群岛有一定的重叠。琉球群岛最北端的一个大岛是奄美大岛,岛上一部分人是日本人。而琉球人则生活在九州岛附近的群岛上。

1930年,冲绳和先岛群岛有204个台湾人、48个中国人、20个朝鲜人、10个俄罗斯人和2个美国人。①

Ⅱ. 日本获得该地的历史

直到1879年,琉球各岛人民一直保持自己的君主制政府及一定程度上的政治独立。中国人的侵入可以追溯到西历纪元的七世纪。1372年,中国人的宗主权第一次被认可。不过中国人的统治从未稳固持久过。日本人与琉球的渊源在很早以前也开始了。十七世纪,由于萨摩藩大名的入侵,琉球统治者也接受了日本的宗主权并且开始向日本进贡,尽管类似的向中国的进贡仍在继续。1871年,日本声明有权保护在台湾受到虐待的岛民,当时台湾还是中国的一部分。中国发出抗议,但还是没能保住自己的权威。1879年,日本政府将琉球群岛兼并进了日本帝国。当地原有的国王被废黜,并被发放俸禄。奄美大岛还有其北部的一些群岛被纳入鹿儿岛省,冲绳岛和一些南部的群岛合并建立了冲绳县。中国对此表示抗议。1881年,由于北京会议谈判中为解决争议所做努力的失败,中国政府最终默许了日本对琉球群岛的占领。1895年,日本占领了台湾,琉球群岛的所有权再无争议。

Ⅲ. 政治管理

南西诸岛没有以一个单个政治体的形式进行管理,其包括:冲绳群岛、琉球群岛西南的部分岛屿,同时大东群岛构成了单独的冲绳县,首府位于那霸市。奄美群岛则形成了琉球群岛的北部,该群岛和北部的这些岛屿是鹿儿岛县的一部分。其中的市、镇、乡则像日本其他地区一样组织划分了起来,具有相同程度上的自治(政府)。管理职务的任命存有歧视,倾向于来自日本本土的日本人,这种偏爱被认为是本地人对日本人不满的原因之一。

---

① 译者注:此段为手写内容。

Ⅳ. 工农业(经济因素)

农业是琉球群岛的主要产业。相比于全日本 30％的总体水平,虽然 65％的务农家庭拥有自己的土地,但琉球群岛上的平均种植面积还是比日本本土的平均种植面积小得多。主要作物有甘蔗、甘薯(重要粮食作物)、大米、谷物和蔬菜。相比于全日本 30％的比例而言,只有 5％的家庭养蚕。畜牧业是第二大产业,1936 年冲绳县有 20 家屠宰场。

大东群岛的冲大东岛上有磷矿,和平时期的年产量为每年 30 000 吨。先岛群岛上的西表岛上有煤矿,1937 年的产量为 40 000 吨。

其他产业为林业、渔业和小型制造业。制造的主要商品为糖、酒精饮料、丝绸和草帽。

1930 年,冲绳县各行业从业人员总数占南西诸岛总人数的十分之七,该年职业人口分布如下:

从业总数 ··· 278 688①

农业

耕作 ·· 201 580

畜牧 ·· 731

养蚕 ·· 240

林业 ·· 611

其他 ·· 1 588

水产业 ·· 6 900

矿业 ·· 1 012

煤 ·· 439

金属 ·· 509

土石方 ·· 264

制造业

陶器 ·· 562

金属、机械和工具 ································· 1 012

精细工艺 ·· 137

---

① 译者注:此处关于冲绳的职业分布,斜体字部分系在原文件中被删除、尚可看清的部分。

化工产品·· 173

纺织 ·· 8 926

服装 ··· 11 940

造纸和印刷·· 500

皮革、骨制品和发制品····························· 89

木工 ··· 2 780

制盐·· 553

饮食·· 1 813

（其他 ·· 2 014)①

建筑业·· 2 615

气、电和水供应 ··································· 115

其他·· 304

1933 年，南西诸岛各种主要产品的总量仅占日本主要产品的（百分之一的十分之七)②。按美元计算如下：

农业及畜牧业：··································· $7 997 051

矿业：·· $257 079

林业：·· $1 104 477

渔业：·· $982 426

V．贸易

南西诸岛的贸易即便不是全部，也可以说几乎都与日本本土有关。南西诸岛进口的物品远比其出口的物品要多，在 1922 至 1932 年间，年进口总值比年出口总值多出 1 913 500 美元。虽说农业是南西诸岛的基础产业，但是其食物并不能自给自足，还需要进口大米和茶叶。其他的进口商品包括纺织品和化肥。其出口商品主要包括糖、鱼、帽子、清酒、皮革、丝绸、漆器、煤矿、磷矿、少量牛肉以及针对特定市场的蔬菜。

Ⅵ．交通与通讯

由于琉球/南西群岛的大多数岛屿经济发展相对落后，交通设施也就不发

---

① 译者注：括号内为手写内容。

② 译者注：括号内为手写内容，即 0.7%。

达。平时蒸汽船保持着南西诸岛与日本本土之间的运输,还有南西群岛各个岛屿之间的联系。那霸是九州福冈市飞台湾淡水镇日常商业航线上的一个停靠港。

在较为重要的岛屿之间架有电缆,并且与台湾、九州及雅浦岛(Yap)的跨太平洋电缆相连。与日本本土的联系也靠无线电和无线电话维持。据说所有重要的城镇都配备有无线电报和电话连线。

在冲绳岛上,有一条 29 英里长的蒸汽轨道,一条长 4 英里的有轨电车线路,两条马车线路:一条 5 英里,另一条 10 英里。相比较而言,除了冲绳的那霸—首里区,整个群岛中没有几条可以通车的路。陆路运输主要靠苦力和小马。

Ⅶ. 安全考虑

琉球群岛地处中国海岸的必经之路,并平行于大圆贸易航线,这样的位置使其具有极为重要的战略地位。大多数保护好的锚地都很适合水上飞机以及轻型海军舰艇作业停靠,众多的平坦地域可以为靠地着陆的飞机提供已有的或潜在的场地。

台湾和日本之间民用航线所使用的那霸机场,也为军方及海军飞机所使用。在该地区也有几个开发好的水上飞机锚地。奄美群岛最南端的大岛海峡,被开发成了一个舰队锚地,也用作驱逐舰和潜艇的基地。该海峡的入口已加强构筑防御工事,同时一个二级海军机场也位于该岛。

Ⅷ. 可供选择的解决方案

1. 移交给中国

有多个迹象表明中国政府渴望把琉球群岛安全地转让给中国。在 1942 年 9 月 5 日的新闻发布会上,外交部长宋子文指出中国期待收复的领土包括满州和台湾。①

1. 1942 年 11 月 5 日,重庆,1288 号

中国在历史上拥有琉球群岛的诉求是苍白无力的,琉球群岛被转移给日本很大程度上是被默认的。岛上人口在很大程度上已经被日本化了,该岛在文化、管理和经济方面都与日本本土紧密相关。

据报道,由于更倾向于任命来自日本本土的人为行政官员,这种歧视可能

---

① 原文件注:No. 1288,重庆,1942 年 9 月 5 日。

是造成当地人反对日本的原因,一些当地人支持从日本帝国脱离出来,但赞成移交给中国的情况可能不会产生。对当地居民而言,中国的管理在相当大的程度上只会比目前的日本更为异化。

出于安全考虑,琉球群岛可能有必要从日本脱离出来。在这种情况下由中国控制和管理似乎更有逻辑。然而需要指出的是,如果日本在战后失去了台湾,那么琉球群岛的战略意义也会基本失去。

2. 国际管理

如果琉球群岛从日本分离出来后,并没有归于中国,则会置于国际管辖之下。控制权可能在于北太平洋理事会或其他国际组织。由于国际控制的主要目的是阻止日本对群岛的军事利用,所以国际机构对琉球群岛的管理可能会限于监管与调查,而日常行政管理可能是由日本人来完成的,所以条款可能会为延续日本的商业企业而制定。

3. 有条件地由日本保留

如果日本解除武装,如果韩国、台湾和托管岛屿脱离日本的控制,那么日本对琉球群岛的占有将不会对其他国家的安全构成威胁。如果岛屿由日本保留,那么可能会制定条款规定日本需解除所有军事装备,包括海军和空军的设施,在此期间将会有足够的时间让国际组织建立一个对岛屿周期性调查的系统,来防止那些合法的商业企业的设施被用作军事目的。

PS:JMasland

秘密

日本:领土问题——琉球群岛

Ⅰ. 问题

问题是琉球群岛是否将与日本帝国分离,如果分离,日本将采取怎样的军事部署。

这些岛屿的地理位置很靠近中国,并位于西太平洋主航线上,因此被赋予重大的战略意义。

琉球群岛由先岛群岛、冲绳群岛和奄美群岛组成。从台湾到九州,向东北方向延展。位于琉球群岛北端和九州之间的较小的大隅和吐噶喇群岛与琉球群岛一起构成了南西诸岛。大东群岛由三个小岛组成,也包含在南西诸岛之内。出于行政管理的目的，它们与冲绳群岛和先岛群岛一起组成了一个单独的辖区。

1940年10月1日的资料统计显示，南西诸岛的人口为818 624人，分布如下：先岛群岛98 833人，冲绳群岛469 922人，奄美群岛181 485人，大隅、吐噶喇群岛62 560人，大东群岛5 844人。

就文化而言，琉球群岛与日本主岛不同，岛上居民是马来和中国的混合血统，多少和日本人不太一样。土著血统的居民在乡村地区依然比较多见，然而中国人在城市中的影响已经逐渐明显。大多数官员和教师、多数商人及其家人是现代日本人的血统。当地的普及语言为琉球语，它和日语不同，就好比葡萄牙语和西班牙语有差异一样。学校教授的是标准日语，大多数城镇居民都听得懂并且会说。通过教育、征兵和当地政府的密切监管，日本终于使琉球人民开始认为自己是日本帝国不可分割的一部分。

较小的大隅群岛和吐噶喇群岛位于琉球群岛和九州岛之间，它们的风俗文化与日本本土非常相似。当地的居民基本上是日本血统；他们使用的方言略有南九州的味道，但是不一样；而社会习俗却和日本本土是一样的。

直到1879年，琉球各岛人民一直保持自己的君主制政府及一定程度上的政治独立。中国人的侵入可以追溯到西历纪元的七世纪。1372年，中国人的宗主权第一次被认可。不过中国人的统治从来没有稳固持久过。日本人与琉球的渊源在很早以前也开始了。十七世纪，由于萨摩藩大名的入侵，琉球统治者也接受了日本的宗主权并且开始向日本进贡，尽管类似的向中国的进贡仍在继续。1871年，日本声明有权保护在台湾受到虐待的岛民，当时台湾还是中国的一部分。中国发出抗议，但还是没能保住自己的权威。1879年，日本政府将琉球群岛兼并进了日本帝国。当地原有的国王被废黜，并被发放俸禄。奄美大岛还有其北部的一些群岛被纳入鹿儿岛县，冲绳岛和一些南部的群岛合并建立了冲绳县。中国对此表示抗议。1881年，由于在北京会议谈判为解决争端所做努力的失败，中国政府最终默许了日本对琉球群岛的占领。琉球群岛现在已成为日本帝国密不可分的一个部分。

农业是群岛上的首要产业，但他们的食物仍难以自给自足，群岛的贸易基本上仅限于日本本土，且进口远大于出口。

琉球群岛提供了大量受保护的锚地，都很适合给水上飞机以及轻型海军舰艇作业停靠。冲绳岛上的那霸机场，为军方及海军飞机所使用。奄美群岛最南端的大岛海峡,被开发成了一个舰队锚地,也用作驱逐舰和潜艇的基地。该海峡的入口已加强构筑防御工事,同时一个二级海军机场也位于该岛。

Ⅱ. 可供选择的解决方案

A. 由日本保留

政治小组委员会对这个方案持保留态度。

这一方案将承认日本在历史上拥有这些岛屿,以及他们与日本本土在贸易及政治上的关联。从文化角度来说,这些岛屿不同于日本,但与其他国家相比,他们和日本的关系更为密切。如果日本被非军事化或被剥夺部分帝国领土,包括那些由日本托管的岛屿和台湾,那么琉球群岛就对其他国家构不成威胁。如果是出于太平洋安全体系而安排便更是如此。

1. 政治小组委员会的讨论

政治小组委员会总体上达成一致,认为应允许日本保留 1895 年前获得的领土,除非其中存在安全隐患。琉球群岛就是在此日期之前获得的。对于这些个别岛屿可能出现的安全保留措施暂不予讨论。

政治小组委员会进一步要求,以上具有重要战略地位的地区应由国际组织掌控。

2. 安全小组委员会的讨论

安全小组委员会考虑了参谋长联席会议提出的关于日方投降的条款,包括具体要求日方应被剥夺北纬 30 度以南的所有海岛。根据这个要求,日本将被剥夺琉球群岛及琉球群岛北边几乎所有的小吐噶喇岛群,而靠近九州的大隅将由日本保留。

有一个观点是:如果某时要在台湾建立恰当的基地,那么琉球群岛对于美国或联合国将没有重要的战略意义。同时也提出,解除日本的武装远比隔离日本统治的外岛具有更重要的意义。小组委员会接受了日本应该被剥夺北纬 30 度以南海岛所有权的建议,但同意也许会将琉球群岛留给日本,然而小组委员会认为这个问题需要进一步研究。

安全小组委员会尚未讨论如果琉球群岛脱离日本帝国,应如何进行控制和管理的问题。

Ⅲ. 移交给中国

中国政府已经数次发表保卫琉球群岛所有权的声明。在一份发表于 1942 年 11 月 5 日的媒体声明中,中华民国外交部长宋子文将这些岛屿连同满洲、台湾都归入中国想要恢复的领土中。

　　中国在历史上拥有琉球群岛的诉求是苍白无力的,在很大程度这些岛屿是被默许给日本的。当地居民与日本的关系要比与中国更为密切。

　　B. 国际管理

　　鉴于其在西太平洋的战略地位,琉球群岛将有可能从日本帝国分离出来并置于国际管理之下。如果建立了北太平洋委员会或其他合适的国际机构,这些岛屿将置于其管辖之下。既然国际机构的主要目的是想阻止日本将这些岛屿用于军事用途,那么这些机构将仅限于监督和检查的作用,可能会用日本人来实现日常行政管理,并提高当地琉球人的比重。条款也可能会为延续日本的商业企业而制定。

　　Ⅳ. 文件

　　A. 备忘录

　　琉球群岛,T. Doc,1943 年 6 月

　　概况描述,包括可供选择的方案

　　B. 地图

　　日本系列

　　地图 4. 南西诸岛,包括琉球群岛

　　挂图显示了整个南西诸岛、九州和台湾,指明了岛群、县(省)级区划、矿物产量、海军和空军基地等。

　　远东系列

　　地图 3. 远东的政治划分,挂图展示了日本帝国的扩张。

　　地图 4. 太平洋安全地图

　　太平洋地区的挂图,展示了海军和空军的基地。

　　C. 委员会讨论

　　政治小组委员会:1942 年 8 月 1 号

　　领土小组委员会:①

　　安全小组委员会:1942 年 8 月 31 日

　　Ⅴ. 进一步的研究计划

　　在目前情况下并未对这个问题展开进一步的研究。

————————

　　①　译者注:此处原英文材料中没有信息。

PS：JMasland

琉球群岛包含了三个群岛（东南边的先岛群岛、中间的冲绳群岛和东北边的奄美群岛），从台湾到九州，向东北方向延展。琉球群岛不包括位于奄美和九州之间较小的大隅和吐噶喇群岛，但大隅和吐噶喇群岛与琉球群岛一起构成了南西诸岛。大东群岛由三个小岛组成，也包含在南西诸岛之内。出于行政管理的目的，它们与冲绳群岛和先岛群岛一起组成了一个单独的辖区。

帕雷塞贝拉（Parace Vela）（鸟岛礁Okinotori Jima）

帕雷塞贝拉位于北纬 20 度 25 分，东经 136 度 5 分，它看起来仅仅是一个暗礁，但它的名字（西班牙语意思为"卷起的帆"）却已经暗示了航行的危险。仅在英国、日本和德国的航海指南上标注了它的位置。可能这座礁还没有超过高潮水位。

北大东岛（Kita Daito Jima）

北大东岛位于北纬 25 度 55 分，东经 131 度 18 分。总面积 13.3 平方公里，大约 1 800 位居民。这座岛出产糖和磷酸盐，据报道岛上 60% 的土地都可耕种。1933 年，磷酸盐产量为 33 798 吨，价值 44.6 万美元，有直达大阪的运输航线。

南大东岛（Minami Daito Jima）

南大东岛位于北纬 25 度 30 分，东经 131 度 13 分，总面积为 25 平方公里，该岛出产糖，另外还有一座冶炼厂。

冲大东岛（Rasa Jima, Okino Daito Jima）

冲大东岛位于北纬 25 度 28 分，东经 131 度，总面积未列出，但据报道小岛周长为 4 公里，岛上有 1 个无线电台。

冲大东岛出产磷酸盐和椰子。1935 年，707 名矿工从事于开采 57 000 吨的磷酸盐矿石，价值 71 000 美元。据称这是日本最重要的磷酸盐矿石产地，且此岛和北大东岛一起提供了日本所需的大部分磷酸盐矿石。

大东群岛是这三个岛的总称，它们由冲绳县（在琉球群岛）管辖。

这三座岛的总人口已经从 1920 年的 7 393 人减少至 1935 年的 6 441 人。

PS：Borton，liasland

琉球群岛（琉球列岛，或者南西诸岛）

琉球群岛由三座大岛和 52 座较小的岛屿组成,它们从台湾绵延至九州,面积为 935 平方英里。人口数大约为 455 000。人们的穿着、习俗、语言和种族都与日本人相似。据说琉球语和日语不同,就好比葡萄牙语和西班牙语有差异一样,但琉球语与南九州萨摩的方言存在联系。

中国人入侵这些岛屿的历史可追溯到七世纪。1372 年,中国人的宗主权第一次被认可。十七世纪,由于萨摩藩大名的入侵,琉球统治者也接受了日本的宗主权并且开始向日本进贡,尽管类似的向中国的进贡仍在继续。1871 年,日本声明有权保护在台湾受到虐待的岛民,当时台湾还是中国的一部分。中国发出抗议,但还是没能保住自己的权威。1879 年,日本政府将琉球群岛兼并进了日本帝国,废黜了当地原有的国王,并给他和其他封建领主发放俸禄,领土也被并入了冲绳县。中国对此表示抗议。1881 年,由于北京会议谈判为解决争端所做努力的失败,中国政府最终默许了日本对琉球群岛的占领。

琉球群岛现在被认为是日本本土的一部分,北部岛屿由鹿儿岛县管辖,其余部分构成了冲绳岛上的冲绳县,省会为那霸。

这些岛屿出产糖、蔬菜和水果。冲绳的漆器和麻布在帝国是众所周知的。

台湾和日本之间民用航线所使用的那霸机场,也为军方及海军飞机所使用。在该地区也存在着几个开发好的水上飞机锚地。奄美群岛最南端的大岛海峡,被开发成了一个舰队锚地,也用作驱逐舰和潜艇的基地。该海峡的入口已加强构筑防御工事,同时一个二级海军机场也位于该岛。

日本驻朝指挥官被告知要向 24 集团军中将约翰·霍奇斯(John Hodges)报告,以便为美军进入朝鲜提供指导。帝国指挥部也被要求让他们的海军指挥官们去向海军最高指挥官代表——第三舰队和第五舰队指挥官哈尔西(Halsey)和斯普鲁恩斯(Spruance),以及第七舰队指挥官金凯德(Kinkaid)报告。

指令要求电缆和无线电广播设备要保持完好无损,并继续使用。用日本人所陌生的外国语言播报公共信息的语音广播都被终止了。城镇的名字用英文张贴,详细声明日本武装部队的健康状况和征兵及退役办法,陆军和海军部队的位置。战俘营的名字、位置以及战俘的数目需在 48 小时内提供。

陆军上将艾克尔切伯格(Eichelberger)估计最初占领日本时需要 30 万到 40 万美国士兵,并表示所有的日本部队将会于 10 月 10 日之前被解除武装。

囚犯:根据总的顺序,麦克阿瑟指示日本把所有现存的战俘营移交给被拘押的最高长官。他也授权这些长官可以为了战俘营而向日本人索取必要的食物和医疗护理。

从今天看到的来自横滨(Yokohma)的报道显示,在第 8 军占领的本州和北海道北部区域,恢复自由的战俘总数为 2 289 人,而不是先前估计的 13 000 人。

岛屿的投降:昨天下午,当日本军官带领他的 1 200 名士兵投降时,美国国旗在威克岛(Wake Island)上升起。在关岛,一位海军发言人宣布美国会尽快把威克岛再次建设成为一个主要的海军基地。他说,威克岛日本驻军的投降可能完成了在美国南部及中部太平洋区域未波及的日本岛屿的投降。海军发言人也报告说,关岛在和平时期将成为一个重要的美国海军和空军基地,同时兼有商业航空和船运设施。他说海军上将尼米兹(Nimitz)赞成在太平洋地区尽可能广泛地发展民用航空。

海军基地。海军助理部长亨塞尔(Hensel)今天告诉记者,海军希望建设和维护九个主要的永久的太平洋基地和六个大西洋基地。他说在太平洋和大西洋上还有其他的辅助基地,海军会维持秩序,帮助它们抵抗任何可能的敌军进犯。提出的九个太平洋基地分别是:科迪亚克(Kodiak)、阿留申群岛(Aleutians)的阿达克岛(Adak)、夏威夷、巴尔博亚(Balboa)、关岛、塞班岛(Saipan)、天宁岛(Tinian)、小笠原岛和火山岛群的两个岛、琉球的冲绳、阿德米勒尔蒂群岛(Admiralies)的马努斯岛(Manus)以及菲律宾;大西洋上的基地是百慕大、罗斯福路、波多黎各的圣胡安(San Juan)、纽芬兰(Newfoundland)的阿真舍(Argentia)、古巴的关塔那摩(Guantanamo)和运河区的可可索拉(Cocosola)。助理部长亨塞尔说基地的计划已经和其他战后海军计划非正式地提交给了参众两院的海军事务委员会。亨塞尔先生概述了战时海军在太平洋和大西洋建立了约 400 个海军基地。他指出,仅仅是这些基地的建筑材料耗资就超过 20 亿美元。①

陆海军清算委员调查。清算专员麦克布宣布,陆海军清算委员办公室在拉美发起了战争盈余和剩余物资的清查活动,并派遣两位工作人员赴巴拿马。麦克布先生声称,在接下来的六周里,也会在太平洋地区展开类似的调查。陆海军清算委员解释说,欧洲和中东波斯湾地区已经开始了盈余的海外销售,并

———————————

① 译者注:上述两段斜体文字在原文件中被删除,但仍可清晰看出。

且,为了在印度、缅甸和中国的销售,将会在新德里开设一个短期的地区专员办公室。他补充说,我们会尽快的组织和派送地区专员和训练有素的能干员工到拉美和太平洋地区来处理盈余问题。然而,目前太平洋局势太不稳定,以至于难以开展一个比做总体调查更深入的工作,而且在拉美仅被申报了少量盈余。

<u>联合国善后救济总署对意大利的援助。</u>雷曼局长周二在纽约提出一项总额为 4.5 亿美元的意大利扶贫计划,计划将从 1 月 1 日起由联合国善后救济总署实行。

<u>税收。</u>财政部长文森(Vinson)劳动节时在皮奥瑞亚(Peoria)发表演讲,预测很长时间内会有可观的税收,这可称为联邦政府的现代化。

(00011 - 002)I - 7:Liuchius(Ryukyus)(Japan),http://www.archives.pref.okinawa.jp/hpdata/nara/S1054xx/059 - 00673 - 00011 - 002/059 - 00673 - 00011 - 002.pdf,米国收集文书,冲绳县公文书馆。

3. 日本托管群岛

日本的托管群岛

Ⅰ. 问题所在

其首要问题涉及在日本托管群岛的部署。虽然总体上达成了它们不应该继续处于日本直辖下的共识,但就其使用而言实际并未达成任何协议。

这些群岛由马歇尔(Marshall)群岛、马里亚纳(Mariana)群岛、卡罗琳(Caroline)群岛等组成,共计 623 座,虽然其陆地总面积小于罗德岛。就范围而言,东西走向约为 2 700 英里,而南北走向约 1 300 英里。人口大概由 8 万日本人与 5.1 万本地人组成,经济价值相当微小。

日本并不拥有这些群岛的完全主权,只为作为托管 C 方案,又按照国际联盟监管下的托管宪章的条款进行义务管理。其权利取决于:(1) 第一次世界大战时的四个主要协约国;(2) 美国依据 1992 年《美日公约》规定的条件同意托管。日本已经同时违背了托管宪章和《美日公约》的条件,特别是不得在群岛上建设防御工事的条款。

这些包含有价值的海军和飞机基地的群岛具有如此重要的战略作用,以至于对于安全问题的考虑将是决定这些岛屿部署的首要因素。

Ⅱ. 可选的解决方案

A. 国际共管

联合国家(成员国们)在维护太平洋的和平方面拥有不同程度的共同利益。很多人相信,达成这一目标的最佳手段是在建立一个有效国际机构情况下的国际安全体系,如此,对日本托管群岛的国际共管就成为这种系统的一个重要组成部分。这一结论因《大西洋宪章》反对领土扩张的承诺,以及为明智避免因美国要求给所有群岛完全主权的情况而冒犯盟国的情况下被巩固。一个国际机构,例如即将创建的全球性国际机构联合国或太平洋理事会,可能会直接管理或委任一个或数个政府来管理这些岛屿。

1. 美国担任管理者

如果某一个政府应被委托管理这些岛屿,那么美国显然就是最佳选择。这是事实上或潜在的唯一的超级海军大国——不包括日本——拥有这些岛屿的主要利益。英国、法国和俄罗斯并不会在任何重要的远洋航线中自然地使用到它们,但它们却威胁到了夏威夷与美国其他所有或状况相似(的领地),并隔断了美国至西太平洋的运输。

如果美国成为所有群岛的管理者,首要问题便出现在海军和飞机基地与商业机场的使用权上。美国会自然地建造他认为急需的任何基地与机场,但是其他国家也希望能自由地使用它们。既然安全问题将依赖于日本的裁军与国际安全体系,那么某些人就会作出只需要极少数海军基地的判断。

2. 两个或更多政府成为管理者

美国在群岛的首要利益是安全。如果其实际控制四到六个基地区域,那么它对其余群岛的利益需求就会非常微小。为了达成联合国其他成员国可能的愿望,任命其中一个或多个,尤其是澳大利亚来管理某些岛屿将是可行的。或者,一个由三个或更多个成员组成的理事会可以被指派管理由美国控制的基地区域之外的所有群岛。无论如何,都会有共享基地与机场使用的问题存在。

3. 由国际组织担任管理者

国际组织可能任命一个班子来实行其管理。国际组织可能会建立、维护并偿付这些基地与机场的费用,并将其平等地对所有(国家)开放。然而,它也应设基地给美国或给美国指派特定的基地区域,或者准许美国主要参与规划该国最关注的管理与偿付这些基地和机场的费用。

B. 在一个或数个国家主权之下

如果没有建立一个足够强大的国际组织,那么将这些群岛判给一个或更多个主权国家将显得自然而然。有些人,尤其是海军,相信这些群岛对美国至关重要,无论如何也应在不被国际监管的情况下被交予美国。

1. 美国对这些群岛表达出了最强烈的要求。如果它要拥有这些群岛,那么就很可能会对友好国家开放基地与机场的使用权,如同它已对拉丁美洲共和国开放了其在大西洋新获得的基地那样。

2. 假如美国保留了其渴望得到的基地区域。美国和其余几个国家,尤其是澳大利亚可能会把这些群岛划分为数个拥有主权的部分。

Ⅲ. 政治小组委员会与安全事务小组委员会的讨论

A. 政治小组委员会

政治小组委员会并未对日本托管群岛展开讨论,但在 1943 年 4 月 3 日期间,提出了一个论点:美国政府的最高当局的观点是,对这些群岛的部署应当仅仅因为安全考虑而决定,不应该只被美国接管,而应由联合国家共同使用。

B. 安全事务小组委员会

安全事务小组委员会在 1942 年 8 月 21 日的会议上详尽讨论了日本托管群岛的问题。相异的论点被陈述,但委员会似乎认为这些群岛就应当被置于国际共管之下(由美国拥有对关键基地区域的独立或首要控制权)。1943 年 4 月 3 日的政治小组委员会会议中,安全小组委员会主席陈述委员会的看法:相信我们的首要目标是将这些群岛从日本剥离,并将它们移交国际共管与使用;但是美国可能有兴趣在一些岛屿建立空军基地。

Ⅳ. 补充问题

当有关岛屿的部署已达成一个决定后,基地一些议题与问题就需要进行研究。其中有:

1. 可能会控制这些岛屿的国际组织应由哪些国家构成?

2. 海军与飞机基地和商业性机场应当被如何偿付与管理,以及谁将使用它们?

3. 一个法律问题:既然日本作为托管者占有这些岛屿,那么联合国就不能以单方面的行动转让其主权,联合国应如何以法律手段接管这些群岛?

4. 应如何提升本地人的福祉?

5. 对于日本在当地的投资应如何处理? 这些资产在 1939 年时估价大约为 820 万日元。

6. 群岛上大约八万日本人应当被遣返吗?

Ⅴ. 文献引用

A. 最重要的材料

日本托管群岛(准备中)

一个基本的涵盖性研究

B. 地图

日本托管群岛(挂图,准备中)

远东的远东第 3 号政治分区(挂图)

远东第 4 号太平洋安全态势图(挂图,准备中)

世界系列第 6 号(挂图)

世界系列第 7 号托管,日本和意大利托管的殖民地(挂图,准备中)

(00011 - 003)Ⅰ - 7:Japanese Mandates(Japan),http://www. archives. pref. okinawa. jp/hpdata/nara/S1054xx/059 - 00673 - 00011 - 003/059 - 00673 - 00011 - 003. pdf,米国收集文书,冲縄県公文書館

4. 琉球群岛及南方列岛等

机密

CDA - 336

T - 343a

1943 年 7 月 2 日

琉球群岛 ①

Ⅰ. 概述

琉球群岛由三个岛屿群组成(东南为先岛群岛,中部为冲绳群岛,东北为奄美群岛),从台湾岛北端向九州岛南端呈东北方向延伸。位于九州岛与奄美群岛之间较小的大隅群岛和吐噶喇列岛并没有包含在琉球群岛之列。然而,为了方便理解,"南西诸岛"这个词不仅用来表示琉球、大隅、吐噶喇列岛,也可以用来表示位于琉球群岛以东的大东群岛。为了行政管理需要,琉球群岛的冲绳群岛、先岛群岛及大东群岛组成了一个单一的县,即"冲绳县"。(查看日本地图,第四号,"南西诸岛,包括琉球群岛")

1940 年 10 月 1 日的资料统计显示,南西诸岛的人口为 818 624 人,分布如下:先岛群岛 98 833 人,冲绳群岛 469 922 人,奄美群岛 181 485 人,大隅、吐噶喇群岛 62 560 人,大东群岛 5 844 人。冲绳岛上的那霸市和首里市,人口分别为 65 765 人、17 537 人。在过去二十年里,南西诸岛的人口已经下降了数个百分点。很大程度上是由于相当一部分人外出至南美、日本以及日本统治的岛屿做劳工或者海员。1938 年的报告称,在日本所辖海域工作的 57 000 人中,大约有 40 000 人来自冲绳岛。

琉球群岛的居民有着复杂的种族背景,且与日本人相比有些不同。土著居民大概是类似于阿伊努族或者熊袭族(Kumaso)的多毛发人种。一种和台湾土著相似的马来族来自南部,而另一种蒙古族人则途经朝鲜,来自北部。近几个世纪中,琉球群岛的移民中也有来自中国和日本的。土著血统的居民在农民中依然比较多见,然而中国人在城市中的影响已经变得较为明显。大多数官员和教师、多数商人及其家人具有现代日本人的血统。当地的普及语言为琉球语,它和日语不同,就好比葡萄牙语和西班牙语有差异一样。学校教授的是标准日语,大多数城镇居民都听得懂并且会说。

虽然琉球群岛中土著文化中的大部分已被中国和日本的影响抹去了,但是一些琉球本土文化的特色依旧被保留了下来。多数的本地民谣和乐器与台

---

① 译者注:这一文件中关于琉球群岛的概述、日本获得该地的历史、政治管理、工农业、贸易、交通与通信、安全考虑等六个部分与上文第二个文件大体类同,但有些微区别,为保持文档的完整,此处保留。

湾的非常相似,象征着它们有着共同的马来起源。而和祭祖有关的葬礼习俗,则与中国南部相似。自从 1879 年琉球群岛被日本正式兼并后,日本政府就开始努力同化琉球人。日本通过教育、征兵和当地政府的密切监管,使得琉球人民无疑开始认为自己是日本帝国不可分割的一部分。

较小的大隅群岛和吐噶喇列岛位于琉球群岛和九州岛之间,它们被北纬 30 度线所分离,风俗文化与日本很相似。当地的居民基本上都是日本血统;他们使用的方言略有南九州的味道,但是不一样;而社会习俗却和日本是一样的。

琉球群岛与那些在其北端九州岛附近的小群岛的文化特征有一定的重叠。琉球群岛最北端的大岛奄美大岛上的人群一部分是日本人,而琉球人则被发现生活在九州岛附近的岛屿上。

据 1930 年统计,先岛群岛与冲绳岛上共有 204 名台湾人、48 名中国人、20 名朝鲜人、10 个俄罗斯人,还有 2 个美国人。

Ⅱ. 日本获得该地的历史

直到 1879 年,琉球各岛人民一直保持自己的君主制政府及一定程度上的政治独立。中国人的侵入可以追溯到七世纪。1372 年,中国人的宗主权第一次被认可。不过中国人的统治从来没有稳固持久过。日本人与琉球的渊源在很早以前也开始了。十七世纪,由于萨摩藩大名的入侵,琉球统治者接受了日本的宗主权并且开始向日本进贡,尽管类似的向中国的进贡仍在继续。1871 年,日本声明有权保护在台湾受到虐待的岛民,当时台湾还是中国的一部分。中国发出抗议,但还是没能保住自己的权威。1879 年,日本政府将琉球群岛并入日本帝国。当地原有的国王被废除,并被发放俸禄。奄美群岛还有其北部的一些群岛被纳入鹿儿岛县,冲绳岛和一些南部的群岛合并建立冲绳县。中国对此表示抗议。1881 年,由于北京会议谈判中为解决争端所做努力的失败,中国政府最终默许了日本对琉球群岛的占领。1895 年,日本占领台湾岛,自此日本对琉球群岛的主权再无争议。

Ⅲ. 政治管理

南西诸岛并没有以一个独立政治体的形式进行管理。冲绳群岛、琉球群岛的西南部分岛屿和大东群岛构成了单独的冲绳县,其首府位于那霸市。琉球群岛北部奄美群岛和北部的这些岛屿是鹿儿岛县的一部分。其中的市、镇、乡则像日本其他部分一样被组织划分,具有相同程度上的自治政府。县政府管理职务的任命存有歧视,倾向于来自本岛的日本人,这种偏爱被认为是本地人对日本人不满的原因之一。

Ⅳ. 工农业

农业是琉球群岛的主要产业。相比于全日本 30％的总体水平,虽然 65％的务农家庭拥有自己的土地,但琉球群岛上的平均种植面积还是比日本本土的平均种植面积小得多。主要作物有甘蔗、甘薯(重要粮食作物)、大米、谷物和蔬菜。相比于全日本 30％的比例而言,只有 5％的家庭养蚕。畜牧业是第二大产业,1936 年冲绳县有 20 家屠宰场。

大东群岛的冲大东岛上有磷矿。和平时期的年产量为每年 30 000 吨。先岛群岛上的西表岛上有煤矿,1937 年的产量为 40 000 吨。

其他产业为林业、渔业和小型制造业。主要制造的商品为糖、酒精饮料、丝绸和草帽。

1930 年,冲绳岛各行业从业人员总数占南西诸岛总人数的十分之七,其当年人口分布如下:

农业:

    耕作 ··· 201 580

    其他 ··· 1 588

水产业: ··· 6 900

矿业: ··· 1 012

制造业:

    金属冶炼和机械 ·································· 1 012

    纯美术作品 ·· 132

    化学制品 ··· 173

    纺织业 ··· 8 926

    服装 ··· 11 940

    纸业与印刷业 ·· 500

    皮革、骨制品和发制品 ································· 89

    木工 ··· 2 780

    制盐 ··· 553

    食品饮料 ··· 1 813

    其他 ··· 2 014

建筑业：·· 2 615

其他：·· 306

1933 年,南西诸岛的各种产业的产量总值仅仅达到全日本总额的 0.7%,按美元计算如下：

农业及畜牧业：·· $ 7 997 051

矿业：·· $ 257 079

林业：·· $ 1 104 477

渔业：·· $ 982 426

Ⅴ. 贸易

南西诸岛的贸易即便不是全部,也可以说几乎都与日本本土有关。南西诸岛进口的物品远比其出口的物品要多,在 1922 年至 1932 年间,年进口总值比年出口总值多出 1 913 500 美元。虽说农业是南西诸岛的基础产业,但是其食物并不能自给自足,还需要进口大米和茶叶。其他的进口商品包括纺织品和化肥。其出口商品主要包括糖、鱼、帽子、清酒、皮革、丝绸、漆器、煤矿、磷矿、少量牛肉,以及针对特定市场的蔬菜。

Ⅵ. 交通与通讯

由于琉球群岛的大多数岛屿经济发展相对落后,交通设施也就不发达。平时蒸汽船保持着南西诸岛与日本本土之间的运输,还有南西群岛各个岛屿之间的联系。那霸是九州福冈市飞台湾淡水镇日常商业航线上的一个停靠港。

在较为重要的岛屿之间架有电缆,并且与台湾、九州还有雅浦的跨太平洋电缆相连。与日本本土的联系也靠无线电和无线电话维持。据说,所有重要的城镇都配备有无线电报和电话连线。

在冲绳岛上,有一条 29 英里长的蒸汽轨道,一条长 4 英里的有轨电车线路,两条马车线路:一条 5 英里,另一条 10 英里。相比较而言,除了冲绳的那霸—首里区,整个群岛中没有几条可以通车的路。陆路运输主要靠苦力和小马。

Ⅶ. 安全考虑

琉球岛横跨通往中国海岸的必进之路,与大圆贸易航线相平行,这样的位置使其具有极为重要的战略地位。大多数保护好的锚地都很适合水上飞机以及轻型海军舰艇作业停靠,众多的平坦地域也可以为靠地着陆的飞机提供已有的或潜在的场地。

台湾和日本之间的民用航线所使用的那霸机场,也为军方及海军飞机所使用。在该地区也存在着几个开发好的水上飞机锚地。奄美群岛最南端的大岛海峡,被开发成了一个舰队锚地,也用作驱逐舰和潜艇的基地。该海峡的入口已加强构筑防御工事,同时一个二级海军机场也位于该岛。

机密

CDA - 335

T323a

1943 年 5 月 25 日

南方列岛(Nanpo Shoto)

(波宁群岛以及其他群岛)

日本

Ⅰ. 地理位置与人口

自东京湾入口处的大岛(O Shima)开始,南方列岛岛链向南绵延 650 英里直到马里亚纳群岛以北 300 英里处的南硫磺岛(Minami Iwo Jima)。南方群岛分为三个地理区域:北边的伊豆(Izu)群岛、中间的小笠原群岛(Ogasawara Gunto)(也被称为波宁群岛)以及南面的 Kazan 列岛(火山列岛)。位于火山列岛以东的马尔库斯岛(南鸟岛 Minamitori Shima)也包含在南方列岛之中。

1940 年,南方列岛的居住人口为 39 328 人,分布如下:大岛分支 22 621 人,八丈岛分支(Hachijo Jima)9 346 人,小笠原群岛分支 7 361 人。居民全为日本人。1876 年前来到南方列岛的欧洲人,以及夏威夷人的后代都已经几乎完全吸纳进日本人口。

Ⅱ. 日本获得该地的历史

伊豆群岛已经被日本人统治了好几百年。自 1601 年至 1866 年,超过 1 800 名囚犯被流放到八丈岛。即便小笠原群岛和火山列岛被很多航海家所熟知,但这两个岛直到最近才有人定居。日本自 1861 年就宣称对这些岛屿的所有权,但是到 1876 年才正式将其兼并。马尔库斯岛于 1898 年才通过公示被日本宣称所有。

Ⅲ. 政治管理

1. 政府与教育

南方列岛的岛屿一直作为日本不可分割的一部分被治理,为东京都所管辖。出于监管目的,南方群岛被分为三个行政管理区域分支(大岛分支、伊豆群岛中的八丈岛分支,还有合并了小笠原群岛、火山列岛和马尔库斯岛的小笠原群岛分支)。当地政府的模式和日本本土的政府模式几乎相同。由于大多数岛屿都坐落在防御区域之中,很多日常的政治活动都会被军方部门控制或影响。

群岛上孩子几乎都被提供了 6 年的低年级初级教育,而且不少孩子还会继续接受两到三年教育。1938 年,群岛上共有 30 所高年级初等学校:18 所在大岛分支,6 所在八丈岛分支,还有 6 所在小笠原群岛分支。

2. 财政数据

1934 年,三大行政分支的总财政预算将近 630 000 日元,其中 30% 用于教育。三分之二到五分之四的乡村预算是由东京都和国家政府的拨款构成。

Ⅳ. 资源

1. 生产

伊豆群岛出产鱼、谷物、大米、甘薯、蔬菜、林产品、生丝和山茶油。这个群岛上,一共有 4 个伐木场、2 个制冰厂、2 个采石场和 1 个炼乳罐头食品场。山茶油是由各个家庭所生产的。原始的编制工艺也在各个家庭中开展着。虽然说小笠原群岛和火山群岛有相当多的渔业和捕鲸业资源,还生长着一些蔬菜和热带植物,但他们是以制糖工业为主的。小笠原群岛的父岛(Chichi Jima)(劳埃德港)上有几个鱼罐头生产厂家、一个炼糖厂、一个制冰厂,还有一家捕鲸公司的总部。火山列岛上的硫磺岛也有几家较小的炼油厂。

2. 贸易

虽然小笠原群岛和火山群岛中的大多数出口额都大于进口额,但把这两部分并到一起时,发现父岛的进口额却产生了一个贸易逆差。1934 年,出口大致为 756 000 日元,包括糖、蔬菜、鱼、鲸油和次等宝石等;进口为 1 026 000日元,包括大米、工业制成品、石油制品等。

Ⅴ. 交通与通信

战前,在南方群岛和日本之间维持有三条蒸汽船航线,法律禁止民用飞机飞行。几个较大的岛屿与日本都用海底电缆连接,其中一条从父岛直通关岛,再从那里延伸至旧金山。群岛中至少有 8 个无线电站,所有的无线电站都可联系日本本土。公路非常少而有限,除了一些为了军用目的而建造的,比如在父岛上就有。在八丈岛上还有一辆电机巴士。

Ⅵ. 安全考虑

由于南方群岛位于马里亚纳群岛与日本本土之间,其战略重要性十分显著。伊豆群岛担负东京湾入口的防御保护责任,小笠原群岛则提供了日本到南海的中转基地。

战前,主要的军方和海军方面的设施主要处于小笠原群岛中父岛的区域。父岛区域的二见岛有 1 个停机坪、1 个海军航空站,还有 1 个海军锚地。这个位置非常适合发展成一个二级海军基地,而且在港口有足够的空间放置一个小型浮动干船坞。根据报告,在父岛、其附近的母岛(Haha)和伊豆群岛的八丈岛上都筑有防御工事。根据 1942 年美军针对马尔库斯岛的突袭来看,岛上有一个军用停机坪正在建设中。在八丈岛的大里(Ozato)有一个政府的气象观测所。

附录 Ⅳ

日本:领土问题:千岛群岛(Kurile Islands)

Ⅰ. 问题

问题是千岛群岛的未来处置。

Ⅱ. 基本因素

千岛群岛对日本、苏联和美国有战略重要性。他们对日本来说也有相当可观的经济价值。

A. 描述

千岛群岛以 47 个人烟稀少的火山岛链的形式,从日本主岛最北部的北海道沿东北方向延伸 690 英里到俄罗斯的堪察加半岛(Kamchatka),涵盖的区域大约 3 944 平方英里。1940 年,常住人口有 17 550 人,且都是日本人,在夏季月份,从事捕鱼业的季节会增加 2 万至 3 万人。大约从 1800 年开始,日本就拥有千岛群岛的南部。1855 年,俄罗斯由堪察加半岛进入北部岛屿,并认可日本对南部岛屿的权利。1875 年,俄罗斯用退出整个千岛群岛来交换日本从库页岛南部退出。千岛群岛被认为是日本本土的一部分,并且为了管理的需要,置于北海道管辖。

这些群岛的经济重要性几乎完全取决于渔业,1938 年,渔业产量估计达到 900 万美元。鱼类产品是日本饮食的必需品,也是日本出口贸易的重要项目。如果苏联进一步限制或是对日本关闭进入西伯利亚东部的沿海渔场通道,那么千岛渔业对日本就会更加重要。

千岛群岛对日本和苏联而言均有战略重要性,因为这里是两个国家的连接链,同时也提供了防御攻击的基地。他们对苏联也很重要,因为他们形成了通往鄂霍次克(Okhotsk)海域和沿海诸省的军事屏障。对美国重要是因为他们靠近阿留申群岛,在日本和阿拉斯加之间组成大陆架的一部分,处在美国和日本之间的大圆弧航路上。日本已经在群岛上建立许多强化的空军海军基地。

千岛群岛大概被分为三部分:南部、中心和北部。南部是从北海道向北延伸 235 英里且包括择捉岛,这部分包含千岛群岛总人口的 90%,自 1800 年起这里就被承认为日本领土了。这部分最近的位置离北海道仅 12 英里远。那里的居民都是日本人,他们的生活和日本本土人一样。这些群岛的战略价值却局限于这样一个事实,即因为一年中的一半时间里,鄂霍次克海到千岛群岛西部的水域大部分被冰覆盖且无法越过。

中心部分是从得抚岛(Uruppu)开始,向北延伸 375 英里,大部分无人居住,几乎没有经济价值。但它在战略上却非常重要:这些岛屿坐落在进入鄂霍次克海和新知岛(Shimushiru)的入口处,31 英里长,5 英里宽,环绕布劳顿湾(Broughton,Buroton),可以发展成一个重要基地和潜在的舰队锚地。海军运营长官办公室在 1943 年 11 月发行的千岛群岛手册中提及布劳顿湾,"如果入口被巩固升级的话,布劳顿湾如今就是一个宏伟的港口"。由战争军事情报部门发表的关于千岛群岛的调查说:"这个海湾会是控制千岛群岛的关键因素之一。"海湾的入口仅 6 英尺深,显然正被加深,使入口足以所有船进入的工程任务并非难以实现。海湾区域没有设防。中心群岛有构成从南部群岛至北部群岛跳板的更进一步的战略价值。

北部群岛由三个主要岛屿组成,分别是幌筵岛(Paramushiro)、占守岛(Shimushu)和艾莱岛(Araito),对日本的渔业和海军空军基地均很重要。

1938 年,千岛群岛总产值为 900 万美元,而北部和附近的渔业及其他海洋产品的产值就占到 700 万美元。从地理位置来说,这部分代表了堪察加半岛的延续,分隔了勘察加和占守岛的海峡,中间仅 7 英里宽。

可能影响千岛群岛处置的重要因素有:(1) 美国海军希望把一个或几个联合国基地设在这些岛屿当中;(2) 苏联政府的潜在压力,是否为了获得北部和中部岛屿,以及可能是整个千岛群岛的需要而参战对抗日本;(3) 战后希望拓展对从日本分离出来的所有岛屿的国际共管原则。

B. 主张和可能的解决方案

1. 日本

基于国籍、自决、地理、经济需求和历史主权的问题,日本对千岛群岛的南部岛屿有强烈的诉求。

日本对中心群岛的要求几乎仅是基于占有的主场。如果可以假定南部和中心群岛被非军事化且在合适的时间置于国际机构的军事检查系统,他们由日本保留就不会对其他国家构成威胁了。

日本对北部群岛的要求是基于它需要拥有集中在那些群岛上的渔业。对日本而言,群岛的所有权比受制于一种或更多势力所赐予之捕鱼权更令其满意。然而,无论对千岛群岛的处置如何,日本都可能会被允许在整个群岛上继续其渔业发展。

2. 苏联

苏联对北部群岛——幌筵岛(Paramushiro)、占守岛(Shimushu)和艾莱岛(Araito)的临近海域有大量诉求,亦基于其位置临近及希望最终控制这些群岛,以防止它们在敌对势力的控制下构成一种军事威胁。

苏联政府不仅索要北部群岛,也要求中心群岛甚至是南部群岛。拥有北部和中心群岛会使得苏联政府控制进入全年实际几乎无冰的鄂霍次克海的航运通道。然而,似乎很难发现苏联索取南部群岛的合理原因;一旦他们转移到苏联将形成一个状况,就是对未来日本将是难以接受的永久解决方案。它将剥夺在历史上和民族上都属于日本的岛屿及其有渔业价值的水域。如果南部群岛被强化防御工事的话,他们会成为对日本持久的威胁。

情况可能因为苏联的需要而变得复杂,其他联合国成员同意将北部群岛,或者同时将北部群岛和中心群岛移交给苏联,以此作为苏联参加反日战争的补偿。

3. 美国

美国海军希望在千岛群岛上有一个可以使用的基地，以便在该区域进行海事行动，还没有确定这个基地是在国际管理下，还是在指定条件下将一个俄罗斯的基地开放给美国的轮船和飞机使用。

4. 计划的国际组织

北部群岛，或者北部群岛和中心群岛一起可能会被置于计划的国际组织管理下，这种解决办法会最彻底地消除其被任意一方利用的威胁。这也使在北部群岛建设一个或多个国际基地成为可能，这种建设具有特定的战略重要性。

国际组织可能会指定国际联合委员会或者更有可能由苏联来行使管理权力。在后一种情况下苏联无疑将建立其希望的一个或几个基地，并可供美国和其他联合国成员使用。美国人似乎不太愿意成为这些岛屿的唯一管理者或基地的唯一拥有者，因为万一未来与苏联之间发生冲突，这将置这个国家于一个遥远而又危险的位置。

如果北部和中心群岛被置于计划的国际组织之下而不是被全权给予苏联，那么它更可能会使日本继续在北部群岛或周边发展渔业，这是日本国家经济的重要部分；而且美国也将更容易获得在建议将日本托管的岛屿和马尔库斯岛交给国际组织并由美国管理方面的支持。

Ⅲ. 建议

（1）千岛群岛南部应该根据将被应用到整个日本帝国中的非武装原则由日本保留。

（2）千岛群岛的北部和中心应该置于计划的国际组织下并指定苏联行使管理权，这是基于这种理解，即如果苏联在这些群岛上建立一个或多个基地，那么美国就可以接近并且使用这些基地上的设备。

（3）无论如何，恢复日本在北部群岛的捕鱼权都该纳入考虑范围内。

（4）在这些建议被最终接受为政府政策之前，国务院应将上述建议提交参谋长联席会议考虑。

绝密①

旧金山

于 1945 年 5 月 5 日

上午 7：02 收悉

致：格鲁代理国务卿，国务院，美国华盛顿

自：斯特蒂纽斯(Stettinius)，联合国国际组织会议，旧金山

1. 托管

英国代表团的克兰伯恩子爵(Vicount Granborne)今天下午举办了一个大型新闻发布会，会上他公开宣布英国托管的提案，并将之与美方提案进行对比。提及美国提案，克兰伯恩子爵说他认为不可能向世界舆论解释在托管体制下战略区与非战略区之间的差异。新西兰总理已经非正式地检查了我们的托管建议书，并说考虑到战略位置，他完全愿意满足我们的需要。他说这会非常符合新西兰和澳大利亚的利益，即美国在争议岛屿上有充足的设施，因此在这方面我们可以依靠他来支持我们的立场。他说他知道南非联盟不愿意将他们西南非洲的委托管理转移到托管体制中，但他相信他们会被说服的。

绝密②

(摘录自)

以下电文来自

旧金山

于 1945 年 5 月 15 日

电：格鲁代理国务卿，国务院，美国华盛顿

自：斯特蒂纽斯(Stettinius)，联合国国际组织会议，旧金山

"2. 会议委员会的工作。今天在技术委员会会议上取得了如下重要进展：

A. 托管体制。克兰伯恩在委员会上强有力地反对出现在俄罗斯和中国

---

① 译者注：原文删除。

② 译者注：原文删除。

草案中的独立条款。苏维埃代表回复称俄罗斯非常重视这个问题,民族自治是组织的基本目的之一。

在今晚的会议上,五大国通过了小组起草好的工作报告,且明天将由美国提交至技术委员会,但所有的五个大国都可以自由提供修正案。然而除了以下几点之外,报告看起来总体上会被五大国支持:(1) 俄罗斯和中国会坚持提到独立或者至少是民族自治;(2) 俄罗斯仍然坚持要(联合国)安全理事会指定战略区域;(3) 英国反对在处理所有托管地区时对所有联合国成员实行非歧视性对待的条款。"

第 18 页地图(略)

第 19 页手稿(无法辨认)

第 20 页无内容

千岛群岛边界

千岛群岛与库页岛部署

1945 年 9 月 4 日,国务卿贝尔纳斯(Sec. St Byrnes)举行新闻发布会:在回答关于美国对俄罗斯在千岛群岛与部分库页岛提出要求问题上的态度时认为,俄罗斯已经占据了这些岛屿,这是一个有待未来解决的问题。政府关于这些岛屿并不反对俄罗斯的立场,在此问题上达成一致并非特别困难。上述内容没有在波茨坦进行商讨,但在雅尔塔会议上以此为基础进行了讨论。

1945 年 9 月 2 日,斯大林宣布千岛群岛领域"将移交给苏联,并将建设成一个强大的防御基地"。

千岛边界:盟军总司令在 1945 年 11 月 8 日宣称,信息戏剧性地表明日本与千岛群岛区域之间的边界,正位于北海道(Hokkaido)与国后岛(Kunashiri Shima),以及 Suisho-to 与 Akiyuri-Shima 之间。

绝密①

(摘录自)

以下电文来自

电报 1945 年 5 月 12 日

———————————

① 译者注:原文删除。

致：格鲁代理国务卿，国务院，美国华盛顿
自：斯特蒂纽斯，联合国国际组织会议，旧金山

　　A. 托管委员会上，澳大利亚代表宣称，美国提案中将安全区域的托管体制混合在一起是令人费解且不正当的，尽管与此同时它支持由美国掌控日本托管的岛屿。他用长远的视角审视托管制度，并且竭力主张将其用在自己领土和那些从敌国手中抢回的领土上。但另一方面，荷兰代表反对普遍地运用托管制度和俄罗斯提议的强制性因素。中国代表强调这一事实，即为了与其他相关大国达成和解，方案已经做了大幅让步，他们原本计划想得更长远。中国代表特别主张"独立"应该作为这个体制的一个目标，同时，在托管安排中本土代表权应当受到重视，托管制度下的人应体现在托管理事会中。鉴于美英苏法中五国代表仍然在商讨这个问题，委员会并没有做出明确决定。
　　与此同时，苏联对美国的提案提出了部分修订。修订强调了自治的目标，同时也表达了那些在托管制下生活的人们期望快速实现整个国家独立的愿望，加强了并非这些领土的实际管理者的安理会成员对托管地控制的影响。

旧金山
日期：1945 年 5 月 23 日
收到时间：下午 3：00
致：格鲁代理国务卿，国务院，美国华盛顿
自：斯特蒂纽斯，联合国国际组织会议，旧金山

　　B. 托管制度。澳大利亚明确表达了他们对这样一种前景的担忧，即俄罗斯与中国在控制太平洋上有战略或经济重要性岛屿方面有了发言权。

电报摘要
　　致：代理国务卿，华盛顿
　　自：秘书长，联合国国际组织会议，旧金山
　　1945 年 5 月 29 日　　　　托管体制

　　对于美国的托管制提议，苏联提出了修订建议。

1."托管制度的根本目的应当<u>与联合国宪章第一条所提出的组织的主要目的相一致</u>。（美国代表团接受这条修正案）"

2."为了促进联合国托管地及其居民在政治、经济、社会和教育上的发展，及其朝着与每个领土特殊情况相适应的自治政府或独立目标的进步与发展，以及人们的自决权，这些可能会被写在各托管协议中。（美国代表支持这一修订，但建议用'原则'一词代替'权利'一词。）"

3."托管制度不应适用于那些已经成为联合国成员国的领土，<u>他们之间的关系应该建立在尊重主权平等的原则上</u>。（美国代表团反对这一修订，认为这是完全不必要的。既然主权平等原则将在宪章的第二章中提及。）"

4."有关所有未被指定为战略性的区域的托管安排<u>（包括批准托管安排以及方案变更或修订）</u>，组织功能应由联合国大会执行。（美国代表团同意此修订）"

5."最后，苏联建议删除整个工作文件的 B5 段。内容如下：'除了在工作文件第六段规定下的个别托管安排外，置于托管制度下之每一领土，本章节中没必要解释，在任何情况下任何国家或任何人都无权进行修改。'（美国代表打算反对这一修订，我们认为如果这段规定被删除，将会产生更严重的政策问题。这会使得大会更难同意托管提案。）"

注：划线部分为最近苏联措辞

B. 反对这个解决方案的原因①

1. 在国际托管制度下，美国可以在没有事实上兼并土地的状况下，获得这些基地的专有控制权。

2. 反对兼并托管岛屿的考虑，也同样适用于反对兼并基地。在任何情况下，远东人民都可能会遭遇相同的不幸；他们也许会说美国变成了帝国主义，吞并了所有它想得到的土地，仅把那些它不想得到的土地留给了国际组织。

3. 如果已被建议的基地，包含所有群岛，例如：卡车群岛（Truck Archipelago），整个马里亚纳群岛和柏琉瓦（Pelewa）。基地会包含托管地和大部分重要陆地区域的大约三分之二的人口，并会使国际组织的托管功能变得几乎虚无飘渺。

4. 这个解决方案要求美国在现有条件下划分出它希望吞并的基地，之后它将不能选择其他须做出一些技术上的改变才能令人满意的基地。

———————————

① 译者注：斜体字部分在原文中被删除，但清晰可见，留存以供参考。

作为管理者的美国与国际组织的关系

1. 整体关系

美国有望履行作为国际组织托管地管理者的义务。国务院制定的计划中期望其作为管理者,至少:它应同意殖民宪章,界定管理者的权利与义务,并保障当地民众的福祉。

2. 在大国提出国际托管制草案《CDA140c》的背景下,国际组织今后有可能将这些基地转交给某些管理者而非美国。

3. 美国参谋长联席会议指出,美国应该确保和维护对日本托管岛屿的主权。(详见 IV, A2)

Ⅳ. 美国主权

A. 有利于美国主权的想法

1. 日本托管岛屿的价值几乎完全在于它的战略意义。据说从管理托管地民族的角度而言,它们是如此的不重要。不过对于美国这个十分注重自身安全的国家来说却是至关重要的,这些岛屿应该在没有国际监督的情况下分配给美国。

2. ①如果美国拥有对基地区域的控制而不受限制,那么海军就不会强烈反对美国在国际组织监督下管理这些岛屿。

3. 从澳大利亚与新西兰政府领导最近发表的言论来判断,无论从公众还是私人的角度,都赞同美国对这些岛屿的永久管理权。很显然,他们不会反对美国兼并这些岛屿,甚至是持支持态度。

4. 美国人民(United peoples)(1) 提交其民事管理年度报告,(2) 允许国际组织代表对当地人的福祉进行调查,而且(3) 参加一些受区域附属地推荐的咨询与顾问委员会。通过这些来看,美国同意并完成对这些托管土地的常规义务是有可能实现的。这主要关系到当地人最大的福祉。

2. 基地区域

托管地国家基地的存在带来一些问题,而对于这些问题国务院显然没有做出详细的解决方案。如果美国兼并了先前那些日本托管的岛屿,并且基地

---

① 译者注:此处原文缺失数行。

区域内有大量本土居民,那么国际组织保留对这些基地内本土事务的监管就会非常合理可取。在任何情况下都应该考虑到这些基地的大小。正如已经建议的那样,整个马里亚纳群岛作为构成美国拥有专有控制权的基地区域,将会在实际上破坏让这些岛屿接受国际组织管理的原则。

美国也许会在没有实际获得主权的情况下,可以通过以下方式获得基地的完全管理权:a. 租赁的方式;b. 根据国际组织的领土宪章获得这些基地的特别授权;c. 通过解决岛屿部署的机制获得这样一个授权。

通过租赁

租赁将为美国提供更加合法控制这些基地的有利条件。

日本领土问题:对马岛(Tsushima)

Ⅰ. 问题

面临的问题是今后对于对马岛的政策。

Ⅱ. 基本要素

A. 描述

坐落于对马海峡的对马群岛,将韩国和日本分隔开来,并且连接着日本海与东中国海。它由被麻生湾(Aso wan)分开的大岛屿和许多非常小的岛屿两部分组成。整个对马岛大概有 45 英里长,10 英里宽,北边岛屿的长度有 26 英里,南边岛屿的长度有 15 英里。对马群岛离韩国的东南岸有 27 海里,离九州西北端为 45 海里。从日本下关港口到韩国釜山的直达渡轮的航线经过对马岛的东北面,而从日本内海到中国的航线则经过对马岛南面。

1930 年对马岛人口是 54 562 人,1940 年达到了 56 588 人。将 1930 年的数据进行剖析可得:当时日本人有 51 993 人,移民有 2 540 人(大概是韩国人),同时还有 29 个外国人(可能大部分为中国人)。

对马岛属于长崎县(Nagasaki Ken)的八个区之一,因此是日本领土的一部分。区治严原(Izuhara)为其首府,1935 年的人口为 9 431 人。

B. 历史

至少自 7 世纪开始,对马岛就属于日本,隶属于太宰府(Dazaifu)。从 11 世纪至 19 世纪 70 年代封建制度废除,对马岛一直由日本宗氏(So)大名(daimyo)家族掌控。尽管宗氏从 15 世纪开始就定期地派遣朝贡使团到朝鲜王朝,但他的唯一目标是获得贸易特权。在日本,对马岛的统治者与其他日本封建领袖并无不同。作为对朝贸易中心,对马岛渴望成为日本面向亚洲大陆的重要先锋。对马岛是海盗劫掠朝鲜与中国船只的重点海域,也是侵略朝鲜的一个重要跳板。

C. 经济价值

对马岛的经济价值是很小的。尽管它的地下富藏可开采的铅、锌、煤,但主要经济来源是捕鱼业、林业和耕种业。那的土地十分坚硬,1940 年时,只有不到岛屿面积百分之五的土地被用来耕种。少量的煤、锌、铅被运往日本和韩国,还有大量的海产品。从日本和朝鲜出口的主要产品为大米、盐和肥料。轮船定期在对马岛的主要港口与日本的长崎、博多港口和韩国的釜山之间来回行驶。[①] 尽管在台风来临时麻生湾被称作日本与韩国间最安全的两个港口之一,但对马岛没有先进的海港,只有十分有限的码头设备。水下电缆连接着对马岛、韩国、日本,以及其他一些靠近日本沿岸的小岛。

D. 战略重要性

对马岛之所以具有十分重要的战略意义是由于其特殊的地理位置,它是日本到韩国的最短航线,同时也是日本海的南大门。虽然在兼并朝鲜之后,日本放弃了在竹敷(Takesiki)的小海军基地并削减其作用,但对马岛仍然是军事加强区域。日本在那里部署了炮兵部队、海域开采和其他防御工事。我们不知道在近代战争中,那里进行了怎样的发展,尽管在那里已被认为在 *Sasuna 和 Shishim* 建设了机场,在 *Sasuna 和 Takeshiki* 建有水上飞机基地。此外还建有雷达、探照灯和反空袭设施。尽管它的地理位置有战略意义,但与奎尔帕特岛(详见 CAC334)和清开岛(Chinkai)(在朝鲜南部)相比,对马岛本身的地形并不适合建设空军基地及其他军事基地。

Ⅲ. 可能的处置方案

A. 仍由日本全权处理

对马岛在历史、人种、政治上均为日本必不可少的一部分。与日本帝国其他地方一样,被解除武装的对马岛,继续被日本占有,但不应再威胁到韩国或总体远东安全,即使距离韩国只有 45 英里,与飞到日本本岛相比,飞行时间仅几分钟。

B. 对韩移交

---

① 译者注:斜体字部分在原文中被删除,但清晰可见,留存以供参考。下同。

基于这些岛屿与日本相比更靠近韩国,并对韩国安全构成威胁,韩国人可能会提议将对马岛移交给韩国。如已被指出的那样,在如今有飞机的时代里,几英里的意义很小,而且,将对马岛转交给韩国会造成领土收复状况,这相较于由日本继续占有岛屿而言,有可能会对远东地区和平造成更大地威胁。

Ⅳ. 提议

1. 有人建议对马岛可以仍在日本的管辖下,但要服从日本对整个国家进行裁军的原则。

2. 针对日本西北沿岸的一些岛屿,比如五斗(Goto)、壹岐(Iki)、冲电气(oki)和佐渡(Sado),也提出了同样提议。

3. 国务院应在那些建议最终作为政府政策被接受前,将上述建议提交参谋长联席会议考虑。

另外,割地行为会减少托管原则的价值,也会面对已经针对基地执行主权的大多数反对意见。在中国,由于土地被瓜分给了俄罗斯、德国、英国、法国和日本,所以中国人民对帝国主义的强权有着十分强烈的仇恨。远东地区的人多少都对美国的割地行为持与中国类似的态度。

B. 由领土宪章授权

以托管制条令为框架做出安排,授予美国与其他强国特别权或独家权管理托管地的基地,毫无疑问是有可能的。国际托管草案(CAD-140C)中提出:"每一份宪章提出时,都要考虑到各领土的特有情况。"依据这一条款,每个宪章可能都会陈述在托管区域内基地被置于的管理权范围。

考虑到这些基地的安全问题,美国得到合理保证,即国际组织将授予对基地的独家管理权,这就需要有足够的国际组织成员来与美国达成初步协议。

或者,考虑到对于基地的特殊管理权,托管领土可能会被分为一定的级别或类型。考虑到托管宪章授予各个托管地不同的权利和责任,这样的安排应当符合目前托管分类所划分的 ABC 三类。同样地,对于有基地的托管地,A类的宪章应当适用于那些重点关注当地人福址、基地战略重要性位居其次的领土,例如新几内亚和萨摩亚;B类的宪章适用于那些对领土和利益均十分重视的地区,例如日本的托管岛屿;C类的宪章适于基地是最主要的或唯一的因素的领土,例如千岛群岛、北部小笠原群岛和马库斯群岛。这些基地的管理国的特权自然将从 A 增加到 C,实质上权力将是完整和无限制的。

然而,在授予这些基地管理特权时,殖民地宪章会遭到反对,因为它不会给美国绝对的永久管理权。所以,授权宪章的国际组织可能会修改条令或甚至是终止托管。

C. 借由分配托管岛屿的法律文件授权

美国如要获得基地完全的永久性控制权,可以通过协约条款或其他法律工具,让这些岛屿作为托管区受国际组织保护。法律文件本身可明确提出,美国应作为管理者,并被给予当局视为完整且适当的对基地的永久掌控权。那么,这些条项就会被作为文件的一部分,国际组织通过这些条款获得岛屿的监管权,并不会被国际组织终止或修订。

对这一程序的反对在于它将在一定程度上削弱国际托管原则,主要是通过削弱国际权威的权力来指派或更改管理者,或调解管理者对基地的选择或管理的权威。可这也许会引起与国际组织的管辖权纠纷。

Ⅶ. 建议

日本托管岛屿处置问题牵扯许多对立观点,取决于其他国家对国际托管组织的态度。在这样的情况下,由单方面提出一份决定性的建议是非常不可能的。由于这些岛屿具有全方面战略意义,所以参谋长联席会议与军事部门都非常支持美国将这些岛屿兼并。(本文也提及了对这一进程的反对)

经过多方位的思考,这一时期能最大限度满足美国利益的最好建议就是美国考虑接受下述解决方案:

处理日本托管岛屿的法律文件应指派岛屿作为国际组织的托管区域,条款规定美国:

(a)应为管理权威机构;

(b)应在任何时候都能出于安全目的而自由地在美国决定的岛屿地点上建设基地,在基地受到安全影响时应始终拥有专属管辖权。

(00011－004)Islands, http://www. archives. pref. okinawa. jp/hpdata/nara/S1054xx/059－00673－00011－004/059－00673－00011－004. pdf,米国收集文书,沖縄県公文書館。

(本章 1—4　王静译)

5. 琉球群岛及其重要性

解密文件

1948 年 8 月 6 日

警告

这份文件包含影响美国国家安全的信息，根据美国国会修订的《反间谍法》第 31 条和 32 条，未经授权，禁止以任何方式传递或披露文件内容。

发布通知

1. 该刊物副本的使用是给予指定的收件人中央情报局的官员，以及情报局管辖下需要这些信息履行职责的个人。其他需要使用这些信息以履行公务职责的官员可被授权的如下：

a. 国务院情报研究特别助理

b. 美国陆军部军方情报主管、联邦官员、军方主管

c. 美国海军部海军情报主管

d. 美国空军部空军情报主管

e. 安全情报局主管，原子能委员会

f. 情报局副主管和联合参谋

g. 中央情报局及其他机构信息收集与发布的主任助理

2. 为了安全考虑，副本可能会保留或被烧毁，或者通过中央情报局信息收集办公室的安排交还至中央情报局。

分发：

总统办公室

国家安全理事会

国家安全策略董事会

国务院

国防部

陆军部

海军部

空军部

国家海陆空协调委员会

参谋长联席会

原子能委员会

琉球群岛及其重要性

概述

1. 琉球群岛的处置将会成为远东问题解决过程中最富争议的问题之一。占有或者控制这些岛屿,尤其是冲绳,将会给占领国家带来:(a) 在亚洲开展防御或进攻行动的优势;(b) 有效警戒中国的中心、北部以及朝鲜;(c) 以冲绳为中心,对广阔的区域实行空中监控的有效基地。

2. 美国控制琉球群岛将会:(a) 给美国一个立足点,以防御后条约时期非武装的日本,以及美国在菲律宾其他太平洋岛屿的基地;(b) 排除琉球群岛受潜在敌国控制的可能性;(c) 在一定程度上削弱苏联在千岛群岛、朝鲜和满洲的地位;(d) 给予美国立足点防止来自日本的潜在军事进攻。

3. 中国和日本都对琉球群岛提出领土要求,英国可能支持美国的控制,而苏联则强烈抗议。

琉球群岛及其重要性

1. 琉球的重要性

环绕九州南部到台湾(Formosa)的岛链上有 30 余个岛屿,即南西诸岛。在这片多岛的海区,冲绳主要是指包括冲绳群岛、奄美群岛或大约北纬24.45°到北纬 28.30°之间的岛屿。琉球群岛的重要性仅仅是因为其在远东的战略军事地位,经济上对除本土居民之外的任何人都没有价值,国内政治相对平稳。

位于琉球岛链中心的冲绳的价值在二战中得以充分显现。在这个群岛上共有 22 个军用机场和水上飞机基地,其中 11 个是战争期间在冲绳建造的(6 个可以起降 B-29 轰炸机)。这里有很多相邻的岛屿,如果与冲绳群岛一同发展,将会出现一个拥有重型轰炸机的完美基地。这些轰炸机能够到达中国内地、日本和朝鲜的任何区域,包括符拉迪沃斯托克在内的西伯利亚东部,菲律宾群岛、关岛和马里亚纳群岛的全部,以及东南亚和荷属东印度群岛。

尽管是不完美的,琉球群岛有很多港湾和水湾(那霸、巴克纳湾 Buckner Bay、庆良间群岛 Kerama Retto)能够提供天然港口。由于每年都会有三到六次台风席卷这些岛屿,引起严重的灾难,所以在这些地点扩展海军补给和战术行动将受限制。

继美国从日本和韩国最终撤军之后,从琉球群岛的撤军将使美国在太平洋的防御线重新回到马里亚纳群岛。如果亚洲在这样的情况下爆发冲突,那么琉球很可能会遭受与美国有利益冲突的其他大国的控制。任何一个占有琉球群岛,并且拥有足够空军潜力的大国都能够控制非武装的日本。更进一步说,琉球群岛若为对美国不友好的大国所控制,将会对美国的太平洋基地构成直接威胁,进而限制未来美国在西太平洋的军事行动。

2. 目前的形势

琉球群岛作为前日本帝国的一部分,自 1945 年春季以来一直处于美国的控制之下。《开罗宣言》和《波兹坦公告》都没有明确界定琉球群岛未来的地位。因此,其处理方式可能是归还日本,也可能是交予其他大国,或将其置于国际组织托管之下。有迹象表明,琉球人更愿意在美国的保护之下。然而,寄希望于未来远东问题的解决,中国已经提出了领土要求,日本也表明了希望,但是,琉球群岛处置的主要冲突将会在美国和苏联之间。

3. 日本和中国领土要求的依据

尽管中国首先与琉球联系,琉球向中国"纳贡",换回"礼物",这个过程是典型的传统"中央大国"与外部"支流"国家之间的"领主"关系。到了 17 世纪,琉球同时向中国和日本纳贡。1874 年,中国与日本签署条约,将琉球群岛视为"日本的一部分"。到 1879 年,日本已经完全统治琉球群岛,直至 1945 年,琉球群岛都是持续被日本作为其本土的一部分加以治理。

4. 相关利益大国可能的发展和立场

承认中国的领土要求隐藏着巨大的风险。中国若控制琉球群岛可能会拒绝美国继续使用基地,且共产党最终打败国民党也可能会给苏联进入琉球群岛的机会。这样的发展不仅会给日本带来苏联入侵的威胁,而且也会限制美国在太平洋地区的战略军事地位。战后中国国民党败退台湾表明,将琉球交予中国国民党,同时以协议的形式确保美国在冲绳保有一个基地的做法是不切实际的。在这样的协议下,琉球人民对中国政府的憎恨,加上中国政府的混乱,将会严重阻碍美国维持该地区稳定的努力。而且,中国提出对琉球群岛的领土要求,更多的是希望提升其在解决远东问题中的地位,而不是真的希望领土要求得到满足。即使在这样的情形下,中国国内的舆论压力仍将导致中国的领土要求对美国形成巨大压力。

尽管日本对琉球群岛提出的政治的、历史的、种族的要求是充实的,但在目前情况下,除了同盟国的支持,日本不能提出任何领土要求。但可以预料到的是,日本会利用美苏之间的竞争重新控制琉球群岛,同时推进其在远东的野心。但是,若支持琉球群岛归还日本,美国将陷入矛盾之中:一个军事力量薄弱的日本控制这些岛屿将会导致远东局势的不稳,与此同时,防止日本军国主义野心复活的努力也要求美国不能将琉球群岛交予一个能够保证琉球安全的日本。中国、苏联、英国和琉球人强烈反对将琉球群岛交还日本,因为担心这样的行动可能会推动日本权力的扩张。

苏联严格遵从一项政策,即日本的领土范围"仅限于本土四大岛屿"。毋庸置疑,苏联会坚决反对美国的控制,因而,对苏联而言,可以选择的是琉球独立或是将琉球交予共产党领导的中国,苏联更倾向于后者。

1947 年 8 月,英国在堪培拉表示支持美国对琉球群岛的托管。同时,英国倾向于将维持太平洋地区安全模式的任务移交给美国,因此,英国可能会支持琉球群岛仍旧在美国控制之下的计划。

Central Intelligence Agency, The Ryukyu Islands and Their Significance,319 - 00082A - 00023 - 002. http://www. archives. pref. okinawa. jp/hpdata/nara/S1060xx/319 - 00082A - 00023 - 002/319 - 00082A - 00023 - 002. pdf,米国收集文書,沖縄県公文書館。

(本章 5　舒建中译)

附录　多油水域的麻烦：东海海床边界和外国投资的法律问题（节录）[①]

马英九博士学位论文（节录）

致

哈佛法学院研究生委员会

申请法学博士学位的部分实践

哈佛大学

坎布里奇，马萨诸塞

1980 年 12 月

---

　　① 　编者按：马英九博士论文由南京大学姜良芹教授在哈佛大学收集。本书节录采用时，省略了所有原文注释、案例详情、参考文献和地图，研究者如有需要，可与编者联系。原文的看法、观点，以及涉及的台湾地区政治机构名称、人物头衔、当局立场，为存其真，除按规定处理者外悉仍其旧，请读者注意鉴别。目录页码系原文页码。第一至五章由南京大学蔡丹丹翻译，第六、七章由南京大学王静翻译。

目　录

附录:地图与目录

地图目录

地图

案例目录

(依页数参考)

导　言

1978 年 4 月 13 日，东海。

拂晓时分，100 艘中国渔船便出现于地平线上，静静集结于钓鱼岛四周。该岛为八个无人居住的群岛中最大的一个，这八个小岛均被中国（北京和台北）和日本主张主权，位于台湾东北 102 海里和琉球东南 240 海里处。上午 10 时，其中的 32 艘渔船进入该岛 12 海里水域，有些渔船装备有机关枪。该区域新近被日本声明所有，该岛屿实际也由日本控制。渔船不断围绕钓鱼岛航行，船上渔民一边高举着标语牌，一边高呼口号，声明中国对岛屿的主权。日本向该现场派遣巡逻机和小艇并要求渔船离开，对此渔民们断然拒绝。

东京方面对于北京的实际意图困惑不堪，为免谈判中的中日和平友好条约复杂化，谨慎地向中华人民共和国（PRC）提出抗议并要求澄清。中华人民共和国仅重申立场以及于 1971 年底所作的公开声明，即钓鱼岛属于中国，对于该事件对条约谈判的影响表示关注。此外，台北的"中华民国"（ROC），主张该群岛主权的第三方，也发表了声明，即其对钓鱼台列屿的主权不受"其他任何一方的"主张的影响。之后，当中华人民共和国领导人试图向日本方面解释此"意外事件"，岛屿附近的渔船已增至 200 艘，不断出入钓鱼岛 12 海里水域直至 4 月 26 日才最终离开。次日，日方得到进一步保证，即中国渔民将停止在钓鱼台列屿附近水域捕鱼。

该事件不仅戏剧化地中断了自之前 2 月开始的中华人民共和国与日本友好条约谈判，且重开了两国的领土争端。70 年代初期，主权问题向来是日本、中华人民共和国、"中华民国"和美国关注的焦点话题。日本坚称这些岛屿为琉球群岛的一部分，乃由美国依据 1971 年冲绳归还条约于 1972 年归还日本，然而中华人民共和国和"中华民国"政府均依据历史、地理和法律方面的依据予以驳斥。这一问题在中华人民共和国与日本于 1972 年 9 月建立外交关系后便一直被搁置，直至渔船事件发生。

回头来看，中华人民共和国的"渔船外交"似乎意在刺激日本加速当时陷入低潮的条约谈判。北京对于早日结束条约谈判的兴趣远甚于其对钓鱼台列屿的领土主张。北京和东京均对岛屿附近资源的合作开发表示兴趣，愿意继续搁置令人苦恼的钓鱼台主权问题。但迄今为止并无任何实质协议。

除了政治层面,钓鱼岛也涉及复杂的法律问题。在 70 年代早期,有大量针对这些问题的研究,且都总结出岛屿主权问题与海床划界问题无法分割;前者问题的解决是后者海床划界问题解决的必要条件。由于中日国内爱国情绪高涨,学者们对问题和平解决表示悲观。当时国际法关于大陆架划界和岛屿制度的模糊规定也加剧了这种悲观情绪。然而,在 1970 年后半段,我们却目睹了海洋秩序的大变革,主要是因为始于 1974 年召开的第三届联合国海洋法大会(UNCLOS III)的结束。尽管最终的海洋公约法仍有待引用,但超过 150个参会国在不同阶段各类争议条款上的意见明确一致,已大幅改变了一些原先研究论述的假定。的确,变型中的海洋法需要我们以全新的视角看待目前钓鱼岛争端。

当下的研究已超出东亚海洋法审查问题,且已涉及海上石油争端中的商法方面。有些沿海国家将争议海域的海上勘探权授权给私人或私营机构,这不仅仅与涉及的政府也和许多西方石油公司利益攸关。这些公司与沿海国家就勘探与开采签署合约,包含东海中最具潜力,而且最终也是最为争议的区域。分析合同规定很有趣,因为通过分析可以看到如何通过跨国法律注解下的私人秩序来分配察觉到的政治风险,即源自海床管辖争端的政治风险。

有关海洋边界争端和石油特许权的研究非常丰富,但相关书籍分为不同两类。前者有关海床争端对于在争端爆发前后形成的石油合约的影响论述甚少;后者则解释、检查、剖析石油合同的机制,但未触及边界问题。该研究存在的理由之一是在东亚背景下将这两个层面联系起来,国际法概念和石油开发合同是从西方借鉴而来。希望法律层面上对于该问题更为清晰的认识将加速政治谈判,从而有助于清除海洋资源开发中的人为障碍。

本论文的第一部分由三章组成,即东海石油争议涉及的地形地貌、政治和经济背景,回顾主张冲突和沿海国家重叠的矿区,并确定将在以下章节中探讨的问题。第二部分从三个方面探讨石油拥有权的问题。第四章审查了国际法的各类源头,包括海洋法公约草案以及钓鱼台列屿争端与海床边界问题的关联性。第五章从全新视角来看存在数十年之久的海床边界问题,引入从第三届联合国海洋法大会中得来的最新发展。在法律分析的基础上提出解决方案。第六章分析了目前争议的一个独特层面——北京—台北对抗与海床争端的关联性。假定在第三国法庭中就争议海床产出石油的归属权进行诉讼战,对于分裂国家中的政府，其认可问题也在本章有所考虑。第三部分，仅用一章讨论海床争端与东亚海上石油外国投资的关系。从海床争议关联的政治和管辖风险因素下检视中国石油公司（CPC），"中华民国""国有"石油企业以及一些美国石油公司之间签署的五份合资企业合同，并与其他国家在类似情况下签署的合同做了比较分析。

本文基本采用案例研究方法。第一部分和第二部分主要基于出版物信息，第三部分中的大量背景信息则通过采访台湾地区和美国的石油公司获取。

第一部分 背景:东海石油争端

第一章 东海:地理物理环境和油气潜力

在当下研究中,"地理"泛指地球的自然表面特征,"地形地貌"表示地球表面形态起伏,"地质"表示地底岩层结构或海底地形特征,"海洋测深"则指海水深度的测量。

A. 地理

东海是被中国大陆和台湾地区,以及日本琉球群岛和九州以及韩国济州岛(见图 1)所环绕的一个半封闭的太平洋边缘海。根据国际水文局的定义,有两条线划分了东海的北界:一条从中国大陆北纬 33 度 17 分至济州岛(也是东海和黄海的界限);另一条则从济州岛延伸至日本福江岛。东海的东界大部分沿着琉球群岛的外缘与菲律宾海相分隔,南部的边界线则连接中国福建省的海坛岛和台湾北端。该线南部则是台湾海峡,这条线一直东延至琉球群岛的与那国岛(Yonagami)。

东海的总面积为 752 000 平方公里(或 290 348 平方英里),其南北长约 300~400 海里,东西宽约 140~280 海里。两条向海面凸出的弧线由中国大陆海岸和九州—琉球群岛链形成,在靠近台湾的东海南沿相交。这两条弧线分别勾画出东海海域的中日海岸线的一般方向。尽管在中国大陆和九州的海岸沿线有很多岛屿,但东海除了琉球群岛外实际并无中海离岛。唯一例外的就是南部争议中的钓鱼台列屿和北部日本在九州外的男女列岛(Danjo Gun-to)和鸟岛(Tori Shima)。

B. 地形地貌

东海的海床向中国大陆海岸轻微倾斜(见图 1a),有距岸 40~60 米的等深线。在某些区域,平缓的大陆架向海延伸超过 250 海里。东海的三分之二由水深不及 200 米的大陆架构成。在 120 米等深线处,平坦的海床陡然下降

陷入最深处达 2 717 米深的冲绳海槽,靠近台湾。冲绳海槽沿着琉球群岛内
侧自台湾延伸至九州,有大约一半的深度超过 1 000 米,五分之一的海槽深度
超过 2 000 米。琉球群岛东部,海床再度急剧下降至日本与台湾之间的琉球
海沟,深度超过 6 500 米,这也是本区域最深的一部分。琉球海沟实际属于太
平洋边缘海沟的一部分,自阿留申海沟开始,沿千岛海沟直至菲律宾海沟。

冲绳海槽与琉球海沟平行,被琉球海脊隔开,海脊顶部冒出水面并形成琉
球群岛。然而,冲绳海槽与琉球海沟通过无数穿越琉球海脊的深度 500 米至
1 000 米的海槛相连接。自北纬 30 度以北,冲绳海槽的水深下降至不足 900
米。在海槽抵达九州附近,其水深进一步浅至不足 500 米,形成沿岸较为宽广
的大陆架地带。

从地形地貌来看,冲绳海槽、琉球海脊和海沟组成了东海的一个部分,另
一部分即其直至西部浩瀚的大陆礁层。因此冲绳海槽在其西部将东海的大陆
礁层与其东部的琉球群岛相隔开来。

C. 地质

1. 引言

在讨论东海区域地质和石油前景之前,有必要对海洋地质学、石油地质学
和海上石油勘探有最基本的了解。

（a）海洋地质学

对外行来说,地质学家喜将地球比喻成一个煮得半熟的鸡蛋——蛋黄即
为地球的流体地心,蛋白则是地幔,蛋壳是其地壳。地球表面的主要特征,具
体说来,即为大陆与海洋,分别位于大陆地壳与海洋地壳之上。一般说来,海
洋地壳主要由镁铁构成,较薄（5 公里）,较密（每立方厘米重 2.9 公克）,有较
高的地震波速（每秒 6.7 公里）。相较而言,大陆地壳的主要由硅铝质组成,有
较低密度（每立方厘米重 2.6 至 2.7 公克）,较低地震波速（每秒 6.0 公里）,但
厚度较大（35 公里）。

地球表面约 60% 是由海水全部覆盖的海洋地壳,而大陆地壳（即地球表
面的剩余 40%）虽大约有四分之一是在海平面以下的,但基本上仍是大陆的
一部分,位于海洋地壳之上。淹没于水中的大陆地壳,大部分覆盖了来自大陆
源头厚度不一的沉积物,也被称为大陆边（见图 2）。“大陆边”这一术语有很
多用法,但通常包含以下部分:

(1)大陆架,向海洋自然延伸(斜度:1：600);

(2)大陆坡,从大陆架外缘较陡地(斜度:1：14)下降到深海底的斜坡,且持续下降;以及

(3)大陆基,自大陆坡基部延伸(斜度:1：40 至 1：1 000)然后融入海洋底部深海平原。

大陆坡的基部,也是地球最广阔、最显著的地形地貌特征,通常被视为大陆地壳和海洋地壳的大致界限所在。然而这界限也并非一条清晰的界线,而是一个包含部分大陆坡和大陆基的区域。区域内的有些地方,地壳构造显示在厚度、密度以及地震波速方面呈现非大陆和非海洋的中间性状。

大陆架的宽度自 1 海里至 650 海里不等,平均宽度约 37 海里,其深度自 50 米至 550 米不等,平均深度约 133 米。一般假定大陆架的外限与 200 米或 100 英寸(183 米或 600 英尺)不等的等深线相吻合,这假定与地质实情不符。大陆坡的平均宽度为 9 至 18 海里,水深自 1 000 至 5 000 米不等,平均深度为 1 830 米。大陆基宽度不超过 540 海里,深度不超过 5 000 米,厚度则达 10 公里。世界上包含东亚在内的许多大陆边缘尚未经过彻底研究,现有相关地质知识也颇为有限。

(b) 石油地质学

大多数石油都发现于地表下几千英尺的多孔沉积岩,皆为数百万年前堆积在地底的有机物经过漫长、缓慢而复杂的化学变化所形成。沉积岩(比如沙岩)中的高孔隙使得石油和气体自由融合直至聚集在自然油陷,并被地壳运动带来的不透水岩(比如岩浆岩)所密封。油陷有三种主要类型:背斜、断层和地层圈闭。油田是由许多这样的油陷累积而来的。沉积岩越厚,则潜在的石油产量越大。与陆上石油一样,海上石油最优厚的环境即为沉积盆地,其沉积层厚度超过 1 千米。这样的盆地集中存在于大陆边缘沿线,换言之即大陆架、大陆坡和大陆基。

以往的钻井数据显示,某一地质代的岩礁相较其他地质代的岩礁而言更富含石油。事实上,世界出产的超过一半的石油,都发现于地球历史上最年轻的年纪,也就是新生代(距今 7 000 万年前)岩礁中,特别是新生代中的第三纪(距今 6 500 万年至 200 万年前)。而在第三纪中,又有大部分出自于新第三纪(距今 2 500 万年前至 200 万年前)的岩礁中。总体而言,第三纪的沉积盆地是出产石油最有潜力的地质环境之一。

（c）海上石油作业

石油暗藏在地球内部，除非自然渗透，否则无法通过其物理或化学性质被检测。目前从地表勘探石油主要运用地质、地球物理和地球化学三种科学方法。地球物理的技术例如重力、地磁和地震测量是最热门的技术。其中，地震测量作为最贵也最费力的方式，可测出勘探区域最准确的石油地质相关信息。石油矿床存在与否，只有通过钻探方能知晓。由于更为不利的环境和所需的海洋工程作业，海上的石油勘探及开采要比陆上更为艰巨，代价更为昂贵也更危险。海上钻探船由固定或移动的钻台支撑或运载，这取决于钻探点的海水深度。钻井船、自升式平台、潜艇和半潜艇是当今世界运用最普遍的钻探设备。目前钻井能力可达水下 6 000 英尺（1 800 米），开采能力达到 980 英尺（300 米）之深。然而，据美国石油行业人士预测，除非原油价格达到每桶 60 美元，否则未来十年中大量的海上钻探和开采仍将在不足 600 英尺（180 米）的水下进行。

2. 东海海床研究状态

与波斯湾和北海的海床不同，东海海床很大程度上在 20 世纪 50 年代和 60 年代被忽略了。这样的疏忽是由于缺乏地质知识和区域政治稳定所致。最早的相关研究是由美国地质学家夏普德、艾美瑞和古尔德发表于 1949 年。他们的工作很大程度上是源自航行图表中海底沉积物的数据汇编，因此对此研究并未起到太大帮助。1958 年，苏联海洋地质学家克连诺夫的一项研究，是依据中苏决裂之前获取的北海地质信息所作，但也仅包含一般讨论。直至 1961 年才出现一个更为详尽的研究。该研究由日本地质学家新野弘和埃默里教授所做，他们很大程度上专注于东海沉积物分布而非其地质结构和石油蕴藏。仅六年后，两人又合作研究并开始触及石油地质学。1968 年，联合国亚洲及远东经济委员会（ECAFE）新成立的亚洲近海矿产资源联合勘测协调委员会（官方缩写 CCOP）资助了一个为期六周的东海和黄海地球物理勘测，工具为美国海军海洋局提供的研究船亨特号。勘测报告由埃默里教授和 CCOP 成员国科学家共同完成，并于 1969 年出版（一般简称为埃默里报告）。该报告含有东海地质最详尽的数据。因时间限制，报告并未经地震勘测和钻探的进一步证实。然而，报告对该地区石油蕴藏的乐观预测却引发了东亚地区的“石油战争”。自此报告之后，便罕见出版了关于东海的地质信息。以下是埃默里报告中的一些研究发现。

3. 区域地质学

一连串东北—西南走向的海脊和沉积物覆盖的洼陷形成了东海的区域地质面貌(见图 2a)。就其功能而言,海脊充当了构造坝拦阻了沉积物,大部分沉积物由中国的黄河、长江和其他河流带来。在该区域,最西北角的海脊是福建—岭南地块,是一片中生代中期至晚期(1 亿 6 千万至 7 千万年前)上升形成的褶皱带。它南向黄海,位于黄海盆地,存积了至少 20 万立方公里的新第三纪沉积物。再向东南便是台湾—新畿褶皱带,正好与大陆架外缘相贴近,介于台湾和日本之间,在第三纪(6 千万至 1 千万年前)晚期才形成。通过拦阻来自中国大陆的沉积物,褶皱带构成了现在的大陆架,也就是地质学家所称的"台湾盆地"。褶皱带中的沉积物估计在 1 百万立方公里,而且大部分属于第三纪。台湾—新畿褶皱带之外便是琉球褶皱带,存在有突出地表的火山岛,例如琉球群岛。这条褶皱带,被认为在新第三纪时期形成,并在冲绳海槽中以及台湾—新畿褶皱带和琉球褶皱带之间的结构洼陷中拦阻了连续成带状的沉积物。琉球褶皱带朝海的一面,海床开始下降至一个充满沉积物的阶地,然后再降至平均低于海平面 6 000 米深的琉球海沟。然而,埃默里报告中却未提及冲绳海槽的地壳构造。

4. 沉积物分布

泥、沙以及他们的混合物构成了东海绝大部分表面沉积物(见图 3)。紧靠海岸的是淤泥,随后是沙子以及泥沙混合物。在这层沉积物的下面便是含有石油的新第三纪第三系岩层。在此表面岩层之下,则是中生代和古生代沉积岩(7 千万至 6 亿 2 千万年前)。这些低孔隙度的岩层经常作为油陷的基层。

新第三纪岩层自对马海峡(介于日本和韩国之间)至台湾朝西南方向而逐渐变厚。对马海峡的岩层厚度不足 200 米,但在岛屿东北处有一个大过台湾(13 948 平方公里)数倍的区域,其岩层厚度超过 2 千米。根据埃默里报告,在新第三季岩层中发现了例如背斜、断层和不整合等蕴藏石油的特征。台湾—新畿褶皱带的近陆沉积物填满了台湾海盆,并沿着大部分褶皱带超越了拦坝。冲绳海槽的西坡靠近该区域处也富有含油气的沉积物,沉积物厚度超过 1.2 公里。

D. 油气潜力

在埃默里和新野弘 1967 年的研究中，他们的结论是"公认最有利的是九州和台湾之间的地带，据报已有渗油现象，可能是褶皱。"在埃默里 1969 年的报告中，他们以及其他人对于石油蕴藏的评估已经十分具体了：

本地区最有利生成石油和天然气的部分多半在台湾东北处 20 万平方公里。沉积物厚度超过 2 公里，在台湾则达到 9 公里，其中有 5 公里厚的新第三纪沉积物。大陆架之下堆积的沉积物大部分据信属于新第三纪岩层……几乎在日本、韩国和台湾地区陆地上产出的所有石油和天然气都来自新第三纪岩层。台湾和日本之间的大陆架可能是世界上最大的藏油区。这也是世界上为数不多的几个由于军事和政治因素影响尚未被钻探的广阔大陆架之一。

有些地质学家也对此报告的乐观态度表示同意，有些则持异议。然而，大体都对报告的评估达成一致意见。无论如何，埃默里报告都被默认为了解东海石油蕴藏的第一步。若没有钻井，谁能获取海底石油地质情况最直接的信息。埃默里调查中除却没有钻井这个缺点外，报告已在沿岸国家引起极大的石油狂热。自此以后，大量与"中华民国"及韩国相关的西方石油公司已经在台湾海峡、东海的南部和北部及黄海东部海域进行钻井。钻井数据由相关公司或政府严密保管。然而，这些钻井的位置却暗示了因为政治因素，大部分大陆架仍未被开发。

对该区域石油地质情况的了解不足，并未阻止地质学家、商人甚至政客估算中国边缘海的海上石油储量。有些估计的数据可能比其他估计多数倍。例如：一份日本政府的调查预测在钓鱼台列屿附近某未定位区域的石油储量可能高达 150 亿吨（1 095 亿桶），这一估算已经超过其他人对于整个中国的石油储量估计。以下便是这一数字游戏的例子：

估计者（年代）	中国可采海上石油储量估算（十亿桶）	估算者备注
苏联地质学家萨马诺夫(1974)	7.5 - 11.2	
美国主要石油公司(1975—1976)	10.0 - 45	
美国梅耶荷夫教授和威廉姆斯博士(1975,1979)	30	"纯属臆测"
美国中央情报局(1977)	39	"推测"
美国前能源部长史勒辛格(1978)	50	

这些全是对于中国海上石油储量的估计，除了梅耶荷夫和威廉姆斯的估

算外,均未作地理区域分项划分。除了梅耶荷夫和威廉姆斯的估算外,其他所有数据都没有提供估算的依据和方法。美国中央情报局和史勒辛格的估算实际上只是依据陆上数据得出的海上数据。

根据梅耶荷夫和威廉姆斯,"经济沉积物"的总量,即"地质上可能蕴藏石油的沉积物"总量,可以通过石油公司在东海地震测线收集的数据信息估算得来。他们然后利用一个在麻省理工学院开发的电脑模拟模型,将这些数据与已钻井并开采石油的类似的沉积盆地数据进行对比。油气的蕴藏范围因此可在"概率论容许的范围内"评估出来。他们的一些估算如下所示:

区域	可采油气潜力总量 (单位:十亿桶)			在位油气潜力总量 (单位:十亿桶)		
	悲观	中庸	乐观	悲观	中庸	乐观
东海浅区	0.1	2.1	60.0	0.4	8.5	240.0
东海深区	3.7	10.4	175.0	14.8	41.6	700.0
福摩萨【台湾】						
海峡和台湾区域	0.8	3.4	7.6	3.2	13.5	30.4
总计	4.6	15.9	242.6	18.4	63.6	970.4
中国总量估计	8.7	29.0	283.6	34.8	115.9	1 134.9

若使用中庸数据计算,东海、台湾海峡和台湾区域的油气总潜力已略超过中国油气总潜力的一半。作为迄今为止对中国石油潜力的最为具体的评估,梅耶荷夫和威廉姆斯的估计也许很快会被中华人民共和国自 1978 年以来大量的地质物理测量获取的信息所取代。无论如何,这些数据,不管看上去多么笼统,至少可以为我们提供一个争议中的东海石油潜力的初貌。

第二章 沿岸"国家"的主张与行动

大陆架首次作为一个地质学概念被使用是在 1887 年。直至近期,现代技术才使得在海床开采石油成为可能,且法律专家也开始关注这片广袤的水下陆地。1945 年之前,只有极少数国家曾基于立法管制生物资源(自由游动或固着生物),或依据与岛屿领土取得关联的邻接原则对大陆架提出主张。但从未有国家曾对大陆架本身及其资源、生物或非生物资源,提出一个总体主张。

大陆架在其法律概念的演变中有一值得纪念的发展，即杜鲁门总统1945年关于大陆架的宣言。宣言中，美国主张对于其邻近大陆架的自然资源享有"管辖与控制"权，但却并未指定该主张涉及的海域宽度。该宣言激发了不少国家广泛针对海洋区域的不同深度、离岸距离及法律性质作出单方面主张。

联合国国际法委员会(ILC)从1949年开始考虑大陆架问题。两年之后，在其第三次会议中，委员会通过了一份附有详细说明的大陆架管理制度的草案，这份草案也在随后分发给各个成员国征求意见。在联合国国际法委员会的建议下，联合国大会于1958年在日内瓦召开第一届联合国海洋法会议，共有86个国家参加。大会通过了四个公约，包含基于国际法委员会草案的关于大陆架的公约(之后也被称为大陆架公约)。在东中国海的沿岸"国家"中，"中华民国"、日本和大韩民国均出席了大会，但只有"中华民国"签署了大陆架公约。除了大韩民国，其他任何一个沿岸"国家"直至1964年埃默里报告发布前都没有提出任何对大陆架的主张。

除了中华人民共和国，东海沿岸其他任何一个"国家"都没有足够的产油能力可以满足他们的能源需求。但日本、大韩民国和"中华民国"却凭借其从国外进口超过百分之九十八的石油为其蓬勃发展的经济提供能源。基于这样的背景，随着埃默里报告发表而来的他们的主张和行为冲突的汹涌态势也就不足为奇了。自从70年代起便一直高涨的石油价格也加剧了这样的石油竞争。

从严格的法律意义上说，除了日本，其他所有的沿岸"国家"都已提出正式的大陆架主权主张。他们也已经给予国内外的石油公司特许权进行勘测、开采和开发。出于本次研究的目的，日本所划的矿区被视为其大陆架主张的范围。以下表述便是对这些单方面主张和行动的检视。朝鲜民主主义人民共和国，更多被称为北朝鲜，在东海并无海防线，只在必要时提及。

A. 大韩民国

1. 主张和矿区

大韩民国很快将这种狂热付诸行动。埃默里报告出来之前，在亚洲近海矿产资源联合勘测协调委员会的勘测结束5个月之后，海湾石油公司得到了两个海上矿区(见图4)。壳牌石油公司，加利福尼亚/德士古(加德士)公司以及温德尔·菲利普斯公司也在接下来的17个月内随之行动。在7个矿区中，东海中的 K - 4、K - 5 和 K - 7 区域是我们的兴趣所在。韩国如此仓促地与外国石油公司签署合同,以至于他们的管制法例直至合同签署之后才出台。海洋矿产资源开发法于 1970 年 1 月生效,其中对于"邻近朝鲜半岛沿岸及其从属岛屿"的大陆架提出综合主张。一份划分这七个区域的总统令于 1970 年 5 月发布。最终,执行规则于一年后开始生效。

2. 引用的国际法准则

在韩国行动的几个月之前,位于海牙的国际司法法庭针对北海大陆架案例作出判决,那也是当时仅有的一个关于海床划界的司法判决。等距离原则,作为大陆架公约第六条的基石,并未被视为大陆架划界问题上国际习惯法的强制性规则,尤其是在相邻国家之间划界。法庭认为这个等距离原则是不公正的,因为可能会给海岸个别地理特征带来扭曲的作用和影响。相反,法院作出如下强调:

> 划界应考虑到公平原则以及所有相关情形通过协议来达成。划界时应使得各方获得大陆架中构成各国陆地领土自然延伸进入海洋的部分,而不侵及他方陆地领土之自然延伸……

这条全新的"陆地领土自然延伸"准则当然未在韩国失去其意义。东海有如此的地形地貌使得这条准则对于相向日本的韩国是很有利的。韩国能够理直气壮地争辩日本的大陆架管辖权范围至冲绳海槽,而日本却不可"跳越"海槽来对另一边的广袤大陆架提出主张。实际上,韩国也在第三届联合国海洋法会议上正式提倡这个法律立场。另外,黄海(见图 1)平坦且连绵的底部却中和了这条准则的尖锐度,因为其海床可被同时视为中国以及韩国领土的自然延伸。一条等距中线边界似乎更适用于主要相向海岸的情况。

韩国主张与矿区的法理依据是有悖于这样一个背景的。对于朝向中国的 K - 1 至 K - 4(见图 4)的区域,等距离原则一定已经成为其管理法则。济州以及其他沿岸的岛屿已经显然被用作基点。这想必也是合理考虑到它们与岸边的临近距离以及韩国在 1978 年宣布的直线基线制。然而 K - 5 区却不需要国际划界(见图 4),K - 6 区看上去也已经必须要引用等距离原则。

K - 7 区域在划界问题上复杂得多。从地理情况来看,它从南部远远延伸进入东海,其南端距离济州岛即最近的韩国基点为 330 海里。在北面,有一个附属于日本包含男女群岛和鸟岛的 12 海里的区域。从地形地貌来看,这一片区超过了将其片区一分为二的 200 米等深线(见图 5 的虚线部分)，一直延到冲绳海槽的中部，那里的海水平均深度为 900 米(见图 11)。这一片区因此实际由两个显著的地形地貌特征构成：即为大陆架和海槽。显而易见，等距离原则无法解释这一区域的位置。如欲越过地质大陆架进入一个不考虑冲绳海槽而假设的中线上靠日本一边的区域，则必须要引用自然延伸法则。这里出现两个问题：第一，由于这一区的东边大部分是顺沿着冲绳海槽的中央航道，韩国是否类比引用了界河航道中心线原则呢？这一问题似乎也无明显答案。第二，该区进入了一个为中国、日本和韩国的海洋边界会合之处的区域。如转述英国辩护人在 1977 年英法大陆架案(见图 13)中对类似情境的表达的话，这区域是远离而非存在于中国和韩国的海岸之间，这些海岸是相向还是相互毗连？或者两者都不是？韩国似乎已经像英法大陆架案仲裁法庭所做的那样，将其当做一个"相向"的情况，并在为 K-7 区和可能部分 K-4 区划分界限时相应地引用了等距离原则。总体说来，在迥然不同的地质物理环境下，韩国针对日本引用了自然延伸准则，而对与中国相关的海岸划界则引用了等距离准则。沿岸岛屿已被用来作为基点，反而无人居住的洋中小岛则仅限在 12 海里的区域。

3. 海洋勘探

温德尔·菲利普斯——一个大型的独立石油公司，在其早期将百分之九十的业务"外包"给新成立的韩美石油公司(Koam)，用来勘探 K-7 区域。这一区域也全部包含在未来将讨论的日本—韩国联合开发区域之中(JDZ)。加德士石油公司(K-1 区和 K-5 区)在这两个区都做了地震勘测，但是却被美国国务院禁止在政治敏感的 I 区进行钻井。海湾石油及其他石油公司在同样区域实际遭遇的敌意则是进一步的威慑。在 1976 年将其区域全部归还韩国仅保留 K-5 的部分区域作为矿区之前，加德士石油公司在 K-5 区钻了一个干井。海湾石油的两个区(K-2 和 K-4)，即埃默里报告显示有石油潜力的区，都包含在相向于中华人民共和国的敏感区域内。海湾石油在收到再三的警告之余，也经历了北京"捕鱼"船只大量的破坏行动。该公司在 1972—1973 年间钻了三个干井，之后在 1975 年放弃其矿区。

4. 与日本的联合开发

受挫于同那些易受政治压力影响的美国石油公司的合作经历，韩国开始对与日本在两国共同提出主张的区域进行联合开发表现出极大热情。与日本的谈判在 1972 年后半段就开始启动,然后在无视中国(中华人民共和国和"中华民国")和北朝鲜的抗议下,于 1974 年 1 月通过签署两份协议完成谈判。第一份协议涉及了朝鲜海峡中的大陆架界限划分;第二份协议则是日本—韩国联合开发协议,其中建立了日本—韩国联合开发区(JDZ)并搁置了海床争端。在韩国国会很快就于 1974 年 12 月通过了这项协议的情况下,日本则花费了超过三年的时间做同样的事情,主要是因为国内的政治内讧影响。中华人民共和国再次提出抗议,谴责日本和韩国干涉中国主权。首尔与东京于 1978 年 6 月交换了批准书。除了预期中的第三次抗议外,中华人民共和国并未对日本采取报复性的行动或者将该问题联系到待定友好条约。

依据协议,日韩联合开发区做了进一步划分,细分为 9 个沿着当时韩国和日本矿区边界线的分区。(见图 6)第 5、6、7、8 和 9 分区与"中华民国"和中华人民共和国都提出主张的区域有所重叠。1976 年或之前极不情愿离开的西方石油公司又再度返回,在日韩联合开发区重新申请采矿权。在那里拥有矿区的日本公司也做了这样的申请。到目前为止,最大的第 7 分区的勘测权已被给予代表大韩民国的 Koam 公司,然而,在商业发现的考虑下,开采权则由代表日本的新日本石油公司来执行。日本—韩国联合委员会,作为协议中规定成立的监管机制,也针对第 2、3、4、5、6(见图 6)分区作出了类似的安排。这些代表大韩民国和日本利益的对立的石油公司结合在一起,旨在在跨政府联营体中平衡相互冲突的国家利益。无论这样的安排如何,所有提取的自然资源和所有因此产生的费用都将被均等划分。全面勘探于 1979 年 9 月开始,至 1980 年中期,在第 7 分区中已挖掘了一个勘探井。

B. 日本

日本是在东亚第一个体会到海床石油潜力的国家。1972 年,美国在日本的压力下归还琉球群岛,据说部分原因是因为该岛屿的战略位置而加速进行的。也因此使得位于石油潜力巨大的大陆架之上不为人所知的钓鱼台列屿,成为日本与中国("中华民国"和中华人民共和国)激烈领土争端的核心问题。日本也发现难以接受韩国广泛的海洋主张。具有相当意义的变化发生于 1972 年。日本和韩国开始就争议区域谈判一个联合开发项目。与此同时,东京则与北京在 1972 年 9 月建立外交关系,不仅搁置了爆发性的领土争议问题,而且还为从中华人民共和国进口石油铺路。因此在政治上不适宜、经济上不需要的情况下，日本也就不能在争议的东海区域继续进行其野心勃勃的探油计划。

1. 主张与矿区

迄今为止，日本并未对东海主张正式的海床主权。然而日本政府已经以种种不同的方式提出或辩护其事实上的主张和矿区。例如，在其对"中华民国"1970年7月18日的外交照会函中，也就是海湾石油公司与中油公司签署石油合同的十天前，日本声称"中华民国"在日本(根据日本政府，包含钓鱼岛范围)和台湾之间的矿区在国际法中是单方主张且无效力。日本外相爱知揆一于八月在日本众议院公开提出该立场。当年十月，"中华民国外交部"代部长和日本"驻华大使"进行会谈。据报道，后者对于争议区域的日本矿区进行辩护，并提议通过过渡办法来等待正式的谈判。日本随后在1971年12月重申其立场具备弹性。但是该弹性并非意味着示弱，日本坚决阻止海湾石油公司于1972年中期在钓鱼台附近海域的勘测计划。对于大韩民国的主张，除了领土争议额外的复杂化，日本的反应也是类似的。通过签署联合开发协议，日本与韩国强调的是他们在日韩联合开发区内各自主权依旧不受任何影响。

西日本石油公司，是由壳牌石油公司与三菱公司合资成立的公司，它在1967年申请了首个矿区(见图4、7、7a中的J-4)。该区与本文讨论内容仅有少量关联(见图4)。西日本石油在冲绳海槽(见图7&7a的J-3c)及以外区域获得更多的矿区，这些矿区也在1977年被指派给新西日本石油公司(见图7a)，一个由三菱公司、壳牌石油公司和政府所有的日本石油开发公司[简称JPDC，后于1978年6月更名为日本国家石油公司(简称JNOC)]共同合资成立的公司。新西日本石油公司的部分区域(J-4&J-3C)后来也被包含在日韩联合开发区(见图6的1&9分区)。第二个申请矿区获准的是新日本石油公司，时间为1968年，区域(见图4、7、7a的J-3)面积为50 312平方公里，紧靠着西日本石油公司矿区的南侧。该新日本石油公司的矿区后来也成为了日韩联合开发区的第4、5、7分区(见图6)。

1969年，帝国石油公司申请了一个矿区(见图4、7、7a中的J-2)，位于新日本石油公司矿区的南部(见图7)。随后，帝国石油公司联合海湾石油公司，又申请到沿着冲绳海槽及围绕琉球群岛的大部分区域。帝国石油公司的J-3区后来也被纳入日韩联合开发区。在日本的石油公司中，帝国石油公司在东海拥有最大的矿区。依旧在 1969 年,日本石油开发公司向当时还在美国政府管理之下的琉球当局申请租借琉球西部面积达 25 000 平方公里的海床(见图 4 的 J-1),距离台湾 108 海里(见图 4)。这一日本石油开发公司的矿区后来被扩大并被宇留间公司(J-1a)、日本石油勘探公司(简称日本石油开发株式会社,J-1b)和阿拉斯加石油公司(J-1c)(见图 7&7a)分割。

这些矿区中有些矿区的法律状态依旧不明朗。出于本文研究的目的,他们被视为日本对东海事实上的主张。

2. 引用的国际法准则

尽管未对东中国海海床提出正式的主张,但日本却曾就传统大陆架问题公开发表其立场。1973 年,日本向联合国委员会(后来也被简称为"海床委员会")就国家管辖范围之外海床和洋底的和平利用问题提出了"沿岸海床区域的划界原则"的初步建议。在加拉加斯召开的联合国海洋法大会二期会议中,就这一相同问题的修正草案被提出来。这一修正草案,显然体现出日本对于等距离原则的坚持,当中列出这几项条款:

大陆架的外部界线(沿岸海床区域)不应超过自测算领海宽度之基线量起的最大距离 200 海里。

(a) 在两个或多个国家的海岸相邻或相向的情况下,这些国家大陆架的边界划分(沿岸海床区域)应当由各国协商决定,且考虑到等距离准则。
(b) 如不能达成协议,任何国家都不得将其对大陆架的所有主权延伸至中线以外,即每一点均同测算中各国领海宽度之基线上(大陆或岛屿)最近各点距离相等的中线。

海床划界中的另一个重要因素就是基点的选择。通常海岸相向而又采用等距离准则划界的国家之间,对于划分等距线依据的基点可能会有很大的分歧意见。微小岛屿位于中线或假想中线中"错误"的一边就是其中最好的一个例子。在第三届联合国海洋法大会加拉加斯会议上,曾对岛屿的管理体制(即定义与状态)进行了冗长的辩论,日本声明原则上对于岛屿、小岛和大陆的海床权利应一视同仁。上述引用的修正草案第三(b)条中表明了与日本同样的立场。

西日本石油公司在朝鲜海峡中的矿区(J-4)和在冲绳海槽中的矿区(J-3c)的界限划分显然依赖于等距离准则,并与韩国和中国相关。所有的岛屿(对马、大隅、吐噶喇、奄美等岛)均被用作基点。新日本石油公司矿区(J-

3a)相向韩国与中国似乎也已经依据等距离原则划分,被用作基点的是日本大陆领土包括(九州)、附近的岛屿(五岛列岛),以及微小的岛屿(吐噶喇列岛)、无人居住的鸟岛及男女群岛。帝国石油公司的矿区划界也是遵循了等距离原则。帝国石油公司的两个矿区(J-2& J-3b)延伸至200海里之远,所用的基点也各自不同。九州、吐噶喇列岛和奄美群岛可能都被用作J-3b矿区和J-2矿区东部的基点,然而J-2矿区的南部则必当利用争议中的钓鱼台列屿作为基点。与微小且无人居住的小岛相关的问题随之产生。此外,由于冲绳海槽存在的缘故,所有选中的基点(除了钓鱼台列屿之外)都位于与矿区所在的大陆架在地形学上没有任何关联的区域。日本石油勘探公司、宇留间公司和阿拉斯加公司的矿区也可这么说,这些公司都利用钓鱼台列屿作为其唯一的基点。与大陆架划界相关的微小岛屿,以及海底海槽的法律地位分析将在第四章和第五章中进行。

总而言之,虽然有些矿区的法律地位不是很明确,但日本在其大陆架划界上一直遵循着等距离准则,不论其大小以及经济价值,岛屿领土享有与大陆领土完全一样的海床权利。

3. 海上勘探

如上文提及的那样,日本地质学家新野弘曾与埃默里合作,分别在1961年和1967年就东中国海写了两篇重要的地质研究文章,且参加了1968年亚洲近海矿产资源联合勘测协调委员会组织的地质调查。新野弘是如此地着迷于东海的石油潜力,以至于他在日本政府和大学的大力支持下,分别于1968年、1969年和1970年个人组织了三次在钓鱼台列屿附近领域的地质物理勘测。前两次的勘测并没有获得令人信服的研究发现;第三次的勘测结果,据说令人鼓舞,促使日本计划一个"五年发展项目"在那一区域寻找石油。然而,由于边界争端的困扰,除了西日本石油公司以外,日本其他石油公司在1972年9月之前都只做极少勘探。自此之后,日本政府在东海谨慎地进行一些勘测,禁止私人公司从事勘测。所有这些勘测活动以及一口钻井(海湾石油公司所钻)的位置都位于冲绳海槽之中或琉球群岛的东部,均在争议区域之外。

4. 与韩国的联合开发

日本—韩国联合开发项目的背景已在前文有所描述。日本在日韩联合开发区中的矿区属于新日本石油公司(J-3a)、帝国石油公司(J-3b)和西日本石油公司(J-3c &J-4)(见图6)。

C. "中华民国"

从实际管治的人口和领土面积来看,"中华民国"是东中国海中最小的沿海"国家"。尽管资源匮乏,台湾岛有着一个世纪之久的陆上石油和天然气发展的历史,可追溯至 1877 年。海上石油的发展则是直到 1960 年后期才开始。与大韩民国一样,"中华民国"很快利用了埃默里报告;与大韩民国不同的是,"中华民国"有一个相对复杂的"国有"石油企业——中油公司,始于 1946 年。中油公司不单从事"下游"例如运输、炼制、营销和石油化工等业务,也从事地质勘测和石油开采等"上游"业务。在 1969 年至 1970 年之间,"中华民国"有系统地提出了海床主张,制定了有关法规,划分了海上石油矿区并且联合六家美国石油公司共同进行海上石油开发。这些都发生于当时一触即发的东海各国间的政治氛围之下,各国的海上主张或矿区均完完全全地大幅度地重叠在一起。使得态势变得更为复杂的是,美国悄悄地在 1970 年转变其对华政策,其政策转变达到高潮是尼克松总统于 1972 年 2 月访问中华人民共和国。对于与中油公司相联系的石油公司而言,华盛顿当局态度的转变削弱了他们对"中华民国"未来的信心。而且,美国国务院对于美国钻井船在敏感海域的海上石油作业进行干预,也使得这些公司的海上石油开发计划更为艰难。最终,两家公司退出,其余四家公司则采取观望态度。

1. 主张与矿区

1958 年第一届联合国海洋法大会之前,除了少数几名与联合国有关联的法律专家外,"大陆架"作为一个法律概念对于"中华民国"而言是颇为陌生的。在签署了大陆架公约之后,无论是"中华民国政府"还是学术界对整个新制度或者"中华民国"对公约的批准都没有给予过多关注,直到埃默里报告的发表才将这一问题变成关注的焦点。"中华民国政府"在其"经济部"(中油公司的母部)的强烈要求下,于 1969 年 7 月 17 日作出如下声明:

"中华民国"是 1958 年联合国海洋法大会大陆架公约的签约国。为勘探和开采天然资源并依据公约所约定的原则,"中华民国政府"声明对于其毗邻海岸,在其领海之外的海床以及底土上的所有天然资源,均将行使主权上的权利。

为巩固该声明的法律基础,"中华民国"于 1970 年 8 月 21 日批准了大陆架公约,并就公约中的第六条作出两条保留:

　　(1) 对于海岸相邻或相向的两个或以上的国家,其大陆架的边界应当依据其大陆领土的自然延伸准则来界定;并且

　　(2) 在界定"中华民国"大陆架边界时,暴露于海面上的的礁石和小岛不应被考虑在内。

　　随着批准书于 1970 年 10 月 14 日存放于联合国秘书处,"中华民国"也因此成为大陆架公约的第四十三个"签约国"。

　　接下来的步骤便是推动海上石油开采的进行。尽管其陆上石油开采已有相当经验,但中油公司欲"出海"仍需要技术支撑。自 1970 年中期至 1972 年中期,中油公司与北美七家石油公司签署合约在台湾海峡和东中国海总面积达 194 000 平方公里的海域进行石油开采。在中油公司完成三份中外合约签署后,为规范海上石油开采行动,《海上石油开发与开采条例》于 1970 年 9 月才迟迟颁布出来。于 1974 年 7 月出台的实施细则则进一步明确了执行的细节。为赋予其 1969 年大陆架公约声明的实质内容,"中华民国"于 1970 年 10 月 15 日宣布划定五个"海上石油保留区"(之后简称为海上石油区),从台湾海峡(北纬 22 度)延伸至东中国海(北纬 30 度)(见图 9a)。这些区域彼此被纬度线所分割开来,均以中国大陆海岸为西部界限,而台湾西部海岸(针对第一区)、冲绳海槽的中央航道线(针对第二、三和四区)、东中国海大陆架的外部边缘(针对第五区)分别作为他们的东部界限。"中华民国"强调这些海上石油区只是初步的规划,预期将来会宣布更多的区域。

　　在那些东中国海的沿岸"国家"中,"中华民国"采取的石油开采步骤是最为具体和系统的。无论其言语有多么的激进,或者可能不切实际,"中华民国"在其行动中一直谨慎且务实。授权给中油公司并与美国石油公司共属的矿区仅占五大海上石油区(见图 9a)面积的一半。所有这些矿区都位于海上石油区的东半部,剩下的西半部则未被分配且与中国大陆海岸相邻。而且,如"中华民国"官方声明中列出的那样,实际矿区的东部界限是沿着 200 米的等深线而非冲绳海槽的中央航线。(见图 7)前者要比后者距离日本海岸更为遥远。

　　2. 引用的国际法准则

　　与大韩民国和日本不同,"中华民国"宣布了其海床主张依据的国际法准则。

　　由于"中华民国"和中华人民共和国相互否定对方为一国家,位于台湾海峡内的第一区并不适用国际定界,因此也没有应用国际法的空间。尽管"中华

民国"对其有名义上的主张,第一区内的矿区,其西部界限乃沿着实际上的中线,呈锯齿状,使得中线以西区域留空。如果在适用国际法,由中国大陆和台湾共享平坦且连绵的大陆礁层的情况下,结论也许是一致的。

第二、三、四区从中国大陆海岸一直延伸至冲绳海槽的中部。"中华民国"的主张,如其 1970 年宣言所示,并未停止在 200 米等深线即大陆架的传统界限,而是沿着大陆坡和大陆基延伸直至冲绳海槽的底部。这一广泛主张,利用中国大陆和台湾作为基点,显然是基于自然延伸原则而作出的。而明确将冲绳海槽的中线指定为这些区域的东部界限也暗示了界河航道中心线原则也可以发挥一定的作用。如"中华民国"的 K-7 矿区,仍存有一些法律问题有待第五章做进一步分析。第五区,也是最北端的区域,距离台湾 290 至 415 海里。在"中华民国"1970 年的宣言中,此区域的东部界限与大陆架的边缘相吻合,也就是指 200 米的等深线。将同样的分析用于二、三、四区时会发现,这些区也再次引用了自然延伸原则。可是并不十分明确的是,为何第二、三、四区使用海槽中线作为其外部界限,而第五区则是以大陆架边缘作为其界限。事实上,有着围绕九州群岛 400 英寸(724 米)等深线的凹地仍旧是冲绳海槽的一部分(见图 1a)。"中华民国"本来能够将冲绳海槽中线指定为第五区的外部界限。

另一个显著特征就是对基点的选择。除了第一区及第三区的部分区域之外,"中华民国"一定是将中国大陆海岸作为基点,从而对位于东中国海距离台湾数百里的如此遥远的大陆架提出主张。"中华民国"将中国大陆海岸指定为其五大石油区的外部界限也证明了这一观察。通过这样的行为,"中华民国"显然意图代表全中国来提出主张,包括中国大陆。无论现实与否,这样的立场也使得东海石油争议变得更为复杂。

3. 海洋勘探

中油公司的第一个海上地震勘测是在 1965 年于台湾海峡内、台湾北部陆上产油井的区域外进行的。随后在 1968 年于台湾海峡和东中国海进行了三次空中地磁测量:一次是由中油公司进行,另两次则由与阿莫科石油公司相关的一家美国公司进行。测量结果显示,内陆背斜结构向海延伸进入台湾海峡以及新近纪的厚沉积岩。近海矿产资源联合勘测协调委员会的船载勘测,即生成乐观预计石油蕴藏的埃默里报告的勘测,也是在那年的下半年进行的。由于缺乏所需的海上石油勘探技术,中油公司与六家美国石油公司签约,其在

第一区至第五区的勘探情况如下:

(a) 阿莫科石油公司

阿莫科(印第安纳美孚石油公司)于 1967 年与中油公司开始接触,并在 1968 年为中油公司实施了一次航空磁力测量。一份稳固的"中外合营"合同最终于 1970 年 7 月签署,并于 9 月被"中华民国政府"批准。阿莫科公司面积达 8 200 平方公里的矿区(I-A 区和 I-B 区)位于台湾海峡内第一区的北部(见图 9)。自 1970 年至 1973 年,阿莫科公司布置了 1 600 海里的地震测线并钻了一口干井。由于自 1974 年后便对其矿区无所作为,阿莫科公司于 1977 年早期作出了暂时撤离。当合约于 1978 年 9 月失效后,阿莫科公司将其所有的矿区都归还中油公司,而中油公司仅在一年之后便钻出石油。

(b) 康菲石油公司

大陆石油运输公司(康菲)是位于康涅狄格州斯坦福德的一家大型独资企业,于 1971 年 7 月获得与中油公司的中外合作开采合同。康菲石油公司在第一区有 4 个矿区(I-F、I-G、I-I 和 I-J),总面积达 20 000 平方公里(见图 9)。1973 年 5 月,康菲石油公司将其百分之五十的业务外包给阿莫科公司,以便充分运用阿莫科公司在台湾的设施。自 1972 年至 1975 年,康菲石油公司开展了长达 4 500 海里的地震测量。阿莫科公司所打的钻孔中有一个于 1974 年 6 月在距离台湾南部 60 海里外钻出了天然气,该钻孔也开启了两家石油公司的合作之门。预计可能的储藏量(每天 3 000 亿立方英尺[①])大到可持续维持台湾当时的天然气供给 40 年之久。但是,鉴于台湾天然气的价格调节制度以及"中华民国"不确定的未来,两家公司都认为这一发现仍旧显得微弱,以至于无法证明其进一步投资的价值。据报道,当美国政府拒绝为其在台湾的投资担保,并且坚决干预以阻碍其在 1976 年早期由悬挂美国国旗的钻井设备进行计划中的钻井时,康菲石油公司的信心进一步受到重创。与阿莫科公司一样,康菲公司于 1978 年 9 月彻底脱离与中油公司的合作。

(c) 海湾石油公司

尽管海湾石油公司在"七姐妹"中是最小的一个,但却是中油公司最大的外国合作伙伴。海湾石油公司在原油销售、融资与投资方面与中油公司有着长达二十五年之久的合作关系。它与中油公司的中外合作开采合同于 1970

---

① 编者注:原文如此。

年 9 月开始生效。海湾公司在其位于第二区的 11 个矿区(见图 9 和 9a)也拥有最大的面积——55 000 平方公里。海湾公司布置了 7 500 海里的地震测线并钻了四口不成功的钻井,其中一个距离争议中的钓鱼台列屿不足 40 海里。海湾公司在 1976 年之前将其原有矿区面积的百分之七十三归还给中油公司。这样的做法部分意图在于将与其有着较大利害关系的日本之间的冲突减到最小。海湾石油公司与帝国石油公司之间有合作合同,而帝国石油公司的矿区又与海湾石油公司的矿区有稍许重叠(见图 7)。早前,海湾公司将其与中油公司的合约中规定的勘探期限延长至 1980 年 3 月,但是从 1970 年中期便开始依据合约中不可抗力的条款暂停履行合约。

(d) 大洋公司

大洋勘探公司是一家小型但是充满活力的独资企业,位于科罗拉多州丹佛市。它是在 1968 年来到台湾并于 1970 年 9 月与中油公司签署合作开采合同的。虽然大洋公司不敌海湾公司丢掉了第二区,但却赢过了克林顿国际公司获得第三区。它的矿区,最近的地方距离台湾 110 海里,面积达到 40 000 平方公里,分布在 8 个区域。自 1970 年至 1974 年,大洋公司布置了 5 500 海里的地震测线,并在其将原有矿区面积的 62.5% 归还中油公司之前发现了五个有石油潜能的岩层结构。不顾中油公司的催促以及钻井截止日期的延长,大洋公司因美国国务院的干预及其钻井伙伴的离开而未钻一口井。随后大洋公司援引合约中的不可抗力条款来作为其不履行对中油公司合约义务的借口。

(e) 克林顿公司

克林顿国际公司,作为一家能源储备集团的海外子公司,位于堪萨斯州的威奇托市。该公司与中油公司也是在 1970 年 9 月缔结合作开采合同的。克林顿公司距离台湾 250 海里有 7 个矿区,总面积为 35 000 平方公里(见图 9)。克林顿公司仅布设了 1 700 海里的地震测线,并且于 1972 年 3 月归还了 4 个矿区。勘测中显示的颇有潜力的石油蕴藏,引得休斯顿优油公司于 1974 年作为钻探方与克林顿公司合作。美国国务院强烈阻挠优油公司原计划在 1975 年早期(见图 9a)的钻井,该公司随后也撤出其与克林顿公司的合作,这就相应使得克林顿公司依据其与中油公司合约中的不可抗力条款暂停所有的勘探行为。1979 年 7 月,克林顿公司从中油公司获得位于前海湾公司矿区 10% 的利益,由中油公司作为钻探方。尽管钻出的是一口干井,但该行为也证实了克林顿公司对在距离台湾更近也更安全的区域内实施勘探的愿望。

（f）德斯福公司

德斯福太平洋公司是德斯福石油公司的勘探机构，乃一家位于洛杉矶的小型的独资企业。在 1972 年 6 月与中油公司缔结合作开采合约后，德斯福公司只能获得面积为 28 000 平方公里位于第五区的三角形状的矿区，也是距离台湾最远的海域（超过 300 海里）（见图 9）。由于该区处于极为敏感的位置，德斯福公司在其矿区内尚未进行任何活动。与克林顿公司一样，德斯福公司一直在寻求距离台湾岛较为安全的矿区区域。至此，其并未实质开展与中油公司的新合约。

（g）中油公司

中油公司的勘探活动集中在台湾的近海区域（见图 9b）。在第一区内，中油公司在 1975 年 12 月时布设的地震测线就达到了 7 860 海里，这一长度超过了其外国合作伙伴地震测线的总长。在第二区内（即前海湾公司的矿区），中油公司的地震测线工作（长度为 6 500 海里）几乎是海湾公司、大洋公司和克林顿公司在 1976 年前所做测线总和的一半。中油公司在 1976 年于第一区内挖掘的 7 口钻井都未成功出油。鉴于美国石油公司在华盛顿施加的政治压力前表现十分无力，中油公司于 1975 年决定凭借自己的力量，在所有未分配的和被归还的区域进行勘探（见图 9b）。1976 年 7 月，一项总投资支出为 18 亿美元的七年集中勘探项目启动。在那期间，规划勘探的钻井达到上百个。自 1976 年起，截至 1976 年 7 月已钻了 41 口井，与 1976 年之前的 16 口井（其中七个是由中油公司独立钻探的）形成对比。中油公司在 1979 年 10 月也在距离台湾 11 海里处的前阿莫科矿区内有一定发现。四口井在测试中合计石油日产量为 3 300 桶石油，天然气日流量 1 519 立方英尺，且据中油公司预测，石油日产量潜力为 20 000 桶。预估的出油量累计仅占"中华民国"每日进口石油总量的百分之六，这一钻井出油的情况更多的是鼓舞了中油公司的斗志，而非减轻"中华民国"对于外国石油的依赖。

D. 中华人民共和国

中华人民共和国自 20 世纪 60 年代以来，一直在这些无争议的水域，例如渤海湾、珠江靠近香港的河口以及南海近岸，积极进行石油勘探。自埃默里报告发布后，其在黄海、东海和台湾海峡的表现为应对而非主动，提出含糊而非具体的主张，完全没有任何勘探行动。1978 年，北京实行"改革开放"政策后，便在石油产业内放弃其视为神圣的"自力更生"的信条,而石油产业之前曾是国家"自力更生"的样板。外国,尤其是美国石油技术成为积极寻求的目标。自从中外合资企业不再是禁忌后,商业合作也不仅仅局限在购买钻探设备方面。自 1978 年后期至 1979 年 7 月,中华人民共和国与美国、英国、法国、意大利和日本的 11 家石油公司合作在渤海湾、黄海和南海(见图 10)开展地球物理勘测,预计一年内完成。勘测区域覆盖 448 000 平方公里的海床,并且最终有合计 20 家大型国际石油公司包括除了海湾公司之外的所有"七姐妹"公司都加入勘测。在这一漫长的勘测线上明显缺失的便是东海和台湾海峡的海域,这也是"中华民国"提出广泛主张的区域。

1. 主张和矿区

在 20 世纪 70 年代之前,无论是中华人民共和国的官方声明还是学术文献,都从未提及"大陆架"作为一个法律概念。然而,埃默里报告及其余波,中华人民共和国当然不会忽略。中华人民共和国的第一反应便是谴责由"中华民国"、大韩民国和日本三方商界人士于 1970 年 11 月成立的联络委员会,即旨在东海资源研究和开发的非政府性质的"中日韩联络委员会"。该委员会提议三方政府应搁置海床争端,并允许各自的私人企业从事石油开采。中华人民共和国的谴责出现在其官方的人民日报"评论员"(评论员是为高级官员保留的一个笔名)文章中,而非正式的政府声明。该文章抨击了该联络委员会的提案,认为其代表了相关政府的真实意图,但并未提出中华人民共和国自身的主张。"大陆架"一词也未在文中出现。

联络委员会决定于 1970 年 12 月下旬采取更具体的行动。北京被激怒,于 12 月 29 日通过人民日报评论员文章对此再次抨击。该文章包含北京第一次对大陆架提出主张,值得加以引述:

> 台湾省以及所属岛屿包括钓鱼岛、黄尾屿、赤尾屿、南小岛、北小岛和其他岛屿,是中国的神圣领土。这些岛屿周围和其他邻近中国近海海域的海床和底土资源都完全属于作为其所有者的中国,我们绝不允许他人染指。中华人民共和国有权对这些区域的海床和底土的资源进行勘探和开采……所有蒋介石当局与任何国家、任何国际组织或外国公立或私营企业签订的一切有关中国海床和底土资源勘探及开采的协议与合约,无论是打着"合作开发"或者其他的旗号,都是非法的、无效的。

1970年3月1日,中日备忘录贸易会谈公报又再次重申了中华人民共和国的这一立场:

> 新成立的日—蒋—朴联络委员会竟然决定"联合开发"邻近中国海岸的浅海资源。这是对中国主权明目张胆的侵犯,对此,中国人民绝不容忍。

这是中华人民共和国第一次对"邻近中国海岸的浅海"声称"主权"。这一表述后来在中华人民共和国抗议日本—韩国联合开发协议中被重复引用。然而,中华人民共和国从未在任何场合下清晰细化其主张。截至1980年,中华人民共和国也从未在敏感的东中国海和台湾海峡内划定任何矿区。

2. 引用的国际法准则

既然中华人民共和国既未细化其海床主张,也未划定任何勘探或开采的矿区,从目前其所作的模糊表述中很难推论出任何的国际法律准则。然而,北京的确就一般意义上的海洋法问题有其一定的立场。在1973年7月,中华人民共和国向海床委员会的第二附属委员会提交了一份工作报告。就沿海国家大陆架向海范围的管辖,文中表述道:

(1)根据大陆架是大陆领土自然延伸的原则,沿海国家可以依据其具体的地理条件,合理划定其领海或经济区外的专属管辖的大陆架界限。这般大陆架的最大界限可由各国通过协商决定。

关于边界划界,文章继续道:

(5)相邻或相向国家的大陆架连接在一起时,应在平等地位上协商,并共同决定大陆架管辖的界限划分。

这份研究报告并未直接触及岛屿的海床权利问题。但其语言表述似乎暗示只有大陆领土才能享有合法的大陆架权利。此外值得提及的是,在专属经济区(EEZ)的向海划界上,这份研究报告细化了四个考虑因素,其中一个就是沿岸国家的地质情况。由于专属经济区包含了海面、海水、海床和底土,与地质条件是相关联的。中华人民共和国将地质因素考虑到专属经济区的划界问题上可能意在冲绳海槽。报告中这一条款的寓意将在第五章讨论。

总而言之,中华人民共和国,与"中华民国"一样,在大陆架向海划界问题上坚持自然延伸原则。岛屿被视为领海。在这之外的范围,则不是特别明确。在其含蓄地将大陆架管辖权限定在沿岸国家的大陆领土时,中华人民共和国已对东海和南海争议的洋中小岛周边的"浅海"提出主张。对于海床边界的界限划分,中华人民共和国更倾向于多国协商的方式而不是通过第三方的方式。然而东海的政治现状使得从未有过任何多国协商的先例。

3. 海上勘探

在近期大量外国石油公司介入之前,中华人民共和国对于东海勘探较少,根据公开发表的文献来看,仅有少数初步的对海底沉积物的研究。目前获得的信息显示,东海和台湾海峡目前没有被涵盖在地球物理勘测的区域,这些勘测是由那些为北京工作的外国石油公司实施的。在中国其他边缘海的大规模的勘探预计在 20 世纪 80 年代后期出油前可能不会开始。

第三章　主张与矿区的冲突

本章仔细观察了源于"沿岸国家"单方主张以及重叠矿区的冲突,并且对于需要继续在第二部分进一步探讨的问题作出规定。表 1 阐明了这些冲突等级。除却政治考量外,东中国海的"沿岸国家"对于国际法重要规则和不清晰规则的应用,以及将规则随后运用在复杂的地球物理环境中,这些也是造成冲突的原因。这些地球物理特征的法律含义各不相同,主要取决于各"沿岸国家"对含义的诠释。基于第二章的讨论内容,表 2 概述了"沿岸各国政府"针对海洋问题相关法律的各自立场。

在东中国海,所有"沿岸国家"(他们的矿区并不一定)提出的主张都是相互冲突的。尽管他们的主张或许大胆,但在划定矿区时则更为谨慎。实际上,某些矿区区域是在毫无重叠的情况下划定的。这是因为主张仅仅牵涉到相关政府,但矿区却关系到石油公司。不切实际的主张对于国内消费而言或许是好的,也或许可以成为未来谈判的谈判立场。然而,与法律上站不住脚的矿区关联着的是过高的政治或管辖风险,这只会吓跑潜在的矿区经营者。以下分析的便是每一组争议中双方之间存在的冲突问题。

A. 韩国和日本

如图 1 所示,1974 年前,日本与韩国相互重叠的八个矿区现在全部通过边界划定来重新确定(朝鲜海峡 J‐4&K‐6 矿区),或被包含在日本—韩国联合开发内(东海内剩余的矿区)。联合开发协议虽然未能使得海床争议得到解决,然而却通过无限搁置主权问题平息了争议,并且用合作取代对抗。在学者和海牙国际法庭的倡议下,在争议水域进行主张国之间海上石油联合开发的想法被证实在国家实践中仅发挥了微乎其微的作用。对于出产石油进行的联合管理和营销,仅列出这几项,并不比海床边界划界容易。尽管这些问题已经被日韩联合开发协议处理得很好,但是由于勘探才刚刚进行,这一先锋协议是否可以有效发挥作用仍有待观察。而且,对于同一海床提出主张的其他国家也并未无所事事。这份协议的签署、批准和实施都是在中华人民共和国和朝鲜民主主义人民共和国的强烈抗议下进行的。更为复杂的局面也将伴随石油的商业发现而涌现出来。

B. 韩国和中国("中华民国"和中华人民共和国)

"中华民国"和中华人民共和国对于东海大陆架都坚持同样的主张,但却对中国边缘海的不同区域进行勘探。他们与韩国的关系也相应的各不相同。

1. 韩国和"中华民国"

在韩国四个矿区所在的黄海内,"中华民国"没有划分任何矿区,但是"中华民国"的第五区却与韩国的 K - 4、K - 5 和 K - 7 矿区重叠。对于"中华民国"现在的第五区,韩国实际上比"中华民国"提前十个月就提出主张;然而当"中华民国"于1970年10月正式宣布其五个海上区域时,韩国对"中华民国",至少在官方场合,没有提出抗议。然而,当韩国和日本于1974年早期签署联合开发协议时,"中华民国"发表了一份声明来保留其权利:

> 针对近期一些国家提出关于东中国海海底资源开发的某些声明以及中国共产党政权提出的非法主张,"中华民国"对从其海岸延伸的大陆架保留其所有权利,包括勘探大陆架的权利和开采其天然资源的权利。争议中的大陆架与"中华民国"领土相邻,也是其领土的自然延伸……
>
> ……在这些区域的勘探和开采活动已经有数年,并且将广泛进行……

这份声明的语气是温和的,并且日本和韩国甚至都未被提及国名。广泛勘探的主张从与第五区关联的情况来看似乎也不准确。无论是德斯福公司、矿区经营者还是中油公司都未在那边开展任何勘探活动。实际上,在中油公司和德斯福公司获得第五区的西半部分后,与韩国矿区大幅重叠的第五区东半部,是未被分配的(比较图 7&9a)。总的说来,"中华民国"与韩国在主张上的冲突还是较小的。另外,在实际划分的矿区上并不存在重叠。这就意味着在那些为"中华民国"工作的公司和那些在日韩联合开发区勘探的公司之间并没有采矿权利的冲突。这也有可能继续为台北和首尔之间提供友好的联系纽带。

  2. 韩国和中华人民共和国

  中华人民共和国提出的含糊主张中所包含的东海海床与韩国主张的海床重叠,从自 1970 年起中华人民共和国对韩国(以及日本)的抗议和敌对状态中可以看出。但是其冲突的范围却从未清晰。至 1979 年,韩国七个矿区中的五个矿区都已经被归还且被再次竞标(见图 5)。这个敏感位置,加之以前经营者的经历,有可能吓到潜在的经营者。朝鲜海峡内的 K－6 片区并未真正进入这张图(见图 5)。由于其不包含国际划界,仍由加德士公司持有的 K－5 片区的部分区域也未进入该图。因此,唯一与中华人民共和国的主张和韩国矿区区域的真实冲突相关联的区域,便是日韩联合开发区。

  自 1974 年至 1978 年,尽管其措辞相反,中华人民共和国针对日韩联合开发区的抗议似乎更为强调开发区成立的模式,而非中华人民共和国声称的对其主权的侵犯。换而言之,日本并未预先与中华人民共和国协商才是最为关键的。这一协商也是中华人民共和国起初根本不会理会的,但日本不可能在没有首先与协议的另一方韩国协商的情况下就这么做。此外,针对日本的论调即日韩联合开发区完全位于假设的中日中线靠近日本的一边,中华人民共和国在《人民日报》文章中的回应是,这一论调没有任何根据。但是这一回应也影响到韩国。在建立日韩联合开发区时,东京和首尔都已保留了他们之前相对的主张。关于 K－7 片区,就是后来成为日韩联合开发区的主体区域,韩国的立场是相对日本的自然延伸原则和与中华人民共和国关联的等距离原则。另一方面,日本则在其划分矿区给新日本石油公司、帝国石油公司和西日本石油公司(后来的新西日本石油公司)时,相对中国和韩国独自凭借等距离原则。这些矿区中的部分片区也随后包含在日韩联合开发区内(见图 6)。这也是为何在联合开发协议中,日本和韩国都有必要保留其之前立场的原因。现在,关于和中华人民共和国的边界界定,日韩联合开发区唯一涉及的部分便是其南部边缘,即之前韩国 K－7 片区的边缘部分。韩国相对中华人民共和国引用的等距离原则自然成为日本和韩国有关中华人民共和国的共同立场。

中华人民共和国对于等距离原则解决方案的彻底拒绝，也显然不是仅仅针对日本。然而，这一举动的分量仍不明确，因为该拒绝并非来自中华人民共和国外交部且未被详细说明。

中华人民共和国与韩国目前的冲突已经成为，并且将作为日韩联合开发区导致的结果继续成为一个三方法律争议的问题。从纯法律术语来说，中华人民共和国与日韩联合开发区之间的边界界定，根据第五章所示，是便于管理的。然而，真正的阻碍是来自于政治，而非法律。

C. 日本与中国("中华民国"和中华人民共和国)

与日韩之前的情况一样，日本与中国(至少"中华民国")几乎在每个关键问题上均持截然相反的观点(见表2)。因此，他们的主张以及矿区区域有大量重叠(见表1)。与日韩之间情况不一样的是，"中华民国"、日本和韩国在其制订区域发展项目上的尝试被中华人民共和国扼杀在萌芽状态。同时，钓鱼台列屿领土争端，也使得在政治上台北和东京之间不可能进行任何单独的双边合作。当东京于1972年将其认可的政府从台北改换为北京时，"中华民国"也丧失其作为中国的代言人处理任何未来与日本相关事务的身份。尽管中华人民共和国自"中华民国"继承的对抗日本的相关问题是一样的，然而北京却作出了将所有问题搁置的政治决定。中华人民共和国和"中华民国"均声称代表中国，在一些海洋法问题上也都持有相同的观点(见表2)。然而，他们在授予勘测许可和划分勘探矿区上却各不相同："中华民国"是在东海内划分，而中华人民共和国则是在渤海湾、黄海和南中国海。他们与日本各自重叠的区域也相应各异。

1. 日本与"中华民国"

日本与"中华民国"的单方面主张和相反要求已经在第二章中注明，这里集中讨论的是其矿区。表1显示出五个日本矿区和四个"中华民国"的矿区形成了九个重叠区域。冲突确实大量存在。

冲突的其中一个方面就是基点的选择。"中华民国"利用中国大陆和台湾的海岸专有作为勾勒其海上区域的基点。这两个基点都没有依靠钓鱼台列屿大洋中央的位置。极为相反的是，日本却极为依赖这些小岛作为基点来划分其帝国石油公司(J-2)、宇留间石油公司(J-1a)、阿拉斯加石油公司(J-1b)和日本石油勘探公司(J-1c)的矿区。这也证实了领土争端如何无可救药地交织着海床问题，并且也激发笔者来识别二者之间不可分割的关联。在当时盛行的国际法原则之下,岛屿,无论其"优点"(大小、人口和经济价值)都可以像大陆领土一样形成同样的海床权利。吐噶喇—奄美—琉球群岛链也获益于这一原则,提供了日本一大片东海大陆架。台北和东京在岛屿海床权利方面迥然不同的观点也决定了其冲突的出现。

如日韩之间的情况一样,另一个冲突源便是冲绳海槽。"中华民国"在自然延伸原则下坚决反对日本将冲绳海槽视为中日海床管辖权的自然划界。日本坚持在海床划界上采用等距离原则,无视冲绳海槽,然而这一观点却得到近来海事管辖扩展趋势的一些支持。既然中国大陆(和台湾)与琉球群岛之间相距不足 400 海里之远,那么中线似乎是一个合理的解决方案,这样双方都有至少 200 海里的大陆架管辖权。冲绳海槽的法律地位,与岛屿法律制度一样,是第四章和第五章重点应对的关键问题。

2. 日本与中华人民共和国

从中华人民共和国自 1970 年发表的模糊声明,可以总结出中华人民共和国确实在自然延伸原则下对东中国海大陆架提出主张,以及在历史根据上提出对钓鱼台列屿的主权。除却这些模糊的主张外,中华人民共和国并未对日本在东海的矿区作出具体质疑,也未在同样区域划分任何矿区。因此,在矿区重叠问题并未出现的情况下,中华人民共和国和日本却存有严重的主张冲突。日本的主张也是不明确的,但双方均故意将这一冲突的严重性降低。1978 年颇具挑衅的渔船事件也仅仅是暂时性的恢复领土问题,而非海床争议。然而,由于其陆上基本储备将在二十年内用尽,中华人民共和国决定加倍努力进军海上石油。它不可能将东中国海——中国四大边缘海中最有石油潜力的近海,永远置于未分配的状态。与日本联合开发仅是其中的一个迹象。从长远来看,海床和领土问题有可能随着能源危机的深化而再次浮现。即将来临的海洋法公约,即中华人民共和国和日本均加入的公约,将无疑会影响这些问题的最终解决方案。

D. "中华民国"和中华人民共和国

由于海床权利最终源自于国家对其陆地领土的主权问题,"中华民国"和中华人民共和国之间海床主张的冲突(与矿区冲突相反),更加侧重的是两者之间存在的谁代表中国的对抗,而不是两个独立国家之间的法律冲突。两者的海床主张在实质是一致的,都是达到中国所有的边缘海,唯一不同的是"中华民国"比中华人民共和国在主张上显得更为具体。因此，真正的问题，并非是谁主张多少海床权利，而是谁有资格代表中国依据国际法行使其对邻近大陆架的主权。虽然并非纯法律问题，这一问题却有法律后果并会对东中国海的石油争端带来压力，特别是涉及第三国家时。这一方面将在第六章做详细讨论，这里无须自扰。

另一更为相关的问题是"中华民国"和中华人民共和国之间潜在的矿区区域重叠。似乎是为避免这样的可能性，中华人民共和国并没有在"中华民国"的矿区经营者已经运作数年的区域内，让任何外国石油公司从事石油勘测。然而，如果仔细了解中华人民共和国的勘测区域（如图 10），就会发现上述可能性依旧存在。最为可能重叠的区域在台湾海峡内，这也是"中华民国"第一区的位置所在，以及可能在上海海上石油的勘探区域，也是"中华民国"第五区的位置（见图 9a）。如果认真看待"中华民国"的官方声明，即其五大海上石油区（见图 9a），那么菲利普、雪佛龙·德士古甚至埃克森石油公司（见图 10）的区域都部分存在于"中华民国"的第一区内，其南部边缘沿着台湾延伸直至澳门。这一重叠确实是重大的。然而，如前文所述，这些重叠区域的西半部是处于未被分配的状态。因此，更相关的探讨应当集中在矿区区域方面，而非名义上的主张。菲利普公司的矿区（见图 10）是最可能值得探究的区域，据说其最近的点距离台湾仅有 80 海里，这一点也是"中华民国"第一区（见图 9）（现在被中油公司持有）伸出 120 海里直至台湾海峡的地方。若借鉴图 10，重叠区域的范围在几百平方公里至几千平方公里之间，这取决于当时菲利普公司靠近南海和台湾海峡边界确切的矿区位置。

第二个可能的区域就是靠近长江河口的上海海上石油勘探区。"中华民国"名义上的第五区（见图 9a）可能与英国石油公司（BP）的矿区重叠（见图 10）。但是这一实际被划分给中油公司和德斯福公司的三角形状的片区，距离大陆岸边 150 海里远，是不大可能与英国石油公司的矿区重叠的（见图 9a 和 10）。然而，这两者之间相互毗邻的几率很大。

第一个重叠的区域似乎要比第二个更为重要。德斯福公司并未在其第五区内的矿区进行勘探，并且也许在可预见的将来也不会这么做。至此此区域鲜为人知的地质将一直保持这样的状态，直至数年后中华人民共和国完成其勘探活动。另一方面，"中华民国"的第一区（见图 9a），尤其是南部，已经被康菲石油公司、阿莫科石油公司（1974 年出天然气）和中油公司进行了充分勘探。潜在的重叠存在于沉积盆地,即为人所知的雷州盆地,自台湾西南部延伸至香港、澳门以及东京湾。这片浅海有着较厚的沉积特征,预示其富含碳氢化合物的潜能及经济效益。与那些台湾北部的较远区域不同,这是中油公司未来十年内将着重气力勘探的优先区域之一。在这一区域与菲利普石油公司或其继任者的冲突也并非不可能。

矿区的重叠也造成了许多法律问题:谁在侵犯谁的主权权利? 采矿权? 谁应有资格享有重叠区域内产出的石油? 如果石油被中华人民共和国的矿区经营者(或中油公司)出口至第三国,那么台北(或北京)可以提出要求吗? 如果一个国家已经将其承认从台北改换为北京,那么"中华民国"到底能否对石油提出要求? 在这一问题上,如果有的话,国际法,到底能否适用于"中华民国"和中华人民共和国? 这些问题都将在第六章中作详细讨论。

E. 总结

在目前的石油争议首次出现后十年,人们回顾后发现有一发展已经给这一问题带来深远的变化。日本与韩国的联合开发协议已经缓和了他们之间的海床争议,尽管这争议并未得到正式解决,且若有鉴于协议期限的话,会潜伏50 年之久。与此同时,该协议从字面意义上总体减少了多边争议的规模。例如,重叠的矿区数量从 17 个减少为 9 个(见表1)。在 1972 年指出的是,目前的争议,尽管涉及五个政府,但争议仅在一方面之于日本,另一方面之于中国(中华人民共和国和"中华民国")和韩国有效,因为后者政府在海岸区域地球物理特征的相似性预示了他们相对于日本类似的法律立场。现在,韩国已经与日本在石油大战中缔结了一份"独自和解",因此石油争议从本质上变成中日争端。这并不意味着中韩争端已经可以轻易解决。尽管法律上来看可能是这样,争议已被如此地政治化,以至于真正攸关的交涉者是这"两个中国政府"之中的哪一个,而并非他们各自的法律论调。最终显然是截然相反的。韩国的主张及其矿区是与"中华民国"名义主张之下的区域相重叠,但却不是和"中华民国"实际划分的矿区重叠。从实际来说,冲突至多是边缘性的。另一方面,尽管涉及的法律问题是易于控制的,韩国—中华人民共和国之间的冲突却仅因政治因素而无法解决。

中日海床和领土争端似乎是东海唯一剩余的真正冲突。然而,在中华人民共和国出于政治因素而克制其反对日本的主张时,"中华民国"的矿区与日本矿区大幅重叠，日本的矿区中有一半是利用争议中的钓鱼台列屿作为基点。经济现实改变了这个景象。中华人民共和国不太景气的国内产油量再也无法承受得起它对邻国急迫行动采取容忍的战略。两国将在八十年代认真寻求解决这些争端的办法，以便为石油开发扫清道路。即将于 1981 年在第三届联合国海洋法会议上正式通过的海洋法公约，也显然将会发挥作用。除了国际方面，"两个中国政府"也有相重叠的矿区。显然，最终的解决方案必须得等到政治力量起作用，但是在特定环境下的法律方面或后果也是值得探究的。

上文概述的内容确定了第二部分讨论的范围：首先，中日海床争端；其次，在海底石油背景下北京—台北对抗的法律层面。对钓鱼台列屿争端和海床问题相关性的初步分析将会阐明两者之间的相互关系。文中会间或提及其他争议国家，但焦点仍在中国和日本。

第二部分　海事管辖争议:谁可拥有海底石油?

第四章　钓鱼台列屿(尖阁群岛)领土
争议的相关性(或非相关性)

　　本章并不会过多涉及钓鱼台列屿的领土争端,而是着重此争端与海床问题之间的关联性。在过去的十年中,已经有大量关于主权问题的文献以中文、日文和英文发表。除非发现新的具有历史意义的证据或澄清领土取得的国际法,否则中国("中华民国"和中华人民共和国)或日本都不太可能提出有关主权问题的任何新的决定性论据。而且,即使事实问题和法律问题得以解决,也无法保证竞争者会通过第三方引用国际法来裁定这个争端。更可能的场景是,像其他领土争端一样,通过外交谈判来解决。自从争端出现,中日对争端的态度也证明了这一观察。中华人民共和国于1972年对该问题的搁置决定,以及1978年重新提起该问题仅仅是出于极为政治的目的,生动的说明了争端可以被政治化到何种程度。同样也可以这么说日本。对被两个竞争国已经有意保持低调处理的领土问题进行再审视意义不大,尤其是在新突破前景堪忧的情况下。

　　另一方面,海床问题已经相当不被重视。国际法在这点上的发展处于初期且令人混淆。多数学者以及相应的争议国家视解决领土问题为解决海床争议的必要条件。大陆架公约,作为唯一的现行法,也毫不含糊地在第一条款(b)承认了岛屿的海床权利,无论其"价值"如何。国际法庭在1969年宣布大陆架公约的条款一至三已取得习惯国际法的资格,也同样适用于非大陆架公约签署国。既然整个海床问题视领土争议的结局而定,这反之也使得中国("中华民国"和中华人民共和国)和日本固守其各自立场,加剧了领土争端。

　　接下来的十年目睹了海洋制度的变革,特别是有关海床权利扩展的国家管辖权和岛屿的法律地位。新的国际共识是,可能在一些情况下,小岛屿不被承认其大陆架权利。若钓鱼台列屿在领海以外没有大陆架,那么海床问题则可以彻底从领土争议中分离出来。当然,关键问题是,是否应如此对待钓鱼台列屿。针对该问题的分析如下。

A. 钓鱼台列屿：地理环境

钓鱼台列屿由五个无人居住的小岛和五个无矿岩岛(见图 11 和表 3)组成。群岛整体距离台湾北部基隆 102 海里，离日本冲绳县的首府那霸市 230 海里。然而，该群岛与中国和日本领土包含近海小岛之间的最近距离，分别约为 90 海里。钓鱼台列屿散布在东海上北纬 26 度到 25 度 40 分以及东经 123 度到 124 度 34 分之间，有三簇独立的岛群。钓鱼岛，群岛中最大的一个岛(4.5 平方公里)，连同南小岛(第三大岛)、北小岛(第四大岛)以及三个岩礁(冲北岩、冲南岩和飞濑)形成了东边的一簇群岛。黄尾屿，群岛中第二大岛(1.08 平方公里)，距离钓鱼岛东北 14 海里。赤尾屿作为群岛中的第五大岛(0.154 平方公里)，位于黄尾屿西部 48 海里。

从地质上来看，钓鱼台列屿由新第三纪火山岩构造而成。与台湾北部沿海小岛一样(花瓶屿、棉花屿和彭佳屿)，都是台湾北部沿岸山脉延伸入海底裸露出来的岩礁。小却极高的陡峰(钓鱼岛海拔 383 米)和陡峭的悬崖在所有的小岛上都很常见。他们在过去的世纪里起到了很好的航标作用。钓鱼台列屿所有的小岛都坐落于东海大陆架的边缘，与琉球群岛被冲绳海槽最深的那段分离开来。

B. 国际法关于海床权利的岛屿管辖

地球上所有的国家，如果不是内陆国，都有岛屿形式的领土。当领海概念于 16 世纪晚期首次在欧洲海上强国中出现时，岛屿被视为与其他大陆领土一样，因为许多国家的宗主国和殖民地领土都是岛屿形式的。在领海管辖之下，以安全为导向的理论倡导呈现无差异化。有关使微小岛屿和岩礁享有极为延伸的管辖权利，如过去三十年发展出的大陆架以及 200 海里区域，不公平的问题便浮现了。这涉及岛屿周边区域向海一边定界的问题，即是否所有的岛屿都有能力形成大陆架或一个专属经济区。在极端情况下，明显存在不公平的现象，即一个无人居住仅有 1 平方公里大小的洋中暗礁却要求享有这 200 海里的区域内超过 126 000 平方公里的管辖权。另一个由扩展的国家管辖权带来的问题与岛屿对于相邻国家之间大陆架和专属经济区边界的效力相关。也就是说，岛屿是否应被考虑在边界定界当中。这两个问题各自独立却又相互关联。若某些岛屿种类不允许形成其各自的大陆架或专属经济区,那么这些岛屿则与海洋边界定界无关。然而,可以想象的是,一个岛屿可能会形成其自己的海域,但也许在划定边界方面不能被公正地承认其全部效力(或任何效力)。当岛屿的位置相较于其所属国家更接近另一个国家时,以岛屿作为基点来划分等距离边界时使这一不公正问题显得尤为尖锐。在下列针对这一话题的国际法各类渊源的调查中,焦点仅限制在大陆架。

1. 国际立法

岛屿的向海定界取决于大陆架的法律定义,这一从前纯粹的地质学词语。大陆架最早于 20 世纪 50 年代早期被国际法委员会提及。国际法委员会关于大陆架的首个条款草案于 1951 年完成,明确了"大陆架"一词也应被运用到有着连绵海底区域的岛屿。另一方面,无论是文字(第七条)还是注释都未提及岛屿对于边界定界的效力。在国际法委员会之前和随后的讨论中似乎已经毋庸置疑地假设了对岛屿和大陆的无差别对待。国际法委员会的第二稿条款草案中对于岛屿的海床权利资格没有做任何修改。在这一草案中,国际法委员会对相向和相邻国家之间海床边界划分方面的岛屿效力也予以考虑。在第七条的注解中,"存在岛屿"被援引为"特殊情形"之一,来证明违反自相邻国家之间大陆沿海划分等距离线情况的合理性。国际法委员会在其第三稿草案中采用了同样的构想,表述在海洋法公约草案第 67 至第 73 的条款中。这一稿也成为 1958 年在日内瓦召开的联合国第一届海洋法大会的谈判基础。

在 1958 年的大会上,一份菲律宾提案被添加到草案条款第 67 条中,该提案在字面上删除了岛屿,其第二段明确给予岛屿等同大陆可能享有的所有权利。大会采用了被该提案修订后的第 67 条。与此同时,大会的第四委员会(主要处理大陆架问题)关于大陆架边界的岛屿效力展开了激烈争论(草案第 72 条)。意大利和伊朗的两份提案都被否决了。若岛屿位于绵延自大陆海岸的大陆架内,这两份提案就会产生忽略所有岛屿作为基点的影响。草案第 67 条和第 72 条后来分别成为大陆架公约的第 1 条和第 6 条,其相关部分内容如下:

第一条

就这些条款而言,"大陆架"一词被用来指代(a)毗连海岸但在领海区域之外海底地区的海床和底土,达到 200 米的深度或者超过那个限制,达到覆盖其上的海水到所指区域天然资源开采的深度;(b)毗连岛屿沿岸的相似海底区域的海床和底土。

第六条

1. 同一大陆架毗连两个或两个以上海岸相向国家的领土时，属于这些国家的大陆架边界应由各国之间协商决定。若协商无法达成，除非另一条边界线在特殊情形下被证明合理，否则边界应是中线，线上每个点距离测量各国领海宽度的基线上最近的点都是等距离的。

2. 同一大陆架毗连两个相邻国家的领土时，大陆架边界应由各国协商决定。若协商无法达成，除非另一条边界线在特殊情形下被证明合理，否则边界应引用等距离原则决定，即与测量各国领海宽度的基线上最近点的距离都是相等的。

大陆架公约随着 22 个国家的正式批准于 1964 年生效。到国际法庭裁决北海大陆架案例时，已有 39 个国家成为大陆架公约的合约国。国际法院宣称，公约的第 1 条和第 3 条"是当时［被第一届联合国海洋法会议］作为体现，或者被具体认可为至少与大陆架相关的新出现的习惯国际法规则"。国际法庭在那个案例中并未强调岛屿毫无争议，也未意图改变岛屿存在的效力，作为（或不作为）在第 6 条中针对海床边界定界的特殊情形。第 6 条的立法历史清晰的显示，相邻或相向国家之间若不达成协定，基本规则就是等距离原则，但由于存在岛屿而背离该原则是一个特例。换言之，撇开公约的第 1 条（b）而言，岛屿的存在情况应被忽略为一个通常规则，除非岛屿情况是如此例外以至于可以证实合理违背既定规则。根据第 6 条，大陆架公约似乎收回之前在第 1 条（b）中慷慨给予岛屿的权利。国际法庭认可了第 1 条至第 3 条体现了习惯国际法但却否定了第 6 条的这一属性，而且也未同意这一见解即岛屿的存在可能在所有案例中被调用为"特殊情形"。反之，它们的存在可能仅作为"相关情况"之一，在"公平原则"的范畴下划定国家边界时应予以考虑。

随着海上技术发展使得越来越多的海床可以为人类所接近，越来越多大洋中的海岛国家宣布独立，颇为棘手的岛屿大陆架权利问题开始在国际社会得到广泛关注。根据各种标准来对岛屿进行分类的难题于 20 世纪 70 年代早期在海床委员会中被提及，并在 1974 年第三届联合国海洋法会议加拉加斯会期期间展开激烈讨论。1975 年，日内瓦召开的第三次会期中对此作出让步，表现为第 132 条中非正式单一协商草约（以下简称为 ISNT），说道：

1. 岛屿是指一个四面环水且在高潮时高于水面的自然形成的陆地区域。

2. 除非在第三段提及,领海、毗连区、岛屿的专属经济区和大陆架应根据目前适用于其他陆地领土的公约条款决定。

3. 无人居住且无法维持其自身经济生命的岩礁不应有专属经济区或大陆架。

这个表述结合了 1958 年公约中关于领海和毗连区的第 10 条中有关岛屿的定义以及大陆架公约的第 1(b)条。然而,第三段对岛屿对于大陆架和专属经济区的权利施加了一个重要且难以捉摸的限制。与大陆架公约相比,ISNT第三段提议的岛屿管辖有了一个重大变化——并非所有岛屿都会有大陆架权利,即使处在荒僻的位置且不涉及边界定界问题。岛屿的价值因此成为其海床权利的决定性的考量。但在第三段中仍未明确的是如何在有资格的岩礁中进行区分。另外,在第 70 条的非正式单一协商草约中,岛屿对于大陆架边界效力的影响,在适当情况下运用等距离原则公平定界的"相关情况"之一而被考虑。大陆架公约第 6 条的改动,至少在形式上是显而易见的,也因此严重影响了北海大陆架案。

经过第三届联合国海洋大会随后的会期,第 132 条表述被保留下来。该会产生了修订单一协商草约(以下简称为 RSNT)、非正式综合协商草约(以下简称为 ICNT)以及它随后的两个版本(ICNT/修订 1 和 ICNT/修订 2)和公约草案(第 121 条)。除却非正式单一协商草约条款 70(随后的公约草案第 83条)其他方面的修订之外,岛屿对大陆架边界定界的效力同样也可以这么说。有关第 83 条,在第三届联合国海洋法会议 1980 年 8 月的第九次会期时仍旧存有分歧。未来的争论也许不会集中于岛屿对边界的影响,而是集中于已经持续有一段时间的等距离原则和公平原则之间的广泛竞争。与此同时,实际上,第三届联合国海洋法会议采纳第 121 条是必然的。

2. 国际法的其他溯源

岛屿的大陆架权利问题直到国际社会普遍接受了 200 海里的海洋区域后才出现。此外,自 1958 年起,岛屿对于大陆架边界的效力一直都是各国间争议的话题。迄今为止,可靠的国家实践已经形成,且国际法庭已经裁定了两个大陆架边界争议。这些发展的简单概述如下所示:

(a) 国家实践

随着美国领先对相毗连的大陆架提出单边主张，许多国家包括大陆国家或岛国，已经声明对岛屿的海床权利。这些主张的一致性和频繁出现，以及其他国家未出现抗议的情况，综合证明了国际惯例之类的存在是合理的。大陆架公约第1条（b）对这一惯例的编纂，以及国际法庭随后在北海大陆架案例中的判定再次强化了这一惯例的地位。

另外，边界定界中的国家实践由边界协议构成。一般说来，并非所有国家愿意公开他们同意某一边界采用的法律准则。大陆架边界地图提供了有用的线索，但他们有时也容许有超过一种的解释。而且分析人士对此有基本一致的意见，他们已经测量了这些边界协议的评分并总结其对岛屿的处理情况。这些协议中产生了许多行为模式。

至于这里所关注的相向国家之间的情况，岛屿在大陆架划界上被给予全部效力还是部分效力或零效力，通常取决于它们的位置、大小、权利状态和宏观地理情况。在位置方面：（1）岛屿处在其所属国大陆领海范围内，通常在形成他们各自的大陆架时被给予全部效力；（2）岛屿处在靠近其所属国的大陆海岸领海但在领海之外的区域时，被给予部分效力；（3）岛屿处在其所属国和相向国家之间的中线上或靠近中线（不顾岛屿存在而构想的中线）时，则视其他情况考虑被给予全部效力、部分效力或零效力；（4）岛屿处在靠近相向国家大陆沿海的位置时，则被给予部分效力或零效力。

在大小方面，很小的小岛或岩礁通常在大陆架定界时被忽略或仅被给予有限效力。由于这些迷你的大陆块实在太小以至于无法支撑永久的人口居住，因此他们经常是无人居住的（除了看守人）并且有极少或者没有经济价值。在权利状态方面，存在主权争议的岛屿经常在大陆架定界上被给予零效力。这一模式很大程度上是独立于其他因素的。在宏观地理情况方面，若定界国家的岛屿地理情况保证了在各方的相互让步，那么属于这两个国家的位置和大小各异的岛屿就会被给予同等待遇，无论是全部效力，还是部分效力或零效力。这一模式的应用并不仅局限在岛屿和岛屿之间，也可应用在岛屿与其他地理特征之间。

当然这些国家实践的模式，多少有点笼统。在实践中，实际定界受到这些因素甚至更多因素的综合影响。每个因素的相对分量是在特定环境下的作用，并非不可能，但实际是难以被概括的。

（b）国际裁决

自 1945 年发表《杜鲁门公告》以来,仅有两个与国际海床划界相关的裁决案例,即 1969 年北海大陆架案和 1977 年英法大陆架仲裁案。前者处理的是不涉及岛屿的毗连国家的情况,而后者则具体集中于岛屿对大陆架享有的权利。

北海大陆架案仅有少量与岛屿管辖相关。如前文所提,国际法庭在判决中声明对于相向国家而言,为对其地理上共同拥有的大陆架进行公正的划界,"存在的小岛、岩礁……"应被忽略,以便消除其在这两个大陆海岸之间构建中线时产生"不相称的扭曲作用"。

另一方面,英法大陆架仲裁案在很大程度上取决于相向国家之间的岛屿效力。仲裁庭指出,除了有一条较小的地质凹陷外,英吉利海峡的海床是英国和法国领土的共同延伸(见图 13)。两国原则上均同意大陆架边界应为一条中线,但对如何划定这条中线存有重大分歧。法国特别指出海峡列岛(属于英国但保留有自治权)接近法国海岸(6 至 16 海里),处于一个内凹的海湾且被法国海岸环绕。根据公平原则,中线应在两国的大陆海岸之间划定。英国回应道,既然海峡列岛有大幅陆地区域(195 平方公里)和人口(130 000 人),且具有经济和政治的重要性,那么列岛应形成其自身的大陆架。

在考虑了海峡列岛的地理位置、政治地位和经济重要性,该地区已有的管辖(法国和英国各自的 12 海里的领海和渔业区)以及双方在该地区的航海和防御利益后,法庭得出结论:

> 这些英国岛屿靠近法国海岸,若在划定大陆架时被给予全部效力,显然会大幅减少原应属于法国的大陆架区域。在法庭初步看来,这一事实将会造成不公正的情况,而应采取部分纠正这一不公平的划界方法。

法庭未接受法国的主张,决定基本界线应为一条在法国和英国大陆海岸之间划定的海峡中央的等距离线。第二条界线实际上是在海峡列岛西部和北部距离列岛 12 海里处的一条线,使得法国在海峡中央线和海峡列岛间有一条大陆架并与法国剩余的其他地方的大陆架相连接。这样一来,海峡列岛便被法国大陆架围绕形成了一个飞地。

第二个争议与英吉利海峡西侧大西洋相关,在这个区域一些英国岛屿(锡利群岛)自英国大陆海岸延伸的距离约为法国岛屿(韦桑岛)距离法国大陆海岸的两倍。法国倾向于沿着英法海峡海岸一般方向的两条直线的夹角分角线作为定界基础,而英国则提议两国海岸间的正常中线为界线。

法庭首先确定该区域的地理特征构成了大陆架公约第 6 条中的"特殊情形",因而驳回了英国的主张。但法庭也不能接受法国的主张,因为那样会使划界脱离海岸,而与大陆架的根本原则——陆地领土的自然延伸相冲突。鉴于锡利群岛的"扭曲作用",法庭最终决定其在大西洋英法大陆海岸间划定中线时享有一半效力。

英法大陆架仲裁案的结果与上述国家实践的模式恰好吻合。对海峡列岛作飞地处理对应模式(4)(零效力或部分效力),而对于锡利群岛给予部分效力的处理也支持了模式(3)(零效力、部分效力或全部效力)。更为重要的是,法庭之所以达成这些结果是认为无论是大陆架公约的第 6 条,还是国际法惯例、国家实践,甚至第三届联合国海洋法大会达成的一致共识都仅是同一概念的不同表述,即公平原则。法庭对所有相关情形予以考虑的重视不仅支持了北海大陆架案的裁定,也支持了公约草案中的边界划界条款,即第 74 条和第 83 条。当然,固有的尚待解答的问题便是何种情形是相关的? 这种存在的关联应由谁决定? 争议国家的分歧意见可能就在于此。

C. 钓鱼台列屿争端:是否关联?

钓鱼台列屿争端部分是由于中日海床争端引起的。在过去的十年里,这一争端已经有效推迟了海床划界问题和随之而来在该区域的石油开发。在岛屿的法律管辖即将翻开新的一页时,是时候来检验钓鱼台列屿依据新兴的习惯国际法和协定国际法究竟是否有资格享有海床权利了。若有,那么权利为多少? 若钓鱼台列屿的效力被完全否定,那么海床问题可在领土争端最终解决之前单独处理。若它们仅被否定全部效力,那么有必要查明它们对于大陆架边界会发挥多大的效力。一旦确定这点,领土问题可仍旧从海床问题中分离出来。在两种情况下,钓鱼台列屿领土争端在这边都会是无关联的。

1. 依据现行的和新兴的协定国际法

(a) 现行习惯法

在目前的争端中并未引用任何协定国际法,因为日本、大韩民国和中华人民共和国并非大陆架公约的协约国,而且日本和"两个中国政府"之间并不存有双边大陆架界限协定。

(b) 新兴习惯法

另一方面,即将到来的海洋法公约将会是中华人民共和国和日本的基本习惯法。自 1971 年 10 月起,根据联合国大会决议 2758(XXVI),当中华人民共和国取代了"中华民国"在联合国安全理事会和大会的席位后,"中华民国"已被排除在所有的联合国活动之外,包括第三届联合国海洋法会议。"中华民国"作为非合约方,即使其从未能加入,是否应受公约约束?

(1)"中华民国"是否应受提议的公约约束?

回答这一问题,必须要首先确定这一提议的公约,几乎为一个世界性的协定,是否宣布或建立了习惯国际法。公约草案的导言对其规范宣布和规范生成的性质作了阐述:

> 认为目前公约取得的海洋法的编纂和逐步发展将有助于维护国际和平与安全……

接下来的问题便是判断与目前研究相关的公约草案的这一条款属于哪一类别。第 76 条涉及大陆架的定义,因其采纳了北海大陆架案的裁决,似乎明显是属于规范宣布的类别。北海大陆架案裁决也是习惯国际法的一个溯源,且随后被英法大陆架案例仲裁庭认可。借用已故的巴克斯特法官的话来说:"决策者、法律顾问或学者必须给予协约与那些(超过 150 个)国家,基于习惯法的理解而同时做出的[超过 150 份]当代相同声明同样的份量。"

然而,不那么确定的是第 121 条(岛屿管辖),尤其是第三段否定了某些岩礁享有的大陆架和专属经济区权利。那段话想必意在替代大陆架公约第 1(b)条中含有的习惯法。因此,当第 76 条以习惯法的资格可适用于"中华民国"这一公约的非合约方时,第 121(3)条直至将来某时宣布"经由法律判决或其他权威性的声明使得协约条款已经成为习惯法"之前不能适用。

实际上,"中华民国"在其与大陆架公约第 6 条的保留意见一致范围内,可能不会如此反对第 121(3)条,即"裸露的岩礁和小岛在边界定界中不予考虑"。既然"中华民国"考虑到保留钓鱼台列屿,那么可以合理假设"中华民国"会接受适用于钓鱼台列屿情况的第 121(3)条。

(2)公约草案的第 121 条

在这一背景下,已经毫无更改的被谈判草约连续采用的第 121 条值得关注。

第三段尤其与钓鱼台列屿相关,被再次引用如下:

无法维持人类居住或其自身经济生活的岩礁不应有专属经济区或大陆架。

公约草案未对"岩礁"进行定义。事实上,分析人士和与会国建议的数学标准在第三届联合国海洋法大会上并未被公约起草者采纳。这也预示着难以达成一致意见。在缺乏准确和客观定义的情况下,只能将更多重点放在岩礁的质化标准,即其"维持人类居住或其自身经济生活"的能力。

对此条款的一个逻辑解释是,无法通过上述两个测试的岩礁将没有资格拥有大陆架,而为了享有资格,存有争议的岩礁就必须同时符合上述两种标准。这又会出现许多问题。第一个测试是意味着"不可居住"还是"无人居住"?若从词语的普通意义理解,似乎意指"不可居住"。公约起草者因此想象了一个罕见却可能出现的情况,即一个适于居住且能支持其自身经济生命的岩礁因其他原因而导致无人居住。但仍旧不明确的是争议中的岩礁为获取有这样的资格需要维持人类居住多长时间?数星期?数月?还是数年?

答案似乎取决于岩礁拥有多少资源。这样的探究也会带来第二个测试,即岩礁维持其自身经济生活的能力。判断这样的能力,首先要问的是:岩礁的经济生活仅仅是源自岩礁独有的资源,还是也包含周边水域?既然需要决定的正是岩礁的大陆架和专属经济区的海底资源是否应归属于岩礁,那么将周边水域也作为岩礁"自身经济生活"的一部分似乎会让人不由自主地提出上述疑问。此外,是否应包含岩礁12海里领海范围内不可否认有权享有的资源,这提出了一个更加复杂的问题。岩礁领海范围内肥沃的捕鱼区可维持可行的经济生活,因此使其能够对处于向海大陆架之下的石油提出主张。那么问题是领海内的资源是否可用来绕开作为第二个测试的"踏脚石"。

严格说来,只要有足够的投资,世界上任何岩礁实质上都可在经济上变为可运行的,无论其是否有领海内的资源。一个较大的可能性是在一个岩礁上建立海上赌场。这样便会毫不费力的通过"人类居住"和"自身经济生活"的测试。这再次带来第三个问题:"其自身经济生活"是否应排除一个情况即大量外部涌入的资源使得从前贫瘠的岩礁变成一个有价值的不动产?如果岩礁的大陆架或专属经济区的潜在资源足够丰富,那么岩礁的所属国就不会因缺乏动力而这样做。在这样的情况下,给予半人工岛屿宽泛的海洋管辖权的公平性将遭到严重质疑。

第四个问题是,如果无人居住的岩礁在其陆地拥有有限的本土资源,但是它在经济上难以实施开发,那么岩礁可以宣称其为自身的经济生活吗? 在经济可行性上应采取何种标准?

公约草案和工作报告对于最后三个问题均未提供明确的答案。但第 121(3)条的对象或目的明显透露出一个合理的阐释。既然这一条款的第三段是作为第二段表述的例外情况,并且明确意在排除某种类型的岩礁享有大陆架和专属经济区,那么就应给予其更为严格的解释从而避免使这一例外变得毫无意义。在这一设想下,为取得资格,岩礁不仅得在一段长期的时间内适于居住,而且其自身的经济生活也应由岩礁独有的资源支撑,而不包含其领海资源或从外部带来的资源。此外,根据争议产生时的当地标准,岩礁的本土资源开发必须在经济上切实可行。

(3) 适用第 121 条至钓鱼台列屿

在将上述标准运用于钓鱼台列屿之前还需就钓鱼台列屿多说几句。在表 3 中,小岛和岩礁是依据其大小次序列出的。钓鱼岛(第一)、南小岛(第三)、北小岛(第四)、北屿(第六)、南屿(第七)和飞濑岛(第八),如前文所提,都应被整体考虑,因为他们的相近距离(4 海里之远)使得他们的大陆架权利,如果有的话,很大程度上也是相同的。既然黄尾屿(第二)距离北屿(第六)不远(10 海里),那么它也和钓鱼台列屿一起被讨论。我们应从赤尾屿(第五)开始,其余岛屿依次进行。

赤尾屿是一个无植被的火山岩岛。岩礁的表面和陡峭的悬崖使其在事实上毫无用武之地,除了在古代曾作为航海辅助以及在现代作为打靶练习的用途外。从一切现有证据来看,赤尾屿还没有并且也可能无法维持人类居住和其自身的经济生活。

钓鱼岛和黄尾屿,分别是赤尾屿面积的 30 倍和 7 倍,也是由火山生成的。他们和南小岛是仅有的含植被的岛屿。除了有棕榈树和热带灌木丛外,钓鱼岛和黄尾屿还有大量的海芙蓉或石莼蓉,这是一种有利于治疗高血压和风湿病的宝贵的中药植物。黄尾屿无饮用水,然而钓鱼岛据说有可满足 200 人饮用的小溪。附近水域盛产鲣鱼。钓鱼岛和飞濑岛之间的海峡为这一区域的渔船提供了很好的避风港。

在过去的六个世纪里,中国明清朝代的钦差大臣首先利用钓鱼台列屿作为航海辅助,他们前往琉球国——当时中国的附属国主持受封仪式,19 世纪时,中国的渔民和药剂师也来到了钓鱼台列屿。本世纪初,一个有进取心的日本人古贺每年带来几十名季节工、食物和补给开发钓鱼岛、黄尾屿和南小岛，他们建造了房屋、蓄水池、船坞、货栈和污水管，并实施了实验种植。古贺从事收集鸟粪和信天翁的羽毛并生产鲣鱼罐头和关于鸟类标本的生意。他的生意在1915年因高成本而中断。1918年逝世后，他的儿子继续其鱼罐头和鸟类标本生意直至20世纪40年代早期，那时所有的经营活动都被终止而且企业也被放弃。战后，钓鱼台列屿连同琉球群岛都被置于美国的管理之下。除了在黄尾屿和赤尾屿进行海军打靶练习之外，这些岛屿都未有其他用途。20世纪50年代和60年代，一家总部在台湾的打捞公司利用黄尾屿为工作地点，修建了一条200米长的铁路和一个后来被海军炸坏的铁制码头。来自台湾的中国渔民和药剂师仍旧分别定期地或偶尔到访这些小岛或附近水域，直到中日领土争端爆发，日本巡逻艇开始驱逐他们。目前，钓鱼台列屿在日本的实际控制之下。自从古贺和台湾打捞公司离开后，这些小岛已经无人居住长达40年。鉴于以上描述，这些小岛依据公约草案第121(3)条应有如何的遭遇？

就"宜居性"测试而言，人们会说钓鱼台列屿至少有饮用水和适于耕种的土壤，能够维持人类居住。此外，在相当长的一段时间里，过去岛屿已有人居住。另一方面，反对者会提出，为了维持人类居住，古贺和台湾公司已经不仅将食物和补给带到岛上，而且还不时地替换季节性的居住者。他们还提出可在岛上定居的尝试，但最终是失败的。的确，古贺的经历有矛盾的解释。但是如果"宜居性"并不是指"永久定居"，那么钓鱼岛和黄尾屿在这个测试下似乎是符合资格的。

接下来是"自身经济生活"的测试。支持者会提出，收集鸟粪、羽毛和药草以及生产鸟类标本和鱼罐头可使小岛能够维持其自身的经济生活。然而，被提出的质疑是，鸟粪在战后数十年是会枯竭的，缺少收集鸟粪的情况也证实其非可行性。根据一份日本调查，即便并非不可能，鸟类的急剧减少也使得难以收集到羽毛或制作鸟类标本；根据一名在台湾间或到钓鱼台列屿提取药草的中国药剂师的说法，药草仅能维持五年的大规模采集。反对者会总结道，古贺家族生意的最终失败及其之后的无法恢复都预示了在岛上建立本土经济生活的非可行性。至于鱼罐头，已经假定的是岩礁附近水域内的生物资源是不被接受为其"自身经济生活"的。利用这些小岛作为临时工作地点也是不被接受的。

与"宜居性"概念易受到更客观的标准影响不同，既然"经济生活"本身就已经足够模糊以至于其字面上包含了一切经济价值,那么"自身经济生活"的标准就会有各类解读。但是,严格解释"自身的"一词仅指来自岩礁的本土资源,这一情况似乎会使钓鱼岛和黄尾屿丧失资格而非享有资格。

上述分析凭借的是一些假设,旨在依据整个条款的目的和对象对第 121 条(3)做一个严格的解读。如果将那段话运用到这些假设中,人们会发现钓鱼岛和黄尾屿能够维持人类居住,但却对这些小岛在缺少外部带入的大量资源的情况下维持其自身经济生活的能力保持怀疑。

2. 依据习惯国际法

(a) 国家实践

国家实践在这方面可能不会变得如此笼统,以至于像国际法院规约(第 38 条)和北海大陆架案分别要求的那样,来证明一个国际惯例或形成一个法律见解。但是,若更多国家的利益深受遵循这些模式的影响,那么之前概括的这几个模式可能已处于形成法律见解的过程中。在接下来的分析中,影响岛屿对大陆架边界效力的因素,如位置、面积、权利状态和宏观地理情况等都连同位置作为连接因素一同予以考虑。

除却他们的小面积和争议状态这两个特点外,钓鱼台列屿还有另一个特点。它们(除了赤尾屿)都正处在或非常靠近自中国海岸(包括台湾)和日本(琉球群岛)无视钓鱼台列屿(见图 12)存在而划定的假设中线上。从国家实践中挑选的下列大陆架边界协定至少有三个特点中的一个。中途位置被用来作为连接因素。

(1) 全效力于中途岛屿

两个相关的全效力案例分别是:在英国和挪威之间北海上的谢德兰群岛和韩国与日本之间朝鲜海峡内的对马岛。在前一案例中,伦敦与奥斯陆签署的 1965 年大陆架边界协定使谢德兰群岛在划定中线边界时享有全部效力(见图 12)(谢德兰群岛位于英国直线基线外,分别距离最近的英国和挪威大陆海岸 96 海里和 173 海里。两个海岸在北海那部分之间的距离约为 270 海里)。在后一个案例中,对马岛海岸上的点位于 95 海里宽的朝鲜海峡内的分别处于距离日韩海岸 37 海里和 53 海里处,用来作为依据 1974 年日韩协定划分等距离大陆架边界的基点(见图 1)。

若更仔细查看这两个案例的地质情况,就会看出他们的全部大陆架权利可能与其中途或靠近中途的位置关系不大。首先,这两个案例涉及的岛屿都是相当大面积的(谢德兰岛:552 平方公里;对马岛:271 平方公里),人口稠密(谢德兰岛:17 298;对马岛:58 672)且具有一定的重要性。鲜有理由能否认其享有的大陆架权利。其次,相互的妥协考虑可能也极大地影响了边界划分。例如:在挪威—英国案例中,挪威海槽与挪威仅有几海里之远,如果英国坚持强调挪威大陆架的中断,应会导致挪威难以对海槽西部的大陆架提出主张。然而,划分中线边界时彻底无视了海槽作为一个潜在的限制因素。英国的这一妥协在很大程度上关系着给予谢德兰岛全部效力是一个谣传,但是这样的可能性显然存在。在日本—韩国案例中,类似的情况也出现了。韩国的济州岛处于朝鲜海峡的峡口,离岸 48 海里。与对马岛一样,它在构建朝鲜海峡内的日韩中线的南段时作为基点。如果对马岛被给予零效力(除了领海),也就几乎没有理由会对济州岛做出不同的处理。在这两个案例中将争议的岛屿作为基点,公认地在不同程度上替代了中线(北海案例中的替代程度大于朝鲜海峡案例),但其导致的反常作用由于从宏观地理角度出发的相互妥协而被缩减或消除。然而,由于钓鱼台列屿与这两个岛屿在面积和重要性方面的悬殊,这两个案例都无法透露出钓鱼台列屿的大陆架权利情况。

(2)部分效力于中途岛屿

有关部分效力的两个最著名的案例都涉及意大利。在 1968 年意大利与南斯拉夫的协议中,佩拉格鲁希岛和卡尤拉岛,这两个极小的位于亚得里亚海中途的南斯拉夫小岛,仅被给予一个处于意大利和南斯拉夫大陆海岸间平滑中线凸起的 12 海里区域。既然南斯拉夫直到 1978 年才对这 12 海里的领海提出主张,那么这超越其当时 10 海里领海的 2 海里大陆架体现出当时对这些岛屿部分效力的认可。在南斯拉夫将其领海拓展至 12 海里后,这些岛屿对于中线边界的效力彻底被消除。

另一个例子是 1971 年意大利和突尼斯签署的,于 1978 年生效的大陆架边界协议。一个岛屿(潘特拉里亚岛,32 平方公里)、两个小岛(兰佩杜萨岛和利诺萨岛,分别是 8 平方公里和 2 平方公里)和一个无人居住的岩礁(兰皮奥内岛,不足 1 平方公里)坐落于无视这些岛屿存在而划分的中线上,或者处在这条中线上的突尼斯那边。依据协议,围绕这些岛屿划分了四个不同半径的半圆形作为其对大陆架的权利范围。除了兰皮奥内岛被给予一个 12 海里的区域外,其余岛屿得到的都是 13 海里的区域。所有的半圆形区域都与中线相交叉或者互相交叉,因此没有产生飞地。既然意大利在 1971 年对于 6 海里的领海提出主张,并于 1974 年将其延伸至 12 海里,那么所有岛屿在 1974 年前对于大陆架边界的效力可被归结为"部分的"。在那之后,兰皮奥内岛的效力变为零。实际上,意大利在预感未来普遍将 12 海里作为领海宽度后可能是故意使用了 12 海里的限度。

鉴于这两个案例与钓鱼台列屿之间在面积、位置和宏观地理情况方面的极大相似性,对于钓鱼台列屿有很重要的意义。这些小岛中没有一个被给予全部效力,它们所获得的部分效力是有限的甚至是象征性的。特别值得注意的是像潘特拉里亚岛(人口超过 9 000)这么大的岛屿,在大陆架定界时也仅被给予少量效力。

(3) 零效力于中途岛屿

不给予岛屿任何效力可能意味着仅承认其为领海(当然包括海床),或者如果被定界的区域极为有限时甚至只是一个缩小的领海。除了上述讨论的兰皮奥内岛的例子外,还有许多这样的例子,即小的处于中途的和/或争议中的岛屿在大陆架边界定界时被忽略了。

1958 年,巴林和沙特阿拉伯对大陆架边界进行定界时,两国海岸之间的小岛要么被忽略,要么被用来作为等距离线上的转折点(这也是另一种否认中途岛为海洋区包括领海的方式)。在伊朗—沙特阿拉伯 1968 年达成的大陆架边界协议中,两个迷你的小岛——法尔西岛(伊朗)和阿拉比亚岛(沙特阿拉伯),都非常靠近两国大陆海岸之间划定的中线(但在沙特阿拉伯那边)。这些小岛被允许拥有仅为 12 海里宽的领海,因此对于大陆架边界不产生任何效力。一个"本土"中线界定了他们之间的领海边界。

1974 年,印度和斯里兰卡签署了一份协议来界定他们在 45 海里宽且遍布岛屿的保克海湾内的"历史性水域"。值得注意的是,卡此沙提武岛是一个处在中线 1.2 海里处的微小大陆块,在划分该中线时其存在被予以忽略。该岛甚至不被认可有斯里兰卡提出主张的 12 海里的领海。这一小岛的主权之前在印度和斯里兰卡之间存有争议。协议将小岛指定给后者,但却保证了前者公民出于捕鱼或宗教目的可自由出入该岛的权利。同年,伊朗和阿拉伯联合酋长国(阿联酋)签署了协议来划定其靠近霍尔木兹海峡的波斯湾内的大陆架边界。伊朗和沙迦酋长国(阿联酋的一部分)对海湾中部的阿布穆萨岛都提出了主张,然而该岛在划定并非中线的边界时被忽略了。

(4) 观察报告

谢德兰岛和对马岛的案例显然例证了仅凭中途位置可能无法确定岛屿对大陆架的权利。与岛屿大小的确有关系，对宏观地理情况的考虑也是这样。如果中途岛屿很小，就像意大利—南斯拉夫和意大利—突尼斯大陆架边界显示的那样，他们被给予的部分效力就为超出其所属国领海外 2 海里至 7 海里之间不等。然而在另一系列位于波斯湾和保克海湾中的大陆架或其他海洋边界中，靠近无视岛屿存在所划定的中线的小岛，要么被彻底忽略，要么仅被允许保留领海。若某一小岛的主权存有争议，就像卡此沙提武岛（斯里兰卡）和阿布穆萨岛（阿联酋）的处理情况所证实的那样，忽略小岛在边界定界中的存在似乎是一个规则。上述观察大体上与分析人士对岛屿处理的建议是一致的。

（b）北海案例和英法仲裁案例

（1）北海案例

北海案例总体上在这点是相关的，因为国际法庭，除非顺便提起，并未强调岛屿的问题在那一案例中毫无争议。不过法庭明显赞成在相向国家之间定界时忽略"小岛、岩礁和较小的海岸凸出区域"的存在。鉴于这一意见的普遍性，法庭似乎认为这些次要地理特征的存在造成了在相向海岸间定界时固有的反常作用。

（2）英法仲裁案例

英法仲裁案例，尤其是关于英吉利海峡的部分，与钓鱼台列屿的例子有些关联。从宏观地理情况来看，两个案例有一些共同点。两者都涉及了一个岛国（英国、日本）和一个大陆国家（法国、中国），两者也都产生相向海岸的情况（这似乎在岛国和大陆国家之间是无法避免的）。然而，这两个案例在地理情况上有更多差异。首先，英吉利海峡的海床，如仲裁庭和各国同意的那样，是从英国到法国的一个连绵的大陆架。由于深邃的冲绳海槽的存在，如此这般地理上的大陆架的完整性想必在东中国海中是缺少的。其次，英吉利海峡的岛屿是广袤（195 平方公里）且人口稠密的（每平方公里有 667 人），钓鱼台列屿却是微小（总面积 6.5 平方公里）且无人居住的。再次，英吉利海峡岛屿所处的位置相较英国海岸而言更靠近法国海岸，然而钓鱼台列屿却几乎等距离靠近最接近的中日领土。最后，在同意其海岸相向且两国间的大陆架为其海岸持续的情况下，英国和法国同意引用等距离原则。他们之间的唯一分歧是中线如何划分。在钓鱼台列屿的争议中，中国（中华人民共和国和"中华民国")和日本在定界原则上有很大分歧：中国提倡自然延伸原则，而日本却坚持等距离原则。

尽管两者存有差异，英法仲裁的判决却包含了普遍适用于岛屿的原则。关于岛屿对于大陆架定界的效力，仲裁庭的决定取决于在两个相向国家的海岸线广泛公平的情况下，若给予岛屿全部效力是否会不公正。因此，与北海案例一样，英法仲裁的决定也是基于这一案例中宏观地理情况的先天公平，从而决定岛屿的存在是否影响了平衡。在东海中，人们质疑的是日本和中国的宏观地理情况——由深邃海槽隔开的岛屿链（琉球群岛等）和一个来自大陆（中国）的广袤大陆架——既然这里的地球物理环境是二维的，相对于单维的英吉利海峡的海床，那么是否可归类为"广泛相同"？若考虑区域地质情况，那么自然延伸原则——英法仲裁庭也认可的原则，就会推动中国对于直至冲绳海槽中部提出主张。在那样的情况下，岛屿的效力问题（或者产生不公平的可能性）就会变得没有实际意义，因为中国大陆和钓鱼台列屿的大陆架权利会合并。另外，若忽略地质因素且琉球群岛等的海岸线与中国大陆和台湾的海岸线被视为广泛相同，那么中线恐怕会对公平定界产生作用。钓鱼台列屿，若给予全效力，肯定会由于岛屿分离的位置（见图1）而获得围绕其岛屿的巨大海床，并且因此"显然导致大陆架的区域大幅缩小，否则这一大陆架会归于"最终不拥有它的国家。因此依据英法仲裁的原则，忽略这些岛屿的存在似乎是必要的。

总之，英法大陆架案例在钓鱼台列屿案例上的应用仅限于其地球物理方面的相似性。但是它至少确立了如英吉利海峡岛屿大小的岛屿可以在公平的名义下不被重视的原则。在其他方面平等的情况下，钓鱼台列屿则更不用说应在中日海床定界中被忽略。

D. 结语

依据反映现有国际共识的公约草案，钓鱼台列屿似乎处于灰色区域。然而，否认它们的大陆架权利看似要比认可其权利的可能性更大。在相向国家间，大陆架定界方面的国家实践似乎也青睐对钓鱼台列屿作零效力处理，又或者只是部分效力例如效力只在小岛领海之外几海里。但是钓鱼台列屿的争议状态这一独立的因素，导致了对其效力的否定。北海案例大体上是赞同在相向海岸的情境下忽视小岛的存在的。英法大陆架仲裁，尽管不直接适用于钓鱼台列屿问题,但至少确认了这样的可能性,即在相向国家间定界时否认比钓鱼台列屿更大更重要的岛屿的大陆架权利的可能性。

上文概述的综合效力预示了一个相当大的可能性,即否认钓鱼台列屿在12海里领海外的任何大陆架权利。那时领土争端可整体地从大陆架问题中分离出来。然而,领土问题终会解决,并且无论谁最终获得钓鱼台列屿的主权,争议国都不能利用小岛的战略位置对各自领海之外东海海床中的任何一部分提出主张。

乍一看,这里得出的结论似乎与其他作者在20世纪70年代早期提议的"飞地"解决方案没有多大差异。然而,再仔细查看会发现两者的重要区别。第一个区别是导向结论的方法。之前的作者仅主要凭借几份零散的大陆架边界协议,这些协议当时难以证明能产生国际惯例的一般国家实践。另外,这里采取的方法,其权威源自各种各样新兴的国际法协定和惯例,不仅包含更广泛和因而更具决定性的国家实践,而且也包含判决的案例和迄今就该问题达成的具体国际共识。似乎这里的结论明显有一个牢固的法律基础而并非纯粹是一个武断的公平判断。

第二个区别在于从所得结论中得出的推论。一些作者,尽管提议"飞地"的解决方案,但却依旧认为领土争议的解决是在海床问题解决之前。因此整个东海石油争议错综复杂。这里得出的推论,在逻辑上似乎也是必要的,即鉴于领土争端与海床问题不相关联,领土争端可以而且也应该被彻底排除。

第五章　中日海床争端:新视角

A. 导语:分析框架

东海大陆架争端实际上已经被指出是一个中日争端。与涉及英吉利海峡群岛(法国对英国)和爱琴海群岛(希腊对土耳其)的大陆架定界问题一样,东海问题在所有案例中通常被认为是令人棘手的。与上述两个案例在物理上是单维的(指地理)不同,中日争端由于琉球群岛链和冲绳海槽的存在,涉及两个维度,即地理和地质。将钓鱼台列屿争端从海床争议中分离出来,如前一章已经分析的那样,即使未能使目前争端的地理维度变得简单,但至少可以使其变得更易处理。本章将会应对从两个维度和其他相关情境中产生的剩余法律问题。

鉴于这一问题的复杂性，显然需要一个识别和分析的法律框架。如同1958年大陆架公约、1969年北海大陆架案例、1977年英法大陆架仲裁案和第三届联合国海洋法大会上成型于公约草案的审议显示的那样，关于大陆架定界的国际法的普遍趋势，即使尚未成为一个普遍规则，但也似乎已经成形。简而言之，在定界国家间考虑到所有本土相关情境，依据公平原则达成的协议会影响到大陆架边界，若未能达成协议，则双方应通过第三方的流程来裁决争端。该表述成为本章分析的很好的出发点。在定界国家这部分主要由三项义务组成，即义务开展"有意义"的协商（或有诚意的谈判），义务在引用公平原则时考虑所有本土相关情境从而就实际定界达成协议，以及义务在未达成协议的情况下诉诸国际裁决。第一项和最后一项义务在性质上是程序化的，这里不应赘述。第二项义务强调了大陆架定界的实质，因此值得关注和阐述。

尽管公平的概念可能是抽象和模糊的，但一些实质性的大陆架定界的"公平原则"，如源自国家实践和国际裁决且事实上已成为法律原则的自然延伸原则和等距离原则，都是相当具体和容易理解的。更为具体的是运行这些原则的某些"情境"。一个理想的定界过程，通常由定界国家协商进行，会涉及这三个因素密切的相互作用。一个实质上公平的原则，其公平性仍旧非常依赖于原则被运用的相关情境。因此，等距离原则——在国家实践中也是最常被引用的原则——可能无法适用或可能会仅仅因为若严格运用会产生不公平的结果而在某一地理环境下做大幅调整。北海大陆架案例提供了一个启发性的例子。法庭在那一案例中认为丹麦和荷兰极力主张应用的等距离原则，在划定丹麦、荷兰两国与德国之间在北海侧面的边界时，会由于德国凹形海岸线对大陆架边界产生不相称的（并且因而不公平的）反常作用。此外，在决定特定情境下无论是地理、地质还是其他因素的相关联性，尤其是这些因素应被赋予的分量时，人们有时可能不得不求助于公平的概念。因此，在英法大陆架仲裁案例中，法庭承认英吉利海峡群岛存在的关联性，但却否认其会对海峡中部法国和英国之间大陆架边界产生任何影响，以便来"纠正"若群岛被给予全效力而带来的极不相称的结果。

既然大陆架定界的方法和结果都必须要求公平，那么所在情境的复杂性可能也要求在圆满解决定界问题时应用不止一条原则。关于某原则是否凌驾于其他原则之上的问题也就自然而然地出现了。对这一问题的回答，可能也须考虑到相关情境，再次在公平的概念下进行探求。

　　大陆架定界的总体趋势源自其最终的权威是来自公平，理论上不应掩盖这样一个事实，即北海大陆架案例和英法仲裁案例中，法庭均未通过衡平仲裁来裁决争端。两个法庭都坚持在裁定这两个案例之前发生的争端时仅仅应用了法律原则。但从程序上来看，他们不可能在没有得到各方共识的情况下通过衡平仲裁来判定案例。然而除了法庭的免责声明外，即使法庭实际上被指示依据衡平仲裁来作出决定，这两个案例通常也被视为合理的结果可能会以同样的方式达到。一方面，国际法庭专门提到了德国海岸线的凹面作为产生不公平的自然特征需被矫正。另一方面，法庭拒绝通过矫正所有因大自然造成的不公平而"彻底重塑"自然。这样的推理也使得即便在明确定义的标准下这些不公平很容易被辨认，人们也依然不了解在更正自然的"不公平"时可以走多远。英法大陆架仲裁法庭也是这样，尤其是其给予英吉利海峡西部大西洋地区的英国锡利群岛一半效力，但却给予法国韦桑岛全部效力。法庭对于公平或均衡的直觉显得一目了然。因此将这两个法庭一同定性不无道理，如已故的弗里德里曼教授关于国际法庭所说，"在应用一种分配正义时却对此行为予以否认"，并且"事实上，是在解释的伪装下做出衡平仲裁的决定"。显然，法官公平和公正的意识在裁定这些案例中起到了不容忽视的作用，无论其推理过程或指导原则是否被冠以衡平仲裁、绝对公平、外在于法的公平或是法律公平。

　　上述讨论的实质是在国内或国际的人类社会中法律运行的一个循环现象。法律原则源自公平、正义和公正的概念，它们本身就是法律的一部分。这些法律原则可能会随着时间的推移而变得过于僵化，以至于不能产生当时需要依据公平予以纠正的某种环境下的结果。作为一种方法，下列就东海海床问题的分析将从确认那一区域像这样所有"关联的环境"开始。在此进程中，追索权不得不以国际法的各种溯源作为指引。这一方法实际已被前一章用来确立钓鱼台列屿领土争端的非关联性。一旦这个较容易的关联性问题得以解决，那么下一个问题便是依据公平的原则决定它们在影响最终大陆架边界的相关分量。最后，焦点将会移至在考虑了所有斟酌的环境后对大陆架定界中实质性公平原则的选择。结果也许是一个原则或数个原则的结合。

　　诚然，由于几乎没有硬性的规定可采用，且人们不得不依赖公平感或正义感，原则的运用必然有一定的主观性。因此，也建议了一些其他选择，这些选择基于分配给每个关联情境的不同但可相比较的分量,旨在表明公平解决方案的范围。它们也可以作为争议各方的基础,据说已断断续续地在钓鱼台列屿周边资源的联合开发谈判中涉及,从而应对东海大陆架定界的其他更大的问题。

B. "本土相关情形"与海床定界国际法

鉴于需求的开放式性质,即在达成大陆架边界协议时需考虑所有本土相关环境,回顾现行的协定和习惯国际法规则可能会为确定东海相关的环境提供一些指导方针。

1. 1958 年大陆架公约

大陆架公约的第 6 条用第一段和第二段类似的语言规定了在相向和毗连国家间的大陆架边界应由协议决定;若无法达成,"除非另一边界线在特殊情形下证明合理",边界应为等距离线。"特殊情形"的概念未被公约本身定义,这概念在功能上与"本土相关情形"概念平行,但远不及后者宽泛。但是它的准备工作资料包括 1950 年至 1956 年期间联合国国际法委员会的审议,以及1958 年日内瓦大会的审议,部分体现了公约起草者有关常遭批判的概念的想法。参考文献可被归结为两类:非同寻常的地理特征和海洋的合法利用。

(a) 非同寻常的地理特征

在国际法委员会提交给大会的 1953 年报告中,对于公约草案的第七条(类似大陆架公约的第 6 条)的评语中是这样描述的:

此外,在两种边界情况下等距离原则均为普遍原则,在另一条边界线由于特别情形而被证明合理时,该原则才会进行修正。在沿海水域的边界情况中,海岸的异常外形以及岛屿或通航水道的存在,导致对该原则的背离必须要有对应的条款。在这个意义上,应用的原则带有一些弹性。

几乎相同的文字同样出现在国际法委员会 1956 年的第 72 条的条款草案中,后来被日内瓦大会采纳作为大陆架公约的第 6 条。大会期间,许多代表也参考了这些非同寻常的特征来构建特殊情形,从而证明一条非等距离线的分界线的合理性。考虑到多种多样复杂的地理情况,大会未能也没有为此目的设定任何标准。

(b) 海洋的其他合法利用

这部分的考虑包含航海、渔业以及海床开发。上述引用的国际法委员会

1953 年和 1956 年的草案条款以及日内瓦大会期间均提到"通航的水道"。既然法定的大陆架不包含仍旧属于公海的上覆水层,这些关注均令人满意地在大陆公约的第 3 条和第 5 条中被提到。同样的情况还包括在大陆架之上的水层中进行对自由游动物种的捕渔。大陆架公约的第 5 条提供了至少对捕鱼权的法律上的保护,以反对大陆架开采所导致的不正当的干扰。最后,现有的开采权问题,尽管被大会称为一个特别的情形,但却不受关注。

很显然"特别情形"这一相对狭窄的概念,正如大陆架公约起草者所见的那样,基本上是以地理情况为导向的。特别值得一提的是不顾大陆架原则的地质方面的溯源,地质方面的考虑并未在大陆架公约的工作报告中扮演显著的角色。

2. 国家实践

早前注意到的是大陆架划界中的国家实践在于边界协议,当然并不包括由毗邻国家声明的单方面主张。采用的划界原则有时是在协议中规定的,但罕见考虑到某些特别情形的条款。如前一章关于岛屿的国家实践的分析显示,人们可能会从边界地图中推测出某些地理或地形地貌特征(例如岛屿或海槽的存在)被予以考虑或忽略,但是却无法了解其他因素的影响,例如区域地质情况或海岸线长度与大陆架权利的比例。关于这些因素的信息不是未在地图中显示,就是必须得通过准确的数学计算才能收集。

尽管艰难,然而还是有一些一般观察。可以想象,地理方面的考虑在相邻国家间的大陆架划界中起到了最为重要的作用,尤其在采用等距离原则的地方。这样的例子可以轻易地在北海、地中海以及波斯湾(见表 4)的大陆架边界中发现。目前达成的边界协议中涵盖的大部分区域存在于地质大陆架中相对浅且平滑的部分,地质和地形地貌方面的考量至多处于背景之中。在一些存有突出的地质或地形地貌特征的地点,例如乔治海岸(加拿大—美国)、洛克尔浅滩(爱尔兰—英国),以及东海(中国—日本—韩国),争端而非协议成为了规则,除了显著的例外如挪威海槽(挪威—英国,丹麦—挪威)和后文会讨论到的帝汶海槽(澳大利亚—印度尼西亚)。沉积物(矿石)的联合、海上构造,以及现有的航行水道,已经在一些单独的情况下,影响了大陆架边界的部分走向,而主要走向依旧由地理因素主导。现有的海洋法律机制,例如直线基线、领海分界线,也在测量大陆架界线中起到有限的作用。

上述国家实践的概述有关"特别"或"本土关联"情形的影响,似乎证实了一个普遍观点,即这些情形已经并且应该在大陆架边界划界时予以考虑。然而,在多种多样的物理情况下,国家实践至今尚未产生任何关于特别或本土关联情形处理的具体实施模式,还不足以一致到可证明其为国际惯例的地步。

3. 北海案例

在拒绝将等距离原则作为在丹麦、荷兰和德国间大陆架划界的国际法强制性规则后,国际司法法庭继续阐释了公平性的元素,而公平性本身就是关于大陆架法律机制的一个法律规则。这些元素尤其强调各国在应用公平原则时考虑所有关联情境的义务。法庭同意"对于哪些原因各国可能会出于确保其运用公平步骤的目的而考虑",并无法律界限,却列出了三条"应予以考虑的因素":

（1）各争议方海岸的一般形状,以及存在的任何特别或非同寻常的特征;

（2）所涉及的大陆架区域目前已知的或容易确定的物理和地质结构,以及自然资源;

（3）无论是出于实际还是预期的效力考虑,在同一区域毗邻国家间任何其他大陆架划界的合理的比例度因素,这个比例应是在属于沿海国家大陆架区域的范围和其海岸线一般方向测量的海岸长度间依据公平原则进行划界时产生的。

上述旨在说明这些因素而非穷尽,如大陆架公约起草者设想的,这些"相关情形"要比"特殊情形"广泛的多。考虑到一般规则的形式,他们似乎期望一个也可适用别处的普遍应用。因此国际法庭实际上给予划界国全权委托涉及影响大陆架划界的因素。

4. 英法仲裁

英国和法国在英吉利海峡(见图13)领土的地理情况,以及两国间的条约关系给予英法仲裁庭一个独特的机会,即在大陆架划界中同时解释并应用关于"特殊"和"相关"情形的协定国际法与习惯国际法。英国和法国均为大陆架公约的签约国。但是既然法国已对条款6提出保留意见,这一保留意见是英国后来反对的,即在应用等距离原则时排除一些被划为特别情形的区域,法庭宣布第6条在法国保留意见的范围内并不适用于各方。也就是说,作为其中被排除区域之一的格拉威尔海湾(英吉利海峡群岛区域)的划界,并不受条款

6 约束，而是依据习惯国际法，即北海案例中规定的规则。但是法庭补充到，这两组规则对于审理中的案件在本质上并无差异。此外，条款 6 仍旧应用于在法国保留意见中未涉及的大西洋区域。

在实际划界中，有关英吉利海峡群岛区域的英法边界，法庭并非仅是详细说明约束的法律原则，而是考虑了下列因素：

——区域地质情况（尤其是一些洼地地形，即英吉利海峡中部的赫德海渊）；

——宏观地理情况（存在于英吉利海峡英法海岸间的广泛公平以及均衡性的概念）；

——英吉利海峡群岛的面积（195 平方公里）、人口（130 000 人）、经济（农业和商业），以及政治和法律状态（直属英国，但除了国防和外交领域外保留大量自治权）；

——区域内现有的海洋机制（法国的 12 海里领海和英国的 12 海里捕鱼区）；

——争议区域内各方的航海、国防和安全利益。

这些因素均被认为与之相关，但在确定英吉利海峡群岛区域的主要（海峡中部）和次要（围绕海峡群岛）大陆架边界时却被给予相当不同的分量。总体上的区域地质情况，即英吉利海峡大陆架的连续性，构成了法庭判决的基础之一，但是赫德海渊的意义却被草草搁置了。区域的宏观地理情况（英法海岸间的广泛平等）是法庭选择中线作为主要大陆架边界的另一基石。对面积、人口、经济、政治和法律状态的考虑避免了英吉利海峡群岛被彻底忽略，现有的司法机制对于应给予群岛的效力提供了一些指南。然而，这些因素的关联性似乎很大程度上被限制在次要的大陆架边界。争议各方的航海、国防和安全利益的影响被法庭明确视为非"决定性"并且其分量被"缩减"，尽管据说它是支持法国立场的。

在大西洋地区，法庭似乎仅考虑了宏观地理因素，即锡利群岛从英国大陆延伸的距离几乎是韦桑群岛自法国大陆延伸距离的两倍这一事实。通过提出这一地理事实作为大陆架公约第 6 条意义内的特别情形，法庭证实对那一区域应获得的等距离边界的背离是合理的。地质因素再次被隐于幕后。

5. 公约草案

第 83 条:
在相向或相邻国家间大陆架划界

1. 在相向或相邻国家间进行大陆架划界,应依据国际法协议达成。这样的协议应依据公平原则,在合适的地方运用中线或等距离线,并且需考虑涉及区域内普遍存在的所有情形。

2. 若在合理期限内无法达成协议,争议各国应诉诸于第 15 部分所规定的程序。

3. 在达成第 1 款规定的协议之前,各国应本着理解与合作的精神,竭力达成实质性的暂定安排,并且在此过渡期间,不危害和妨碍最终协议的达成。这样的安排应不妨害最终划界。

4. 如果有关国家间存在现行有效的规定,有关大陆架划界的问题应依据协议的条款加以确定。

与大陆架公约一样,公约草案及其之前所有的版本都未将"涉及区域普遍存在的情形"(或其前身,"相关情形")这一术语进行定义。我们只得求助于其工作报告,即自 1974 年开始的第三届联合国海洋法会议程序和之前的海床委员会程序。既然涉及专属经济区划界的条款 83 和条款 74 几乎是相同的,并且沿海国家海岸 200 海里内的大陆架是其专属经济区的一部分,那么也应提及专属经济区。由于这两个概念之间以及在领海上的根本区别,各国在关于后者划界时考虑的因素将不予讨论。

第三届联合国海洋法大会的协商显示,倾向于采纳公平原则作为大陆架和专属经济区划界规则的国家数量要超过那些坚持依据大陆架公约条款 6 的等距离原则和特殊情形原则的国家。然而,在前组国家中并非所有国家都已清楚地说明他们的概念里具体的"相关情形"究竟是何种。下面陈列的是一些国家已经在草案条款和辩论中给出的具体阐释:

显然考虑到希腊爱琴海诸岛,土耳其是在海床委员会中唯一一个对"特殊情形"详细说明的国家,包含:

除了其他因素外……各自海岸的一般形态、存在另一国家的岛屿或小岛,以及涉及海域包含海床和底土在内的物理和地质结构。

在第三届联合国海洋法大会 1974 年加拉加斯会期期间,即产生了主要辩论和提议的会议期间,罗马尼亚提议受相邻国家间依据公平原则达成协议影响的海洋空间划界,要"考虑影响涉及海洋或大洋区域的所有情形以及所有相关的地理、地质或其他因素"。

土耳其再次提议:

> 在谈判过程中,各国应考虑所有相关因素,尤其是直至大陆边缘外限大陆架的地形、地貌和地质结构,以及特殊情形,例如各自海岸的一般形态,一国存在于另一国大陆架之上的岛屿、小岛或岩礁。

一个关于专属经济区划界的类似因素清单后来也被土耳其提出。

与此同时,阿拉伯利比亚共和国代表尤尼斯先生在第二委员会的第 16 次会议中声明:

> 为勾勒分给每个毗邻或相向国家的区域界线,可能会应用任何适于达成经济区进一步公平划分的综合划界方式,且会考虑到历史、地理条件及特殊情况。

在由肯尼亚和突尼斯提交给第二委员会的关于大陆架或专属经济区划界的草案条款中尤其提出:

> 出于划界目的,应特别考虑地质和地形地貌的标准,以及所有的特殊情形,包含待划界区域存在的岛屿或小岛。

在他们的大陆架和经济区划界的草案条款中,爱尔兰和法国提出了略微不同的规则。然而两国均具体提出应将岛屿和小岛的存在作为一个特殊情形给予特别考虑。很显然,爱尔兰考虑到了英国的洛克尔礁,而法国担心的则是英吉利海峡群岛。

最后,在 18 个非洲国家提出的关于专属经济区的草案条款中,特别提出:

> 出于专属经济区划界的目的,应特别考虑地质和地形地貌因素以及其他普遍的特殊情形。

总之,被海床委员会和第三届联合国海洋法大会成员国,也就是提出这些问题的国家,视为"相关的"情形的共同点似乎包含以下几点:

——区域地理情况,如海岸的一般形态和存在的岛屿;以及

——区域地质、地形与地貌情况。

这些都是之前为人所知的因素。他们似乎体现了北海案在这一区域的影响。

问题是关于这些提议或声明是否构成了国际法的一个源头。国际法庭在冰岛和英国之间的捕鱼管辖权案例中正确的指出,他们仅是"个别国家的观点和意见的表现形式,是作为表达愿望的媒介表现而非表达现行法律的规则"。在公约草案成为法律之前,这些提案仅仅为提案;但是一旦公约草案被第三届联合国海洋法大会采纳作为新公约,它们就会成为诠释新公约的第一手工作报告资源。因为这些提案的采纳、否决或修订直接造就了公约的最后文本,因此这些提案和辩论意义重大。

C. 确定东海不同于其地理、地质和地形地貌的"本土关联情形"

上述回顾对出于中日海床划界的目的在东海何处寻找"本土关联情形"提供了一定参考。值得考虑的情形被归为四类:不关联、部分关联、有条件关联以及关联的情形。下面是对根据上述参考选择的前三类情形的关联性的讨论。有关第四种类型,也就是地理的、地质的和地形地貌的情形,将预留到接下来的两个章节讨论。

1. 无关本土的情形

(a) 国防和安全利益

一个国家对于其毗邻大陆架的主权,至少理论上,是以资源为导向的并且不触及到会产生水面和水下航行的上覆水域。即使有的话,一个沿海国家关于大陆架的国防和安全利益很大程度上在于其调遣潜艇的自由。在英法大陆架仲裁中,法国的确强调其海军在围绕英吉利海峡群岛的大陆架上控制行动的需要。法国提出,若因给予英吉利海峡群岛全效力而使法国的大陆架被切分为两个独立的部分,就会导致"驻扎在瑟堡的法国潜艇的严重不便和风险"(见图13)。这些被认为在那一案例中是关联但却非决定性的情况考虑,似乎在东海中是缺少的。除却其半封闭式的形态,东海要比英吉利海峡更大也更开阔。而且,基于中日主张(见图1)的任何一个边界都不会导致任何一国大陆架被隔成两个单独的区域;任何一国调遣其潜艇的自由几乎都不会受到影响,因此国防与安全的考虑是不关联的。

(b) 航海

航海是一个仅存在于大陆架学说发展早期的考虑,当时这一新思路的法律地位不够清晰且唯恐公海自由受到威胁。自 1958 年起,大陆架上覆水域的法律地位像公海一样保留的规则已经成为习惯国际法的一部分。航海方面的考量由此成为不关联的情形。

(c) 历史性权利

一个海域享有的历史性权利是在相邻国家间进行领海划界时的合法考虑因素。鉴于对海岸管辖的邻近性以及在沿海水域人类活动的悠久历史,习惯国际法和 1958 年领海和毗连区公约都认可沿海水域享有历史性的海湾和其他的历史性权利。然而,令人怀疑的是,这样的权利对于关系领海之外的海床与底土时是否存在。不过这些权利的存在是具备一些可能性的:现有的定栖性捕鱼和海床资源开发。且不论东海不是以定栖类的生物种类著称,即便是,那样的考量也仍旧是不相关的。因为无论是基于日本还是中国的主张,中日大陆架边界的可能位置都会存在于深度范围从 100 至 2 000 米不等的水域,而那里不太可能进行定栖类捕鱼。

在目前有关的东海问题上,基于海底石油开采的历史性权利也是有问题的。除了缺少有关该权利的稳固的法律基础外,如同杰赛普法官在其对北海案例的个别意见中认可的那样,在争议区域并没有中华人民共和国、"中华民国"或日本进行的开采活动。如第二章所注明的,所有被中油公司及其外国合作伙伴钻探的井都存在于假设中线的中国这边(见图1)。日本的钻井也是局限于冲绳海槽东部区域,甚至更加远离于可能的边界线。即使任何一国已经在大陆架之上的争议区域进行了大规模的开采,另一国也应该会在任何钻探行动发生前就提出强烈抗议,这也就会阻止产生基于惯例或其他法律学说的任何权利。

(d) 沉积物的统一性

国际法庭在北海案例中规定,将自然资源沉积物的统一性,"目前为人所知的或容易被确定的",作为一个相关的情形。第一章和第二章中已提到,除了东海碳氢化合物光明的前景外,管辖争议实际上已经延迟了石油勘探进而使得人们对于海床的了解甚少。即便今天想在整个东中国海区域进行大规模的勘探其实也不大可能。严格来说,沉积物的统一性作为海床划界的一个因素,在不久的将来不会发挥作用。然而,从长远来看,据报道由于最具潜力的区域(靠近钓鱼台列屿)实际上存有争议,这个因素可与边界划界相关联。任何未来的边界说不定都会横亘大的石油蕴藏之上并且只能相应地被替换。

（e）捕鱼与专属经济区

与之前的航海因素一样，对自由游动物种的捕捞，作为公海的自由之一，被认为随着大陆架学说的出现而受到威胁。1958 年大陆架公约的条款 5，禁止"为通过堪探及开采大陆架而使捕鱼或生物资源之养护受到任何不当之妨害"，仅在法律基础上排除了这样的担心。实际上，捕鱼与海底采矿业之间的较量在一些同时存有丰富渔场和矿藏的区域日益加剧。仅举北海、沿着新英格兰海岸的大西洋（乔治海岸）、沿着琉球海岸的东海几例，就都是阐释性的例证。

捕鱼与大陆架之间关系的另一个层面是与他们的管辖界限相关的。尽管他们在司法上有着不同的性质，但出于行政管理的目的，其中一个的朝海界限，可能会与另一个的界限相一致。实际上，由水域、海床和底土构成的专属区，其概念的演变可设想为更进一步朝向大陆架和专属渔业区两个概念的结合延伸。而且，在英法仲裁中，英吉利海峡群岛的 12 海里渔业区在法庭划定英法的大陆架范围时被予以考虑。最终被划定的界线实际为距离英吉利海峡群岛北部和西部的 12 海里区域（见图 13）。

在东海，渔场自古便有，在过去的三十年里，渔业一直被三个沿海国家的条约和非政府安排所管理。如在日本和中华人民共和国之间，1972 年之前由于欠缺外交关系而使之产生一系列非官方的安排，这些安排后来被正式条约所取代。于 1975 年最新签署的那份条约在 1977 年续签。在此基础上建立的捕鱼区与日本相比更靠近中国大陆。它们由不规则的、平均宽度为超过中华人民共和国直线基线 100 海里的海岸带构成。其外部界限最朝海的部分延伸 140 海里直入东海。在这些区域内，中日渔船受保护自然目的下的各类限制约束。

捕鱼区的外部界限似乎对中日大陆架边界应如何定界几乎无任何指导意义。渔业分界线与日本提议的中线相比，要更为靠近中国大陆海岸。既然中华人民共和国与"中华民国"一样，坚持自然延伸原则并且已经对中线的解决方案提出反对，那么就更不必说拒绝将捕鱼区界限作为大陆架边界这一更不受欢迎的方案。此外，似乎没有任何法律或实际的正当理由来将渔业区纳入到东海海床划界中予以考虑。最后，这些捕鱼区绝不是永久存在的，有可能很快被基于 200 海里专属经济区确定的新边界所取代。正如 1980 年，除了中华人民共和国以外的所有沿海国家（或政府）都已经确立了 200 海里的捕鱼区或专属经济区。

在这个关键转折点,出现一个与专属经济区和大陆架边界之间相互关系的问题。在没有深入讨论专属经济区作为法律机制的情况时,人们会问:若中华人民共和国和日本都宣布其各自的专属经济区,那么大陆架和专属经济区的边界是否必定是一致的?

在概念上,专属经济区如公约草案的条款 56 和 57 定义的那样,包含大陆架直达最远离岸 200 海里的距离。功能上,由于水域的其他用处短期内不会在技术上或经济上可行,在可预见的未来,专属经济区主要与资源相关或唯一的考虑便是渔业。相比之下,大陆架的利益几乎专门存在于潜在的石油。至于国家间边界的问题,专属经济区以距离(或地理)为导向的机制,显然要更易接受像等距离原则这样以距离为导向的划界原则,而不是大陆架以地质情况为导向的机制,后者无法回避地质学和地形地貌学方面的考量。因此,将专属经济区和大陆架的边界分离开来,尽管难以管理,却与这两个机制下的基本理论相兼容。下列讨论便是在此前提下进行。

2. 部分关联情形

之前提到在决定英吉利海峡群岛是否应被允许产生其自身的大陆架时,英法仲裁庭考虑了英吉利海峡群岛的面积、人口、经济、政治和法律地位等因素。最终证实,这些考虑对法国和英国之间的主要边界(海峡中部)仅仅产生边缘效应,但对英吉利海峡群岛北部和西部的次要边界却意义重大。因此,需对“部分关联情形”进行界定。在东海,中国(中华人民共和国和“中华民国”)和日本都有大量可能与海床划界相关的岛屿领土,例如中国大陆的沿海岛屿、台湾(包含沿海岛屿)、九州(包含沿海岛屿)及琉球群岛。对这些岛屿领土的“价值”进行评论是有必要的。中国大陆的沿海岛屿,大部分是涵盖在中华人民共和国的直线基线系统内的,这将是后面讨论的内容。与此同时,既然九州(16 215 平方公里)和台湾(13 885 平方公里)都有大幅的大陆块(各自是地球上面积排名第 31 和第 36 的大岛屿)且构成了日本和“中华民国”领土的主要部分,他们也会被视为大陆。因此下面的评论仅限于琉球群岛。

琉球群岛由奄美群岛(北部)、冲绳群岛(中部)和先岛群岛(南部)三个主要的岛屿群组成(见图 1)。琉球群岛形成了东北—西南朝向的弧线,从九州南端延伸 650 海里直至台湾附近。群岛面积相当大(总面积 1 338 平方公里)且人口稠密(约 1 百万)。捕鱼和农业是主要的经济活动,轻工业为次要经济活动。奄美群岛被美国于 1953 年"归还"日本,琉球群岛的剩余部分则于 1972 年"归还"。行政上来说,奄美群岛处于九州,属于鹿儿岛县。冲绳县,则包含了冲绳群岛和先岛群岛。

上述评论似乎暗示了琉球群岛能够在任何标准下产生其自身的大陆架。然而,考虑到他们的位置处于半封闭的不足 400 海里宽的海洋中(至少在这些群岛的一边),这无法保证他们会在大陆架边界划界中获得全部权利。换句话说,面积、人口等情形,仅仅提供了使琉球群岛在平衡公平性的进程中被给予全部考虑的必要条件。然而,这些却并非充分条件。

3. 有条件关联情形

东海的一些法律和物理情形初步显得与海床划界相关联。但是,他们的关联性并不是像某些外部因素一样取决于他们自身的价值。这些情形包含两个现有的法律机制,即日本—韩国联合开发区(JDZ)和中华人民共和国的直线基线,以及存在的九州和台湾沿海的岛屿。

(a) 日本—韩国的联合开发区

第二章和第三章讨论到日韩联合开发区,由于它并非法理上的大陆架边界,将会使得日本和韩国至少在该区合作 50 年,除非日韩联合开发区内的资源很快就不可开发。中华人民共和国和"中华民国"都对日韩联合开发区的合法性提出质疑和反对,然而反对还没有严重到产生抗议的程度。他们的例外情况足以阻碍产生任何相对他们的既得权利。在任何情况下,似乎在这一阶段,日韩联合开发区对未来中国(中华人民共和国和"中华民国")、日本和韩国彼此之间的大陆架划界的关联性是相当不清晰的。这一不确定性,如之前提到的,可能只得靠未来该区域的政治现实来阐明,而不是依靠法律。因此,日韩联合开发区的存在被归结为一个其关联性取决于未来事件的情形。

(b) 中华人民共和国的直线基线(见图 1)

大陆架划界的一个重要层面之一是确定基于其领海测量的基线(或基点)。岛屿对大陆架享有权利的整个问题,可以大体上被设想为岛屿是否可在朝海或侧向定界时被用作基点的问题。有两种决定基线的方式被国家实践广泛使用并被国际条约认可:第一种方式,被称为低潮线或正常基线,即为沿海国家海岸退潮时的海水退出最远的那条线;第二种方式,被称为直线基线,由一系列连接海岸线凸出点直线构成,与海水退潮的标记点无关。大部分国家运用的都是正常基线方法,有着不规则海岸的国家出于实际的、经济的、安全方面的或其他原因，已将直线基线的方法用于其整个或部分海岸。1951 年挪威和英国的渔业案，挪威对其异常锯齿状的海岸长期运用直线基线的方法被国际法院认定为"不违反国际法"。自那以后，通过国家实践、联合国国际法委员会的法典编纂的努力，以及日内瓦大会的采纳，直线基线方式已经获得了习惯国家法的地位。直到今天（1980 年），世界上 135 个沿海国家中，已有 60 个国家通过国内立法允许使用直线基线线或已经实际沿着他们的海岸勾画了直线基线。

中华人民共和国是十五个预言国家之一，早于 1960 年前就宣布了直线基线体系。在其 1958 年 9 月 4 日的"中国领海声明中"，中华人民共和国声明道：

> 1. 中华人民共和国的领海宽度为 12 海里。这项规定适用于中华人民共和国的一切领土，包括中国大陆及沿海岛屿，台湾及其周围各岛，澎湖列岛……
>
> 2. 中国大陆及其沿海岛屿的领海以连接大陆岸上和沿海岸外缘岛屿上各基点之间的各直线为基线……在基线以内的水域，包括渤海湾、琼州海峡在内，均为中国的内海……
>
> 4. 以上 2、3 段规定的原则同样适用于台湾及其周围岛屿，澎湖列岛……以及所有其他属于中国的岛屿。

中华人民共和国从未公开其直线基线是如何在 11 900 公里（6 432 海里）的中国海岸进行划定的。若中华人民共和国加入 1958 年领海和毗连区公约，就会被要求公开这一点。1972 年，美国国务院的地理学家在海军航图中对中国海岸划分了设想的直线基线。他在评论中总结：

> 基本上，北京已经在草拟其直线基线时表现出很现实且非扩张性的态度……除了斯普拉特利群岛（南沙群岛）外，在其附着的航图中显示的直线基线可能会与国际上的国家实践相一致……

很快在此之后，两名美国评论专家挑战了中华人民共和国在东海直线基线的合法性，理由是据推测被用作基点的一些偏远的岛屿距离大陆海岸极为遥远（最远的距离为 69 海里），并且连接这些岛屿的直线并不像渔业案裁定中体现的习惯国际法要求的那样，并非跟随着中国海岸线的一般走向。

然而实际上，除了美国和英国外，没有国家曾提出过反对意见。自从英国自身在 1964 年采纳了直线基线方式,英国的反对意见即使仍然有效,也似乎已经弱化了。在有关东海的问题上,中华人民共和国的直线基线还并未受到来自日本以及朝鲜和韩国的反对意见。目前为止,"中华民国"也一直缄默。

若从 1958 年起,日本、朝鲜和韩国就已假设默许了中华人民共和国测量中国领海的直线基线,当同样的基线被用来测量中国的大陆架时,他们是否据此停止反对这样的测量方式? 日本和韩国在东海海床的利益之争直到 20 世纪 60 年代后期才被挑起。但是两国均参加了 1958 年日内瓦大会上的谈判,尽管没有一国签署或随后正式加入大陆架公约。他们应意识到虽然一个沿海国家的大陆架始于领海之外,但却是依据测量领海宽度的同样基线来测量的。因此至少值得商榷的是,中华人民共和国的直线基线体系相对于日韩的基础,与国际法庭在裁决并倾向于挪威的渔业案例中所依据的基础是保持一致的:

> 这臭名昭著的事实、国际社会的普遍容忍、英国在北海的立场、挪威存有争议的自身利益,及其延迟的弃权在任何情况下都会保证挪威执行其有悖于英国的体系。

总之,尽管上述提及的是相反的观点,中华人民共和国的直线基线体系可能会用来确定大陆架划界,但是不会包含台湾以及"中华民国"掌控下的澎湖列岛。

中华人民共和国的直线基线会对未来东海大陆架边界划定起到何种效力? 答案似乎取决于依据哪条原则来确定边界? 直线基线,在本质上,要比普通基线更加朝海延伸,因此会影响任何基于距离导向标准例如等距离原则的大陆架边界,进而会倾向于采纳直线基线的国家。印度尼西亚—马来西亚大陆架边界正是这样的一个例子。正好抵消这样一个来自印度尼西亚延伸直线基线的效力,马来西亚在两国于 1969 年对其大陆架边界达成一致前宣布了其自身的直线基线。由此类推,若等距离原则被应用于黄海或东海,韩国和日本就可能仅仅是宣布他们自己的直线基线,而不是对中华人民共和国的体系提出反对意见。若应用基于海水深度或海岸自然延伸的其他原则,由于边界在划分时未考虑海岸形状以及与海岸之间的距离,直线基线对于大陆架边界的效力就变为零。

总之,中华人民共和国的直线基线与东海大陆架划界的关联性取决于将被应用的划界原则。划界原则应该转而由东海总体上的地理、地质和地形地貌等更大环境来决定。

（c）九州与台湾的沿海岛屿

（1）九州的沿海岛屿

在九州西北海岸外有两组岛屿，即五岛列岛以及再往南的男女群岛和鸟岛（见图1）（由于其远东的位置，九州东南处的大隅群岛在很大程度上是不关联的）。五岛列岛，由七个主要的岛屿组成，是相对较大（240平方公里）且人口稠密的（150 000人）。他们处于九州西侧约25海里处，由散布着小岛和岩礁的海水隔开。五岛列岛中的两个小岛被六次用作基点构建日本—韩国在朝鲜海峡大陆架的南部边界。考虑其邻近九州的地理位置，若日本决定采用直线基线的话，五岛列岛就可能会被作为九州的一部分包含在直线基线体系中。然而，五岛列岛是处于这样的地理位置，以至于他们只是与日本和韩国之间的划界相关联，而非中日之间的划界。

中日划界更棘手的问题是男女群岛和鸟岛。前者由几个很小的小岛组成，总面积不足4平方公里。他们处在福江岛南部34海里处，福江岛也是五岛列岛中最大也是最南端的岛屿。鸟岛由两个小岛组成，处在五岛列岛西南32海里处，距离男女群岛西北18海里。在他们与五岛列岛之间并无介入其间的岛屿，男女群岛和鸟岛无法与五岛列岛通过他们的领海相连接。除了男女群岛上一个灯塔的守护人以及一个雷达信号塔外，这两组小岛也是无人居住的。更为复杂的情况是，男女群岛和鸟岛处在绵延自韩国的地理大陆架之上，但是却被冲绳海槽最北端与五岛列岛相隔离。韩国，至少在1974年前的主张是这些小岛太小以至于不能产生其自身的大陆架，并且在那样的情况下，日本的大陆架依据自然延伸原则，就会终结在冲绳海槽靠近五岛列岛的南缘。

1974年日本和韩国在划定朝鲜海峡的大陆架边界时，韩国似乎已经撤回其之前的立场而允许日本使用鸟岛作为基点来决定边界最南端的终结点。男女群岛，与五岛列岛不同，也可能被日本用作未来中日划界的基点，因为它们属于少数北纬26度且靠近中国大陆海岸的日本领土（见图1）。

（2）台湾沿海岛屿

彭佳屿、棉花屿和花瓶屿这三个火山岩岛屿各自在东海距离台湾北部海岸30海里、23海里和17海里（见图1）处。所有这些岛屿都处在绵延自台湾的大陆架上，但与琉球群岛上的先岛列岛之间却被冲绳海槽所分隔。该组岛屿的总面积不足1平方公里。除了在彭佳屿上有一个小灯塔并配有几名看守人和气象员外,这些小屿均无人居住。

"中华民国"新宣布的 12 海里领海,依据国际法适用于目前为止天然形成且无论何时满潮时均浮出水面的微小大陆块,连绵的领海将这三个小岛屿与台湾联系在一起。然而,"中华民国"放弃其对大陆架公约中"裸露的岩礁和小岛"作为大陆架划界基点的保留,会剥夺这些小岛的所有大陆架权利。中华人民共和国的直线基线体系,也是意在应用于"台湾以及周边岛屿",如果被应用于这些小岛,就可能会引起其他国家的抗议。连接这些小岛和台湾的直线基线显然明显地背离台湾北部海岸的一般方向,即使小岛可以被归类为处在"直接毗邻台湾海岸"的位置。

(3)九州和台湾沿海岛屿的关联性

这两组小岛的地理位置和物理层面在很大程度上是可以与钓鱼台列屿相提并论的。一些支持无视钓鱼台列屿在中日海床划界中存在的意见,显然在此是适用的。然而,即使在考虑其争议的状态时,钓鱼台列屿也是被区别开来的,男女群岛等的关联性仍旧取决于两个可变因素:第一,被给予的待遇是否是相互的;以及第二,是否使用了等距离原则。

尽管在对大陆架公约的保留意见中,"中华民国"对大陆架划界中的"裸露岩礁和小岛"表示无视,但这一否认声明似乎并非无条件的。若另一方拒绝遵循,"中华民国"不太可能会单方面坚持保留意见。换言之,待遇上的相互性是关键因素,这显然也体现于保留意见的语言中。而且,中华人民共和国从未拒绝使用这些小岛作为基点。

假设所有的这些小岛都会被用作基点,那么他们的关联性仍旧会取决于将用何种划界原则来管理。如同中华人民共和国的直线基线情况一样,小岛不被用作基点仅仅在适用以距离为导向的划界原则例如等距离原则时才会有意义。因此,再次总结道,对于关联性问题的最终回答取决于下面将会讨论到的东海更大的地理环境。

D. 地理作为一个本土关联的情形

每个独立主权国家都明确占有一片地球干燥表面为其领土。国家间在陆地、河流、湖泊或海洋中的边界都无可避免地牵涉到那一区域的地理情况。突出的地理特征,如河流与山脊会经常出于实际原因而被直接用作边界。自从出现了大陆架法律概念,地理上的考量也已经在大陆架边界划界中起到了突出的作用，这已经被条约、国际司法裁决以及国家实践所证明。

地理情形通常仅和表面特征相关联，而海底特征则限于区域地形地貌以及地质的范围。具体而言，有两个地理特征已经对大陆架划界产生了最大的影响：总体的海岸形态以及影响程度较轻的岛屿的存在。前者可被表明为"宏观地理学"而后者则为"微观地理学"。第四章中已就既小又偏远岛屿的法律意义做了分析。这里我们将处理东海的宏观地理情况。既然目前国家实践（见表4）中对等距离原则的选择很大程度上是由划界国家的海岸形态来支配的，那么似乎可以将那一原则的实用性与地理情况的讨论相结合。

1. 东海的宏观地理情况

关于东海的详细自然地理情况已经在第一章中提及，这里我们将仅锁定一些有法律意义的特征作为参照。第一，在中国和日本之间、日本和韩国之间或中国和韩国之间并不存在共有的大陆边界。这三个国家彼此之间的地理关系也相应的是相向海岸的情况（见图1）。第二，对于日本—韩国和中国—韩国这两对国家，两个毗邻的"相向"关系仅存在于东海的北部大约平行于北纬30度的位置。那一纬度的南部在只有日本和中国之间存在相向关系。出于研究目的，前者区域被指代为北部区域而后者则为南部区域。第三，特别是中国在北部区域的海岸包含长江口和散布着岛屿的杭州湾。日本海岸则由九州及离岸的岛屿组成。在南部区域，中国海岸自杭州湾南岬开始直到福建省的海坛岛并且包含台湾岛屿，而日本的海岸则仅由琉球群岛的岛屿组成。在北部区域，也是一个三线交点的区域，未来的中日大陆架边界可能会被未来的中韩与日韩边界以及可能的日韩联合开发区所影响。如前文所提，政治而非法律会对最终结果起到更为决定性的作用。因此我们应将焦点更加集中于南部区域也就是独属于中日的范围，这也是本章的关注点。

在有着面对面相向海岸的国家之间，与海床划界相关的无可避免的问题是：等距离原则是否适用？日本的回应是肯定的，而中国（以及韩国）的回应则是否定的。因此有必要如前面提及的东海的宏观地理情况以及国际实践先例那样考虑，来审视一下该原则对于东中国海的适用性。

2. 等距离原则：是否应适用？

等距离原则这一规定的应用，要求划定线上的每一个点均与各相关国家测量领海宽度的基线上最近各点距离相等。一条在相向海岸间划定的等距离线被定义为"中"线，而在相互毗邻的海岸间划定的则为"侧"线。该原则，有时也会有所变动,在过去的一百多年里,已在国家实践中被广泛用于海上边界划界,它也被很多双边或多边协定所采纳。其作为一个国际边界划界的重要规则的演变,及其法律和技术上的适应性已经被联合国国际法委员会、国际法庭和许多学术评论专家详细阐释。无需在此列举长篇文献作为背景资料。

在继续强调东海问题之前,我们必须要做一个重要的假定。冲绳海槽的存在使得海床问题变成二维化,从根本上干扰了地质层面上的连续性。然而这一连续性却是等距离原则适用于很多案例的前提条件。因此,出于下列分析的目的,冲绳海槽被视为不存在且地质大陆架也被假设成从中国大陆海岸一直延伸至琉球群岛。我们现在开始探究一下国家实践,以便查明在何种情形下等距离原则会被应用或被抵制。

(a)国家实践

在过去的二十年里,拓展国家海洋区域的一个直接后果就是出现越来越多的管辖重叠,以及迫切需要对相邻国家间的边界进行划定的情况。根据霍奇森博士的意见,他是美国国务院已故的地理学家,也是直到 1976 年中期在海洋法地理方面公认的权威,在目前的时间和地理状态下,大约有 300 个潜在的领海或大陆架边界。其中,156 条边界划分了相向国家而 144 条边界划分了毗邻国家。这两个数据令人惊讶的几乎相等。在这 156 条"相向"的边界中,5 条局限于领海,而毗邻边界中只有 8 条是属于那个类别。因此,有 151 条"相向"的领海或大陆架边界及 136 条"毗邻"的界限。

霍奇森也指出仅有百分之二十一或在 300 条潜在边界中只有 63 条已经在协商中,但是他并未给出每组"毗邻"和"相向"边界的具体数字。

迄今为止,在被联合国、美国国务院和私人出版社主持出版的关于"相向"大陆架边界的各种文献资料的基础上,笔者通过调查发现,如同表 4 显示的那样,41 条"相向"大陆架边界的划界(包含英法边界)的地理分布在欧洲(14)、亚洲(15)和美洲(12)是相当均衡的。除了两个例外情况之外,所有的边界都是在 1965 年或之后划定的。这个调查清晰地显示了等距离原则被高频使用的事实。列表由于可能存在未发表的协约,或许很不完整,但却包含了大量到目前为止"相向"大陆架边界定界的例子,并提供了一个合理的分析基础。

显然,表 4 意在审查等距离原则的选择和相向海岸的宏观地理情况之间的相互关系。"海岸的广泛公平"概念,如英法仲裁庭用来描述英吉利海峡时采用的那样,在这里被用作一个量尺。这里比较的海岸牵涉的仅为那些与某一边界划界相关的海岸，因而并不包含相同定界国家处在定界区域之外的其他海岸部分。例如，挪威和丹麦的总体海岸显然是不相等的，但其海岸中实际被用作基点的部分，即存在于斯卡洛拉克海峡也就是划定丹麦—挪威大陆架边界的部分，其形态和长度是广泛相等的。

考虑到海岸地理情况的的极大多样性，我们认为两个相向海岸被标记为"广泛相等"会固有地涉及到主观性的衡量。因此允许考虑一些可争辩的不同特性。对凸出的地理特征的简要讨论也应起到揭示这标记过程的作用。在一些情况下，直线基线也可能会等同于广泛不公平的海岸线。

"真实的"、"简化的"或"选择性"的等距离线概念是从霍奇森博士的用法中借用并加以修改而来的。理论上，在一个"真实的"等距离线上，线上的每个点必须是等距离于至少每个海岸的每个基点；转折点必须等距离于这三个基点：一个在海岸上，其余在另一边。实践中，各国在其海岸事实上相等的情况下严格遵循那条原则，但是出于管理的目的，会在某些位置通过小幅交换区域来简化边界。前一条线因此被称为"真实的"中线，而后者则是"简化的"中线。由于均最为靠近几何中线，因此这两条线都被归为同一类。"选择性"的等距离线是一条仅在边界上选择的点上等距离于两条基线的线。在本文，这个概念也包含边界上一个或多个被其他原则或考虑划界的部分。例如：意大利—南斯拉夫边界约百分之四十五的长度是一条真实的等距离线；剩余边界则由于南斯拉夫岛屿的存在而导致衡平性考虑被严重影响。类似的情况也出现在意大利—突尼斯、伊朗—沙特阿拉伯、澳大利亚—印度尼西亚和加拿大—丹麦的边界中。

在"其他"标题下的边界，定义为那些整体依据公平或其他考虑划界的边界。遗憾的是，显然没有包含这41条边界中约五分之一边界的图表，所以难以理解被应用的某一划界原则，实际被应用的原则可能也会有很大差别。在已被发表和研究的边界图中，划定的等距离线和边界协议内等距离原则的关联性之间有很强的一致性。因此，在一些没有边界图的情况下，标记"真实/简化的等距离"是基于参考协约条款，当然也是为了未来研究实际划界的需要。

除了上述这些非常规的情况外，似乎可以基于图表4做一个暂定概括。当有相向海岸存在广泛相等但各方诉诸于等距离原则之外的原则的情况下，不存在海岸并非广泛相等但各方却应用等距离原则的情况。逻辑上，存在广泛相等的海岸成为应用等距离原则的必要条件。这两个可变因素之间统计上的正相关关系也因此建立起来。然而需要注意的是,该观察被调查的百分之八十的边界所支持,但也存在剩余百分之二十未知的划界原则。在后者(8 条边界)中为人所知的是,所有边界均处于两个广泛相等的海岸之间。因此,即使所有边界都已依据等距离原则之外的原则而定界,那么上述观察也依旧在逻辑上合理。如此这般是因为存在广泛相等的海岸是作为一个必要条件,而不是在应用真实的、简化的或选择性的等距离原则版本时的充分条件。

(b) 北海案

国际法院在这个案例上详细回顾了等距离原则的基本原理、起源及法律地位。法院否决了丹麦和荷兰所争论的"基本层面",即主张等距离规则是基于邻近概念的大陆架学说的先验条件。与此同时,法院强调自然延伸原则,该原则是依据法律给予沿海国家大陆架权利。对于大陆架学说而言,自然延伸原则要比邻近概念更为根本,后者仅为陆地领土提供本身权利。在回顾了大陆架公约条款 6 的工作报告、大会关于保留意见的条款以及自 1958 年起的国家实践之后,法院也驳回了丹麦和荷兰的争论,即等距离规则已经不是表现了的而是产生了国际法的习惯规则。

很显然,法院似乎并非只是强调将等距离原则应用于北海案例这一相邻海岸的情况的主题,而是在总体上检查这一原则。然而,人们仍旧倾向于将三个北海国家的地理情况[一个凹形的德国海岸毗邻于两条凸状的丹麦和荷兰海岸(见图 12)]作为法院否决等距离原则的唯一最重要的考虑,因为该原则的应用显然会产生非常不公平的结果。一个必然随即产生的问题是:法院的观点在相向海岸的情况下是否适用?

法院实际上的确提到这一问题,尽管是以一种轻描淡写的方式提到的。法院提及相向情况的意见部分仅有两段,因此值得全文引用:

57. 在进一步讨论前,简要处理两个附属情况将会很方便。这里国际法委员会遇到的大部分困难在于毗邻国家间的侧向边界。较少的难题则在于相向国家间的中线边界,尽管这条线也是一条等距离线。因为对于法院而言这似乎是个很好的理由。相向国家外且划分相关国家的大陆架区域可以被各国主张为其领土的自然延伸。这些延伸相接并且重叠,因此仅能通过中线且忽略小岛、岩礁和小的海岸突起的存在的方式进行定界,而这些存在的不相称的扭曲作用可以通过其他方式来消除。这样的一条中线必须平等分割涉及的某一区域。如果在涉及的海岸一边存在第三个国家,那么与相同或另一相向的国家共同自然延伸的区域就会是一个独立且不同寻常的情况,也将会以同样的方式来处理。这种类型的情况因此异于在同一海岸侧向毗邻但却在其前方并无直接相向海岸的国家的情况,并且并不产生同种问题——这个结论也被观察到的日内瓦公约中条款 6 两个段落中的用语不同而有所证实(上述段落 26 再现的),即在缺乏协议的情况下,一方面将资源关联于中线,另一方面则关联于侧向等距离线。

58. 另一方面,如果与前段表述观点相反,在相向国家的大陆架区域划界以及毗邻国家间的划界过程之间并无本质区别的说法是正确的,那么原则上的结论也应是相同或者至少是可比的。但实际上,当一条中线在两个相向国家之间平等划分了可被视为其各自领土自然延伸的区域时,另一条侧向等距离线则经常将一国领土自然延伸的区域留给另一国家。

这些段落呈现出等距离原则的一个更为平衡的画面,他们应当在其环境中被解读。国际法院在当时是将等距离原则应用于相向和毗邻两种情况下做比较的。在前者的情况下,如果忽略某些"不相称的扭曲"特征,不太可能会产生不公平的结果。如此声明的一个难点在于法院概念中的地理和地质环境并非完全清晰。鉴于这一构想的普遍性,法院大概是指代最为普遍的一个情况,换言之,是指两个广泛相等或可相比的海岸。而且,似乎也假设了一个构成各国领土自然延伸的地质上延绵的大陆架。人们相应地难以预测如果缺少假设的地理的和/或地质环境的话,法院的观点会是怎样的。无论如何,这一声明并不支持在任何相向海岸情况下自动地和无条件地应用等距离原则,且因此不应违背法院的普遍裁决,即划界应受依据公平原则达成的协议影响。

(c) 英法仲裁

将英法案区别于北海案的两个地理及法律的因素使得前一个案例与目前的东海问题更为相关。首先,仲裁庭实际上是被要求划定法国和英国之间的大陆架边界线的,因此有大量机会来衡量争议区域内的具体地理情况。其次,英法案例中涉及的宏观地理情况(见图 13)是一个相向海岸间的情形,这与东海情况相像,但却不同于北海案例。等距离原则更为相关且该原则的应用也相应地被严密分析。

在决定英吉利海峡群岛区域的边界走向时,法院开始通过确定与那一区域相关联的"特征与考虑"来做决定。法院认为：

> ……该区域形成英吉利海峡的组成部分……为划定其大陆架，根据法院意见，将该区域作为整个海洋区域的一部分来在其环境中观察。沿着整个 300 海里的英吉利海峡的南部海岸，便是法国的大陆海岸；沿着海峡整个 300 海里的北部海岸，便是英国的大陆海岸。各国在其海岸均有一些海角，且普遍结果是他们的大陆海岸线以一种接近平等的关系面对面相隔着海峡。

> 在相向国家之间……一条中线边界将会在常规情形下将广泛平等的大陆架区域分予各国，并且依据公平原则构成划界。它遵循的是，两个相向国家的海岸线本身在其与大陆架关系上接近平等时，不仅在常规情况下的边界应为中线，各方在中线任何一边所有的大陆架区域也应是广泛相等的或至少在大体上是可比的。

法院随后考虑了海峡群岛的存在，总结道：

> 不可避免的是，这些英吉利海峡中存在的岛屿在个别情况下妨碍了地理情况的平衡，否则这一平衡应由于各国大陆海岸线的广泛平等而存在于区域内各国之间。

看似相当清晰的是，仅存在相向海岸的情况对于应用等距离原则是不充分的。一个更为重要的地理因素必须出现，即两个相向国家的海岸线必须是"接近平等"的概念，也就是他们各自的长度以及不规则的海岸突起是广泛平等的或可比的。

大西洋区域的地理情况与英吉利海峡群岛的地理情况区别在于，前者有待定界的大陆架区域是位于法国与英国海岸之"外"而非"之间"。这一情况与中国和韩国之间、日本与韩国之间在东海的情况是类似的，但不同于中国和日本之间的情况（见图 1）。法国关于目前案例意见的关联性也相应变少。然而，法院总体的推理仍旧值得关注。基于"在同一大陆架邻接的两个国家，其海岸在范围上并无显著差异但却在与大陆架的关系上大体相似这一事实"，法院宣布英国锡利群岛的进一步朝海突出的部分扭曲了借鉴这一突出而划定的边界，导致了英国"获得"4 000 平方公里的大陆架区域以及法国相应地"失去"同样大小的区域。

依据法院的意见，大陆架公约条款 6 中的特殊情形出现了，并且为了纠正特殊情形导致的边界划定不公平也变得合理。

上述两个案例的分析确认了先前的结论,即等距离原则的适用性是针对特定案例的地理情形的一个功能或是体现。具体而言,等距离原则似乎适用于在相向海岸情形下面对面的海岸具有大体平等或可比较的地理情况。

(d) 等距离原则和中日海床划界

上述国际司法案例的调查暗示了在北海案例法院没有具体宣布应当应用等距离原则的地理情形时,英法仲裁案例的法院却做到了。后者的裁决即两个相向国家海岸线的接近平等使得等距离原则应用较为公平,获得了迄今为止来自国家实践的巨大支持。因此不可避免的问题是,东海的中日海岸线在其对大陆架的关系上是否是大体平等的?

北部区域

如已假设的那样,若冲绳海槽不存在,等距离原则就可能会在北部区域的三个国家之间应用。中国和韩国之间,韩国和日本之间以及中国和日本之间(见图 1)似乎表面是存在广泛的平等海岸的。如此广泛的平等起初存在于黄海内中国大陆海岸和韩国西部海岸之间,以及朝鲜海峡内韩国的南部海岸和日本之间。这样广泛平等的关系继续向南部延伸至东海,跨越了黄海和东海之间以及东海和朝鲜海峡之间的人工边界。黄海内假设的中韩中线南延部分和朝鲜海峡内目前的日韩中线大约会平等划分属于各国的大陆架区域。两条中线会在地理坐标北纬 30 度 46 点 2 分,东经 125 度 55 点 5 分的点汇聚,这一点也是现在日本—韩国联合开发区西部边界的最西端(见图 6 和 1)。据推测,中日中线会始于那一点且向南延伸,然后朝着西南方向大约 90 英里平行与北纬 30 度线交叉。如果男女群岛和鸟岛不被用作基点并且在划界时并非被给予全部效力,那么这条中线的走向就会改变。

南部区域

在北纬 30 度线以南,除了不太清楚的朝鲜半岛、济州岛以及日本本土(九州)外,东海的宏观地理情况变化显著(见图 1)。东海西边仍存有中国大陆和台湾的海岸,而在其东边则仅存有那些零散的琉球群岛,表面上并不再存在广泛的海岸平等。然而,海岸(连同大型岛屿)与岛屿链本身的关系也并非不平等。根据北海案例和英法仲裁案例显示的那样,关键测试似乎是海岸的形态和海岸线的长度。那么中日在南部区域依据每个测试是否存有广泛的平等?

第一章中提到中国大陆海岸和琉球群岛链形成的两个朝海的弧状部分是

大体平行的。而且,台湾的海岸线和中国大陆海岸线并未在本质上改变这个平行关系。如果在琉球群岛链的每个岛屿之间有介于其间的水口,其总长度超过大陆块的总长度,且被视为岛屿总体形态的一部分,那么广泛平等的存在就会有争议。

然而,对于海岸线长度的问题似乎并无明确答案。一个先决问题是:海岸线应如何被测量?是遵循着蜿蜒的海岸,还是如北海案法院建议的那样遵循海岸的"一般方向"?岛屿的长度应如何测量?既然测量海岸线长度的整个想法意在作对比,只要测量方法简单且公平实施就可以了。因此,对于大陆海岸采取"一般方向"的测量方法似乎是可接受的。在同理依据下,一个岛屿的海岸可用其最大长度而非遵循其蜿蜒度来测量。在该准则下,中国(中华人民共和国和"中华民国")拥有大约包含大陆(从杭州湾直到海坛岛)以及岛屿(台湾)的长达 365 英里的海岸线,而日本则拥有整个琉球群岛 205 英里的海岸线。

鉴于海岸长度,上述运用表明,广泛平等似乎并不存在于中日在南部区域内的领土上。如果琉球群岛的大陆块部分如同日本本土那四个主要岛屿一样绵延,那么这样的平等关系就可能会存在。考虑到琉球群岛链断裂的形态以及许多介于其间的水口(在冲绳和先岛群岛之间的最大距离为 120 英里),他们的海岸线长度自然不能和中国的海岸线长度相比。总体而言,等距离原则在南部区域的应用,由于缺少海岸地理情况的广泛平等性,即便不是一起被排除,似乎也是可被质疑的。

3. 替代原则:均衡性

反对将等距离原则应用于南部区域的观点,主要是针对该原则的严格应用,这可能会由于区域内两国尤为无可比拟的海岸线长度而导致边界不相称的扭曲。这个基本原理带来了均衡原则在大陆架划界上的发挥。实际上,在等距离原则的应用被视为公平的同时,这般公平的一个因素恰好存在于其影响的广泛均衡的划分。这个因素在之前引用的北海案例和英法仲裁案例的意见中是极为明显的。如上述建议的那样,若琉球群岛的大陆块同日本本土那样以一种几乎不间断的方式延伸,那么只要有可比的海岸长度以及设想中随之而来绵延大陆架的均衡划分,等距离原则的应用就可被确定。因此也可保证确定均衡原则的法律地位。

(a) 均衡性和北海案例及英法仲裁

均衡性的恰当作用并非毫无争议。在北海案例中,法院明确拒绝了德国的论点,"至少在其主张的特定形式上",即三个北海国家中每个国家都应获得一个"公平且公正的一份与其海岸线或海旁区长度均衡的适用的大陆架"。法院首先将划界区别于分摊:

> 划界是涉及原则上已经属于各海岸国家的一个区域边界的建立过程,而并非是这一区域的重新确定。公平方式的划界是一方面,但却不等同于判定一个之前未定界区域公正且公平的均摊部分,即便在许多情况下结果可能是可比的或甚至是相同的。

法院随后驳回了整个"公正且公平的均摊"概念:

> 更为重要的是这一事实,即公正且公平的均摊学说总体上与大陆架相关的所有最根本的法律规则显得不符……即与构成海洋的大陆架区域相关的海岸国家的权利由于其对陆地的主权本身就一开始就存在……简而言之,这是固有权利。

> 划界本身确实必须被公平影响,但是它不能将判定一个公平的均摊或者根本像这样确实是一个均摊,来作为其目标——因为其涉及的根本概念不允许任何未被划分的区域被均摊分配。

抛开这些引证的强硬措辞,还可得出三条推论:第一,法院并未否决均衡概念作为大陆架划界的一个因素,但它仅保留那一概念的极端运用;第二,由于法院自身承认"在许多情况下,结果可能会是可比的或甚至是相同的",法院的反对意见更偏理论层面而非实际层面;第三,也是最重要的一条,即法院在其最终裁决中提及,将大陆架权利范围和海岸线长度之间的"合理的均衡度"作为将被予以考虑的因素,实质上修改了其之前对德国论点的否决意见(或者人们可以辩驳道,法院从一开始就并未拒绝德国论点的这一部分)。这一稍令人困惑的信息,似乎是当大陆架的分配成为"公正和公平的均摊"作为目标时是令人厌恶的,但如果它是依据公平的原则划定而被偶然得到时就会被接受。该区别,即便在理论上可以辨别,在实践中也意义不大。即便是理论上的区别也难逃非议。

在英法仲裁中,法院观点是与国际法庭在划界与分配之间的区别相符合的。但是,法院明确限制了后者在"海岸锋"和北海案例中基于特定地理事实的大陆架权利之间构成的均衡度的效力。它声明:

在目前案例中,均衡性在大陆架划界中的作用,依据本院观点,是较为宽泛的,并不与任何具体的地理特征相联系。这是一个鉴别地理特征关于公平或不公平划界本质的效力,尤其是应用等距离方式划界的效力时予以考虑的因素。

均衡性的作用因此被重新定义为"标准或因素"。它并非是一个为大陆架区域提供一个独立的权利根源的"普遍原则",并且仅在检查扭曲存在时才被援引。因此,两个法院均定义均衡性的作用为一个因素,然而国际法庭会积极地利用这一原则而英法仲裁法院仅消极利用。

不论均衡性的概念(或原则)如何被使用,这样的使用在逻辑上就预先假定了一个将划界区域内各国的大陆架权利之间的普遍均衡作为一个基础,在其之上的任何扭曲——这也是不公平的一个潜在来源——都可被相应的评估。在北海案例中,三国海岸的各自长度作为这一评估的基础;而在英法仲裁案例中,评估基础则是法国和英国海岸的广泛平等或可比的海岸地理情况(包括长度和形态)。

(b) 均衡性和海岸线长度

无论其被给予认可的是何种形式,均衡性原则总体上似乎已经被国际法庭及分析人士所公认。那么接下来的问题是,国际法庭对均衡性原则(或因素)的看法——海岸长度和大陆架权利之间的联系——是否如英法仲裁法院指出的那样,是由北海内丹麦、德国和荷兰的特定海岸形态所规定的?若是这样的话,是否理解为该原则在其他地方并无应用?为确定国际法庭的真实意图,必须得看关于特定点上的意见是如何形成的。在提及公平的大陆架划界中许多需考虑的因素时,法院提到:

需考虑的最后一个因素是均衡性的合理度因素,即依据公平原则应带来的在属于各涉及国家的大陆架范围和他们各自海岸线长度之间的影响划界的因素,范围和长度,由一般方向来测量,以便在有着直线海岸和显著凹凸海岸的国家间建立平衡,或为了在其更真实的均衡性上减少非常不规则的海岸线。合适的技术方法的选择和运用会是各方考虑的一个问题。在海岸线原则的名义下,进行过程中讨论的一个方式存在于在涉及海岸的任何一边的端点之间划定一条直线基线,或在某些情况下划定一系列这样的线。当各方尤其希望运用等距离原则方式来划界时,一条或多条此类基线的建立可以在消除或减弱使用该方法可能带来的扭曲作用中发挥积极的作用。

该段表述及其语境（公平规则的讨论）清楚地显示法院并非仅仅是提及之前未决的案例，而是在构建一个普遍应用的规则。两个观察也可支持这一观点：第一，法院不仅仅是讨论凹凸海岸的情况，这是在考虑中的问题，而且也讨论了"非常不规则的海岸"情况；第二，当提及划界国家时，在整个法院意见中，法院使用了小写字母的单词"各方"而不是大写字母"各方"，这仅仅是为三个提出诉讼的国家而保留的。

国际法院宣布的"陆地统治海洋"的根本概念也支撑了海岸长度和大陆架权利之间的联系。一国的海岸是陆地与海洋相接的地方，在其之下存有延长的大陆架。海岸长度似乎是测量一个国家的大陆架权利的唯一客观的标准。多个世纪以来，海洋的其他管理划界也同样如此。如果一个海岸国家的海洋管辖并非由其海岸来决定，这是不可想象的。在英法仲裁庭支持的常被引用的引文中，国际法院认为：

> 公平并不必然意味着平等。正如永远不会有任何彻底的重建自然的问题一样，公平并不要求没有入海口的国家应被分配一个大陆架区域，可能会有的问题是将与广泛海岸线国家相似的情形补偿给有着受限海岸线的国家。

此外，即使国际法庭仅试图将海岸长度和大陆架权利之间的联系用于之前的未决案例，其作为一个因素的意义也依旧存在。可进一步提出的问题是，既然这样一个联系的存在与北海案例的真实地理情况是相关的，那么英法仲裁法庭对于这一联系的反对意见也应由英吉利海峡的特定真实地理情况来决定，即英国和法国海岸的长度大体平等。因此法院没有必要来强调地理上的海岸长度（尽管法院的确将其作为一个背景来提及），而是应以一种更为笼统的方式来援引均衡性概念。如这里的情况，当两个相向国家的海岸线长度非常不平等时，将这两个海岸等同起来并且应用等距离原则就显然会发展成"彻底的重建自然"。由于这个联系仅在天然产生的两个地理事实之间形成，并未带来对大陆架划界的外在考虑，因此潜在性的滥用就能被控制在最小。

然而，针对大陆架划界采取的"海岸长度"的方法还有其他反对意见。反对者指出，为了达到想要的结果，该方法容易受到国家的操纵。与基于算术计算的准则一致,潜在的对事实数据的操纵的确存在,但这一问题并非不可逾越。譬如,如果一个大陆的海岸长度是在海岸线和岛屿的一般方向依据他们最大长度来测量的,如同之前所测量的那样,而非依据他们的蜿蜒度,那么操纵的可能性就可以被大幅缩减。对于"一般方向"和"最大长度"方式的定义及公平性也可能有潜在异议,但是它肯定要比要求各方依据海岸蜿蜒度的长度达成一致意见要更容易控制。此外,海岸长度的方式并不要求海岸线长度对大陆架权利的一个数学上精确的比例,而是如同国际法庭建议的那样,要求一个"合理的"均衡性。计算出来的百分比数字就仅会用作各方均衡性范围的一个参数。最后,既然在语义上这个概念本身就暗示边界上的无限制性,那么均衡性,无论是作为一个因素或是作为一个原则,都会并且应当总是与其他划界原则一起运作。对其滥用的概率也因此会进一步缩减。

(c) 均衡性与南部区域中日划界

若均衡性原则如同海岸长度方式体现的那样被应用于东中国海的南部区域,那么就会导致中国和日本的大陆架比例看起来像表 5 显示的那样。在其一般方向上中国大陆海岸长度的测量鲜少遇到问题。但是台湾的形状给采取"最大长度"方法来测量岛屿海岸长度的公平性带来挑战。严格来说,台湾与东海仅在其北部和东北部的海岸相接壤,其剩余海岸则由台湾海峡(西部)、南海(南部)和菲律宾海(东部)所环绕。"最大长度"的方法,若严格应用,就会给台湾一个大约 202 英里的海岸长度。这个数字与它实际与东海接壤的以其海岸部分一般方向测量的海岸线长度(81 英里)是非常不相配的。因此,"一般方向"的方法被应用于台湾的北部和东北部海岸。这个方法在一些情况下似乎更适合像台湾这样的岛屿,这些岛屿有着与大陆可比较的面积。另一方面,"最大长度"的方法也完美应用到琉球群岛,其大部分主要岛屿与台湾相比是相对较小的,但在形状上是狭长的。既然它们多半与东海的一般形态平行,它们长长的形状,不同于台湾,不会造成问题(见图 1)。

表 5 中的百分比数字,中国的百分之六十四和日本的百分之三十六,并非意在将整个南部区域以准确均分的机械化方式应用,而是用来评估严格运用某划界原则可能会导致的不公平,或者用作一个公平的划界应当带来的均衡性范围的指导原则。

4. 结语

地理因素已经并将继续成为影响相邻国家大陆架划界的最重要情形之

一。在冲绳海槽不存在的假设下，对东海地理的宏观分析导致将该区域想像性地划分为两个由北纬30度线分隔开的区域。这一划分由于两个区域独特的宏观地理情况而合理化。在北部区域，所有的三个国家都有其领土相对高度集中的海岸线存在于黄海内的中韩之间及朝鲜海峡内的韩日之间，相向海岸的大体平等状态向南继续延伸至边界北部区域。因此，等距离原则在边界北部区域的应用似乎大体上是公平的，并且总的来说是与国际司法裁决和国家实践相一致的。此外，南部区域即朝鲜半岛和日本本土大体上不再在边界划界上有任何影响的地方，其宏观地理情况也需要有一个显著不同的对待。一方面，中国大陆和台湾的海岸长度极不可比，另一方面还有零散的琉球群岛，这些会使严格的中线解决方案初步显得不公平。基于海岸长度的另一替代的均衡性原则发挥了作用，由其产生的比例（中国：64％；日本：36％）提供了公平划界应当带来的均衡性普遍范围。这一方法并不必然排除使用中线作为一个起点或作为一个参照线，且在其他包括上述比例的相关情形需要时作出调整的可能性。

E. 地理与地形地貌作为本土关联情形

在之前的部分，地质和地形地貌的逻辑层面被故意忽略以便集中于东海的地理情形。这里我们应主要忽略地理层面，专门检查区域地质学和地貌学的法律意义。在与大陆架法律的关系上，海床的地质和地貌有两个方面：一个涉及大陆架的朝海定界；另一个则与国家间的定界相关。我们应在评估其对中日海床争议的含义之前，在东海环境下对待每一方面。

1. 地质、地貌和自然延伸原则

1958年大陆架公约中，条款1对大陆架的定义（或朝海定界）包含两个测试：深度（200米）和开发（无论其上覆水域是否允许开发）。然而，为同时满足狭窄边缘和广泛边缘国家的利益而设定，这一定义未能真实地体现海床的地质现状。两个并列的标准加上模糊的语言"邻近海岸"使得自1958年后产生了很多混淆与争议。似乎是为了进一步蒙蔽这一已令人迷惑的局面，国际法庭在1969年添加了一个新的要素——大陆领土的自然延伸——到法定大陆架的定义中。法院在这些词汇中构建了这个"最根本"的大陆架学说（加上那些在172-173页引用的文字）：

> 国际法依法给予沿海国家大陆架权利是归结于这一事实,即涉及的海底区域可能被视作是领土实际的一部分,沿海国家已经对该领土享有主权,在某种意义上,尽管被水覆盖,它们仍旧是那一领土的延伸或延续,是其海下部分的拓展。

这一学说的地质或地形地貌的基础也如同法院进一步注解的那样显而易见:

> 大陆架据其定义是一个从大部分沿海国家物理上延伸为一种平台的区域……因而其前方存在海岸线的国家享有大陆架附属权利是一个事实,且通过考虑大陆架地质情况来探究是否根据某一构造特征的方向应当影响划界可能是有用的。因为在某些位置,它们表明了对于那些领土确实在事实上延伸的国家其大陆架的附属权利概念。

当分析人士因其与海床的地质和地形地貌相关联而纠结于“自然延伸”原则的确切含义时,该原则已经深深地影响到迄今为止很少关注到的区域——东中国海。该原则的到来对于沉浸在埃默里报告带来的欣喜中的韩国和“中华民国”而言非常及时,他们迫不及待地希望尽可能清楚地界定他们在东海的主张。

深邃的冲绳海槽位于相较于韩国或“中华民国”领土而言更靠近日本的位置,被韩国和“中华民国”视为依据自然延伸原则标记了东海大陆架的外缘。两国均认为由九州和琉球群岛产生的日本大陆架会短距离延伸并终结于海槽的邻近区域,而中国和韩国的大陆架也会抵达至海槽并且逻辑上的边界会是一条中央航道线(见图 1)。如第二章讨论的那样,“中华民国”主张的(见图 9a)区域和韩国的(见图 5)专属区的东部界限是大致沿着中央航道线的,这也清楚地证明了两国对于自然延伸原则的依赖。

该原则被援引的方式似乎暗示了其有悖于东海地质和地形地貌背景的两个可能的解释。第一个解释是沿海国家领土的自然延伸是与大陆边缘(大陆架、大陆坡、大陆基)的外缘同时终结的,或者至少终结于大陆坡底。冲绳海槽正是这样一个东亚大陆边缘的外缘或大陆坡底,这里的海床陡然跌落至超过 2 000 米的深度;而且冲绳海槽构成了东亚大陆和太平洋之间的边界,大陆架作为其西部地壳结构的“大陆”源头,而琉球群岛则是其东部作为“海洋”源头——来自洋底的火山岩。在此解释下,东海内中国和日本的领土均自然延伸且在冲绳海槽内相接并终结。

第二个解释并未将大陆—海洋边界（或大陆坡底）置于冲绳海槽而是在琉球群岛东部太平洋内的琉球海沟。东海内除了极不规则的大陆外缘的组成部分外，近琉球海沟陆地的大陆架、海槽和岛弧均被考虑在内。大陆架的整个海床、海槽和岛基台因此需服从国家管辖和边界划界。然而，随着这一理论的延续，冲绳海槽有着如此突显的地形地貌特征，以至于它标志了中国（和韩国）与日本领土自然延伸的终止。

第一个解释强调了自然延伸原则的地质含义，并且将整个理论基于这样一个假设，即冲绳海槽标志了东亚大陆壳和太平洋洋壳的自然边界；第二个解释更强调了自然延伸原则地形地貌上的重要性，并且忽略了东海及其以外底层的地壳结构。

国际法院并未在北海案例中具体定义沿海国家领土应该或能够"自然"延伸多远或者在何种范围内。原因之一可能是整个争议区域坐落于北海的地质大陆架之上，因此无需法院在这一问题上详尽阐述。但法院的意见似乎容许上述建议的两个解释。自然延伸原则的应用，具有地质和地貌的基础，似乎真的取决于地球科学家如何归类或区分某些海洋地形特征，例如冲绳海槽。

一些已研究过该区域的地质学家并不将冲绳海槽作为亚洲大陆架的一部分。他们也并不精确细化海槽底层的地壳结构，尽管他们倾向认为海槽是处在洋壳之下的。其他地质学家则基于极高的热流量视海槽为"边缘海盆地的初期"，因此把海槽看成和世界上超过 40 个的边缘大洋盆地一样。然而，这些边缘盆地的地壳结构远非一致。有些肯定是大陆性的，例如北海和黄海，有些是大洋性的，例如墨西哥湾，也有其他两者都不属于，但却有着中间的特性，例如日本海。仍有其他地质学家仅将海槽视为一个大陆性的边界，即一个大陆边缘内极为不规则的地形特征且其深度"远超过那些典型的大陆架"，范例存在于南加利福尼亚海岸。

所有上述理论都有同样瑕疵——他们没有肯定回应法律的相关问题：海槽是处于何种类型的地壳之上？但是，如同板块移动理论假定的那样，如果太平洋洋壳在亚洲大陆地壳之下经由海沟链（包括琉球海沟）移动，那么冲绳海槽就极可能处在一个有中间特性的地壳之上。

上述讨论明显表示，即使地球科学家并未用肯定语气提及冲绳海槽的恰当分类，法学家仍旧不同意海槽在海床划界中的法律地位，因为他们坚持必须或至少部分基于自然延伸原则之下的地质和地形地貌上的发现。的确,自然不会像人类渴求的那样适宜于归类以及适宜于严格的分界线定义。然而,无论对这问题的地质方面的答复有多么不全面,改写大陆架法律的国际努力也可能已经无形中使得那一问题有讨论的余地。公约草案在条款 76 中的第一段这样规定:

> 沿海国的大陆架包括其领海以外依其陆地领土的全部自然延伸,扩展到大陆边外缘的海底区域的海床和底土,如果从测算领海宽度的基线量起到大陆边的外缘的距离不到二百海里,则扩展到二百海里的距离。

该条款剩余的内容则详细地叙述了大陆边外缘的法律上的划界。第一段对于我们的目标而言似乎已经足够。第二句话给予沿海国 200 海里的大陆架管辖而不考虑该区域的海底地质或地形地貌。换言之,无论真实的大陆边终止在何处,琉球群岛都至少会在理论上被给予其海岸各边 200 海里的大陆架。如前面所述,东海任何地方的宽度都不超过 400 海里,因此如果公约草案最终被第三届联合国海洋法会议采纳,非常可能的一个问题就是:冲绳海槽作为一个地质上或地形地貌上关联的情形在中日海床划界中应当具有多少分量?

2. 相向国家间大陆架划界中海槽的法律地位

为探究海槽在大陆架划界中的法律地位,我们应该再次从国际法的各种溯源中寻求指引,包括大陆架公约、国家实践、北海案、英法仲裁案和公约草案。

(a) 大陆架公约

大陆架公约的主要工作报告,即联合国国际法委员会的审议报告,仅包含轻描淡写地提及类似海槽的海底地形特征。在其 1953 年关于大陆架的草案条款的评论中,国际法院就大陆架的定义作出声明:

> 因此,尽管 200 米的深度作为大陆架的界限必须被视为普遍规则,但这也是一个在特别情况下会进行公平性调整的规则,即在一些水深不超过 200 米的区域,这些区域处在相当靠近海岸的位置,被超过 200 米深的狭窄海峡与毗邻海岸的一部分大陆架相隔开。在这些情况下,如此浅的区域必须被视为大陆架部分的连续。依赖普遍规则特例情况的国家就会建立起对该规则公平性调整的主张。出现争议时,就一定会是仲裁决定的问题,即是否浅的海底区域也应遵从这里制定的规则。

除了这一词语"必须"被"可能"替代外，实质上同样的语言也在国际法院1956年对草约条款67即随后变成大陆架公约条款1的注解中出现。国际法院并未对这一表述的具体内容作出阐述。这一问题也没有在大会上被认真讨论或者在大陆架公约中被提及。

有意思的是，国际法院的评论被附在大陆架公约的法律定义上而不是国家间的划界规则。1953年和1956年的评论均建议了尚在争议中的"仲裁决定"，这一事实清晰地指明了国际法院在两种情况下均意识到这一问题。在任何情况下，鉴于概述性的表述，评论似乎并不经得起实际应用的检验，除却这一事实即这是对草案条款的一个措辞软弱的评论。

我们也应注意到大陆架上地形地貌上的不规则问题在技术备忘录上被详细讨论，这一备忘录是由联合国教科文组织召集的一批地质学家在1958年日内瓦大会前不久准备的。三种在地质上显著的凹地，除了浅显的小的海谷，被视为：

> （a）大陆架外缘之外在大陆架海底或接近海底的山脊之上连接深海的凹地；（b）外部没有海底山脊，且有着宽阔且平坦洋底的海槽；以及（c）朝着深海洋底倾斜的类似峡谷的海谷。

被引为第一种类型的挪威海槽，被视为构成了毗连着的地质大陆架的一部分。加利福尼亚之外的峡谷属于第三种类型，被认为更有争议。但是，有意思的是，地质学家提出"从方便国际立法的观点来看"，这应该被作为周围大陆架的一部分。他们并未提及冲绳海槽，它的特点使其不属于这三种类型中的任何一种。

（b）国家实践

很少有这样的情况，即有着显著的地形地貌特征并且足以被直接用来作为大陆架边界或影响到潜在的边界。至今，大部分被划界的大陆架边界都处于封闭的或半封闭的且有着较浅水域和延绵的地质大陆架的海洋内，例如波斯湾、波罗的海和北海。有时存在一些较小的断裂（例如将在下列英法仲裁中讨论的赫德海渊），但是它们绝不意味着将破坏相关海洋大陆架作为一个整体的基本统一性。对于那些有着更显著特征的区域，例如超过200米深度的海底区域，很少存有必要的像海峡形状且处于平行的地段甚至可以被视作一个边界，例如，亚得里亚海有超过1000米的很大的海渊。然而它们在与意大利和南斯拉夫海岸的关系上是如此均匀的分布,以至于他们对边界的影响,即便有,也被均衡化了。同样道理适用于几乎所有在地中海内涉及意大利以及孟加拉湾、曼纳湾和阿拉伯海内涉及印度的大陆架边界中。在其寻找适合于目前目的,且关于大陆架定界的国家实践中显著的地形特征方面,本文作者能够找到的靠近这种特征资格的边界仅有三条:靠近挪威海槽的挪威—英国边界和丹麦—挪威边界,以及靠近帝汶海槽的澳大利亚—印度尼西亚边界。

(i) 挪威—英国大陆架边界

北海(见图 12)有着 222 000 平方公里的面积。除了挪威海槽和一些小的偏远的海渊外,其水深不足 200 米。挪威海槽是一个被清晰定界的海底凹地,处于距离挪威南部和西部海岸 2 英里至 10 英里的位置。挪威海槽的深度为 200 米至 670 米不等,宽度则为 20 英里至 81 英里不等,长度约为 430 英里。挪威和英国于 1965 年通过一条据其各自海岸测量的真实的中线划定其大陆架边界。

这个边界在多个层面均为此类边界的先驱。定界各方在划定中线时无视挪威海槽的存在仅是其中一个方面。考虑到忽略海槽的原因就足以让人注意到以下内容:

(a) 确凿的地质证据已长期认为,海槽就像许多沿着挪威海岸的峡湾一样,只是一个由冰河时代的冰川作用带来的深层平刨活动而导致的结果,当时的海平面要远远低于现在的。所以其与剩余的北海大陆架连接着的地质部分从未改变过,尽管事实上它比大陆架的剩余部分(直至 200 米)要深得多(直达 670 米)。

(b)英国一直持有这个观点,即鉴于其海岸和挪威海岸之间的广泛平等,等距离原则应该应用在北海。两国也在其协商 1965 年边界协议之前对于忽略挪威海槽的存在达成一致。1958 年日内瓦大会期间,两国代表明确支持海槽为北海大陆架的一部分这一地质发现。当英国于 1964 年单方面宣称其大陆架管辖权时,其主张的外部界限实际上处于真实中线的西部 2 英里至 12 英里处(即更为靠近英国海岸而不是挪威海岸)。根据某位研究英国大陆架法律和政策的国际法专家意见:

> 英国的克制起因于其务实的期望,即尽快实施其主张并且避免旷日持久的争议以及一个认识,即公平会出现在反对的这一边,即反对直达挪威海槽这一极为延伸的英国主张。

在任何情况下,英国—挪威边界是多种法律和超法律考虑的结果。但是,似乎公平得出的结论是基于大陆架和海槽的确凿地质证据提供了主要的理由,且致使各方难以作出任何辩驳。

(ii) 丹麦—挪威大陆架边界

丹麦和挪威隔着类似海湾的斯卡格拉克相望,其间的平均宽度为 60 英里(见图 12)。在海床的北半部,挪威海槽紧密地沿着挪威海岸线并且几乎从头到尾沿着斯卡格拉克达到 100 英里的距离。然后,在斯卡格拉克朝向北海的入口处转向北部。位于斯卡格拉克的海床的南半部,其上覆水深不足 200 米,延绵自广袤的北海大陆架。

丹麦和挪威于 1965 年通过一条真实的中线划定其大陆架边界。边界的东端开始于挪威—瑞典大陆架边界终止处斯卡格拉克,且一直延伸至北海直到其抵达英国—挪威和英国—丹麦边界的三线交点。在 255 英里的边界线中,百分之三十一或者 80 英里在斯卡格拉克,也就是存在海槽的地方;百分之六十九或者 175 英里在北海之内,也就是海床相对连续的地方。在斯卡格拉克,200 米的等深线和中线处在紧密并排的位置,而且几乎在后者的中点处交叉。

以下是一些相关的观察。地质上而言,如与英国—挪威大陆架边界关联的那样,挪威海槽是北海大陆架不可分割的一部分。北海内整个海床的地质连贯性使得挪威海槽在该区域的大陆架边界划界中成为不关联的地质情形。地理上而言,丹麦和挪威的海岸呈现出相向海岸的一个范例。斯卡格拉克内海岸的广泛平等是不言而喻的。在北海内大陆架处于海岸"之外"而非"之间"的地方,基本的相向关系和广泛平等也继续存在。因此,一个等距离的边界似乎在表面证据上看是公平的。基于地形地貌特征的可能的替代边界线,这些特征譬如 200 米等深线或者海槽的中央航道线,既没有因为任何"特殊的情形",也没有因为任何其他公平性的考虑而变得合理。

总而言之,挪威—英国和丹麦—挪威两个案例中的海床,地质上的统一性似乎成为应用等距离原则前的条件之一。海槽毕竟是一个地质上的特征,地理因素可能构成了一个充足的条件并且使得中线边界成为必要。因此,涉及的三国无视这一已经因确凿的科学证据而变成中性因素的海槽也就很自然了。

(iii) 澳大利亚—印度尼西亚大陆架边界

　　澳大利亚与印度尼西亚在西部相隔帝汶海,东部隔着阿拉弗拉海相望,共存有广阔的大陆架和深邃的海沟(见图 14)。这两个海洋都是半封闭的,帝汶岛、塔宁巴尔阿鲁岛、新几内亚岛和其他的印尼岛屿在北部形成了岛屿链,而在南部则形成了澳大利亚大陆。大陆架在其西部被称为莎湖大陆架,在东部则被称为阿拉弗拉大陆架。这两个大陆架自澳大利亚北部海岸起向北各自缓缓倾斜大约 170 英里和 350 英里。上覆的水域深度为 50 至 140 米。大陆架陡然降至帝汶海槽和阿拉弗拉海槽,各自最大深度为 3 200 米和 3 650 米。被印度尼西亚岛屿环绕的阿拉弗拉海槽和更加靠近印度尼西亚而非澳大利亚领土的帝汶海槽,在靠近印度尼西亚塔宁巴尔岛的一个大约 120 度的角度相交。它们实际上是自印度尼西亚中部的塞兰海延伸至印度洋内的爪哇海沟的深邃海槽和海沟弧的一部分。从地质上看,帝汶海槽是一个加长的年轻的海底盆地,被地质学家归类为边缘深渊。整个帝汶海和阿拉弗拉海的西南部将会是下面的分析重点。

　　1971 年和 1972 年,澳大利亚和印度尼西亚在上述提及的区域(见图 14a、14b)签署了两份大陆架边界协议(不包含那份在 1973 年由澳大利亚代表当时非独立但现在独立的巴布亚新几内亚签署的协议)。当时,东帝汶仍旧是葡萄牙殖民地,且里斯本和堪培拉就帝汶海槽法律性质的争议已经阻碍了任何在那一区域的大陆架划界。"嫌隙"也因此存在。至 1978 年,东帝汶已经被印度尼西亚归并,且自那时起,堪培拉和雅加达之间为间隙区域定界的谈判也已经进行。由 25 个转折点和终结点构成的目前的边界线有两段,而东经 133 度 23 分是这两段的分割线,A12 点就处于该线。被 1971 年协议划定的边界段(以下被简称为东段)始于 A2 点直至 A12 点。A3 点是澳大利亚、印度尼西亚和巴布亚新几内亚(见图 14a)中线边界线的三线交汇点。

　　依据 1972 年协议划定的边界(以下被简称为西段)始于 A12 点直至 A25 点(见图 14b)。整个东段处于阿拉弗拉大陆架(200 米或不足 200 米),而西段除了少数例外情况外,不是处于将阿拉弗拉海槽与帝汶海槽分隔开的海底山脊(1 400 米或更深)之上,就是处在帝汶海槽之上(2 000 米或更深)。

　　长达 378 米的东段,是一条在两个海岸间的常规基线之间划定的真实的中线。印度尼西亚的直线基线被忽略了。西段依据公平原则并鉴于目前的澳大利亚石油专属区和海底的地形地貌情况而划定。而长达 551 米的西段,则处在假设中的真实中线北部 20 米至 80 米处,以及毗邻各自海岸的两条 200

米等深线之间最深水位线南部 20 米至 65 米处。因此划定的边界据说是在真实的中线和最深水位线之间协商而定的，引起了关联各国的不平等的边界比例。比例大约是有利于澳大利亚的三比一或二比一。

关于划界原则的选择有一些这样的观察，主要考虑了区域地形地貌和宏观地理情况。首先，澳大利亚和印度尼西亚仅在地质上延绵于新几内亚和澳大利亚大陆的阿拉弗拉大陆架应用了等距离原则。在帝汶海槽将延绵自两方海岸的地质大陆架分隔开来的 200 米等深线之外的区域，等距离原则的应用仅是用作依据公平原则协定边界时的参考。中线和深水位线的创新结合产生了一个中间边界。其次，帝汶海的地形地貌，尤其是帝汶海槽的存在，似乎是被各方考虑的最为重要的"本土关联情形"。在两个 200 米等深线之间划定的最深的水位线概念清晰地显示出帝汶海槽的存在被全部予以考虑并且占相当大的分量，尽管它并非是划界的唯一决定性因素。最后，从宏观地理情况来看，边界似乎依据海岸的广泛平等和均衡性概念已经划定（见图 14、14a）。东段一方面处于地球上第二大岛屿新几内亚和阿鲁群岛的海岸之间，另一方面处于澳大利亚北部海岸之间。每个海岸都有大的海湾或大湾而且也有面面相对的海角（见图 14），海岸广泛平等似乎显而易见。然而，西段是处于澳大利亚西部海岸和被一些距离为 10 米至 50 米不等的峡谷所隔断的印度尼西亚群岛链之间。西段的划界似乎已经带来了各方在特定地区各自海岸长度〔澳大利亚：751 米（67％）；印度尼西亚：365 米（33％）〕和属于他们的大陆架区域（澳大利亚：67％～75％；印度尼西亚：25％～33％）之间的适度均衡性。帝汶海和东海在自然条件方面引人注目的相似性将在下面作进一步分析。

（c）北海案例

这个案例不涉及突出的地质凹陷问题。当三方争议被带至国际法院前，挪威海槽如上述讨论中已经被令人满意地处理。然而法院提到了海槽问题：

> 法院注意到北海的大陆架区域被 80～100 公里的海槽相隔于挪威海岸，这无论在任何自然意义上而言都非毗邻海岸，也并非海岸的自然延伸。而法院也并未试图宣布特征的地位。然而它们被各国认为是与划界关联——直至中线均属于挪威（见图 12）。尽管这些中线本身的确是依据等距离原则划定的，但是它是在首先忽略海槽存在的情况下才划定的。

这段话的语境是法院当时讨论了"接近"、"毗邻"、"等距离"和"自然延伸"

的概念。法院试图证明"接近"或"毗邻"的概念不如自然延伸原则对大陆架学说而言重要。通过使用挪威海槽作为例子,法院能够表明要不是各方忽略了海槽,海槽西部大陆架区域的一部分不可能是附属于挪威的,因为它既不毗邻挪威海岸,也非挪威海岸的自然延伸,尽管它要更接近挪威而不是英国。

尽管未对案例结果产生直接的影响,这段话明显是一份声明。但既然在国际法中先例原则学说是不为人所知的,"裁决比例和附带说明之间的区别不如其一般情况下于国内法中重要",那么这段话的分量就不能被视为如此的微不足道。

(d) 英法仲裁

之前简要提及到的是除了英吉利海峡的普遍地质连续性外,不规则的地形特征是其争议的来源。这是一个所谓的突出的断层或系列断层,即为人所知的赫德海渊。其宽度为 1 至 3 米,深度超过 100 米,长度为 80 米,海渊处于海峡群岛以北的海峡中部。在其替代的也是最终的提案中,英国视海渊为主要的也是持续性的裂谷,应给予"赫德海渊断层区"的名称并且标志了海峡中的两国各自自然延伸的界限。英国进一步提议,该断层区的轴线应替代中线被用作在英吉利海峡以及在大西洋区域内的大陆架边界。

仲裁庭基于两点驳回了英国的提案:首先,与英国本身在与挪威进行大陆架划界时就忽略的挪威海槽相比,赫德海渊只是一个较小的断层,且未能中断争议的大陆架基本的统一性;其次,在如此统一性的情况下,抛弃等距离或任何其他倾向于仅沿着赫德海渊(或者赫德海渊断层区)轴线的划界方式,都不会在大陆架公约条款 6 的"特殊情形"特例中或是在惯例国际法中找到法律上的正当理由,以便补救任何特定的不公平。

实际上,赫德海渊之前在联合国教科文组织的备忘录中曾作为"形成其所处大陆架的一部分的偏远海渊"之一被提及,并且不应有任何定界效力。换言之,已经有强有力的科学证据来忽略这些处于基本上连绵的大陆架中较小且偏远的凹陷。

通过仔细查看法院的意见可以得出两条推论。首先,无论是海渊还是海槽,如果争议中的地质凹陷,实质上足以中断争议中的大陆架的基本地质统一性或连续性,那么海渊或海槽就可以被用作划定大陆架边界的基础。因此,通过强调海槽的自然特性,法院实际上再次将该问题抛给地质学家,而地质学家对该问题却并不总是有答案的。其次,即使海槽并不构成大陆架地质统一性上的裂谷,如果海槽的存在构成了依据大陆架公约条款 6 的一个"特殊情形",或需要有沿着海槽的边界以便纠正在划界区域内的不公平,基于海槽的大陆架边界仍旧可以被合理化。这个构想将海槽的作用放在了一个合适的角度。但是,既然针对"特殊情形"以及"不公平"意义的争议与海槽自身的法律地位一样重要,那么该构想就会显得太过笼统以至于无法在其他地方有多大帮助。

总而言之,英法仲裁庭要比北海案例中的国际法院更进一步规定了关于海槽在大陆架划界中法律地位的指导意见。鉴于赫德海渊—赫德海渊断层区无关紧要的地质性质,法院对此的忽略显然不能否定海槽一般在大陆架划界中的关联性。不如说,海槽在其隔断两个地质礁层构成了一个特殊情形时,或需要用来纠正某一特定不公平的情况下可被用作大陆架边界。

(e) 公约草案

公约草案中的条款 76 定义的法定的大陆架之前已被提及。同样被提到的还有关于大陆架划界的条款(条款 83)。除了那些之外,公约草案或者它的工作报告中并未具体提及海槽或者地质凹陷的法律状态。

(f) 综述

上述对于协定以及习惯国际法的各种源头的调查,似乎并未就大陆架划界中一般海槽或地质凹陷的法律地位得出明确的规定,这主要是因为它们物理特征上的多样性(图表 6)。在赫德海渊和挪威海槽的存在被忽略时,帝汶海槽的存在却被给予决定性的分量。尽管迄今为止的一小部分先例使得人们无法得出最终结论,但还是可以得出一些综合观察。

地质上而言,挪威海槽和赫德海渊均在地球表面的大陆地壳之下,其地球物理的特性(例如地震波速、浓度、厚度和热流量)明显区别于那些处于海洋和一些边缘海洋盆地之下的大洋地壳的特性。地形上而言,这些凹陷既没有被毗邻的大陆架环绕,也没有被与剩余大陆架可比的海底岩床分离于海洋深处。从深海测深法上而言,这些凹陷处的水深顶多比大陆架上方的水深深几百米。因此,自然上的情况压倒性地支持了这个观点,即这些凹陷是环绕其地质上大陆架的一部分。除却国际法院相反的法律依据,似乎没有任何空间留给相反的科学论据。

帝汶海槽呈现了一个截然不同的情况。地质上而言,其源头既不是明显的大陆性也不是海洋性。它可能处于从一个到另一个的过渡段。地形上而言,它是通过深度超过 1 400 米,远深于毗邻大陆架的海底岩床与其他更深的海槽或海沟相联接。从深海测深法上而言,帝汶海槽的水深是大陆架深度的15 至 30 倍,但是大约是附近海洋(5 000 至 6 000 米)深度的三分之二或二分之一。帝汶海槽,伴随其中的地球物理特征,也已经取得在大陆架划界中相应的中间性质的法律处理。其存在并不是决定性的因素,但却对边界的走向起到了极为重要的影响。

考虑到地质学家对于海槽并不完善(并且一点也不同步)的理解,法学家只能暂时得出结论,海槽的法律状态主要由它们各自的自然特征来确定。

3. 结语:冲绳海槽与中日海床划界

上述讨论证实了并没有确凿的科学证据来支持或驳斥这样一个主张,即冲绳海槽标志了东亚大陆坡的外部界限。既没有大陆性也没有海洋性的地球物理特性,冲绳海槽就像帝汶海槽一样,也很可能有中间的特性。在任何情况下,如同公约草案的条款 76 体现的那样,国际社会就大陆架的法律定义(或朝海划界)的一致意见已经使得关于冲绳海槽的地质辩论在很大程度上无实际意义。海槽因其突出的地形特征不再成为一个"条款 76 问题",但即使不是地质特征的话,依旧成为依据条款 83 国家间划界的一个问题。然后,随之而来的问题变成:海槽的存在是否可用来标志一个国家间的大陆架边界?

前述的从国际法的各种源头中寻找指引表明,为了寻找这个问题的答案必须要通过查看牵涉的某一特定海槽或凹陷的自然特点。因此,将冲绳海槽的自然特点和已经被国际法庭或大陆架边界协约提及的其他海槽或凹陷的自然特点来做一个比较研究似乎是有帮助的。

为了做好这样的比较研究,简单看下图表 6 就会很快忽略赫德海渊的关联性。赫德海渊和其他海槽或凹陷之间自然层面上的差异是极为明显的,以至于不值得阐述。因此,英法仲裁庭明智地忽略了赫德海渊,也未给冲绳海槽的法律意义提供什么线索。

挪威海槽至少呈现了一个将其与冲绳海槽进行有意义对比的案例。从地理上来看,两者都处于边缘性的半封闭的海洋。但在长度、宽度和深度方面,若考虑到距海岸的距离及附近大陆架的平均水域深度,它们就截然不同。从地质上来看,整个北海,包括挪威海槽是肯定位于大陆地壳之下的,而冲绳海槽位于的地壳本质仍旧在地质学家中存有争议。从地形上来看,挪威海槽是通过几乎在毗邻大陆架水平上的海底岩床(深度不足 300 米)与大西洋相连接;而连接冲绳海槽和太平洋的岩床是 500 米至 1 000 米或以上的深度。总之，两个海槽的差异之处多于相似之处。这一观察结果与分析人士就两个海槽进行对比所达成的一致意见是相符合的。

另外，如图表6清晰显示的那样，帝汶海槽与冲绳海槽在地理、自然层面（长度、宽度和深度）、地质结构和地形地貌方面有着惊人的相似性。更为惊人的是一些其他值得详细阐述的方面。第一，两个例子都涉及一个大陆国家（澳大利亚和中国）和一个岛屿国家（印度尼西亚和日本），前者有着一个自其海岸延绵而来的广袤的地质大陆架，而后者则通过一个超过2 000米深度的海槽在短距离面朝海洋。第二，在宏观地理方面，两个案例有着平行的海岸形态，且有一个大陆面朝着被一些水溢口分割开的岛屿链。第三，澳大利亚和中国都已经单方面地将其大陆架管辖权拓展至海槽中部，将区域地形地貌作为大陆架划界中的唯一决定性因素。与此同时，印度尼西亚和日本均已将其大陆架主张基于等距离原则并且提倡在大陆架划界中忽略海槽。

似乎非常清晰的是，唯一在之前的先例中可与冲绳海槽相比较的便是帝汶海槽。如刚提及的那样，这样的一个可比性也存在于一个更大的背景中。作为一个法律问题，澳大利亚—印度尼西亚对帝汶海槽的处理被认为并不对第三方有约束力。而且，在前葡萄牙东帝汶和澳大利亚之间的帝汶海部分也有待定界。然而，这些考虑都不应阻碍澳大利亚—印度尼西亚案例成为中国和日本来考虑或者甚至遵循的一个最为关联的先例。此外，澳大利亚采纳的"最深水位线"概念并不是完全没有国际法的基础。如同划定界河边界时使用的那样，"河道分界线"原则，即使用航道的中部而不是整个河流来作为国际边界，已经在习惯国际法中长期确定。这个原则已经间或被分析人士类比应用在国际海峡和海洋中。

综上所述，东海的区域地质和地形的关联性在于冲绳海槽的存在，可由一个最深的水位线或一个中央航道线来代表。这条线本质上不应成为中日海床划界中唯一的决定性因素，而应被视为谈判进程中一个重要的基础或起点。

F. 概述与建议

1. 概述

鉴于本章的长度，似乎有必要在提出建议前对本章做一个概述。在本章的导言中，用来分析划界问题的方法论被提出来。遵循着相关的可能成为即将到来的海洋法公约一部分的主导趋势，作者随后详细检查了各类国际法的源头来确定"本土关联情形"概念的具体意义。当意识到依据公平原则,任何划界原则的选择都只是某特定案例"相关情形"的一个功能或体现时,作者随后开始着手来确定它们并决定在东海环境下确定它们的关联性和分量。一些被视为不关联而忽略,而其他一些则显得是部分的或有条件的关联。这样的做法将讨论焦点缩小到一些至关重要的情形,即地理、地质和地形地貌。为区别每个情形以便讨论,在地理方面的过程中做了假设即冲绳海槽不存在,然而在地质(以及地形地貌)方面的讨论中,地理上的考虑被大体淡化了。

由于等距离原则总是被确定于相向国家的情形,开始对等距离原则应用在地理方面进行讨论。对各类国际法源头的详细调查,尤其是对一些现存的边界线的调查,暗示了最经得起等距离原则应用的自然情形是存在可比较的海岸形态和广泛的海岸平等。这似乎便是东海北部区域的情况,定义为平行北纬 30 度以北大陆架地区,也是三国主张的大陆架交会地区。东海南部区域缺少一个或可能同时缺少这两个情形,这便引入了均衡原则。均衡原则是在中国(大陆和台湾)和日本(琉球群岛)的海岸线长度的基础上产生的,比例为大约是 64 : 36。这一比例,如反复强调的那样,意在成为一个用于执行谈判的指导方针,而非规则。它代表了一个公平划界应当带来的在东海的合理的均衡性,如同国际法院在北海案例中建议的那样。等距离原则,尽管被驳回用于南部区域,却也可被用作参考。

关于东海地质(以及地形地貌)的讨论也有着相似的过程。自然延伸原则,如同国际法院在北海大陆架案例中详细说明的一样,似乎暗示了一个相当有弹性的大陆架朝海界线,它取决于各种针对海床的法律和地质上的阐释。在随着公约草案的到来浮现出更为准确的定义情况下,迄今为止的国家实践和司法裁决,尽管处于初期阶段,但似乎已然大致遵循了地质学家鉴于显著地质或地形特征源头所达成的一致意见。简而言之,在主导的地质观点暗示特定海渊或海槽是周边地质大陆架的一部分时,它们在大陆架定界时不会产生任何影响;在这些特征的源头仍旧不清晰的情况下,它们在大陆架定界时被允许有一些效力。既然冲绳海槽属于后一类别,人们提议要么是海槽的中央航道线,要么是其最深的水位线来用作构建中国和日本的终极大陆架边界的基础之一,但这并非绝对因素。

2. 建议

若同时考虑地理和地质(和地形地貌)层面,沿着平行北纬 30 度划分的北部和南部区域似乎仍旧是有效的。地理层面上,北部区域主要存在着可比海岸长度的三个沿海国家的大量陆地。地形层面上,冲绳海槽在这个区域有着最浅的部分,相较于其在南部区域的 1 000 米至 2 714 米,这里没有任何一个地方超过 900 米。海槽靠近九州的地质结构也是不同于海槽剩余部分的地质结构(见图 2)。在任何情况下,如果地质和地形上的证据还不够强有力地保证一个单独的处理,那么它们以及地理方面的考虑也会如此。因此,便有了在北部区域应用等距离原则的强有力的理由。尽管海槽应仍旧被考虑,但它的意义却是次要的。无可否认的是,鉴于大部分在这一区域的日本—韩国联合开发区的新增复杂情况,北部区域将会是一个棘手地区。并且,如之前提及的那样,现实政治的考虑会无限期推迟最终的法律解决之道。

将地质的(或地形的)层面增加到南部区域,意味着冲绳海槽的存在会在某种程度上影响最终的大陆架边界。一个可能的解决方案是日本和中国在或者是两个海岸中间的中线,或者是更为靠近琉球群岛而不是中国大陆或台湾的冲绳海槽的中央航道线(或最深的水位线)(见图 1)的基础上来协商一个边界线,同时也考虑建议的合理比例。采用某一个解决方案而不是另一个,会体现出各方对地理或地质因素的着重强调。然而,结果就终极划分而言应当是可比较的。又或者,他们可以同时用中线和中央航道线作为一个起点并协商一个中间边界线,就像堪培拉和雅加达在 1972 年做的那样。如此划定的边界可能会处于沿着 200 米等深线(见图 1)的某处,这样的结果再次类似于澳大利亚—印度尼西亚在帝汶海的大陆架边界。如国家实践中普遍采用的那样,出于方便的目的而有必要互换次要区域。

建议的解决方案否决了中国和日本采用的单一方式或单原则的处理方法。日本无视地球物理的真实情况而坚持在整个东海全面运用等距离原则,这显然既不被国际裁决和国家实践宣布的国际法所支持,也不被新兴的海洋法规则所支持。一个替代的划界原则,即均衡性,因此被应用以便带来公平的结果。此外,既然很明确这里棘手的问题之一恰是冲绳海槽的海床是否构成了任何一国海岸的自然延伸的一部分,那么中国坚持运用自然延伸原则更像是再次声明这一问题而不是提供解决方案。将冲绳海槽视为一个绝对的限制因素可能会获得源自一些地质学家的发现以及北海案例的支持。但是随后的发展,尤其是新兴的海洋法公约,已经将法定的大陆架以这样的方式定义,即使得离岸 200 海里以内的海底地形特征实际上与大陆架无关。对于地质形态未确定的海槽而言,其法律状态的含义在于,在国家间的划界之中,它就并非国家管辖的绝对限制及阻碍相反的全面的地质上的证据,而是一个须在谈判进程中考虑的相关情形。简而言之,建议的解决方案通过均衡性概念修正了等距离原则,并且视冲绳海槽的存在仅为影响中日大陆架最终边界的因素之一。

东海有着一个复杂的地理、地质和地形地貌环境。公平原则需要将其相应对待而不是"重塑自然"。所建议的将区域差异化以及采用多重方法或多种原则的处理方案将仅仅是这一复杂的自然真实情况的反映。

第六章　北京—台北对抗的关联性：
海床争端的"国内"方面

A. 调查范围

第三章表明中华人民共和国和"中华民国"之间重叠的矿区(图 10)(主要位于台湾海峡)会引发许多问题:哪个政府拥有开发这片海床的专属主权？哪家特许经营者拥有专属采矿权？若发现石油,谁有资格拥有它？若石油是由中华人民共和国或"中华民国"或其代理人的特许经营者运输至国外,那么另一方如何才能在国外法院赢得官司？若一国不再承认台北转而承认北京,那么诉讼的结果是否会因此不同？法庭会仅凭行政部门的对外政策下结论还是会就此局面持有较现实的看法？在缺乏外交认可的情况下,"中华民国"的法案,尤其是关于海床开发的法案在多大程度上能获得司法认定？这些是否为国家法案？抑或在法律上根本无效？这两个对抗政府之间的拥有权问题是否可以裁决？

这些问题显然并非中华人民共和国或"中华民国"的国内法律问题。它们也不能简单地被视为国际法的问题,如大陆架定界问题。客观方面,每一方在外交关系上都有一个在政府管控下"明确的领土和人口"。但每一方视对方为平等这一主观因素是彻底缺失的。双方都声称仅由自己代表中国,视与另一方的关系并非国家之间的关系,而是一种涉及未终结内战的合法政府与叛乱组织间的关系。

第三种方案集中在外国政府和法院对中华人民共和国或"中华民国"的政

府认可或不认可的态度。在当下的背景下这个方法可能是最有益的，因为只有在外国法院才有可能出现法律诉讼。只要在重叠矿区发现的石油仍处在中华人民共和国或"中华民国"手中，那么拥有权问题就仍旧是北京和台北之间的"国内"问题。只是可能有政治上或军事上自协商解决至武装冲突范围内的解决方案，考虑到台北在任何问题上总是顽固拒绝与北京协商，前者方案不可能实施。后者方案并非没有可能，但只会作为非常不可能的持续内战的一部分。我们接下来会讨论。无论如何，没有法律能够在这一阶段发挥任何重要作用。

相反，如果在重叠区域发现的石油已经易手并且抵达外国的国土，那么因涉及到相当大的私人利益问题，所有权问题就会在那一国法庭上诉讼。此外，许多国家的法庭已有很多时机去判决相似问题，并且建有一个稳固的案例法框架。大多数国家，对于一个外国政府的承认是留给政府的行政机构来处理的政治问题。但是认可会产生各种法律后果，这些后果由司法机构来专门裁决。

在本章，北京—台北之争的关联性就是沿着这样的线索定义的。基于各种考虑，只有在英国、日本和美国的法院，才有可能实现诉讼。在进入这三国的实践之前，让我们从历史和现代的角度首先回顾北京和台北之间的对抗情形。

B. 北京—台北对抗：两个方面

北京—台北之间的对抗包含许多层面。出于本文研究的目的，我们只探讨那些与对立双方的法律资格直接相关的问题，以及那些影响国外法庭审理石油所有权争夺案的因素。这涉及到国家承认和外交关系问题。为充分领会对抗的强烈程度，有必要简要介绍军事层面。

1. 暂停的内战

1949年，中华人民共和国在中国大陆成立，国民党撤退到台湾，这宣告了中国内战第一阶段的结束，这一阶段虽自1946年起如火如荼地展开，但可追根溯源到20世纪20年代。1949年至1979年间，两方仍处于紧张局面，但敌对状态极不稳定，且主要局限在中国大陆的近岸岛屿、水域及其领空。中华人民共和国1958年对金门和马祖岛进行激烈炮击，引起世界的关注，但自宣布隔日休战之时起逐渐平息。交火的弹雨中夹杂着的是宣传单，而不是烈性炸药。甚至这个提示内战未结束的举动也在 1979 年华盛顿与北京建立外交关系时被解除了。从严格意义上来讲，内战并没有结束，但考虑到东亚新的政治现实，恢复敌意似乎是极不可能的。利用当地的军事优势，"中华民国"海军和空军部队定期巡逻台湾海峡，而靠近大陆近海水域的中华人民共和国军队也照此行事。事实上双方都心照不宣地默认了台湾海峡中事实上的分界线，尽管这条分界线的精确位置尚不得而知。据推测，"中华民国"的石油矿区可能在分界线"中华民国"这侧。

不同于西班牙和尼日利亚的内战，中国的内战并未引起多少国际法问题。1949 年中华人民共和国的成立显然促动许多国家得出内战已经结束的结论，而相关问题是，是否也进而承认北京的新政府。但是台湾继续存在着另一个宣称代表"全中国的政府"，这在国际关系中是史无前例的，不仅使得问题变得极其复杂，也对国际法惯例和外交往来的实践带来挑战。

2. 寻求国际认可的较量

台北和北京的较量包括与国际社会中之前存在的和即将加入其中的成员建立外交关系，因为"两国政府"的外交纽带意味着相互认可。由于北京和台北都不接受"两个中国"的概念，因此没有一个政府能够与双方均保持外交关系。下面是对两个对手外交得失的概述，随后是根据一份关于国际社会对北京声明拥有台湾主权所持态度的描述性分析报告。

（a）三十年的竞争

苏联和其他本身是一些刚独立不久的共产主义国家，在中华人民共和国 1949 年 10 月成立后不久便予以承认。14 个非共产主义国家（一半是欧洲国家）也在六个月内迅速加入其中。至 1950 年 4 月，中华人民共和国得到了 26 个国家的承认，并且与除以色列以外的所有其他国家建立了外交关系。与此同时，"中华民国"也与 53 个国家保持着关系。

1950 年晚期，中国介入朝鲜战争以及随后联合国视其为侵略者的谴责抑制了这一发展趋势，直至 1955 年。其后十年，由于非洲兴起了许多新的独立国家，他们成为中华人民共和国和"中华民国"外交较量的主战场。例如 1966 年，与中国建立外交关系的国家数量翻至 50 个，而"中华民国"的邦交国数量也爬升至 60 个。在 21 个未与双方达成外交关系的国家中，有六个国家承认中华人民共和国，有两个国家同时承认双方政府，还有两个国家则与"中华民国"建立了领事关系。

　　在中国大陆上开展的毁灭性的"文化大革命"(1966—1969)极大地扰乱了中华人民共和国的外交关系。在那段时期,中华人民共和国只与一个国家达成外交关系(总数达到51),而"中华民国"则添加了八个(总数达到68)。然而,1970年10月加拿大承认中华人民共和国,由此开启北京获得外交认可的浪潮。1971年,美国对华政策的转变以及同年中华人民共和国联合国席位的恢复("中华民国"被驱逐)使得这一潮流愈发不可阻挡。截至1980年6月,已有115个国家承认中华人民共和国,而"中华民国"的外交关系缩减至22个。

　　20世纪70年代的确见证了中华人民共和国在外交上的巨大成功,十年来它建立的外交关系超过了其邦交国总数的一半。与此同时,"中华民国"不仅失去双边外交关系,也几乎被所有政府间组织排除在外。一系列外交失败迫使台北采取许多非正统措施来保持其与世界上其他国家的"外交关系"。虽然缺少正式外交纽带,"中华民国"现在也与140多个国家有"实质上"官方程度不等的关系(如贸易、文化交流等)。

　　(b) 北京对台主张

　　按照规定,承认中华人民共和国并与之建立外交关系要同时在北京及承认国首都发布联合公报。1970年之前,除少数例外,联合公报都不约而同地重申中华人民共和国作为中国唯一合法政府的声明。然而,这种陈述并不一定表示承认国接受中华人民共和国对台湾的主张。1970年以来,中华人民共和国坚称其对台湾的主权是明确认可的。想要与中华人民共和国建交的国家一般不情愿如此承认,以免可能会牺牲他们与"中华民国"之间的非正式关系。最终,六种关于此问题的折中方案在自1970年以来发布的73个《联合公报》中形成。下文中的这六种方案以认可的程度降序排列。

　　六个国家,包括葡萄牙和约旦,"承认台湾(或台湾省)是中华人民共和国不可分割的部分"。这些国家似乎已经明确地接受了中华人民共和国的立场。

　　在第二个方案中,中华人民共和国的地位被包含英国在内的八个国家"承认"。

　　另外包括日本的三个国家,对中华人民共和国的地位表示"理解并尊重"或"尊重"。

　　第四种方案只被美国采用,规定华盛顿"承认""中国地位",即"只有一个中国,台湾是中国的一部分"。

　　而加拿大、意大利、比利时和其他十个欧洲和南美国家以中立语调,仅是

"关注"到中华人民共和国的地位。

其他仍有 42 个已与中华人民共和国达成外交(或领事)关系的国家在联合公报中省略了台湾问题,有些甚至未提及中华人民共和国乃"中国的唯一合法政府"。

有两件事值得我们关注。首先,使用的语言体现了承认国对中华人民共和国地位的认识。"承认"无疑意味着"接受",但是"理解并尊重"、"尊重"或"认知",似乎暗示着接受并不完全,虽然这要比仅仅表示意识到的"关注"一词程度强。另一个变因在于认识的对象。大部分情况下是"中华人民共和国"的立场被考虑到,但在其他一些情况下却是指中国立场。由于"中华民国"也声称他是代表中国的唯一政府,台湾是其一个省份。文字上的细微差别会在不同语境中而深具意义。外交场合下的语义游戏不可否认地说明了部分承认国家的意图。这主要取决于他们随后的行为。

由于"中华民国"还和那些承认中华人民共和国的国家保持着广泛的商业合作关系,他们对北京于台湾的主权上的认识或接受会在法律上影响他们与台北的"实质"联系。虽然说承认和非承认的法律效力是由法院决定的,然而在许多国家,行政机构的观点很大程度上对司法决定产生影响。因此,为了实现合法的裁定,对挑选出的三个国家,即英国、日本和美国的行政和司法实践的检验是有必要的。

C. 外国法庭中北京—台北的对抗,特别是有关英国、日本及美国

1. 假定法律诉讼的情景

只要石油还存在于海床下,就可能不好想象台北和北京在国外法庭上关于海底石油的诉讼。但在过去几年,台北和北京在近海石油问题上的紧张程度,使最终可能发生的事情变得越来越接近事实。想象一下最有可能产生法律后果的情形是有帮助的。首先,我们来调查一下可能的原告和被告。

"中华民国"在过去的几十年中都是石油净进口国家。即便台湾在海床上发现富矿带,也没人期待台湾能出口石油。台湾内部的消耗就能用完哪怕不是全部也是大部分能发现的石油。此外,即使有多余的石油可以出口,相应的营销网也无法在一夜之间建立起来。因此,人们可以满怀信心地认为,中油公司("国家"石油企业)不会自己将石油出口到国外。最有可能的情况是,石油通过现存的中油公司销售渠道或者中油的国外合作伙伴或代理人进行销售。

实际上，根据合营协议，国外合作伙伴可以在商业发现之后出口其石油产量的一部分。因此，其潜在的诉讼当事人应该是中油公司的外国合营者或代理人。

政府对石油产业的控制程度，在中华人民共和国也是一样的。其石油生产与出口由国家石油部和外贸部下属的两个国营企业进行管理。由于后者本身没有可以外销的途径，该法律诉讼的潜在一方就是将石油带到法院所在国的国外特许经销商或是中华人民共和国管理石油出口的国企代理人。因此，该法律诉讼是在两个外国石油或贸易公司之间进行的，而非中华人民共和国与"中华民国"政府之间。为方便起见，下文中的诉讼当事人分别指"中华人民共和国的代理人"和"中华民国的代理人"。因此，未被承认的政府和主权豁免的出庭权问题也就不会出现了。同时，辩护人在逻辑上可以拥有争议中的石油。

诉讼的中心问题在于对重叠矿区出产石油的所有权。可以设想，任何一方外国代理人对争议石油都有有效的所有权，因为影响专属权或代理权许可的交易只能在中华人民共和国或"中华民国"的有效控制或者相关法律的基础上实现。外国法庭面临的问题是，根据法院所在国的法律和政策，哪一方权利应被承认。这当然会引起其他一系列法律问题。

由于所有三个选出的法院所在国都承认中华人民共和国，不承认"中华民国"，并在不同程度上承认了中华人民共和国的对台主张，因此，法庭面临的法律问题可能有三个方面：第一，行政机关所承认的政策和实践在何种程度上会约束司法？第二，法庭对一个被承认或不被承认的政府的立法和行政法案会采取何种程度的司法认定？第三，若"两个对抗政府"的法令互相冲突，如此冲突是否可以在法庭上进行裁决？

1. 英国的实践

（a）英国政府的实践

英国是于1950年1月6日承认中华人民共和国是中国合法政府的西方国家。这就表示，英国不再承认"中华民国"。但是，英国政府依然保留了其在台湾的领事馆。英国的这一行为，毫无疑问地冒犯了中华人民共和国，导致其在随后的22年坚持拒绝和英国将双边关系从常任代办层面提升至大使层面。受到美国对中国政策转变的促动，英国政府决定于1972年3月与北京互派大使。《联合公报》是这样宣布这一举措的：

英国政府承认中国政府的立场，承认台湾是中华人民共和国的一个

省份,已经决定于 1972 年 3 月 13 日解除在台湾的官方代表。(着重号由作者标注)

因此,英国改变了保持 22 年的关于台湾法律地位的立场。同一天,通过英国外交大臣亚历克道格拉斯—霍姆爵士在下议院的附带声明,英国对中国政府立场的接纳得到进一步确认。

显然,自 1972 年 3 月 13 日起,英国已经承认了中华人民共和国关于台湾的合法主权。然而另一个问题出现了,即在 1950 年 1 月 6 日至 1972 年 3 月 13 日期间"中华民国"在英国政府眼中的法律地位。在此期间,英国领事驻台的布点使问题进一步复杂化。英国是含蓄地承认"中华民国"为台湾事实上的政府吗? 问题的答案与海底权利问题的答案有着重要的关联,因为"中华民国"处理海底开发的所有法律和法规,以及除一份中油公司合资协议之外的所有合约,均在 1972 年之前已经生效。若"中华民国"被认可为台湾事实上的政府,那么其法律和法规的有效性应被英国法院依法认可;否则,在一些情况下,法院一定会自由地声明它们为无效。在寻找答案过程中让我们来回顾一下英国的做法。

在民用航空运输公司对中央航空运输公司的案例中,英国外交部于 1950 年 2 月 11 日回答香港审判法院提出的有关中国的问题时指出,英国事实上已经转变其法律上的认可,从认可国民党政府变为共产党政府。法院特别留意到的事实是:

(英国)女王陛下的政府认识到,国民党政府不再是"中华民国"事实上的政府,不再是"中华民国"不同部分领土上的事实政府,时间从其不再有效控制那些部分之日起。(着重号由作者标注)

至于台湾的地位,外交部继续表示:

1945 年 10 月 25 日,根据有关同盟国之间协商和协议基础上发布的命令,[位于台湾]的日本军队向蒋介石投降。因此,经同盟国同意,[台湾的]管理由中华民国政府执行,目前,[该岛统治者]并未否认国民党政府的上级权威。

1955 年 2 月 4 日,外交部长艾登在下议院进一步阐明了英国对于台湾地位的立场:

根据 1952 年 4 月[日本和"中华民国"]签署的和平条约,日本正式宣布放弃对台湾和澎湖列岛的所有权利、权力根据和主张;但这再次没有将中国主权转变至中华人民共和国或中国国民党当局。因此,在(英国)女王陛下政府的观念中,[台湾]和澎湖列岛的领土法律上的主权是不确定的或待定的。(着重号由作者标注)

在 1956 年外交部认证的热那亚的路易吉·蒙塔对捷克发特公司案中,"(英国)女王陛下的政府不承认任何在 1953 年 7 月和 8 月位于台湾的政府"。

1964 年 6 月,副外交大臣罗伯特·马修在下议院如此解释台湾与伦敦的关系:

我们在台湾的高级领事官员持有领事等级。因为他没有外交地位,因此也就没有委派问题。他与台湾的关系仅仅是与地方省级当局的关系,他并不与国民党中央当局联系……正如我们不承认台湾的任何一个当局建立的政府,女王陛下的政府并不认为接受由这些当局任命的领事官员是恰当的。

尽管从 1949 年以来,台湾并未发生重大的政治变革,但是上述英国对台湾的立场仍然有效,直到 1972 年 3 月 13 日为止。

通常认为无论在法律上或事实上的承认,都是承认国所表现出的一种意图。这里,英国否认"中华民国"为法律上和事实上的中国政府(不包括台湾)的意图是毫无疑问的。英国关于台湾法律地位的待定性和"中华民国"对其"军事占领"的立场,也阻止了英国承认"中华民国"为台湾法律上的政府的可能性。但英国在认可"中华民国"为台湾事实上政府的意图似乎不怎么清晰,或者缺乏意图,因为在岛上持续有英国的官方代表。然而,伦敦一再否认将台湾当局承认为一个"政府",应排除任何与之相反的含义,即使这种被否定的承认(法律上或事实上)并未指明。实际上,即使英国驻外使团认可"中华民国"的"中央政府"地位,形势可能还是会阻碍事实上承认的意义。英国的实践中有大量的实例,即英国驻外使团被派去未被承认的国家,在事实上或法律上来表达否定承认。即使缺乏一个法律上不确定的台湾作借口,英国仍可在作为中国一部分的台湾保持一个领事,而不认可"中华民国"为台湾事实上的政府。

另外,"中华民国"是作为在台湾行使主权的政府而存在的,这一事实英国并未否认。其不承认"中华民国",是一种与其基于政府有效性的承认做法不完全一致的政策,很显然是由其对中华人民共和国的政策所支配的。

(b) 英国法庭的实践

在关于确认某些国际事实上,英国法院的既定做法是向外交部寻求信息,诸如外国或外国政府是否被英国承认,或是否存在战争状态。这些信息出具在被称为"执行证书"的声明中,通常对法院有约束力。但当外交部不愿意在未确定或微妙局势中做出决定之时,证书就会被"拖延"下去,法院可以自由地获得其他证据从而得出自己的结论。近几十年来,英国法庭间或以司法的名义在一些情况下,即不被认可的政府及其法令的存在存有争议的情况下背离外交部的观点。因此,有必要分析一系列充分注意到有关承认国家或政府的盛行趋势下的案例。

英国法院在传统上就对未被承认的政府充满敌意。他们相信国王不能用两种声音说话,而且总是拒绝认定英国政府未承认的政府。在路德诉萨戈尔案中,俄罗斯新成立的苏维埃政府因为缺乏英国政府的承认,其国有化原告公司的意图被国王最高法院否认。在上诉期间,伦敦事实上承认了莫斯科,因此判决也相应地被推翻了。这一案例强化了英国的长期传统,并表明承认和不承认之间存有很大不同。

1936 年,意大利吞并埃塞俄比亚事件导致了两个政府的共存:一个是被英国承认为法律上的政府,另一个则为事实上的政府。在海外公共基金诉讼中,埃塞俄比亚皇帝曾被认可为埃塞俄比亚法理上的主权拥有者,当英国政府撤回这样的承认时也就败诉了。在海尔·塞拉西与有线和无线通信有限公司(No. 2)诉讼案中,上诉法院认为,自英国政府从承认皇帝改而承认意大利国王后,后者作为阿比西尼亚皇帝,"有资格继承阿比西尼亚国家的公共财产,已故的阿比西尼亚前皇帝的权利不再被承认存在"。法院声明,"事实上当继承权已被承认且已发生时,这一权利无论追溯到何时都是没有争议的"。海外公共财产继承权将会对下述讨论产生重要影响。

在之前引用的民用航空运输案中,枢密院司法委员会公正对待"两个中国政府"对香港公共财产主张冲突的问题。法院面对的问题是:英国在 1950 年 1 月 5 日对中华人民共和国的承认,对"中华民国"早前将位于香港的政府飞机卖给两个美国人的无效性是否有溯及力。枢密院坚持买卖的有效性,其理由是,承认只可回溯以使得之前不被承认的政府的行为生效,而不能回溯使得法律上的政府在被撤销承认之前的行为无效。然而,在英国撤销承认"中华民国"以后,不应再对中华人民共和国的继承权或是"中华民国"的地位及其法律行为提出质疑。

涉及"中华民国"法律资格的第一个案例是早前提到的路易吉·蒙塔案。问题是,为实现在租船合同中增加战争险条款的目的,作为被行政证书认定为非政府的"中华民国",是否不应被视为政府。法院宣布该行政机关证书既不确凿,也不能排除其他证据。法院还表示,在战争险条款中涉及到的"政府"必须是英国承认的政府。但塞勒法官驳斥了这种主张,"如果没有承认也就没有政府",他认为:

> 显然,坐落[在台湾]并发挥作用的"政府"曾经是被这个国家承认的,这并不因此而说明由于不再被承认,曾被承认过的政府已经无论如何改变了,如同其在发挥作用时的行为或失去这样的能力或权威。

在 1965 年有关 Re Harshaw 化学公司专利权的专利案中,路易吉的事实主义是缺失的。由于朝鲜战争期间镍的短缺导致发明困难,带来了战争损失(包括损失时机),因此专利申请人申请将有关使用镍化学分析方法的专利延期。根据 1949 年专利法案,若这种损失是由于英国与"任何外国"之间的敌对而造成的,就可以延期。法院基于外交部简洁并全面的声明中称北朝鲜未被承认为一个主权国家,对其法定语言持有限制性的看法,并拒绝了该申请。

但在卡尔·蔡司基金会诉雷纳和基勒案中,上议院通过一种非正统的方式承认了苏联另一个附属国在事实上的法律资格。为期 12 年的假冒诉讼案是由东德的一家光学仪器商行即卡尔蔡司(基金会)为了禁止西德公司以及英国批发商使用其商号而发起的。外交部证实东德是未被承认的,但补充说:

> 女王政府已经认识到苏维埃社会主义共和国联盟的国家和政府在法律上都有权行使其对[东德]的管治权。

根据这种奇怪的表述,上议院裁定:

> 但其行为应被法院认可为合法,并不是作为一个主权国家的行为,而是作为苏维埃社会主义共和国联盟建立起来并代表其行事的下属机构的行为,因为合法的管理机构不能否认其对自己设立的下属机构的行为负责。

上议院似乎从执行证书中发明了一个理论,且凭此将东德作为苏联的代理人。该决定从表面上看完全符合卢瑟诉沙戈尔的规则,但上议院(由威尔伯福斯大法官)确实对该规则的强度和彻底效果表示怀疑。从这个意义上讲,做出该决定的理由是致力于避免该规则产生不好的影响。

1970 年,路易吉案的事实主义在一个与 Harshaw 化学公司案例有着相同事实模式的案件中得到复兴。法院引用了上文所述的方法解释专利法,并认为在法规里北朝鲜被视为"外国"。必须牢记的是,尽管英国拒绝承认北朝鲜,但外交部却在其证书中注意到北朝鲜实际控制着三八线以北的朝鲜地区。外交部还建议法院要得出自己的法律结论。可以这么说,在法院依赖路易吉方法的情况下,即使执行证书如同在 Harshaw 化学公司条例那样已经旨在全面性上,这条例仍会以同样方式结案。

在一个较近的案例中,赫斯帕里得斯酒店诉土耳其 Muftizade 爱琴海度假村案,于 1978 年有了裁决,而且所有与我们有关的问题,如执行证书的结论性、未被承认政府的司法认定、我们假设案例中问题的可诉性等都得到了公正的处理。原告是希腊塞浦路斯公司,它在北塞浦路斯拥有 1974 年土耳其入侵后由土耳其裔塞浦路斯人接手的酒店,而现在土耳其裔塞浦路斯人从新当局租赁并运营这些酒店,新当局自称为"土耳其塞浦路斯联邦国家(TFSC)"。原告公司的拥有人逃至由希腊塞浦路斯政府控制的塞浦路斯南部。原告寻求禁止被告,即一家英国旅行社和土耳其塞浦路斯联邦国家的伦敦代表,在原告酒店搞假日促销。

法院面对的另一个问题是,哪一法律如侵权行为地法,应适用并使英格兰的所谓入侵可控告。为了回应法院的咨询,外交部表示,英国不承认 TFSC 是塞浦路斯法律上或事实上的政府,认为塞浦路斯的唯一合法被承认的政府是根据塞浦路斯 1960 年法案设立的塞浦路斯共和国。

为了回应法院应遵循执行证书行事以及 TFSC 授权占用处所的法律无效问题的争论,上诉法院的邓宁大法官提出了有关该问题的详细讨论。他的观点是值得详细引用的:

> 这种理论据说是根据行政机关和法院必须用一种声音说话的需要而产生的。如果行政机关不承认篡权政府,那么法院也不应该承认:参见阿特金大法官的 The Arentzazu Mendi,但也有一些人不同意这种观点,他们说,行政机关和司法机关没有必要用同一种声音说话。行政机关关注的是承认后相对于其他国家的外部后果,而法院关心的则是承认后相对

于私人的内部后果。就法院而言,还有很多人认为法院有权管理实际在领土上存在的国家事务,有权查看该地区实际执行的是何种法律以及何种法律才是最有效的。在没有反对其公共政策考量的情况下,就其对于公正与共识需求的那样施加影响于个人。

············

如果说必须在这些相互矛盾的学说之间做出选择的话,<u>我会毫不犹豫地认为,这个国家的法院可以承认有效控制一个领土的实体的法律或行为,尽管它没有被女王陛下政府从事实上或者法律上承认</u>,此外,法院可以得到国家事务的证据来检验该实体是否进行了有效控制。无论如何,规定人们日常事务的法律,如他们的婚姻、离婚、租约以及职业等应被承认。(着重号由作者标注)

然后他总结到:

虽然本案涉及在许多点上的许多讨论,但我认为它在公共政策的广泛基础上可以被处理。这种情况下,塞浦路斯的两个自治管理部门之间的看法是有分歧的。北方政府认为自己有权通过征用财产的法案。南部政府否认这种说法,并表示,征用是非法的。<u>这类纠纷不是法院所在的省份能解决的。</u>它是一种争端,应由两个自治管理部门自行协商解决,同时我们也希望,善意的中介机构能够愿意帮助解决这些问题。也正像我们希望的那样,为了解决这些问题,维也纳谈判正在进行着。如果能达成和解,那么与产权、补偿等有关的所有问题都会得到很好的解决。但是,无论是否和解,这些相互矛盾意见的决定权都不属于法院。<u>在我看来,这些争议是不具有可诉性的。</u>"行动不可持续就应被取消",相应地,我会允许进行上诉。(着重号由作者标注)

上述案件显示出英国法院在处理有关未被承认的政府及其法案时正在逐渐偏离他们传统的刚性立场。因此在这些事情上,英国法院不太倾向于毫无保留地遵循外交部的意见。然而,陈旧的传统依然强劲。在明确的规则出现前,新的事实主义需要司法领域不断地发展。

(c) 北京—台北海底石油竞赛的启示

如果中华人民共和国或"中华民国"的代理人在英国法院采取行动竞争对方拥有的石油,法院会如何决定？法院会像往常一样,咨询外交部的做法,指望其发表表明之前所提及的英国政府立场的证书。无论证书可能会多么令人信服,法院都可能不会盲目地接受将其所有证据排除在外的这份证书,最近的一些案例也已经表明了这一点。因此,人们可能会有信心设定法庭会考虑双方的论据以及为达到各自结论所依赖的当局。因此,有关中华人民共和国和"中华民国"代理人的潜在论点是值得大家探讨的。

(i)"公共财产"之争

无论作为原告还是被告,中华人民共和国的代理人均会引用海尔·塞拉西的案例,这表明既然英国已承认中华人民共和国是包括台湾在内的全中国的唯一合法政府,而且争议中的石油是属于中国政府的公共财产,那么就只有中华人民共和国对其拥有所有权。他会进一步争辩说,由于英国不承认"中华民国"是一个政府,英国法院应该否认"中华民国"的所有法案,包括那些影响"中华民国"代理人的石油分配的法系。在引证路德诉萨戈尔案前后,他会援引一系列的权威以支持自己的观点。

这种说法值得推敲。在正常或者革命的方式都可影响政府继承的情况下政府会失去领土,流离失所的政府的公共财产(如土地、建筑物、银行账户)也会被转移给其继任者。这种情况于 1949 年以后在中国大陆实际发生。如果该公共财产位于国外且对立政权对该财产的所有权是有争议的,那么通常情况下财产所在地的法院会依据该国承认的基础确定财产的合法主人。海尔·塞拉西案和民用航空运输案就是这种例子。但是争议中的石油是"公共财产"吗?

在石油自大陆架底层被发现前,石油并非是一种财产。若是中华人民共和国找到石油,那么中华人民共和国就对其享有所有权,因为中华人民共和国得到了英国政府的承认,对大陆架底层的资源享有主权。"中华民国"的代理人就会没有什么基础来对石油提出主张,不管它是否已被中华人民共和国分配给私人机构。但是,若石油是由"中华民国"获得并分配给私人代理人的,那么"公共财产"的说法似乎值得商榷,尽管石油目前属于英国管辖。在此背景下,英国承认中华人民共和国对台湾享有法律上的主权的日期,即 1972 年 3 月 13 日,就变得至关重要。

既然在那日期前英国没有承认台湾是中国的一部分,那么中华人民共和国就不能声称其对"中华民国"在台湾拥有的任何财产享有所有权,包括属于中国公共财产的争议石油。在石油被分配给私人机构并运到英格兰以后,它就不再是公共财产了。无论是中华人民共和国还是其代理人都不可以根据海尔·塞拉西案对其声索所有权。

　　然而，中华人民共和国的代理人会断言，在 1972 年 3 月 13 日之后，中华人民共和国可能会宣布对位于台湾的所有公共财产包括争议中的石油都享有所有权，因为在那以后英国政府已经承认了中华人民共和国对台湾的主权。他会进一步断言，由于英国政府在很长一段时间里都不承认"中华民国"为中国的政府，其没有权力将在那日期之后将台湾的任何公共财产分配给私人机构。结果，争论持续，"中华民国"的代理人对争议中的石油没有法律资格。如果法院接受这样的论点，这对"中华民国"的影响将是毁灭性的。从此，在英国法院的眼里，只要英国法律所及，不仅"中华民国"是一个非实体，所有"中华民国"拥有或获取的公共财产的所有权人也会自动地从"中华民国"变成中华人民共和国。"中华民国"作为一个参与者参加的国际交易将遭受巨大破坏。

　　英国法律中似乎还没有规定能对英国政府的承认产生广泛并不公正的影响，特别是当争议中财产转移到私人手上的情况下。海尔·塞拉西案中的财产仍被保留在未被承认的政府手中的规则在这里是不适用的。更重要的是，如果最近针对未被承认的政府的司法事实主义的出现具有任何意义的话，那么英国法院就不会对台湾的现实视而不见——"中华民国"在台湾继续行使事实上的主权。更可能发生的情况是，法庭会研究额外的证据，以决定在何种程度上"中华民国"的法律行为会被承认，从而使"中华民国"代理人的权利是有效的。

　　（ii）事实原则

　　为确定"中华民国"的法律行为是否会得到司法认定，法院就不得不考虑这样的认定是否违反了法庭的公共政策以及有关争议法律行为的性质。很显然，英国不承认"中华民国"，不是由于任何固有的违法性，如同罗得西亚系，或者如同在南非特兰斯凯和博普塔茨瓦纳案中英国承担着的不予承认的国际义务那样。然而，人们对公共政策基础无异议并不能解决这个问题。困难的问题仍然存在，如是否应当将司法认定限制"敷衍行政行为"，像卡尔·蔡司（威尔伯福斯勋爵）曾提到过的那样，比如结婚或离婚证书，或者，包括政府当局的其他行为，如赫斯帕里得斯案（邓宁勋爵在上诉法院）暗示的，可能包括对海底石油的开采和处理权。

　　此外，中华人民共和国作为一个被承认的政府，在使其法律和裁决——赋予其代理人所有权以合法性的行为——得到司法认定方面应该没有什么困难。如果赫斯帕里得斯规则盛行——以英格兰案例中现实主义的新趋势观点来看不大可能，一个真正的冲突将会出现在法庭上，一个在"两个敌对政府"法律行为之间的冲突。这种情况与塞浦路斯的情况是极为类似的，两个"互相独立的行政当局"共存，并有效地控制各自的领土。比赫斯帕里得斯案例更加复杂的是，北京和台北竞争的石油，严格意义上是从根据现行国际法他们都缺乏主权的海床区域底找到的。法院试图进一步查明"中华民国"和中华人民共和国各自的事实管辖权，就会实际需要在"中华民国"和中华人民共和国之间在台湾海峡进行大陆架边界定界。在这一点上，即使是最开明的法官也会觉得任务异常艰巨，因为没有任何关于同一个国家的"两个敌对政府"之间的大陆架划界的法律。为此，法院采取的合乎逻辑的步骤将是宣布非诉纠纷，就像邓宁勋爵在赫斯帕里得斯案中所做的一样。这意味着原告的失败，被告也将保留它已经拥有的石油。

如果赫斯帕里得斯规则不可行，那么"中华民国"处理海底开采的法律行为就不会得到承认。不管谁起诉，"中华民国"的代理人都将败诉。

总之，英国法院新出现的事实主义对"中华民国"的代理人是有利的，但前提是石油的分配应发生在 1972 年 3 月 13 日之前，而且代理人是作为被起诉的被告并拥有石油。他可以期望的最好结果是根据赫斯帕里得斯案，因为缺乏管辖权，原告的诉讼被驳回。如果他是作为原告起诉，那么在任何情况下他赢的机会都是微乎其微的。

3. 日本的实践

（a）日本政府的实践

日本战后的对华政策深受美国的影响。根据 1951 年《旧金山和平条约》，日本从同盟国重获完全主权，并于 1952 年和"中华民国"签署了一项单独的和平条约，而"中华民国"与中华人民共和国一样并没有被邀请参加和平会议。1952 年的条约结束了中国和日本之间的战争状态，也结束了日本对台湾的主权，并且成为许多其他双边条约的基础。这一年，东京和台北互派"大使"，标志着双方恢复外交关系。

在接下来的二十年里，东京跟随美国，继续承认台北并且支持"中华民国"在联合国的席位，直到后者在 1971 年被驱逐。另外，日本设法保持与中华人民共和国的非官方经济关系。1971 年，华盛顿中国政策逆转震惊了东京，并加速了东京和北京之间"关系正常化"的过程。随后《联合公报》确立了他们之间的外交关系，公报宣称：

> 日本政府承认中华人民共和国政府是中国的唯一合法政府。

> 中华人民共和国政府重申台湾是中华人民共和国领土不可分割的一部分。日本政府充分理解和尊重中国政府的这一立场并坚持其遵守《波茨坦公告》第八条的立场。（着重号由作者标注）

在随后的新闻发布会，日本外相大平正芳说：

> 日本政府认为，尽管联合声明并未提到"《日华和约》"这一问题，但由于中日关系正常化，该条约已经失去了其存在的意义，条约终止。（着重号由作者标注）

同一天，日本与"中华民国"断交。但台北和东京很快代之以在对方国家的"首都"设立功能性的大使馆替代机构，来进行贸易和其他非官方关系。

未解决的一个重要问题是日本对台湾法律地位的立场。虽然北京视《联合公报》为日本承认前者对台湾的主权，但东京持有不同的看法。日本认为台湾的法律地位未定，这与《和平条约》及其1972年之前的官方声明保持一致。此外，日本政府并不视《联合公报》为条约。尽管一些日本政论家持相反意见，但似乎也可以公平地说，通过"充分认识和尊重"中国的立场，日本既不反对也不支持那个立场。

另一个问题是"中华民国"相对于日本的法律地位。与英国不同的是，日本并没有明确表明其撤销承认，而仅仅是通知"中华民国"，日本不能再与其保持外交关系，虽然这样的暗示似乎显而易见。除了日本承认中华人民共和国是中国的唯一合法政府外，终止"中华民国"与日本的和平条约，在本质上是决定性和宣示性的，可能会免于仅为外交关系的破裂，这是另一个迹象。第三个实例涉及了"中华民国"在东京的大使馆馆舍。"中华民国"要求日本政府把这些地方纳入其管制，但日本于1973年3月将这些财产移交给了中华人民共和国，理由是中国人民共和国是日本承认的中国的唯一合法政府，有权得到中国的任何外交财产。

（b）日本法院的实践

恰好在日本的家门口，出现了中国和韩国两对对立政府的情况，并且存在大量出生在日本的中国人和韩国人给日本法院充分的机会来处理隶属于未被承认政府的法律问题,特别是在本国法院处理这些外国人的婚姻、离婚和其他国内关系的法律行为方面。日本法院一般使用"一国两府"的理论,或者是"两国论",来应用日本法律选择规则,结果大体类同。这里重要的是,尽管采用了不同方法,司法上对于一直到 1972 年才得到日本承认的中华人民共和国法律的有效性认识,以及对朝鲜民主主义共和国(北朝鲜)的——仍未得到承认的——法律有效的认识。政府认可(国际公法)和法律选择问题(国际私法)应分开,这是一个被普遍接受的司法信条。在日本专利机构中,一个典型的构想出现在专利事务法庭的意见中。在日本版的卡尔·蔡司案里,对于东德法律的有效性是这样表述的:

> 但是一个人的能力是由国际私法原则下的国内法决定的,并且人们普遍认识到若争议中的领土为一个人的出身地,该地法律就可被指定为本国法,只要该地有一个有效的法律秩序,(无论)其是否被认可为一个国家或其法律地位在日本眼中尚未被最终确定。

在新近的案例中,东德也被视为一个国家,其法律获得出于日本商标和专利法考虑的司法认可。

自 1972 年日本将认可由台北转为北京,只有两个市级案例涉及承认问题及其法律后果。一个于 1975 年裁决,是与日本合宪性相关的与"中华民国"终止和平条约的内容,这与所讨论的问题并无重大关系。另一个案例是裁决于 1977 年的"中华民国"诉王炳寰等案,是关于"中华民国"拥有的公共财产转移至中华人民共和国的,作为日本对后者认可的结果,京都地方法院支持了转移,理由是:

> 基于发现的事实,土地和其上的建筑是供公共使用的公共财产,考虑到购置的资金来源及其用途——是中国为在日中国学生购买的宿舍以便学生能连续使用。

报道还指出,中华人民共和国作为被日本承认的中国的唯一合法政府,有权得到由"中华民国"自 1952 年以来以中国名义拥有的存有争议的公共财产。显然法院依赖于政府继承理论来证明转让的合法性。比判决理由更有趣的是"中华民国"由其前驻日大使代表,被授予出庭资格。法院说:

> 此外,既然日本政府已经承认中华人民共和国为唯一合法政府,就必

须要检查原告成为一方当事人的能力;然而,毫无疑问的是原告仍主导着台湾及周边岛屿并且构成事实上的"国家",由通过日本法院解决国际私人交易等所产生的纠纷就不会遇到问题,因此没有必要否认原告作为当事人的能力。(着重号由作者标注)

无论"中华民国"是否起诉,都能够主张主权豁免,日本法院的事实主义对未被承认的政府及其法律行为似乎是显而易见和一致的。

(c)北京与台北海底石油竞赛的启示

如果"中华民国"与中华人民共和国代理人之间的法律诉讼是在日本法庭上展开的,那么该场景很可能不同于在英国法庭。日本法院不会征询外务省,而仅采取承认转移和相关发展的司法认知,就像两个法院在上述两个案例中所做的那样。双方争论点将会类似,但日本法院对于他们的接受效果可能会大有不同。

既然日本在1972年9月29日之前承认"中华民国",日本法院在国家行为原则下可能不会在该日期之前审判"中华民国"法律行为的有效性(包括有关石油开采及销售),除非他们违反国际法或法院的公共政策。日本承认中华人民共和国不应回溯其无效性。日本和"中华民国"的和平条约是被宣布"终止",而非中华人民共和国要求的"自始无效",说明日本的政策是要将对东京和台北自1952年至1972年间法律关系的破坏最小化。若"中华民国"1972年9月29日之前获得石油并将其分配给一个私人当事人,转让的有效性几乎无可争议。中华人民共和国的代理人因此将无法要求将争议中的石油作为公共财产。

如果上述转让是在1972年9月29日之后发生,中华人民共和国的代理人就可以辩称,因为争议石油的所有权问题由"中华民国"移交至中华人民共和国,由于日本承认后者,转让变得无效。该论点立足于两个可能的主张:第一,日本通过承认中华人民共和国,已接受其法律上对台湾的主权;第二,中华人民共和国有权获得任何属于现在由中华人民共和国作代表的中国国家的财产,日本已经明确表示,他们在1972年没有同意第一个主张。第二个主张,基于国际法中的政府继承理论,似乎同时适用于日本政府和法院,实际上他们已经将这一理论应用于"中华民国"和中华人民共和国。然而,这个理论似乎并不适用于目前的情况。日本政府和法院的"公共财产"构想似乎只包括"中华民国"在日本以公共目的所拥有的财产。在目前的案例中,争议石油离开台湾之前,无论是否发生了转让,由于缺乏法律裁决,它都超出了中华人民共和国法律管辖权的范围。当它到达日本国土后,它已成为私有财产,除非转让无效,否则中华人民共和国不能要求。

然而,并非不可能的是,日本法院可能会解释日本在 1972 年 9 月 29 日《联合公报》的立场,接受中华人民共和国对台湾的合法主权。如上述讨论的案例一样,与在英国法院的情况将会相同,石油的分配从"中华民国"到一个私人当事人是在英国承认中华人民共和国对台湾的合法主权之后发生的。日本法院会如何决定?不同于他们的英国同行,日本法院对未被承认的政府并没有传统敌意。京都地方法院视"中华民国"为一个"事实上的国家",并给予它诉讼地位,这是英国法院无法想象的,证明了其强大的司法现实主义。此外,毫无保留地接受中华人民共和国对台湾的主张,从字面上解释,如前所述会导致不公正和荒谬的结果。因此,即使日本法院比预期更为强劲地解释日本在《联合公报》的立场,法院也很可能无法决定如中华人民共和国所希望引起的法律后果。但日本法院在调整法律和实际控制单独领土的事实政府之间的冲突方面究竟能走多远尚不清楚,因为没有类似赫斯帕里得斯的司法先例。如果王炳寰案中的事实主义理论可以作为某种指导,那么非可诉性的声明就并非一个不可能的结果。

总之,似乎"中华民国"的代理人相对于中华人民共和国的代理人在日本法庭要比在英国法庭有更有利的地位。如果他有石油,且转让发生在 1972 年以前,那么肯定是能够保留住的。如果转移发生在东京将其承认由台北转为北京之后,在大部分情况下他仍然能赢,除非日本法院扭转其现实主义传统。另外,如果石油转移发生在 1972 年 9 月 29 日之前,日本的司法现实主义会帮助到作为被告的中华人民共和国的代理人。在那天之后,中华人民共和国成功辩护的可能性甚大。总之,谁拥有石油,谁就有望成功抵制来自对方的法律对抗。

(4)美国的实践

(a)行政部门和国会的实践

1950 年 6 月朝鲜战争的爆发引人注目地改变了美国对中国内战不干涉的政策。华盛顿立即派遣第七舰队去"中立化"台湾海峡。在附加的声明中,杜鲁门总统宣布台湾地位尚未确定,这是自 1945 年来美国立场逆转的开始。美国随后设法在《旧金山和约》中把日本拉进这一立场,据条约日本宣布放弃对台湾的主权,但未支持任何人。1954 年,台北和华盛顿签署了一个共同防御条约,"中华民国"的"领地"被定义为台湾及澎湖列岛。在随后的年代里,美国继续承认"中华民国",并支持其在联合国的席位直至 1971 年。

尼克松总统在 1971 年中期宣布的对中华人民共和国的访问,标志着一个根本性的变化。1972 年 2 月访问结束时,尼克松总统与中华人民共和国的周恩来总理在上海发表《联合公报》称：

> 美国认识到,在台湾海峡两边的所有中国人都认为只有一个中国,台湾是中国的一部分。美国政府对这一立场不提出异议。并重申它对由中国人自己和平解决台湾问题的关心。(着重号由作者标注)

该文件似乎允许各种解读。美国国务院官员否认它代表朝鲜战争以来美国对台湾立场的任何改变;北京一如预期,解释公报证明了华盛顿承认台湾是中国领土的一部分。

1973 年 2 月,美国和中华人民共和国在对方首都成立了具有完全的外交特权和豁免权的"联络办公室"。1978 年 12 月 15 日,卡特总统宣布,美国和中华人民共和国已经同意自 1979 年 1 月 1 日建立外交关系,当时发表的《联合公报》宣布：

> 美利坚合众国承认中华人民共和国政府为中国的唯一合法政府。在此范围内,美国人民将同台湾人民保持文化、商业和其他非官方关系。
>
> 美利坚合众国和中华人民共和国重申《上海公报》中双方一致同意的各项原则,并再次强调……
>
> 美利坚合众国政府认知中国的立场,即只有一个中国,台湾是中国的一部分。(着重号由作者标注)

美国故意选择用"认知"(英文为 acknowledge)一词,就像它在《上海公报》上那样,而中华人民共和国的文本则使用"承认"(英文为 recognize)。用语差异反映了他们就台湾地位的不同立场。

在次日发表的另一份声明中,美国宣布将在 1979 年 1 月 1 日终止与"中华民国"的外交关系,以及一年后终止 1954 年的《共同防御条约》。与此同时,卡特政府向国会提交了一项法案,声称旨在提供一个与"中华民国"保持非官方关系的法律框架。该法案在两院通过前在国会经历了激烈的辩论,并被做出了大量有利于"中华民国"的修改,于 4 月初签署成为法律。该法案即人们所熟悉的1979年《台湾关系法》,保持与"中华民国"除正式外交关系外的所有联系。大多数现有的外交和领事机构,除机构名称变更外其余均保持不变,几十个双边条约也是如此。正如一个分析人士惊人地指出,该法案在行政部门撤销承认后实际上构成了对"中华民国""立法重新承认"。

(b)北京与台北海底石油竞赛的启示

虽然起初受到英国法院在承认和不承认的外国政府间坚持严格区分的影响,但自南北战争以来美国法院常常不再遵守这样的准则。本世纪以来,行政部门对一个不被承认的政府的憎恶、冷淡或友好,在不同情形下起到重要的作用,因为美国法院在决定关于承认问题的案例之前会征询国务院的意见。由于美国司法并不总是连贯的,要归纳出其司法实践确实很难。尽管如此,针对不被承认但还是被友好对待的"中华民国"的特殊境况,应该促使法院对其实际的存在和法律行为采取现实的态度。

《台湾关系法》的出现已经让此类法律咨询显得没有必要,基于对不承认"中华民国"所带来的潜在不利法律影响的预测,国会已在立法中几乎考虑了所有的不确定因素。就"中华民国"和美国双方而言,《台湾关系法》在有关不予承认的影响方面取代了美国判例法,因此我们只需就政府部门实践和法案条文方面考虑之前假设的案例。

人们可能会问的第一个问题是:美国仅仅是分离了与"中华民国"的外交关系还是从其撤回承认(或者不承认)?在中美联合公报中并未提及这点,《台湾关系法》中也没有澄清。然而,就像我们早前提到的,在国际法中,一个政府对另一个政府是否承认,本质上源于其目的。在政治层面上,行政部门不承认"中华民国"作为中国的政府显然是由于其承认了中华人民共和国。实际上,不承认可能受到潜在的影响,就像美国法律协会声明的:

> 一般只有在另一个政权被承认时,对这个政府的承认才会发生改变。通常当某个承认国承认一个替代政府时,不会发表声明取消对被取代政府的承认。但这样的取消是被假定的。

尽管"中华民国"不被承认,但和美国之间除《共同防御条约》以外的几乎所有现存条约的继续延伸,在国际关系中也并非无先例。由于政府部门几乎都不承认"中华民国"的政治行动带来的法律后果已被国会有效隔离,就"中华民国"和美国关系而言,承认或不承认的传统区别已经失去其大部分实际意义。

第二个问题涉及中华人民共和国对台湾主权的有无问题。从上海公报的语言中明显看出，美国并不接受中华人民共和国在《上海公报》中的立场，之前谈判曾涉及，但随后美国官员否认。1979年1月1日发表的《中美联合公报》稍微改变了一下措辞；但由于它是再次重申上海公报的原则，《上海公报》便仍应是主导，所以，中华人民共和国很难在美国法院上引用这些文献中的任何一个作为美国承认其对台湾主权的证据。

在缺乏承认的情况下，《台湾关系法》无疑使"中华民国"在美国法院中完全受美国法律保护：作为美国法律的目的，台湾将被视作一个"外国国家或政府"，有在美国法院起诉或被起诉的权利。有关财产权的条款就更明确了：

> 为了遵循美国法律的所有目的，包括美国任何法院的行为，对中华人民共和国的承认无论如何不应该影响台湾管理当局的一切权利或利益，有形无形的财产权益和其他有价值之物，无论在1978年12月31日之前拥有或坚持的，还是之后获得或赢得的。

这项条款明显包括中华人民共和国所认为属于中国国家的财产和应该继承的权利。这项条款在法院审核前，就已经生效了。无论怎样，如果他们不是已经越线的话，这个法案的累积影响事实上已经承认"中华民国"作为台湾的政府。"最被承认的不予承认政府"的状态对于海底石油归属权争端意味着什么？

1949到1979年间，美国承认"中华民国"是中国法律上的政府，但在不同的场合，美国暗示它并不承认"中华民国"对中国大陆法律上的主权。同时，20世纪70年代华盛顿对待北京的方式，包括美国总统和高级官员的访问，签署联合公报，批准外交使团的交流，明显暗示着事实承认中华人民共和国作为中国大陆的政府。从1979年1月1日开始，北京和台北与华盛顿的法律关系地位转变了，唯一的不同是，"中华民国"的地位事实上是由《台湾关系法》来保证的。1979年之前，对中华人民共和国很大程度上是由判例、法院司法通知并向国务院咨询所决定的。美国法院情愿把他们当做事实上的"两个主权"，尽管他们并非完全真心地和政府一起认同"一个中国"的概念。海底石油争端的启示已经很明显了：美国法院对于海底石油的争端将克制地行使裁决，因为这是一个政治问题因而是无法进行裁决的。

以上法律情形可以被最近的一个案例很好的诠释,即两个波斯湾国家对于重叠部分海上石油的特许权和受让权的争执。在 Umm al Qaywayn 对 A Certain cargo of petroleum Landen Aboard the Tangker Duntless Coloctronis 案中,上诉法院认为上诉人对争议石油的所有权取决于其对矿区的所有权。由于该地块位于有主权争议的小岛刚宣布的 12 海里领域内,法院认为如果不首先解决领土争端并确定这些国家间相邻大陆架的界限,就来决定要求主张的国家之间矿区的边界是不可能的。部分有赖于美国国务院的照会函建议在敏感的中东地区中"无可置疑的美国中立立场",法院认为,处于待审状态的该问题是一个政治问题而没有司法裁决权。

照目前情况,由于问题的敏感性,可以推断国务院会劝阻法院行使裁决权。面对裁决"中华民国"和中华人民共和国各自的大陆架管辖权的艰难问题,法院也有望会遵守西方的规则。最终,谁拥有石油,谁就将依然是权利所有者。

D. 本章结语

从内战到外交领域的较量,再到潜在的海上石油权利的争夺,北京和台北的对抗已经体现在多个方面。没有一条国际法规则适用于解决现今双方的海上石油冲突问题,当事人一方是合法政府,一方是反叛集团。由于很多西方的石油公司都参与了双方政府各自的近海石油项目,因此这一对抗将很可能得以进入国外法庭审理。

如果这场法律诉讼是在英国法院开战的话,那么"中华民国"的权利代理人在大多数情况下不管是作为原告还是被告都将败诉。除非新近发展的如赫斯帕里得斯案表明的针对不被承认的国家的司法现实主义被广泛遵循。不论是在日本的法院还是美国的法院,无论哪一方的代理人持有石油,出于同样的道理都将可能最终拥有它——法院会发现对这一争端的处理将引发司法难以解决的难题。然而,得益于《台湾关系法》,"中华民国"将在美国法院得到更好的庇护,而这一等效庇护正是日本法律所欠缺的。

对这一假想法律诉讼的分析,不经意地揭示了国际法传统规则在处理承认中国主权这一难题的根本上的不完备。由于不被承认,"中华民国"成了未被承认的国家。在所有的情况下,这一举措并不是基于法律基础如缺乏作为独立国家地位的元素,而是基于不承认国家的政策考量。这些政策考虑应该进一步与那些被称作非法政权的不被承认所区分，如罗德西亚和特兰斯凯。因此，由于明显无视现实，如中国在联合国席位案，将中国难题仅视为"代表权"问题的做法是很难让人满意的。另外，承认"两个政府"代表同一个国家而管辖不同的领土部分在政治理论上仍旧是空想。解决眼前两难困局可能的做法就是像《台湾关系法》那样，把行政上和立法上（以及可能司法上的）的身份承认分割开来。迄今也证实这一做法是在"一国一府"学说和国际社会现实之间最被接受的折中方案。

北京与台北的对抗与东亚石油争端又有着怎样的联系呢？我们早前发现事实上争议只是在中国和日本之间。似乎可以公平地说，除非这场官司在日本的法院审理，否则这一对抗与日本在法律上无关。台北与北京的和解实质上并没有改变双方有关海床问题很大程度上相对于日本的共同的法律立场，也不会重燃双方间的敌对情绪。只要各方都坚持"一个中国"政策，并且中国在对外关系中一如既往地只被一个中国政府所代表，那么对抗在很大程度上就仍是一个国内问题。然而，一旦"中华民国"方面放弃代表中国政府，并声称是一个独立的国家，这场对抗就将在法律上与东亚石油争端相关。

第三部分　争议海域中的外国投资

　　本研究的第一部分涉及了东中国海石油争端的历史、地理和地质背景。第二部基于海洋法和关于政府承认和继承权的国际法（以及国内法），分析了争端所涉及的法律问题。这一部分将要讨论争端涉及的另一方面问题，六家美国石油公司投资参与的"中华民国"的近海石油开发项目。

　　石油开发方面的研究有多种路径。有关石油特许权方面的商业和法律文献，以及关于发展中国家和跨国石油公司之间其他形式合作的文献丰富多样。台湾中油股份有限公司和六家美国石油公司签署的石油合同与先前案例中探讨的并无结构性区别。但是东亚政治局势的不稳定性给合同的谈判和履行注入了新的不稳定因素，即政治及司法的风险与前些章节所探讨的海上边界纠纷交织在一起。与老牌石油出产国的案例不同，这些邻国之间很少有陆地边界的争议问题。然而与其他一些石油丰富的近海区域一样，这儿的石油公司不同程度地面临"中华民国"对东中国海争议海床权力的有效性的不确定性。其中，特许矿区就位于东海的争议海域。这样或那样的风险或多或少都在石油开发项目合同的谈判和履行实施中表现出来。对可预知的政治司法风险和合约条款的履行实施的调查研究，不仅仅是一项学术实践活动，而且对其他一些领域石油开发项目的风险投资也有着实际的影响。事实上，由于海洋管辖权的总趋势是动态延伸的，而且自 20 世纪 80 年代起全球范围内的石油勘探愈演愈烈，这里探讨的问题以后将经常出现在公司及政府的决策过程中。

　　第七章是第三部分仅有的一章，讨论将更多地集中在东中国海石油的司法风险对合同条款的制定及履行实施的影响。在此不会尝试石油特许权的原则性安排，尽管这样的做法以前曾重复使用。

第七章　管辖风险与东亚近海石油投资

　　本章提出并回答了下列问题：与外国直接投资相关的风险如何？还有什么类型的风险是跨国公司在他们投资东亚近海石油资源时所面对的？将在以后被定义的管辖权风险如何区别于别的风险类型，特别是政治风险？应如何识别和评估东亚近海的管辖权风险？公司应如何来做以便将这一风险最小化？它已经转化为合同条款了吗？以何种方式？从投资者和东道国的观点来看,这些安排足够应对管辖权风险吗？

正如第二章所提及的,日本已经保留了所有近海采矿权给日本公司,因此,没有与跨国公司签订任何关于石油开发的合同。1978 年末期以来,中华人民共和国与许多西方石油公司密切联系并在近海进行地球物理作业。但是直到 1981 年所有初步数据被处理且投标被给出之后,外国石油公司才有望签署勘探合同。只有大韩民国和"中华民国"已经与国外石油公司达成了勘探部署。作者已经收集了"台湾中油股份有限公司"和美国六大石油公司中的五个公司(阿莫科公司、康诺克石油公司、海湾石油公司、大洋石油公司和克林顿石油公司)签订的五份合资企业合同。这些合同将作为不同于本文第一部分涉及的总体背景的法律探讨的基础。为做对比,大量来自东亚(韩国)、中东、北非、东南亚和爱琴海的合同将会被提及。

A. 风险和对外直接投资

实证研究显示,跨国公司经常采纳"风险报酬"的方法来决策对外直接投资。在一个有着"惨淡"投资风气的东道主国家,公司会要求获取比那些投资风气较好国家项目更高的投资回报。正如之前被指出的,政治风险(包括管辖权风险)已成为影响对外直接投资问题是否实现的主导性因素。在一定范围内,风险越高,投资回报率的需求就越高。

习惯上,矿业公司用现金流贴现法计算和比较了可比项目的投资回报率。这个方法需要预测公司在拟以预先决定比率贴现的项目上的现金流出(资本支出、营运成本、税、版税、奖金,等等)和流入(利润、贬值、分期偿还、损耗,等等),这可能是可接受的最低率,为公司的任何资本投资或给定类投资所需的最小率。结果是未来现金流的现值。净现值,在项目的生命周期里是所有现金流的现值之和,可能为正,可能为负,也可能为零。一个正数金额意味着投资者可能得到需要的投资回报率,反之同理。一般来说,折扣使用率越低,净现值就越高。使得净现值为零的折扣率是公司现金流贴现法的回报率(或者是内部回报率)。一个正(负)净现值有时被称为现值利润(亏损)。跨国公司主张:在现金流贴现法计算中必须使用更高的折扣率以便使得更高风险的投资合理化。

现金流贴现法计算的特别之处在于其强调资金的时间价值,在未来将要得到或花掉一美金须比今天得到或花掉的一美金价值更低。现金流越远,它的现值就越低。可以容易地计算预期的贴现现金流,通过使用数字公式来建立一美金的现值:

$$\frac{1}{(1+i)^n}$$

在公式里,"i"是折扣率,"n"是预期现金流发生的年份。石油产业中无需强调资金时间价值的重要性,石油产业中存在较长时间的勘探、商业发现和生产。通常直到生产阶段,所有的现金才向外流动(除了资本减免)。从那时开始,现金流入开始超过流出。投资者的现金流出集中在最初几年,意味着他在时间价值上花费更多。而且,由于更高风险导致更高折扣率的使用,就会引起更低的净现值,因为确定的现金价值要超过不确定的现金。

B. 管辖权的风险:识别、评估和最小化

1. 近海石油作业的风险

a. 地质风险

石油业中最明显的风险是地质(或勘探)风险。成功的概率,即发现一个能够维持商业贸易生产的石油储备的几率,在某些情况下可能只有5%那么低。干井钻探的几率在以前未开发的地区特别大,比如东亚大陆架,尽管事先已进行了彻底的地球物理调查。此外,近海石油开采花费甚高,虽然勘探花费与开发成本相比很小(有人估计前者是后者的2%),但也往往需要几百万美金。

由谁来抗争风险资本这一在多数石油开发合约中若缺少商业发现便不可回收的资本,便成为东道国与外国投资者的关键问题。

b. 工程风险

工程(或者技术)风险指的是由于坏天气、火灾或其他事故造成的损害或损失的几率,也包括因计算和测量的不完美带来的损失,例如生产延迟。海上工程的风险在大部分情况下明显要比陆上工程的风险来得更高。因为一直以来海上产业相对年轻也缺乏经验。海洋里的自然环境也很恶劣,尽管如今技术先进,钻探设备也可能翻覆在狂风暴雨的大海中。不同于地质风险,某些类型的工程风险可做商业保险。

c. 经济风险

经济风险由"寻常的供需压力"和勘探的经济方面及工程风险组成。一个典型的经济风险是成本和价格波动对石油开发项目周期的影响。从最初的探测、商业发现、起先的生产到满负荷生产,时间跨度从几年到十多年不等。世界银行估算要花上七年的时间,石油和天然气的项目才能涌入发展中国家。海上项目要比岸上项目花费更多的时间。市场变化能在很大程度上影响公司的潜在利润。经济风险与地质风险一样,在商业上是不可保险的。

d. 政治风险

政治风险分别被定义为某些政治事件的风险或发生概率,这种风险或概率会影响到预期的利润或者既定对外直接投资的运作。各种政治风险事件是不一样的,范围包括货币贬值、不利的税收改革、纸币的不可兑换性、政府征用、战争、革命或者叛乱等。最后三个类别的风险在一些西方国家管理的投资保险项目下,尤其是美国海外私人投资公司(OPIC),是可做保险的。

不像其他风险,政治风险难以量化评估。对外直接投资与政治风险关系的研究,直到二十世纪六十年代早期卡斯特罗将美国在古巴的投资灾难性地国有化才真正开始。在过去的十年中,商业写手和政治家提出许多计量方法去评估政治风险。尽管这些分析模型复杂,且政治风险在对外直接投资决策中占据主导地位,但自相矛盾的是,大多数跨国公司的高管在评估政治风险时仍然依赖"通用的、主观的和表面的"方法。实证研究显示,外国投资者对政治风险的普遍回应是逃避,很少有投资者会就偶然事故及如何充分应对偶然事故的发生而认真计划。

e. 管辖风险

管辖风险的概念对于风险研究来说还比较新,但在一些案例里它可能已被一些石油公司视为一种政治风险。它可被定义为由于一些潜在的司法争端而引起的不利的政治以及(或者)法律事件发生的风险或几率,而这些司法争端会影响既定对外直接投资的预期利润或者运行。换句话说,对于投资者想要经营的相同矿区会有一些对立的主权主张者或主张者们。可理解的事件包括主张对立者有冲突的论述,对运营的扰乱及蓄意破坏,国际协商或者关于海床边界判决的不利结果,以及在另一个国家石油权益上的法律挑战。由于国际陆地边界要比海床边界更好限定,因此陆上石油项目很少出现管辖风险,这个问题直到近二十年才出现。

管辖风险可被视为一种特殊的政治风险。然而,这两种风险在很多方面有不同之处。第一,政治风险通常与东道国政府在其领域内对外国投资者做出的不利行为有关。大部分情况下,它是一种国内(内部)的风险,是东道国政府很大程度上可控制的风险(除却战争以及革命);就定义而言,管辖风险涉及至少两个主权政府,因此,它必然是一种国际(外部)的风险,对于这种风险而言,东道国政府如同外国投资商一样几乎对其无法控制。第二,在政治风险中,外国投资商以及东道国政府是一种典型的受害者与加害者的关系;然而在管辖风险中,双方都有可能成为对立主张者(通常是邻国)的受害者。在这种程度上,管辖风险是双方共同承担的风险而不是外国投资商单独面对的风险。第三,尽管政治风险往往都源于一些政治原因,管辖风险却是由政治和法律因素共同引起的,因为任何国际边界争端都有其政治和法律的一面。

2. 评估东亚区域的管辖权风险

1969 至 1970 年间,六家美国石油公司所面对的管辖权风险可被进一步分为两类:中日之间的风险和北京与台北之间的风险。表 7 提供了与六家合资企业有关的某些数据。

a. 中日管辖权风险

日本和中国(大陆及台湾)的领土在地理上通过东海相连。如果有管辖权冲突的话只会影响当地近海区域的投资,即那些由海湾石油公司、大洋石油公司、克林顿石油公司和德斯福石油公司(表 7 和地图 9a)运营的投资。显然,矿区离台湾越远(越向北边),风险越大。除了这个简单的观察外,美国石油公司在签署合资生产合同前几乎没有出于任何原因进行评估。据 1951 年与日本签署的《旧金山和平条约》,美国管理日本领土中的琉球群岛,达成的谅解是日本被允许保留"剩余主权"。在接下来的十八年中,美国一再重申承诺,预期琉球群岛将在未来被"返还"日本。据 1969 年 11 月发布的一份联合声明,尼克松总统与佐藤首相同意将在 1972 年返还(琉球群岛)。关于返还的条约在 1971 年 6 月签署,并在一年后生效。

因此,经过漫长谈判,直到 1970 年 9 月四个合资生产合同(除了德斯福石油公司)生效,琉球群岛还不是日本领土的一部分。正如第五章所讨论的,如果不以琉球群岛为基点,日本在东海大陆架的份额将是非常有限的。法律上,目前还不清楚在何种程度上,如果有的话,日本基于其未来对琉球群岛、特别是其周围海床被认为富含石油的钓鱼台列屿(被日本认为是琉球群岛的一部分)的主权,可以主张海床权利。政治上,日本似乎没有认真对待"中华民国"1969 年的《大陆架声明》,直到 1970 年的夏天,"中华民国"准备接触美国海湾石油公司和其他公司。正如第二章指出的,日本第一次抗议是在台湾中油股份有限公司与美国海湾石油公司条约签订的前十天,然而,直到 8 月 10 日,日本的反应才被公开,而且直至 1971 年都没有采取严肃措施。

在这种背景下,三家公司无视中日管辖权风险的行为是可以理解的。1971 年 2 月,克林顿石油公司在注册声明中向美国证券交易委员会指出,日本政府已经"非正式"地向克林顿石油公司保证,日本不对克林顿公司矿区声索权利。如果日本的确这样提出声索,将授权许可证给克林顿公司,那么就似乎表明,在谈判当时克林顿公司没有意识到任何潜在的日本主张。与中油公司签约很久之后,大洋石油公司也没有从中注意到日本的对立性声索。海湾石油公司也没有,尽管它是大企业,资讯发达。其法律总顾问 1970 年 11 月辩称,只在钓鱼台列屿纠纷公开后,"中华民国"才在北纬 30 度以南地区明确对抗日本。德斯福获得合同相当晚(表 7)。到那时(1972 年中期)管辖权冲突已经明确,不再是风险。

总之,在争端爆发前,中日管辖权风险没有被这三家美国公司明确具体地认知或承认,更无需说评估。但自那以后,这些公司的确采取补救行动以使争端的影响降到最低,这将在后文讨论。

b. 台北与北京的管辖权风险

六家美国石油公司都面临两种与北京和台北对抗的政治风险:北京可能使用武力接管岛屿,以及可能会妨碍海上石油作业。前者未受美国 1954 年与"中华民国"《共同防御条约》的重视,是可由美国海外私人投资公司担保的战争险。而后者则是管辖风险,地理上未受防御条约覆盖。为便于讨论,中华人民共和国和"中华民国"被视为两个"主权国家",每一方都有自己陆地及近海的管辖权。

地理上(表 7),近海区域越接近台湾就越安全,越远就越有可能被北京视为"中华民国"作为"省级当局"管辖之外的区域,因此风险更大。更重要的是政治气候,特别是美国对该地区的政策,因为它将同时影响"中华民国"作为独立于中华人民共和国的"主权国家"的未来(政治风险)以及近海开发(管辖权风险)。美国在 1969 至 1970 年间调整对华政策,试图改善与中华人民共和国的关系,其与苏联之间看似不可调节的分歧更加受到西方的欢迎。自 1969 年以来,美国政府已经单方面解除对北京的旅行禁令和贸易禁运,放弃了反对北京加入联合国,减少并最终停止了第七舰队在台湾海峡巡逻。在这种情况之下,在中华人民共和国近海为"中华民国"进行石油勘探工作的美国公司被视为对北京的挑衅,必须被劝阻。美国因此决定,正如第二章所指出的那样,于1970年末,在敏感的东亚水域将不提供海军保护悬挂美国旗帜的勘探船。美国公司立即被告知这个直到1971年4月才公开的决定。与此同时,北京政府在1970年末针对中国海域的石油勘探发表强硬声明,宣布所有合资企业合同无效。

不同于中日管辖权风险的情况,六家美国石油公司在某种程度上有备于北京与台北的管辖权风险,尽管他们未能预见到北京的强烈反应及美国对北京政策的转变。以阿莫科石油公司为例,该公司采取了法律顾问的建议选择了最靠近1区岛屿(表7)的矿区。而台湾的北部区域,即使地质前景良好,也被排除在考虑之外。海湾石油公司认为其实2区的矿区是安全的,因为它们大多是在中国大陆和台湾之间中线的台湾一侧(东侧)。再者,其他3家小公司都清楚地知道,他们处于有政治风险的水域中。大洋石油公司于1971年10月认为,根据"中华民国"和中华人民共和国之间的中界线,中华人民共和国有"充分的理由主张"拥有45%矿区的所有权。大洋石油公司后来将数字修订为20%。1971年3月,克林顿石油公司提醒其公司新股的预期买家:因为相比台湾,其矿区离大陆更近些,中华人民共和国会视这些矿区区域为在其管辖内。当德斯福石油公司在1970年2月第一次表达对3区、4区(它未得到)的兴趣时,也敏锐地意识到了这种风险,这家公司已经要求台湾中油股份有限公司澄清"中华民国"在这两个区内的海洋管辖权。

考虑到台北与北京之间未完成的内战,无论有多么敷衍,在台湾投资的所有美国石油公司自然已广泛认知到涉及的政治和管辖风险。然而公司反应各不相同,我们将在下文做出讨论。

3. 应对管辖权风险

a. 获得投资保险

降低对外直接投资政治风险的最常见的举措就是给项目投保。与商业保险公司不同,OPIC(美国海外私人投资公司)提供的投资保险包含政治风险的三个种类:财产被没收,无法实现货币兑换,以及战争、革命或起义。至于政策,OPIC和其前任始终如一地要求东道国政府承担条约义务,确保美国政府作为反对东道国的美国投资者权利的代位权人。"中华民国"是与美国达成投资保证协议的 100 多个"东道国和地区"之一。到 1979 年的时候,包括美国对"中华民国"的投资在内,美国海外私人投资公司的三类风险种类中,每一类总保险投资组合都超过一亿美元。

严格说来,六家美国石油公司的近海开发工程所涉及到的管辖风险可以作为战争风险来由 OPIC 保险。除了"中华民国"有资格作为东道主外,OPIC 的一般交易条款(保险合同)的第 1.07 条这样定义"损害":

> 在实际条件下,直接由战争导致的投保财产的自然条件损害、破坏、丢失或没收以及扣留,(无论是否有官方的声明,以及因此包括来自任何国内或国际组织力量的敌对行为)或者是包括有组织的革命者或叛乱武装的破坏行动导致的敌对行为。(着重号由作者标注)

这种被认为不利的活动在东海背景下可能更适用于这一定义。然而在实践中,直到 1977 年 OPIC 才在一般的石油项目尤其在近海石油开发项目中出现。六个项目均未合格,因为没有一个达到生产阶段。并且,OPIC 是在美国国会的授权下去扩大美国的对外政策目标,并接受美国国务院的指导。华盛顿在关于东亚海床争锋问题上保持中立不参与的政策可能会导致拒绝给予OPIC 保险的权利,即使这六家公司已经符合资格。其中至少德斯福石油公司曾尝试争取这一资格,但遭拒绝。

b. 挑选更安全的矿区

如之前提到的,在不同的矿区,其管辖风险也会不同。选择一个接近台湾的地方能明显地降低其风险。然而一个公司的选择自由是相当有限的。近海石油项目本身在资金和技术上要求就很高。在其他方面平等的情况下,相较于小公司,东道国会更青睐大公司。另外,大公司也更容易规避风险。因此,便可以理解在台湾背景下,那些近的矿区(Ⅰ区和Ⅱ区)被分给阿莫科石油公司、康诺克石油公司和海湾石油公司的缘由。他们都拥有很好的资金和技术,但不愿冒险。而剩下来的三个规模小但愿意承担风险的小公司,分得更北部的区域(Ⅲ区、Ⅳ区和Ⅴ区)。正如第二章提到的,在遭遇一些挫折后,其中两家公司(克林顿石油公司和德斯福石油公司)在 1978 年重新向台湾中油股份有限公司提出获得其他公司让出的临近地段的要求。

c. 从对手处获得矿区

这一想法是从两方得到最大的收益。公司所做的就是向对立国申请那些可能成为争议地区的开采特许权,如此一来,无论是哪个国家在海洋争端中取得胜利,公司都有权利参与其中。很显然,这一策略有其局限性,如果争端激化可能将无法以和平方式解决问题,并且也只有最老牌的公司才与这些争端国家都保持着必要的联系。东亚的环境更艰难。很显然,没有一家与"中华民国"保持关系的公司会认真考虑从中华人民共和国那里于 1970 年得到特许权。一方面因为当时中华人民共和国没有打算立即开发东海,同时它也对为"中华民国"工作的美国公司抱有非常敌对的态度;另一方面,一些公司确实努力尝试着从日本得到特许权。

克林顿石油公司和大洋石油公司都想得到和他们自己的或日本合作方的区块重合的日本矿区从而分担风险。但这两者的努力都失败了,因为他们提出的地区已经授权给一家日本公司,或者就是考虑到中华人民共和国发表的宣言,交易风险太大。只有海湾石油公司和日本的帝国石油公司达成了合作关系。帝国石油公司是海湾石油公司的开发伙伴,它从日本政府那里得到了一大片海床的特许权,而这片海域部分是与海湾石油公司的区域重叠的(见地图 7)。正如第二章所提,虽然已经做了一些勘探,但悬置的争议也有效地阻止了在那进行更大规模的开发。

d. 找一个合作伙伴

一般情况下,若随后无持续的商业发现,石油项目的开发成本是无法补偿的,因此石油公司筹集风险资金组建联合体也不足为奇。在石油业中,那些小的企业(有时也可以是大企业)会花上几百万美元去做地震监测,得到初步地质数据,然后向行业内其他老牌公司寻求新增资本来做更昂贵的开发钻井工作,这是很普遍的现象。

这六家公司,除了海湾石油公司,都采取了这一战略。1973 年中期,也就是开始地震测试的两年后,康诺克石油公司转让其与台湾中油股份有限公司的合资企业的一半股份给阿莫科石油公司。阿莫科石油公司随后钻开了 4 口井,如第 2 章所提的那样,1974 年中期钻探其中一口井的时候挖到了天然气。在大洋石油公司与台湾中油股份有限公司签署合约不久之后,大洋石油公司很快雇佣中国海洋石油公司(China Sea Oil)——洛杉矶一家著名的钻井服务公司福陆公司的子公司,共同在海洋区域进行勘探。中国海洋石油公司之后获得了与台湾中油股份有限公司合作的大洋石油公司的四分之一股份。合作伙伴之后切实做了地震监测活动,并于 1975 年当美国国务院干预的时候做好了钻井准备。克林顿石油公司也在 1974 年找到一个很好的合作伙伴——超级石油公司,并计划在 1975 年进行钻井工作,但最终由于美国国务院的强烈反对以及钻井设施问题而失败。德斯福石油公司声称它已经游说了 65 个潜在的合作伙伴,但几乎没有人愿意冒着高风险与它在离台湾 350 公里的矿区合作。

e. 要求东道国承担更多风险

正如之前所提到的,管辖权风险是一个由投资方和东道国共同面临的风险。正常情况下,风险分配问题会出现在合同谈判过程中。当很难去再次分配风险时,投资方也许会感激这个风险,除非该合同被重新谈判。

只有大洋石油公司和德斯福石油公司要求过"中华民国"提供勘探钻井所需的风险资本。大洋石油公司于 1976 年提出,"中华民国"允许它在本地通过出售股票筹集资金。此外,德斯福石油公司一再表示,台湾的银行或者"中华民国"本身投资 330 万债券,类似于美国的一个产权保险(或保证)政策。根据这项计划,如果石油的商业生产没有遭受政治干预,将用原油销售的收益偿还债券。否则,德斯福石油公司将根据如此干预带来的损害或损失程度补偿债券造成的损害。当然,这不包括干井的损失。然而"中华民国"并没有接受该建议。

C. 管辖权风险和石油开发合约

六家美国石油公司在来台湾之前已经意识到一般的政治风险,一个明显的代替上述策略的办法是将感知的风险转化为合同条款。台湾中油股份有限公司作为合同一方,阿莫科石油公司、海湾石油公司、大洋石油公司、克林顿石油公司和康诺克石油公司作为另一方,分析确定了政治风险或管辖权风险可能造成的影响。

1. 合约:分析回顾

为便于分析这些复杂冗长的文件(大多数是超过 80 页),分别使用 5 个主题词:所有权、控制权、风险分担、利益分配和杂项进行讨论。有些规定可能被多个标题提及。但引用时,只有当某特定合同被确定后才会引用具体条款。

a. 所有权

所有权问题有三个方面:石油储量所有权、矿业企业所有权和有形资产所有权,他们都是相互关联的。

　　《"中华民国宪法"》第 143 条明确规定,不管土地所有权属于谁,所有的矿产资源属于国家。"中华民国"的采矿法进一步规定,石油开采企业只能是"国有企业"。外国人可通过"中华民国政府"的批准,获得在矿业公司中的少数公平权益,但这矿业公司的董事长和一半以上的董事且必须是"中华民国"的公民。然而,1970 年由于显而易见的原因,这些限制被取消了,那就是《近海石油勘探和开发法令》(以下简称《近海法》)的颁布。随后台湾中油股份有限公司被允许在近海地区行使"中华民国"正式设立的采矿权。中油可根据《近海法》第 2 条,通过三种方式行使采矿权。它可以单独经营,也可以与合作伙伴成立合资公司,或与其订立勘探和开采合同。因此,至少在原则上,石油储量的所有权依法归于"中华民国"。

　　采矿企业的所有权是至关重要的,因为它会影响实际储量以及其他资产所有权。合同涉及的企业的所有权形式范围从传统的特许经营、合资企业和生产共享一直到服务(代理)合同。因此,中油公司的所有合同都采用了合约合作企业的形式,即《近海法》第 2 条的第三个选项。合作企业(或"联合结构",由伊朗人首先提出)与"合营企业"的不同之处在于,后者要求设立一个独立的公司实体,而前者不需要。通常情况下,合作企业的所有权是体现在开采权益的百分比上。在这方面,五份合同有明显的不同。

　　台湾中油股份有限公司与阿莫科石油公司的合同规定开采权益拆分为75％：25％,有利于阿莫科石油公司(第 2.2 条)。所有的成本和效益由双方均摊。但中油可额外获得商业发现活动中 25％ 的利益。然而阿莫科石油公司有权保留这部分归属中油的原油,直到中油偿还其消费的金额(第 5 条)。换言之,开采权益扩大就要增加成本份额。类似的约定出现在中油与海湾石油公司的合同中(《总协定》,第 2.6 条,《营运协议》,第 2.1 条)。根据大洋石油公司与中油的合同,中油的开采收益在勘查期间(一年半)到勘探期内(4年)没有任何变化,维持在 33.33％,但有商业发现时可增加到 50％(第 3 条)。然而,中油的附加收益并未取决于大洋石油公司的勘探成本补偿。中油与康诺克石油公司的利益划分是 75％：25％,是有利于康诺克公司的(第 2.1条)。但中油 25％ 的收益是一种"附带收益",不像其他合约有相同的百分比,这种是不征收勘探成本的(第 1.18 条、2.1 条)。中油补偿康诺克公司仅限于中油获得商业发现 25％ 的额外收益(第 2.5 条)。中油与克林顿石油公司的合同采取了事实上的"附带权益"制度,其中克林顿公司承担全部勘探成本,而中油有权获得商业发现 50％的开采权益。

所有权的第三个方面涉及各方账户收购的财产（设备及安装）。在传统的特许经营合同中并不存在这种问题，他们无一例外总是属于外国特许经营者。根据印尼的产品共享合同，一旦在印尼的土地上，他们就成为国家的财产。这里采取的是中间道路，也就是说，当事各方是根据自己的开采收益的比例获得财产的。

b. 控制

控制意味着管理决策权。多数股权通常会带来控制权，除了在某些情况下如合资企业的大股东是一个没有经验的发展中国家。在这里，外国公司至少在商业发现之前拥有大多数的开采权益。此外，他们总是充当合资企业的经营者负责日常营运。根据三份合同，台湾中油股份有限公司仅仅在商业发现的几年之后便成为经营者。经营者会制定一个工作计划和预算，且由各方代表组成的名义上的管理委员会审核批准。委员会一年召集四次，除非经营者主动发起或应当事各方要求专门发起。每方派遣一名代表，每位代表根据任命者所占有的产权比例拥有平等的投票权。委员会只能决定合同中列举的大量"重要事项"，其他管理都留给经营者。每个列举的"重要事项"投票所需的开采收益比例如此固定，因此外国合作者可以在很大程度上主导委员会的投票。

如果没有足够的信息，控制是不可能的。五份合同均制定条款规定经营者所作的汇报以及中油公司程度不同的彻底审查。根据中油公司与海湾石油公司的合同，海湾石油公司的技术报告里并无需数据解释和重要信息（《总协定》第12 条）。中油与阿莫科石油公司的合同在报告中其他详细要求里未能具体说明此点（第 8.8 条），中油与大洋石油公司、中油与克林顿石油公司以及中油与康诺克石油公司的合同，都要求解释技术参数（分别为第 16、第 20 条和第 6 条）。

c. 风险分配

某些工程风险适合做商业保险。这种保险的相关条款被列入讨论的五份合同中。经济风险不适合保险，没有条款提供防范价格波动。政治、管辖权风险和合同的关系留待下节讨论。因此，这里只处理地质风险分配。

地质风险分配体现在风险资本的勘察和开发成本的分担上。无论是特许经营合同、合资企业、产品分成合同还是劳务合同，东道国和外国投资者之间大部分石油开发安排将勘探风险只置于后者承担。如果没有发现石油，那么投资者将独自承担损失,只有在商业发现后其支出才能得到偿还。五份合同中有关勘探费用的条款,显示出与实践不同寻常的背离。除了中油与克林顿石油公司、中油与康诺克石油公司的合同有一个"附带权益"系统外,其余的合约均根据参与各方的开采权益比例划分风险资本。

　　根据中油公司与阿莫科石油公司的合同,两年内用于勘探的资本支出总额为 310 万美元(又额外延续了两年),其中四分之一由中油公司承担(第 7 条)。当中油在商业发现后获得 25% 的额外收益时,将由其支付额外多于四分之一的费用(第 5 条)。虽然在中油与海湾石油公司的合资企业中,中油的开采权益也是 25%,但是中油并不分担海湾石油公司在勘查期间(一年半)的第一个一百万美元的花费(第 2、3 条)。自那之后,中油将支付在八年的时间内 1 560 万美元勘探支出中的 25%,或是支付 390 万美元(第 4 条)。中油与大洋石油公司的合同和中油与海湾石油公司的合同相似,如果收益比例为零,中油就无需在勘探期间(一年半)支付 75 万美元的勘探费(第 1 条和第 3 条)。中油在今后 7 年的风险资本将是 470 万美元,占总成本的三分之一(第 1 条和第 3 条)。根据中油和康诺克石油公司的合同,康诺克石油公司会在七年内花费总计 1 869 万美元的勘探费用,而中油因为有 25% 的"附带收益"而无需分担费用(第 5 条)。只有当中油的额外收益上升至 25% 时,它才不得不分担成本开销(第 2 条)。在那种情况下,中油的支出将是 467 万美元。在中油与克林顿石油公司的合同中,在商业发现后中油可以获得高达 50% 的收益。在超过 7 年半时间里,1 200 万美元开采成本将完全由克林顿石油公司承担(第 3 条)。

　　探讨的大多数合同都有"独担风险"的钻井条款,条款规定风险和成本是一方的,另一方参与者无需承担。这种机制体现了超越风险分配的功能,无论是否有商业发现,它为参与各方之间潜在的管理僵局提供了一个可行的解决方案。除了这样的条款,中油与大洋石油公司的合同在第 1 条中具体定义了"商业发现"。

　　d. 利益分配

　　(i) 中油公司和"中华民国"的利益

　　"中华民国"和中油公司的主要效益是经济和金融上的。最明显的经济效益是为依赖石油的"中华民国"经济提供一个稳定的未来原油供应来源。这可以通过一些条款来实现:中油在所有的合同里选择获得高达 50% 的收益,其权利是购买美国石油公司投放国内市场的部分产品,以及"中华民国"的权利是收取特许权使用费。既然美国公司负责供应"中华民国"国内市场的义务受到许多条件的制约,包括价格谈判,条款在实践中能否如何有效地被执行仍不清楚。除却这种不确定性,"中华民国"至少可指望所有合同带来出产石油56.25％(50％+12.5％ * 50％)的份额。

许多条款倾向一些旨在由外国石油公司全面迅速勘探合同领域,间接促成上述经济效益的权责发生制。他们是,勘探时间限制(4至9年半)、周期放弃要求(勘探期结束时未开发地区下降到25％)、最少工作(孔深、井的数量)和支出(从310万美元到1 869万美元)要求、年度工作计划和预算的审查、数据提交和检验,以及履约保证金或美国合作伙伴的母公司的履约保证。

中油公司的另一个重要的经济效益是技术转移和管理技巧。所有的合同都提供(在台或海外的)在职培训,然而这些项目的规模是有限的。大多数合同的条款还包括雇佣本地人、偏爱本地产品和承包商。由于涉及高技术,对外直接投资的"溢出"影响也被限制在目前的案例中。

"中华民国"与中油公司的金融效益包括美国公司支付的奖金、特许权使用费和税款。与许多其他地区的石油合同不同,本研究中五份合同中只有三份有产量奖金,因此:

生产速度	奖励金额(百万美元)		
(石油日产量)	大洋石油 *	克林顿石油 *	康诺克石油 * *
10 000	0	2	0
50 000	1	0	0
100 000	2	3	1
200 000	5	0	3

* 以这样的速度连续30天

* * 以这样的速度连续120天

在所有合约中,不考虑公司在既定年度的盈利能力,提成率是美国公司石油产品份额的12.5％,可以现金或实物的形式支付。如果以现金形式,则计算提成的原油价格是由石油公司至无关联的购买者实际实现的加权平均销售价,减去到销售点的运输费用。

财政体制是复杂的。除了35％的企业所得税,还有营业税、货物税、印花税和其他基于"国家收入"而非收益的税收。然而,所有这些其他税收金额不超过国家收入的 2%。所有五份合同要求的所有税收支付,包括特许权使用费都是美国公司"补充应纳税所得额"的 50%,定义为净应纳税收入加上特许权使用费以及不同的专项税,除了所得税。如果前者大于或小于后者,那么所得税的数额将相应减少或增加。使用该公式的结果是,如果不减去特许权使用费,美国公司的总税项附加特许权使用费将占其净收入的 50%。既然"中华民国"现行企业所得税仅为 35%,"中华民国"就不得不使用这种令人相当困惑的公式来确保"政府"的总体收入加上的产品比例分成不少于公司净利润的 50%。根据这个公式,特许权既非消费 35% 收入税也非抵充。但是假如(补充应纳税所得额的)50% 被用于所得税率,那么特许权就可以说是抵充所得税的。允许抵扣的项目包括勘探成本、实物资产的折旧、发展成本的摊销。然而,没有消耗是被允许的。《近海法》明确规定在投资激励法令下,税收激励如五年免税、加速折旧和投资贷款不适用于近海石油投资。

总之,在生产开始后"中华民国"的财政收入低至产量的 12.5%,高至利润的 50%。在这方面,与该制度结构相似的是 20 世纪 60 年代早期埃及石油总公司(EGPC)、阿拉伯联合共和国国有石油企业(埃及)和菲利普斯石油公司及其他西方公司之间达成的协议。这是在特许权使用费"开销"开始风靡中东之前。

(ii) 美国石油公司的利益

对于六家美国石油公司来说,立足点在富含石油的东亚不仅可以抢占潜在的竞争对手,还能确保他们有额外的石油供应来源用于其全球营销网络。这是通过条款实现的,包括公司 43.75%(50%−(12.5% * 50%))的原油产量份额以及他们自由出口原油的权利,须服从于他们供应"中华民国"国内市场的义务。

公司的第二个收益是用于勘探所需风险资本相对较小。在勘探早期,大多数合同规定中油会承担 25%~30% 的勘探成本。财政制度(约 50% 利润)也比当时那些中东(75%~80%)、尼日利亚(70%~85%)、挪威(50%~60%)、英国(55%~60%) 的合同所规定的更为慷慨。与此同时,外国公司享受免征关税的优惠,包括:材料和设备进口税、从海外支付的服务费、手续费、保险费,以及贷款利息等。

石油公司的第三个收益是合作灵活和管理自由。合约式联营企业的形式只涉及在美国注册的美国母公司的子公司。与"中华民国"法律体系的链接是相当松散的。毫无疑问，所有合同里当事各方的权利、义务、职责和债务是各自不同的。当事各方是分权共有人的关系，并没有建立合作、合资、联盟或信托的关系。外国公司只要完成了他们的工作职责和最小支出，就可以在任何时候不受处罚地撤销合同。最重要的是，公司作为经营者的主要任务与中油的职责是应付官僚的繁文缛节，以保证他们的经营自由。

e. 杂项规定

石油合同的这部分包含"常规或基本标准"的主题，合约之间差异不明显。它们包括术语、利益转让、附加条款、合同终止、不可抗力、仲裁、适当的合同法、通知和语言的文本。不用说，这里只有少数处理合同法律问题的内容值得关注。

"中华民国"法律总是被指定为合同的准据法。条款将发挥作用，尤其是1954 年的《外国人投资法》。本研究的意义是立法保证如果外国投资者在其所投资的公司中持有 51％或更多的产权，那么"中华民国"将在 20 年内免予征收投资。即使外国投资者产权下降到 51％以下，"中华民国"也依然不征收，除非出于国防的需要和可以被国外减免的合理补偿。这一条款显然降低了普通外国投资者所面临的政治风险，即征用。同样的法规还规定利润汇回本国和贷款利息不受限制。资金汇回本国受到时间（项目竣工后两年）和数量（每年 15％）的限制。

这些合同里的不可抗力条款有相当完整的事件目录，具有超出当事人合理控制的特点，即宽恕违约方的行为。其中一条是一方（必定是美国公司）在尽最大努力后没有能力"获得材料、设备或服务"。既然海上石油业务可用的石油钻井平台在市场上不断变化，那么这一条款就能为美国公司的频繁延误提供理由，事实也正是如此。至少在一个合同里，"涉及其他国家或个人的有争议的领土管辖权或土地业权"，属于不可抗力事件。这一条款果然不断被援引。

相同的仲裁条款一字不差地出现在五份合同中，基本上它考虑三方仲裁，由双方各任命一个仲裁员，这两名仲裁员任命第三人。如果一方未能任命，美国仲裁协会纽约区办事处主任将应一方要求为其任命一名仲裁员；若任命的两名仲裁员均不同意对其任命，则任命第三名仲裁员。显然这一条款缺少仲裁的两个重要元素：仲裁地点和适用的程序规则（实体法可假定为"中华民国"法律）。此外，必须指出的是，除非沦为一个判决，否则外国仲裁裁决可能不太容易在"中华民国"执行,因"中华民国"不是 1958 年联合国《承认及执行外国仲裁裁决公约》的成员国。然而有一些方法可以解决这个障碍。

2. 管辖权风险和合约条款

石油开发的合同条款由许多变量组成:地质前景、自然环境、政治经济环境和双方讨价还价的能力。没有一个因素是决定性因素。下文的分析旨在确定管辖权风险和合同条款之间的联系。

a. 所有权

20 世纪 50 年代至 60 年代期间,石油开发部署的演变从"让步"到"参与",基本上反映了东道国渴望重获,至少在形式上,在其境内自然资源的永久主权。在这种情况下,合同形式的选择,特别是所有权条款,反映了政治考虑。中油与美国石油公司的合同采用了政府参加合约式联营企业的形式,颇受欢迎。事实上,六个合同都一致采用这个形式表明这一建议一定是由中油公司提议的,而并非是美国六家石油公司提议,因为他们很难协调这方面的行动。另外,这六家美国公司出于这种考虑,利用的是在特拉华州注册的子公司,并受益于这种安排所带来的灵活性。因此,出于明显的商业和法律原因,双方都采用这种形式,但我们可以发现几乎没有证据表明双方考虑到政治/管辖权风险。

六份合同都设想在商业发现后能最终分到 50/50 分成的收益。但随之而来的条款和条件却发生了较大变化,反应了各方讨价还价的立场。有两个因素似乎是至关重要的:外国公司的规模大小和谈判的时间。一个通用的模式是美国公司越成熟,对中油越有吸引力,也能获得更好的所有权条款。这是随着时间因素而修订的。谈判越迟,中油越有经验,条款对美国公司越不利(表 7)。因此海湾和阿莫科两大石油公司取得所有权的条款比大洋和克林顿两个独立小公司的条款要好得多。康诺克石油公司是大型独立公司,但它进入台湾较迟,因此获得的所有权条款无法同中油与海湾石油公司或是中油与阿莫科石油公司相比。

因此,在合资企业合约中的管辖权风险和所有权条款之间似乎并无具体或直接的联系。事实上,同在政治敏感的东海,1970 年韩国和菲利普斯公司引入传统的矿区合约。1972 年,希腊和俄克拉荷马州的 L. V. O. 公司在靠近土耳其海岸的政治风险很高的爱琴海也是如此。在这两种情况下,特许经营者均有联营 100% 的所有权风险。

b. 控制

合资企业的管理控制很大程度上由六家石油公司负责,主要归因于三个因素:第一,六份合同中,他们大多数的开采权益至少是由商业发现决定的;第二,无论是在整个项目周期中,还是在项目的最关键阶段,他们都承担着合资企业运营者的角色;第三,他们拥有优越的技术和较小程度上中油不得不依赖的财力。美国公司部分旨在将其控制最大化,这仅是任何企业固有本质的体现,虽然他们对管辖权风险的感知可能会促使他们寻求更多的控制。经过全面考虑,联系似乎很脆弱,而且绝对与上述三个因素不具可比性。

c. 风险与利益分配

外国投资者获得较高投资回报率的一种方式是,增加现金流入和减少现金流出。这可以通过谈判在石油合同的财政制度中实现。例如低税收、专利费税率、较少或没有奖金、更大的资本优惠和由东道国承担更多的资本支出。一些金融术语如税收、专利税、折旧一般都会由大多数国家立法固定,即便不是不可能改变,一般也很难协商更改。另外,一些项目如奖金支出和资本支出的份额,也可以随时协商。

在当前背景下,规定了税收、专利费税率及应纳税计算方法的《近海法》,仅在三份合同已经签署后才生效。事实上,这部法令对于"中华民国"现有税收和矿业法规的背离在于它通常征收更高的税收和专利费税率。然而与其他石油出产国相比,"中华民国"的税率与中东国家在20世纪60年代早期,讨价还价的权力转到东道国手中不久之前,执行的利率类似。正如前面所提,他们天生无法与世界上其他地方的当代同行相比。条款中的资本免税额对计算应纳税所得额是至关重要的,而这里的条款与其他国家的合同条款并非不相似。

五份合同与可比的石油开发安排最引人注目的背离在于,中油在大多数合同中承担最低勘探支出以及所有合同都缺乏签约定金。如前所述,这些支付是六家美国石油公司在项目早期主要的现金开支。事实上,阿莫科、海湾和大洋石油公司成功获得中油支付的四分之一到三分之一的勘探成本,反映出双方都承担了较高的风险(包括管辖权风险)。事实上,在谈判期间这并不是一个问题。另外,中油愿意放弃签约定金显示出相同的考虑。1970年,韩国与美国菲利普斯公司的合同附带提供了管辖权风险与签约定金之间的联系:

> 在韩国政府和其他政府之间爆发边界主权争议时,签约定金将延迟支付,直到争议解决,当事各方满意,并且项目恢复正常运作。

总之,使用现金流贴现法计算的金融条款比所有权或控制条款更容易考虑风险的存在。

d. 杂项规定

石油开发合同中,第三方解决争端的方法可以帮助投资者减少所面临的普通政治风险,例如单方面增加税收、生产限制和征用;但它对于减少两个主权争议地区的管辖权风险并无多大作用。此外,关于终止合同的条款,以及不可抗力给投资者一个办法免于兑现合同承诺——如果事态发展削弱了投资者在东道国合约区域的信心。除了目前的最低支出和工作职责外,所有五份合同都允许美国公司不受任何惩罚就可撤回。然而,这个条款在没有管辖权风险感知的地区的其他合同上并不少见,例如印度尼西亚的产品分成合同。基本的考虑是既然缺乏地质前景,就应该进一步减轻外国投资者的义务。既然五份合约中任何一个都未要求声明原因,当政治气候变化时当然也可使用这一条款。

鉴于相当详细和具体的不可抗力事件列表,不可抗力条款与感知到的管辖权风险之间的联系似乎已经存在。正如之前提到的中油与德斯福石油公司的合同所规定的那样,当边界争端被明确纳入那一列表时,这种联系就变得更为确切。

D. 结语

上述讨论似乎支持以下观察。首先,管辖权风险的概念从普通政治风险中分化出来,不仅提高了对前者的总体理解,还对投资者计划分散风险的策略有实践意义。所使用的策略,基本上是曾受到分析人士的强烈推荐、并在矿产业广泛采用的智利肯尼科特公司的策略,只是这并不适用于此间东道国与投资者共同联合应对第三方的管辖权冲突。但是,这种概念分化对于公司在制定对外直接投资决策时没有太多意义,因为他们经常用一种非常笼统、简单的方式总体考虑政治环境。

第二,六家与中油公司所联系的美国石油公司中没有一个预见到任何不利的政治发展,其影响是无法控制的。他们中很少有人意识到潜在的中日海床争端,这可能是因为日本最初对其海床主张并不十分坚定,而中油又不断向他们保证矿区安全所造成的。另外,所有人都认识到台北和北京之间的政治和军事冲突,并确实更为认真地对待这种风险。鉴于华盛顿那时明显支持台北,这些公司也就轻易忽略了始于1969年的美国对华政策转变的迹象。他们一直认为风险是可控制的,直到1972年华盛顿和北京关系缓和,成为美国外交政策的一个重要目标。具有讽刺意味的是,不利影响不是直接来自于北京,而是来自于自我克制的华盛顿。

在六家公司中,阿莫科石油公司和海湾石油公司是唯一明智到就海床潜在的管辖权争议提前做一些政治/法律分析的公司。他们的行为已经见效,他们选择了更为安全的矿区,也比别人更加成功地履行了合同义务。事实上,他们(和康诺克石油公司)也是唯一已开钻探井的公司。

第三,一些公司的风险最小化策略,比如寻求合作伙伴和获得竞争对手的让步都会奏效,除非因中国分裂而出现不同寻常的政治形势。"中华民国政府"本应该通过为海上作业提供必要的物理防护承担更多的管辖权风险。毕竟管辖权风险是一个均摊的风险。然而最重要的战略考虑是不要因一些相对较小的问题而在东亚制造危机,除非台北和北京都准备做最后的军事摊牌。另外,中油在其一半的合同中确实承担着立足于四分之一到三分之一的勘探成本,并以这种形式承担着实际风险。若"便宜入伙以及轻易退出"一直是美国公司的目标,那么他们中的一些已在相当大的程度上达成这一目标。

第四,在某些合同条款中,管辖权风险的影响可能比其他一些更易识别。由于受到跨国公司普遍使用的"风险溢价"和风险地区对外直接投资的现金流贴现法计算的影响,财政条款(包括最小勘探支出)似乎最容易受到政治/管辖权风险的影响。缺少签约定金和勘探成本分担是明显的例子。不可抗力和终止合同条款也因考虑到管辖权风险而起草。此外,潜在的政治/管辖权风险已经以更为微妙的方式影响了当事各方在谈判中讨价还价的总体立场。笔者采访过的公司表示,中油并不要求签约定金,而且勘探成本的分担以及其他与风险相关的规定都是合理的。

然而,必须记住的是,政治/管辖权风险不可能是形成合同条款的唯一因素。鉴于除了依据埃默里报告以及1968年联合国支持下的行动外,东海与台湾海峡的海床之前并未开发,与已建立的生产区域相比,涉及的地质与工程上的风险也是实际存在的。我们可以这么下结论:由于受到所有这些风险的影响,五份合同中的条款经谈判做出让步,明显背离了那些涉及管辖权安全区域可比性合同的条款。若非不可能,也很难精准指出管辖权风险单独的确定影响。但回顾起来,似乎若无管辖权风险,中油公司本可以获得更好的合约条款。

结语

东海的石油争端极有可能演变成因海上国界划分而导致的国际冲突。从地理上讲,这个半封闭的海域被一块大陆环绕,这一大陆海岸线并不规则,岛屿大小各异,分散各处,且可作为商用。从地貌上讲,这一巨大而又平坦的海床在陷入太平洋洋床之前具有多种缓冲特征,包括一个具有争议法律地位的既深又长的海下海槽。从地质学角度讲,冲绳海槽在大陆架朝海界限方面有重要的法律含义,其地壳起源在地质学家中仍有争论。好像这些地球物理环境特点还不够复杂似的,在这三个临海国家中存有五个"政府",且其中两个还是所谓的"分裂的国家"。这些政府中的大部分本质上都对同一海床主张自己的权利。两个分裂的"国家政府"之间的竞争与对峙意味着不可能凭借任何区域努力来和平解决海床争端。现存国际法中关于海床界限的模糊规定使得局势不断恶化。

尽管主张权利者各色各样,但东海的石油争端从根本上说却是中日之间的冲突。原因之一在于,与日本地理环境相较,韩国有着和中国一样的地球物理环境。一个更为重要的因素是韩国和日本已经成功地划分了在朝鲜海峡内的海床分界线,并且建立了一个联合开发区覆盖他们的权利及矿区曾经彼此重叠的整个区域。在未来日韩之间不存在敌意的情况下,海床争端会被无限期搁置。

中日之间的冲突主要有两个层面:钓鱼台列屿(尖阁列岛)领土纷争和划分广阔的东海大陆架问题。众多分析人士认为这两个层面是不可分割的,同时还认为第一个问题的解决是解决第二个问题的必要条件。考虑到最近国家实践、国际裁决,以及第三届联合国海洋法会议关于岛屿管理体制的法制发展,笔者认为这个观点是站不住脚的。国际海洋法的各种源头表明,凡是与钓鱼岛在大小、位置、经济功用和法律地位方面相匹敌的岛屿,均在相向国家之间的海床边界划分中被忽略。这表明,不管钓鱼台列屿最终归哪个国家所有,它都将仅有周围最大为 12 海里的领海。这些岛屿不得产生其自身的大陆架或超越那界限的专属经济区。这个结论对于中日海上冲突的意义是显而易见的,领土和海床问题是可分离的,在前者问题被最终解决之前可以先处理后者问题。

确定钓鱼台列屿领土争端问题与中日海床争议的非关联性，并将其与中日海床问题分离，这即便不能使中日海床问题更容易解决，至少也可以使之更易于管理。关于大陆架界限的国际法律规则正处于变动中，然而过去十年里各国通过北海大陆架案、英法大陆架仲裁、日益增加的国家实践，以及第三次联合国海洋法会议审议意见如海洋法公约草案这些途径，逐步达成一个明显的共识。共识要求争议双方界定海床界限时需遵循公平原则，并考虑所有与本土相关的情况。

在东海环境中，海床定界可适用的"公平原则"可以是如同日本提倡的等距离原则，或是如同中国（"中华民国"和中华人民共和国）提出的自然延伸原则，又或者是两个以及/或其他一些准则的结合。实际上，国家实践、司法决定和公约草案的推力在于适用原则将由界定地区的地球物理现状决定，而非反之。因此，有必要首先识别和评估中国东海的相关情况。这一进程揭示了它们是一种与其他争议环境相关的情况，但在这里却并不相干。还有些情况仅仅为部分或有条件相关。分析表明，最相关的情况是研究区域中的宏观地理、地质（和地貌）情况。

由于中国（大陆与台湾）和日本在海岸形态与长度方面缺乏广泛的可比较海岸线，中国东海的宏观地理受到强调。这也使得在北纬30度以南地区运用等距离原则是不公平的。另外，国际法庭在北海案例中形成的均衡原则，提供了一个明智的替代方案。它要求一个能在给定的区域内，为沿海国家各自的海岸线长度和他们的大陆架权利之间带来合理比例的边界。尽管国际法学家对界定理论多少有些争议，但该原则却提供了一个切实可行且公平的解决办法。在北纬30度以南东海采用那原则形成的百分比比例［64％给中国（大陆和台湾）和36％给日本］，给未来中日海床界定树立了一个指引（并非规则）。

中国东海地质和地理学的考量是以自然延伸原则以及深邃冲绳海槽的法律状态为中心的。既然依据自然延伸原则所允许的准确的大陆架向海范围已经在法学家中间广泛争论，那么中国（"中华民国"和中华人民共和国）对于运用这一原则的坚持就仅是重申这个问题。而且，公约草案中对大陆架的新定义实际上在于使那个原则无效。另外，日本在宽阔地区坚持采用等距离原则不仅几乎得不到区域宏观地理学的支持，而且还忽略了海底地球物理的现状。笔者建议的方法是通过采用均衡原则修正等距离原则带来的令人不快的影响，并且视冲绳海槽为影响未来海床边界走向的重要因素之一，而非唯一因素。这种方法避免了两种极端,并重新审视该问题。

此方法允许各方有某些谈判,预期结果是以北纬30度分隔两部分组成的边界(图1)。在平行线的北边,中国、韩国和日本的海岸线广泛相等,因此采用等距离原则是合理的。这种结果实际上是由两条中间线的延伸造成的,其中一条是存在的,另一条则是虚构的,分别位于日本与朝鲜之间的朝鲜海峡及朝鲜与中国之间的黄海。北纬30度线的南边既不是中华民国根据自然延伸原则提出的冲绳海槽的中央航道,也不是日本根据等距离原则提出的琉球群岛(除了钓鱼台列屿)和中国(大陆和台湾)之间的中线,应对边界起决定性作用。然而考虑到指标线的比例(64∶36),两者中的任意一条线都应该只被用来作为当事各方谈判的起点。最终的边界应置于上述两条线之间,相对于琉球群岛和中国的中线大概更靠近冲绳海槽的中央航道线,从而保证一定比例。在这方面,1972年澳大利亚和印度尼西亚在帝汶海的海床边界几乎在地理上各个方面都与中国东海显著相似,这将极大地有助于划界过程。

北京与台北的对抗为在"一个中国"形势基础上进行的关于海床的争论加入了一个不确定却有趣的元素。政治上,其与最终海床划分解决的关联性是毫无疑问的,因为双方均十分严肃地对待他们对海床的主张。台北每得到北京与东京谈判此事的消息,便坚持主张拥有钓鱼台列屿以及相邻大陆架的主权,很能说明"中华民国"的关注。对抗在法律上的关联度,如果有的话,也只有在涉及争议海域石油开采拥有权的法律诉讼发生时才会出现。这些问题会被提给法院,并将会根据国际和区际识别法和政府继承权决定由哪个政府拥有石油权利。根据英国、日本和美国的司法实践和政策执行(在其影响司法态度的程度内)的调查显示,这三个国家的法院针对本质上认为是政治问题时均可能会取消其下判决的资格。实际结果是无论哪一政府实际占有石油,该政府都将能够保留所有权。以上分析仅证实了前述的结论,即北京—台北对抗在政治方面极为关键,但在法律上却与东海海床界定无关。

一些致力于为一些沿海国家开发部分东中国海的西方石油公司,面对的困境也不比"各国政府"轻松。由于最初被这些石油资源的前景所吸引,这些石油公司已经遇到了来自他们东道国竞争对手以及本国政府的各种形式的干扰。其中的一些石油公司有足够的经验通过各种策略提前分摊政治风险,包括通过与东道国政府或国有石油公司签署的石油开发合同转移风险。对台湾中油股份有限公司与美国石油公司签署的五份合资合同和对管辖权的风险感知（被定义为由投资者和东道国分摊的外部政治或法律风险）的分析显示，两者之间的关系因合同条款而各异。

虽然对外直接投资的决定不完全是一个零和博弈，但即使是最冒险的公司也不会有超出限制的冒险。要让一个跨国公司转变决定，从"不投资"转变为"投资"，一定有关乎风险的典型情况，并以追求更高的投资回报率的形式为正当理由。一种获得更高回报率的方法是从东道国要求更多地分摊项目的经济租金。这就是为何石油开发合同的金融条款在风险考虑上要比其他条款更加脆弱。对中油合资合同的分析似乎验证了这一观点。然而，在合同中所有有关管辖权风险的因果效应却很难体现到表面上来。跨国公司在盛行的以"风险溢价"方法背景下，似乎在概念上不同的风险对于对外直接投资的决定的影响是可替代的。毕竟，管辖权风险是形成石油开发合同的众多元素之一。

这份研究主要集中于东中国海石油争端的法律层面。当然，这不仅仅是单纯的法律问题，实施过程中政治和经济实力对于造成和解决冲突可能更加重要。然而，这份报告不应该阻碍法学家处理涉及的法律问题，因为对一个法律问题清楚的认识有助于澄清问题，并且会推动政治上的协商。

第三次联合国海洋法会议对《联合国海洋法公约》的采纳——预计到1981年，还无法为这里所探讨的问题给出直接答案。不过因为"两个中国政府"①和日本政府均有可能会接受公约，它将至少对他们所做的政治与经济交易的法律论证产生一些影响。这份研究极大地依赖公约草案的规定作为分析基础。分析和建议中的论据可以为各方达成协议提供帮助。

诚然，北京与台北对抗依然是和平解决中日海床纠纷的主要绊脚石。如果"两个中国政府"不能在更大的环境下改善关系，那么双方在与日本较量时也不会在海床问题上达成合作。就这一点而言，对于未来发展的预测也将确定中油与美国石油公司合作的剩余四家合资企业的命运，这当然超出了本文研究的范围。

---

① 论文作者注："中华民国"很可能遵守公约，尽管他不会正式加入。细节见 Ch. 4.

索　引

图书在版编目(CIP)数据

英国外交档案与日藏美国文件 / 张生，陈海懿编.
— 南京：南京大学出版社，2016.7
（钓鱼岛问题文献集 / 张生主编）
ISBN 978-7-305-16429-3

Ⅰ.①英… Ⅱ.①张… ②陈… Ⅲ.①钓鱼岛问题
—史料 Ⅳ.①D823

中国版本图书馆 CIP 数据核字(2015)第 315582 号

项目统筹	杨金荣　官欣欣
装帧设计	清　早
印制监督	郭　欣

出版发行　南京大学出版社
社　　址　南京市汉口路 22 号　　　　邮　编　210093
出 版 人　金鑫荣
丛 书 名　钓鱼岛问题文献集
主　　编　张　生
书　　名　英国外交档案与日藏美国文件
编　　者　张　生　陈海懿
责任编辑　李探探　李鸿敏
照　　排　南京南琳图文制作有限公司
印　　刷　南京爱德印刷有限公司
开　　本　718×1000　1/16　印张 24　字数 393 千
版　　次　2016 年 7 月第 1 版　2016 年 7 月第 1 次印刷
ISBN 978-7-305-16429-3
定　　价　120.00 元

网址：http://www.njupco.com
官方微博：http://weibo.com/njupco
官方微信号：njupress
销售咨询热线：(025) 83594756

ISBN 978-7-305-16429-3

南京大学出版社
新　学　衡

9 787305 164293 >